George MacDonald Fraser:
Flashmans Feldzug
Band 11 der Flashman Manuskripte
Kuebler Verlag

DAS BUCH

Der britische Feldzug in Abessinien gehört wohl zu den ungewöhnlichsten der Militärgeschichte. Ursache dafür war, dass der abessinische König Theodor II. sich beleidigt fühlte, da ein Brief von ihm an Königin Victoria unbeantwortet blieb. Daraufhin nahm er europäische Geiseln. Die Briten rüsteten eine Strafexpedition aus: 12.000 Mann und 30.000 Lasttiere wurden in Zulla am Roten Meer angelandet und Harry Flashman spielt dabei eine ungewollte, aber wichtige Rolle.
Der vorliegende Roman ist der 11. und letzte, den George MacDonald Fraser geschrieben hat.

DER AUTOR

George MacDonald Fraser wurde vor allem berühmt durch die „Flashman Manuskripte", einer Serie genau recherchierter historischer Romane. Dabei handelt es sich um die fiktiven Memoiren von Sir Harry Flashman, einem hoch dekorierten britischen Offizier im Ruhestand, der auf seine Abenteuer zwischen 1840 und 1890 zurückblickt, die ihn unter anderem mit Bismarck, Abraham Lincoln, Crazy Horse, General Custer, Lola Montez und vielen anderen zusammengeführt hatte. Geboren wurde Fraser 1925, er war Soldat und kämpfte in Burma. Er wurde Journalist, Schriftsteller und Drehbuchautor (unter anderen „Die drei Musketiere" und den James-Bond-Film „Octopussy"). Er starb 2008.

ABESSINIEN

Abessinien war zur Zeit der Handlung ein Königreich auf dem Gebiet der heutigen Staaten Äthiopien und Eritrea. Es war der einzige afrikanische Staat, der sich erfolgreich gegen den Kolonialismus wehren konnte.

George MacDonald Fraser

Flashmans Feldzug

Flashman in Abessinien
1867-68

Aus den nachgelassenen Papieren Harry Flashmans
herausgegeben und bearbeitet von
George MacDonald Fraser

Band 11 der Reihe „Die Flashman Manuskripte"

Herausgeber der deutschen
Ausgabe: Martin Compart
Ins Deutsche übertragen von Corinna Fuchs

Weitere Informationen: www.kueblerverlag.de

Impressum

Ungekürzte deutsche Erstausgabe
2. Auflage

Übersetzung aus dem Englischen von Corinna Fuchs.
Herausgeber der deutschen Ausgabe
der Flashman-Manuskripte: Martin Compart.
Umschlaggestaltung: Grafissimo! Daniela Hertel.

ISBN 978-3-942270-84-7

Vorbemerkung

In den Feldzügen, die in den ersten elf Paketen seiner autobiografischen Aufzeichnungen behandelt werden – Afghanistan, der Erste Sikhkrieg, der Krimkrieg, Indischer Aufstand, Brooks Expedition gegen die Piraten von Borneo, der Marsch auf Peking, Custers Debakel am Little Big Horn, war Sir Harry Flashman V.C. usw., der berüchtigte viktorianische Held und Hasenfuß, ein widerwilliger und oft auch voreingenommener Augenzeuge von Ereignissen der Geschichte, die sich um ihn herum entfalteten.

Nicht so im Abessinienkrieg von 1868, mit Sicherheit der seltsamste aller imperialen Feldzüge, als eine britisch-indische Armee in eines der am wenigsten bekannten und gefährlichsten Länder der Welt einmarschierte und sich trotz unüberwindlich erscheinender Widerstände und negativster Vorhersagen ihren Weg durch steiniges Gelände und schroffe Gebirgsgegenden zu ihrem Ziel bahnte, dort taten, wofür sie hergekommen waren, und dann wieder abzogen – mit kaum einem Mann an Verlusten.

Vielleicht gibt es in der ganzen Kriegsgeschichte keinen glänzenderen Erfolg. Zwölftausend Mann waren dafür nötig, eine mächtige Flotte, neun Millionen Pfund (damals eine atemberaubende Summe), eine präzise wenn auch extravagante Organisation und einen herausragenden alten Soldaten – und das alles, um eine winzige Gruppe britischer Bürger aus der Gefangenschaft eines verrückten afrikanischen Monsters von einem König zu befreien. So waren, um Flashman zu zitieren, halt die Zeiten.

Aber selbst wenn er nicht Teil des eigentlichen Feldzugs war, von Flashmans Rolle hingen Erfolg oder Misserfolg des ganzen Unternehmens ab: Seine Aufklärungsmission setzte ihn einer Reihe schrecklicher Gefahren aus (manche davon waren selbst ihm neu), in einem vom Krieg heimgesuchten Land voller Rätsel,

Verrat, Intrigen, einsamer Burgen, Geisterstädte, den schönsten (und wildesten) Frauen in Afrika und schließlich geriet er in die Fänge eines verrückten Tyrannen in einer Festung am rückwärtigen Teil des Jenseits. All das berichtet er in seiner schon bekannten schamlosen Ehrlichkeit, und mit dem Licht, das er auf ein einmaliges Kapitel der imperialen Geschichte wirft, lädt er zu einem Vergleich mit späteren, weit weniger glorreichen Zeiten ein.

Denn Flashmans Geschichte kreist um eine Britische Armee, die aus guter, ehrlicher Absicht ausgeschickt wurde, von einer Regierung, die wusste, was Ehre hieß. Sie wurden nicht losgeschickt, ohne dass es an höherer Stelle peinliche Fehlentscheidungen gab oder Verzögerungen, bis jede Hoffnung auf eine friedliche Beilegung zu Grabe getragen war. Die Angst vor einer Katastrophe hing über dieser Expedition, aber das britische Volk stand voll hinter ihr. Kein Politiker hat daraus Vorteil oder Profit gezogen. Es gab keine messianischen Ansprachen. Es gab keine falschen Rechtfertigungen, Täuschungen, Verdeckungen oder Lügen, nur die Erfüllung der ersten Pflicht einer Regierung: ihre Bevölkerung zu schützen, egal, was es kostet. Um Flashman noch einmal zu zitieren, so waren halt die Zeiten.

Wie bei den anderen Papieren auch, habe ich nur seine Orthografie verbessert, was in diesem speziellen Fall bedeutet, ich habe die bizarre Schreibweise seiner abessinischen Eigennamen vereinheitlicht.

George MacDonald Fraser

Kapitel 1

„Eine halbe Million in Silber, sagtest du?“

„In Maria-Theresia-Talern. Hunderttausend wert in Pfund.“ Er hielt eine glänzende Münze hoch, so groß wie eine Krone. Das alte Mädchen mit dem Doppelkinn auf der einen Seite, das österreichische Wappen auf der anderen. „Diese verdammte enterbte alte Schlampe, was? Man sagt, in ihrer Jugend sei sie eine Wucht gewesen. Blond und drall. Genau nach deinem Geschmack, Flashy.“

„Kümmere du dich nicht um meinen Geschmack. Das Geld muss also innerhalb der nächsten vier Wochen zu diesem besagten Ort in Afrika? Und der Kerl, der es dorthin bringen sollte, liegt mit Gelbfieber in Venedig?“

„Oder 'nem Tripper, oder der Krätze, oder weiß der Teufel was.“ Er grinste verschmitzt und drehte die Münze in seinen Fingern. „Mir scheint, du hast deine Meinung geändert, nicht wahr? Du willst es jetzt doch selber machen, mein guter alter Flash!“

„Nicht so voreilig, Speed, mein Junge. Wann soll die Ladung denn verschifft werden?“

„Lloyd schickt sie am Mittwoch nach Alexandria. Aber mit dem bettlägerigen Sturgess in Venedig wird es nicht gehen und in den nächsten zwei Wochen gibt es auch kein weiteres Schiff nach Alex* – das wird alles viel zu spät. Die Botschaft lässt mich dann dafür an den Fahnenmast nageln, als wär's meine Schuld gewesen.“

„Aye, in der Diplomatie steckt der Teufel. Hör zu, Speed – ich werde deine Taler auf dem Weg nach Alex für dich bewachen, aber ich warte bestimmt nicht bis Mittwoch. Bis morgen will ich raus sein aus dieser verfluchten Stadt, also machst du am besten schon mal ein kleines Dampfschiff klar, trommelst eine

* Alex = Alexandria in Ägypten

Crew zusammen und bringst bis heute Abend deinen kostbaren Schatz an Bord – wo ist der überhaupt?"

„Am Bahnhof an der Strada Ferrata – aber, verdammt noch mal Flash, eine private Charter kostet mich ein Vermögen –"

„Du hast doch Mittel von der Botschaft, oder nicht? Dann nutze sie auch! Der Bahnhof ist nicht mal einen Steinwurf von der Hafenmole entfernt und wenn du ein bisschen reinhaust, hast du deine Fracht bis Mitternacht verladen. Himmel, Arsch und Zwirn, Dampfantrieb und Spaghettimatrosen kriegt man in Triest doch nachgeworfen! Wenn du in solcher Eile bist, das Silber nach Afrika zu schaffen –"

„Darauf kannst du Gift nehmen! Lass mich überlegen … Ein kurzer Halt in Alex, mit der Eisenbahn von Kairo nach Suez – Karawanen durch die Wüste gibt es momentan nicht, du wirst Gepäckträger anheuern müssen."

„Wenn du dafür vorstreckst …"

Er winkte ab. „Sturgess hätte die sowieso gebraucht. In Suez wird dich eine unserer Schaluppen zum Roten Meer bringen – davon gibt es Dutzende, die Jagd auf Sklavenhändler machen, und ich gebe dir einen Passierschein von der Botschaft mit. Sie werden dich in Zoola empfangen – von diesem Hafen aus geht es weiter nach Abessinien – bis Mitte Februar solltest du da sein. Es kann nicht länger als eine Woche dauern bis nach Attegrat. General Napier ist bereits dort."

„Napier? Doch nicht etwa Bob der Schürzenjäger? Was, in drei Teufels Namen, macht der in Abessinien? Wir haben dort noch nicht mal einen Stützpunkt."

„Mittlerweile schon, das versichere ich dir!" Er lachte ungläubig. „Willst du mir etwa erzählen, du hast noch nicht davon gehört? Warum er dort einmarschiert ist? Mit einer Armee aus Indien? Das Silber dient dazu, seinen Feldzug zu finanzieren, verstehst du? Großer Gott, Flashy, wo bist du bloß gewesen? Ach ja, ich vergaß – in Mexiko. Teufel noch mal, haben die denn dort keine Zeitungen?"

„Jetzt halt aber mal die Luft an! Warum genau ist er dort eingefallen?

„Um die Gefangenen zu befreien. Unseren Konsul, die Gesandten, die Missionare! Sie alle werden von einem wahnsinnigen Kannibalenkönig festgehalten. Er hat sie in Ketten gelegt, lässt sie auspeitschen und macht eine Menge Stunk. Theodor* heißt er – willst du mir wirklich weismachen, du hättest noch nie vom ihm gehört? Verdammt noch mal, darum gab es doch einen Aufruhr im Parlament, und unsere barmherzige Queen sah sich gezwungen unzählige Briefe zu schreiben, die Erhöhung der Einkommensteuer – alles ist wahr! Jetzt verstehst du wohl auch, warum dieses Silber so dringend zu Napier gelangen muss – wenn nicht, steckt er im Niemandsland fest, ohne einen Groschen in der Tasche, und dein alter Kumpan Speedicut wird bei der Eröffnung des neuen Außenministeriums zum Menschenopfer!"

„Aber warum benötigt Napier österreichisches Silber? Hat er denn kein Sterling?"

„Die abessinischen Nigger rühren nichts an außer Maria-Theresias. Reinstes Silber, verstehst du, und Napier braucht es für Lebens- und Futtermittel auf seinem Vormarsch ins Landesinnere.[1]"**

„Eine Kriegskasse also? Über Krieg hast du gestern Nacht kein Wort verloren!"

„Ich hatte doch gar nicht die Möglichkeit. Wie mitfühlend war denn der gute alte Flashy, als ich ihm sagte, dass ich im Dickie's Meadow sei[2] mit diesem verdammten Geldhaufen, der verschifft werden muss und dem unpässlichen Sturgess? Ausgelacht hast du mich und mir viel Glück gewünscht! Alles für England, die Heimat und die schöne Elspeth, das waren doch deine Worte … und jetzt", sagte er, mit seinem alten, misstrauischen Speedicut-Blick, „jetzt kannst du dich mir gar nicht schnell genug verpflichten … stimmt irgendwas nicht, Flash?"

„Es ist alles in Ordnung, verdammt. Triest hängt mir einfach nur zum Hals raus. Ich will hier so schnell wie möglich weg!"

„Und da kommt es dir auf einen Tag an? So ein Schwachsinn!"

---

* Kaiser Theodor II, auch: Téwodros, Tewodros, Theodore, Kassa Hailu.

**Anmerkungen sind mit [Nr] bezeichnet und finden sich ab Seite 377

„Pass auf, Speed. Willst du nun, dass ich mich deines verfluchten Edelmetalls annehme? Entweder mach ich mich heute Abend auf den Weg oder gar nicht. Und wo wir gerade dabei sind; da dieses Geld für Napier ja so über alle Maßen wichtig ist, kann deine Botschaft meine Heimreise auch gleich mitbezahlen, wenn das hier ausgestanden ist. Wie sieht's aus?"

„Da stimmt doch was nicht, Flash! Kein Zweifel!" Er riss die Augen auf. „Dir sind doch nicht etwa die Österreicher auf den Fersen, oder – denn, wenn dem so wäre, würde ich einen Teufel tun und dir zur Flucht verhelfen, Silber hin oder her! Ich bin Diplomat, verdammt!"

„Natürlich sind sie das nicht! Für wen hältst du mich? Großer Gott, wir kennen uns doch seit Kindertagen!"

„Aus genau diesem Grund frage ich dich jetzt noch einmal, ob etwas nicht stimmt?" Er füllte mein Glas auf und schob es mir zu. „Komm schon, alter Junge! Ich bin's, der gute alte Speed, schon vergessen? Mich kannst du nicht für dumm verkaufen."

Das konnte ich nun wahrlich nicht. Und da ich annehme, dass Sie, verehrter Leser, genauso gespannt auf die Antwort warten wie er, werde ich Ihnen nun erzählen, was ich ihm in dieser Nacht im Hôtel Victoria berichtete. Nicht das eleganteste Etablissement in Triest, aber als kleiner patriotischer Lakai unserer Wienerischen Botschaft sah sich Speedicut dazu gezwungen, mit ihm Vorlieb nehmen zu müssen – auch sollte dies Aufschluss darüber geben, warum ich dieses Kapitel meiner Memoiren mit solch kryptischem Wortwechsel begonnen habe. Obgleich er Ihnen zu Anfang etwas befremdlich erschienen sein mag, werden Sie schnell feststellen, dass dies noch der einfachste Weg war, die Einleitung zu meiner Erzählung über den sonderbarsten Feldzug der gesamten Britischen Kriegsgeschichte zu verfassen. Und dass diese mitunter ungewöhnliche Maßnahmen erfordern, von denen ich einige unfreiwillig selbst zu verantworten habe. Abessinien jedoch schlug dem Fass den Boden aus und sollte alles vorher und nachher Dagewesene in den Schatten stellen.

Mein Auftrag begann im Sommer '67 am selben Tag, als dieser Vollidiot Kaiser Maximilian von Mexiko einem Exekutionskommando der Juaristen gegenübertrat, theatralisch sein Hemd aufknöpfte und „Viva Mejico! Viva la independencia! Schießt, Soldaten! Schießt mir direkt in die Brust!“ brüllte. Sogleich kamen diese seiner Aufforderung mit bemerkenswerter Treffersicherheit nach und entledigten Mexiko seines gekrönten Staatsoberhaupts und Flashy seines Arbeitgebers und Beschützers. Nervös verfolgte ich das Spektakel von einem nahegelegenen Hausdach aus und schlich hinter meiner Tarnung auf und ab. Als ich kurz darauf Zeuge wurde, wie Max mit dem Gesicht voran in den Staub fiel, wurde mir klar, dass die Zeit gekommen war, in der ich all meine Hoffnung über Bord werfen musste.

Sehen Sie, ich war sein halbwegs loyaler Aide-de-camp* im aussichtslosen Kampf gegen die Republikaner – kein Posten, den ich mir freiwillig ausgesucht hatte, aber als Deserteur der Französischen Fremdenlegion,[3] die Mexiko zu dieser Zeit mit ihrer Anwesenheit verpestete, nahm ich die von ihm gebotene Zuflucht dankend an. Auch weil er dem Irrtum aufgesessen war, ich hätte bei einem Attentat in Texatl sein Leben gerettet. Armer Teufel. Wenn er gewusst hätte, dass ich selbst in Wahrheit einer von Jesus Monteros Attentätern gewesen war … aber darauf wollen wir jetzt nicht weiter eingehen.

Es zählte nur, dass Max sich für mich einsetzte, und die Greifer der Legion auf eine falsche Fährte lockte, als sie kamen und lauthals meine armen Knochen einforderten.

Im März '67 zogen die Froschfresser endlich ab und ließen Max, unter Demonstration ihrer typisch gallischen Loyalität, somit im Stich. Und obwohl damit die eine Geißel meiner Existenz von der Bildfläche verschwand, blieben noch genügend weitere, vor denen Max mich nicht hätte beschützen können, weder tot noch lebendig. Die Juáristas, zum Beispiel, hätten jederzeit das Erhängen eines königstreuen Militärberaters der Einnahme ihres Abendessens vorgezogen. Oder dieser hartnäckige, alte Bandit Jesus Montero, der letztendlich einsehen musste, dass ich eigentlich gar nicht wusste, wo sich Montezumas Schatz befand. Ein verdammtes Höllenloch, dieses Mexiko, und ganz schön drunter und drüber.

* Flügeladjutant, persönlicher Helfer eine hochgestellten Persönlichkeit

Doch für Sie ist jetzt nur von Bedeutung, dass nach Maxens Tod für mich schon eine Freifahrt auf der Totenkarre reserviert worden wäre, hätten mir die reizende Prinzessin Agnes zu Salm-Salm und der völlig ahnungslose Jesus nicht geholfen. Bereits am Vorabend seiner Hinrichtung hatten wir gemeinsam den Versuch unternommen, Max zu befreien. Wir scheiterten (man wird es kaum glauben), weil sich dieser Clown zu fliehen geweigert hatte, da sich dies nicht mit der königlichen Würde eines österreich-ungarischen Monarchen vereinbaren ließe. Lieber starb er, als einen Ausbruch zu wagen. Zur Hölle mit ihm! Und wenn das Haus Habsburg vor die Hunde geht ist es nicht meine Schuld. Ich habe für diese undankbaren Bastarde schon mehr als genug getan.[4]

Auf jeden Fall brachten mich der schleimige Jesus und die entzückende Aggie wohlbehalten nach Veracruz, wo sie einen waghalsigen Plan ausheckte, um mich aus dem Land zu schaffen. Der Tod von Max, der seines Zeichens Bruder des Österreichischen Kaisers Franz Josef gewesen war, sorgte in Wien für Aufruhr. Beim Schutz seines Lebens hatte man zwar kläglich versagt, dafür scheute man bei der Überführung seines Leichnams weder Kosten noch Mühen und schickte ein echtes Kriegsschiff mit waschechtem Admiral samt Kriecher-Gefolge des Wiener Hofstaats.

Und da Aggie die Gemahlin eines deutschen Prinzleins war, eine Heldin der königlichen Kriegsführung und dazu noch anmutig wie Hebe, überschlugen sich die Menschen fast vor Begeisterung, als wir in Sacraficios von Bord gingen. Admiral Tegethoff, ein plumper, in die Jahre gekommener Haudegen, halb Bart und halb Bauch, übersäte ihren Handrücken mit schmatzenden Küssen und bereitete uns einen überaus herzlichen Empfang. Selbst mir, diesem schmutzigen, zerlumpten Tagelöhner, den sie ihm als hoch- und wohlgeboren Oberst Sir Harry Flashman vorstellte: ehemaliger Berater, Vorkämpfer und ganz und gar Held dieses vom Pech verfolgten Versuchs, seine kaiserliche Hoheit den Fängen des Exekutionskommandos zu entreißen.

„Die englische rechte Hand des Kaisers, meine Herren!“, stieß Aggie hervor, die sehr geschickt darin war, Gesagtes mit leuchtenden Augen zu untermalen. „Seine Majestät selbst gab ihm diesen Titel. Wer wäre also besser dazu geeignet, seinen adeligen Herrn und Freund auf dessen letzter Reise zu bewachen?“

Wahrlich, dafür gab es keinen besseren Mann, und somit schlug mir höflicher Enthusiasmus entgegen: das Kriecher-Gefolge grinste hämisch beim Anblick meiner bäuerlich-abstoßenden Erscheinung und schlug die Hacken zusammen, während der alte Tegethoff sich gerade noch davon zurückhalten konnte, mich zu umarmen. Ich jedoch kam nicht umhin, die mit Ehrfurcht und Bewunderung erfüllten großen blauen Augen eines bezaubernden, blonden Schätzchens zu bemerken, welches er mir als seine Großnichte Gertrude von und zu Soundso vorstellte.

Die weltgewandte Aggie bemerkte dies natürlich auch. So stellte sie bei unserem Abschied an der Reling mit Wohlwollen fest, dass ich wohl die romantischste Vogelscheuche sei, die sie je gesehen habe.

„Ihr werdet dem armen Dummchen auf dieser Reise zweifellos das kleine Herz brechen“, setzte sie an. „Und später wird sie sich fragen, was sie bloß an diesem englischen Flegel gefunden hat.“

„Höre ich da Eifersucht, Prinzessin?“, erwiderte ich, worauf sie in schallendes Gelächter ausbrach.

„Auf ihre Jugendlichkeit vielleicht – aber mitnichten auf ihre Verblendung.“ Sie zeigte mir dieses schiefe Grinsen, das mich schon seit Monaten wahnsinnig machte.

„Zumindest nicht sehr. Vielleicht wenn ich noch einmal 16 sein dürfte, so wie sie, aber wer weiß das schon so genau? Adios, mein lieber Harry.“ Und mit völliger Außerachtlassung jedweder Schicklichkeit küsste sie mich vor dem entsetzten Kriecher-Gefolge direkt auf den Mund. Für einen kurzen, wunderbaren Moment war dies wie der Kuss einer Geliebten, die sie nie gewesen war, womit ich sie eindeutig als Eroberung verbuchte. Ich erinnere mich noch genau, wie sehr ich es bedauerte, dass sie so verrückt nach ihrem Ehemann gewesen war, als sie in ihre Kutsche stieg und anmutig winkend davonfuhr.[5]

Kurz darauf wurde Max in seinem Sarg an Bord des Schiffes verladen, worauf ich mich als frisch ernannter Geleitschutz seiner Leiche bereits gezwungen sah, meine erste Amtshandlung zu erfüllen. Ich sollte Tegethoff und seiner Gefolgschaft einen kurzen Blick auf den Verstorbenen gewähren, um sicherzugehen, dass sie es hier mit dem richtigen Burschen zu tun hatten. Ein nicht enden wollendes Unterfangen, wie sich herausstellte, da ihn seine mexikanischen Höflinge mit gleich drei Särgen verwöhnt hatten. Einer aus Rosenholz, einer aus Zink und ein letzter aus Zedernholz, in dem er dann auch lag wie eine russische Matroschka. Er war einbalsamiert worden und sah, das muss ich sagen, fein herausgeputzt aus – von seinem leichten Gelbstich und dem beginnenden Haarverlust einmal abgesehen. Nachdem wir seinen Sarg wieder fachgerecht verschraubt hatten und ein Geistlicher sein Gebet sprach, war die Zeit gekommen, begleitet vom donnernden Kanonensalut der umliegenden Militärschiffe, den Anker zu lichten. Für mich hingegen war die Zeit gekommen, Tegethoff darauf hinzuweisen, dass ich dringend ein Bad und einen Garderobenwechsel benötigte.

Ich konnte mich für die Krautfresser nie besonders erwärmen, was in Anbetracht der Sache mit Bismarck und seiner Bande während der Schleswig-Holstein-Affäre* nicht weiter verwunderlich sein dürfte. Und Tegethoffs Gesellschaft war etwas angenehmer als die dieser narbenschmissigen Säbelschwenker, die ich ganz besonders abstoßend finde. Ich würde ich mich sogar dazu hinreißen lassen, zuzugeben, dass sie während dieser Reise, die von Ende November '67 bis weit in den Januar dauerte, nicht aufmerksamer und gastfreundlicher hätten sein können. Bis zu dem verhängnisvollen Morgen, als wir in Triest vor Anker gingen und Tegethoff herausgefunden hatte, dass ich mit seiner Großnichte einige Übungen durchgegangen war, die man an einer Benimmschule normalerweise nicht beigebracht bekommt.

Aggie hatte Recht behalten. Sehen Sie, diese einfältige Plaudertasche war mir von Anfang an verfallen, aber wer könnte

* Siehe „Royal Flash", Band 2 der Flashman-Manuskripte

es ihr auch verdenken? Dem stählernen Flashy, sonnengebräunt und kriegsmüde, mit Sombrero und Backenbart, ist es eben ein leichtes, einem jungen Fräulein Herzklopfen zu bereiten. Und wenn die Tatsache, dass ich mit fünfundvierzig ihr Vater hätte sein können, kein Hindernis für so ein unschuldiges Ding war, dann – und darauf können Sie Gift nehmen – war es das auch keines für mich. Auch wenn kindlicher Speck und Korkenzieherlöckchen eigentlich nicht mein Stil sind, so sind sie doch, gepaart mit zartem Teint, vollen Lippen und großen Vergissmeinnicht-Augen, die voller Anbetung zu mir aufblicken, durchaus reizvoll. Auch riefen sie wohlige Erinnerungen an Elspeth in mir hervor; von dem lauen Abend, als ich sie zum ersten Mal beglückte, in den Büschen hinterm Clyde. Doch die Ähnlichkeiten gingen weit über das körperliche hinaus. Beide waren sie einfältig, obgleich meinem dümmlichen Eheweib ein gewisses Maß an angeborener Durchtriebenheit innewohnt. Was jedoch das liebe Fräulein Gertrude besonders unwiderstehlich machte, war ihre unermessliche Ignoranz gegenüber den wirklich wichtigen Dingen des Lebens und ihr göttliches Vertrauen in mich als ihren Lehrer und Mentor.

Ihre Anhänglichkeit mir gegenüber während unserer Reise wurde von Tegethoffs Leuten nur müde belächelt. Sie hielten sie schlicht noch für ein Kind, ein eher dümmliches dazu, und da ihre Gouvernante meist zu sehr von Seekrankheit geplagt war, um einzuschreiten, verbrachten wir viel Zeit miteinander. Ihre sorglose Geschwätzigkeit führte dazu, dass sie mir bald all ihre geheimsten Mädchenträume, Fantasien und Ängste offenbarte. So erfuhr ich, dass ihr altersschwacher Großonkel ihr diese Überfahrt als Verlobungsgeschenk zugedacht hatte und sie, sobald sie nach Wien zurückkehrte, einem feinen Aristokratenpinkel versprochen war. Ein Graf wohlgemerkt, den sie allerdings nicht kannte und der mit Ende dreißig schon mit einem Bein im Grab stand.

„Es ist solch eine Ehre“, seufzte sie, „und auch meine Pflicht, sagt Mutter, aber wie bloß soll ich ihr gerecht werden? Ich weiß nicht, wie sich eine Ehefrau zu benehmen hat, geschweige denn eine ehrenwerte Lady. Ich bin zu jung und zu töricht, und … und gering! Er ist ein wichtiger Mann, ein Vetter des Kaisers, und ich bin doch nur ein kleines Licht! Woher soll ich wissen was ihm gefällt, oder Männern generell gefällt, und warum sollte ausgerechnet er es mir sagen?“ Schmachtend ertränkte sie mich in ihren klaren blauen Augen, während ihre drallen Möpse waberten wie Mandelsulz.

Zieht euch aus und lehnt euch zurück, wäre wohl der einfachste Ratschlag gewesen. Stattdessen tätschelte ich ihr Haupt, setzte ein väterliches Lächeln auf und beteuerte ihr, dass sie sich nicht ihr hübsches Köpfchen darüber zerbrechen müsse, da ihr Graf sie ganz bestimmt genauso mochte, wie sie war.

„Das sagt sich so leicht!“, jauchzte sie. „Was, wenn er es nicht tut? Wie kann ich dann seine Zuneigung gewinnen?“ Energisch fuhr sie mich an. „Wenn Ihr es wärt …“ und dem gefühlvollen Flattern ihrer Stimme nach zu urteilen, wünschte sie, ich wäre es – „wenn Ihr es wärt, wie könnte ich am besten euer Herz erobern? Wie könnte ich euch dazu bringen, mich … zu bewundern und zu ehren und … zu lieben! Was würde Euch am meisten erfreuen, das ich für Euch tun könnte?“

Man mag von Schonzeit reden, aber wo ein schwächerer Mann diese Situation womöglich zu seinem Vorteil genutzt hätte, kann ich mit Stolz behaupten, dies nicht getan zu haben. Mag sein, dass sie die fleischgewordene Antwort auf die Gebete eines Lustmolchs war, aber ich wusste genau, dass es vorsichtiger Planung und Geduld bedurfte, bevor sie reif zum Pflücken war. So ging ich behutsam ans Werk. Der nachsichtige Onkel in der ersten Woche, brüderliche Schulter zum Anlehnen in der zweiten, ein Schmatzer auf die Wange in der dritten, ein Kuss auf den Mund zu Weihnachten, um sie allmählich ins Grübeln zu bringen. An Neujahr dann, ein plötzliches, lüsternes Brummen, gefolgt von einem leidenschaftlichen Kuss. Damit hatte ich bei dem verwirrt scheuen Reh endgültig ins Schwarze getroffen. Garniert mit sehnsüchtiger Verehrung und gottlosem Verlangen, schmolz das schlichte Mädchen endgültig dahin, womit ich sie für den Rest des Weges durch die Adria in Sprachlosigkeit versetzte. Ich war natürlich sehr diskret. Bedenken Sie, an Bord eines Schiffs ist man auf kleinem Raum und keusche junge Damen neigen gerade am Anfang zu leichter Aufgeregtheit, die noch ein wenig Maßregelung bedarf. Ich erinnere mich noch genau. Elspeth und auch meine zweite Gattin, Herzogin Irma, hatten sich beide wie aufgescheuchte Hühner benommen.

Unglücklicherweise hatten sie und Elspeth damit noch eine weitere Gemeinsamkeit – Ihre Diskretion glich der eines Stadtausrufers. Genau wie Elspeth, die damals ihre ältere Schwester unverblümt in unser Gerammel einweihte, woraufhin diese umgehend ihre entsetzten Eltern informierte, vertraute sich die schwachsinnige Gertrude prompt ihrer Gouvernante an, die auf der Stelle in Ohnmacht fiel. Erst danach fand sie die Kraft, die guten Neuigkeiten dem alten Tegethoff zu überbringen.

Es muss der Morgen gewesen sein, an dem wir an der Molo St. Carlo in Triest vor Anker gingen. Ich führte gerade Aufsicht bei der Bergung des Sargs aus dem Schiffsbauch und schaffte es gerade noch, Max' Krone am Deckel zu befestigen, als Tegethoff vor Aufregung beinahe vom Niedergang fiel. Die Gehilfen hinter ihm hatten alle Mühe, ihn zurückzuhalten. Er war in volle Montur gekleidet, ausstaffiert mit Zweispitz und Zeremonienschwert, welches er bedrohlich in meine Richtung schwang. Krebsrot angelaufen vor Wut, brüllte er: „Verräter! Vergewaltiger! Pirat!“, was noch als die freundliche Version des eigentlich Gesagten durchgeht und mir Aufschluss darüber gab, warum er sich wie Attila nach einem Schlaganfall benahm.

Der eine Gehilfe hängte sich mit ganzem Gewicht an seine Schwerthand und zog sie mit aller Kraft zurück. Der andere hingegen, ein schwerfälliger, junkerhafter Schläger, dessen hässliche Visage mit Narben übersät war, zog mir seinen Handschuh durchs Gesicht, warf ihn vor meine Füße und stampfte davon. Für mehr reichte die Zeit nicht, denn die Barkasse näherte sich, die Max an Land bringen sollte, und an der Landungsbrücke hatten sich der Herzog von Württemberg und all die anderen großen Namen, bereits aufgereiht. Der Kai war in dunkle Schwaden gehüllt, und Blechbläser spielten etwas fröhlich Wagner artiges. Zum Glück verstehe ich mich auf Fingerzeige, denn so begriff ich schnell, dass ich mich, sobald sie Max zur Eisenbahn nach Wien eskortiert hatten, schleunigst das Weite suchen sollte, ohne einen weiteren Mucks zu machen.

Also ließ ich die Sargträger ihr Gut verladen, wartete, bis die Kanonen der versammelten Schiffe mit ihrem Salut begannen und Tegethoff und Konsorten in sicherer Entfernung verschwanden, bevor ich mich mit hastig gepackter Reisetasche an Land schlich. Der Trauerzug setzte sich langsam in Bewegung, entlang des Boulevards, unterhalb des Grand Canal, in Richtung Stadtmitte; feierliche Musik, haufenweise singende Kleriker, Kreuze tragende Klosterbrüder, Bataillone von Infanteristen, und ich dachte still „Hasta la vista, alter Max“ und machte mich eilig auf den Weg stadteinwärts, um mich für ein paar Stunden im Getümmel zu verlieren.[6] Tegethoffs Gruppe, samt Leichnam, würde bald auf dem Weg nach Wien sein und ihrem Groll gegen mich frönen, kein Zweifel, jedoch unfähig, diesem Ausdruck zu verleihen. Ich dagegen könnte darüber nachdenken, wie zum Teufel ich das Geld für eine Passage nach England auftreiben konnte, denn abgesehen von ein paar Pesos und Yankee-Dollars in meiner Tasche war ich blank.

In Triest ist nicht wirklich viel geboten, außer man versteht etwas von Handel, Banken oder ähnlich zwielichtigen Geschäftszweigen. Fouché, der Kopf von Napoleons Spionagetrupp, liegt hier begraben, und Richard Löwenherz hat hier zeitweilig seine Gefängnisstrafe verbüßt. Die wenigen anderen Attraktionen sind der Markt und der Corso, eine breite Straße, welche die alten und neuen Stadtteile miteinander verbindet und auf dem man sich die Nase an den Schaufenstern plattdrücken und so viel Kaffee trinken kann, bis man platzt.

Am Abend hatte ich mich bis zum Platz vor der Börse, der Piazza della Borsa, durchgeschnorrt und weiter in einen Casino Club, in dem regelmäßig die örtliche Schickeria zusammenkam. Ich hoffte, über eine unternehmungslustige reiche Witwe zu stolpern, die den körperlichen Sinnesfreuden nicht gänzlich abgeneigt war. Doch kaum hatte ich begonnen, den modischen Pulk zu begutachten, als ich mich im Angesicht eines Mannes wiederfand, den ich wohl als letztes an diesem Ort erwartet hätte. Mein alter Kumpel aus Rugby und Mostkellerzeiten, Speedicut, den ich seit der Nacht, in der der Minor Club in St. James geplündert wurde, kaum mehr gesehen hatte. Wir mussten damals vor den Gendarmen fliehen, und ich fand mein Refugium in der Kutsche (später auch im Bett) von Lola Montez, Gott beschütze ihr schwarzes Herz. Das war nun schon an die fünfundzwanzig Jahre her, dennoch erkannten wir uns auf Anhieb und mit großer Freude wieder, die wir allerdings nur vorsichtig zum Ausdruck brachten. Als zwei von Natur aus misstrauische Gestalten, waren wir keine gewöhnlichen Busenfreunde.

Kurz darauf erfuhr ich, dass er in den diplomatischen Dienst gewechselt war, was mich nicht sonderlich überraschte, da ihm die Seele eines Quacksalbers innewohnte mit großem Talent, sich elegant durchs Leben zu schnorren und einer noch größeren Aversion gegen Arbeit. Er war in Not, denn, wie Sie bereits ahnen werden, hatte er dieses Vermögen aus Silbertalern von Wien zur Weiterverschiffung nach Abessinien gebracht, und man mag es kaum glauben, der von ihm angeheuerte Begleitschutz war nun ausgefallen und er, auf der Suche nach einem neuen, mit seinem Latein am Ende. Selbst konnte er es nicht machen, seine Pflichten als Diplomat hielten ihn auf österreichischem Boden fest, und so weiter und so weiter ... Just in diesem Moment dünkte ihm, dass er hier doch dem guten alten Harry gegenüberstand. Ritter des Königreichs, Held des Krimkriegs und der Meuterei in Indien, Liebling des Gardekavallerieregiments und einfach ein Kerl, dem man solch eine lebenswichtige Aufgabe, im Dienste des Vaterlandes, anvertrauen konnte.

Mein Erscheinen war für ihn wie ein Wink des Himmels und gute Güte, das war es wirklich!

Für meine Heimreise wollte er allerdings nicht aufkommen. Dafür, dass er aus krösusartigen Verhältnissen stammte, war er geizig wie Solomon Levi. Immerhin gelang es mir, unter Vortäuschung falschen Interesses, ihm ein annehmbares Abendessen in der Locanda Granda aus dem Kreuz zu leiern. Danach musste ich ihm jedoch mitteilen – überaus höflich für jemanden, der ungern Menschen vor den Kopf stößt – wo er sich seine Ladung Taler so hinschieben könnte. Er jammerte ein wenig, drängte mich aber nicht weiter, da er wohl eh nicht davon ausgegangen war, dass ich zustimmen würde. Wir gingen an diesem Abend also friedlich auseinander. Er machte sich in Richtung Bahnhof auf, um sicherzugehen, dass sich seine Leute auch um die Dublonen kümmerten, und ich machte mich auf die Suche nach einer günstigen Bleibe für die Nacht.

Ich war gerade um die Ecke gebogen, da erspähte ich etwas, das mir gewaltig auf den Magen schlug und mich umgehend dazu verleitete, mich schnellstens ins nächstgelegene Gässchen zurückzuziehen. Keine zwanzig Meter von mir entfernt, auf der gegenüberliegenden Straßenseite, stand der österreichische Rüpel, der mich geohrfeigt und zum Duell gefordert hatte, im Gespräch mit zwei uniformierten Gendarmen und einem bärtigen Schurken in Melone und einfacher Kleidung, dem der Greifer förmlich in das Gesicht geschrieben war. Neben ihm standen außerdem noch zwei bewaffnete Soldaten.

Als die Gruppe sich aufteilte und der Hauptmann die Treppen zur Locanda erklomm, die ich soeben erst verlassen hatte, schwante mir Böses – Tegethoff hatte diesen Dreckskerl zurückgelassen, um mich ausfindig zu machen und entweder vor Gericht zu bringen, als Verführer Minderjähriger (die Krautfresser haben diesbezüglich die primitivsten Ansichten, wie ich schon in München '47 herausfand, als Bismarcks Schlägerkommando meine Liebelei mit der schwabbeligen Schlampe Baronin Pechmann unterbrechen musste), oder, was noch wahrscheinlicher war, beabsichtigte er, mich in einem Säbelduell der Länge nach aufzuschlitzen. Mit einem Schlag war mir Triest ein zu heißes Pflaster geworden – jetzt wissen Sie auch, warum ich mich wenige Stunden später in Speedicuts Zimmer im Victoria wiederfand, lautstark um Erlaubnis fordernd, sein Silber nach Abessinien oder Timbuktu oder welchen Ort auch immer zu bringen.

Hauptsache ich war außer Reichweite österreichischer Rachegelüste.

In meiner Angst malte ich mir sogar aus, falls Tegethoff mich zu fassen kriegte, er mich sicherlich auch verhörte und so herausbekäme, dass ich ein desertierter Fremdenlegionär war, und mich an die verdammten Froschfresser aushändigen würde. In dem Fall verbrächte ich den Rest meiner Tage als Sklave in einem Straflager in der Sahara. Eine unbegründete Angst, rückblickend betrachtet, aber in solchen Belangen bin ich einer von der übervorsichtigen Sorte, wie Sie vielleicht wissen. Ich habe Speed nichts von diesem Hirngespinst erzählt, wohl aber alles über Gertrude, weil er so was für völlig verrückt hält und meine Fähigkeiten als Herzensbrecher und Flüchtender bewundert.

„Wie du, in Dreiteufelsnamen, solchen Gefahren immer in letzter Minute ein Schnippchen schlägst, bleibt mir ein Rätsel – aye, und nicht selten mit einer Verehrerin auf deinen Fersen! Diesmal hast du ein verdammtes Glück gehabt, dass ich gerade zur Stelle war!“

„Glück für uns beide. Jetzt, da du alles über meine schmutzige Vergangenheit weißt, möchtest du mir immer noch deine halbe Million anvertrauen? Keine Befürchtungen, dass ich womöglich einen Abstecher nach Monte Carlo mache und alles beim Roulette verspiele?“

So formuliert, mit Zwinkern und Grinsen, störte es ihn nicht die Bohne und sein gesunder Menschenverstand verriet ihm, dass ich mich eh nicht aus dem Staub machen würde und er sowieso keine andere Wahl hatte. Wenige Stunden nach Mitternacht fand ich mich also an der Hafenmole wieder und sah dabei zu, wie Speedis Angestellter mit dem Skipper einer kleinen Barke oder Jolle oder wie auch immer sie die Dinger nennen, verhandelte, während sich seine Crew aus Antonios schnatternd auf den Ladeluken herumfläzte – selbst in diesen Zeiten war Triest mehr italienisch als österreichisch geprägt – und da kam auch schon Speed in Windeseile über die verlassene Plaza aus Richtung Bahnhof angerauscht, eine Truppe Marineinfanteristen der Botschaft im Schlepptau, die unsere sensible Ladung auf einem

Handkarren heranrollte: eine Menge einzelner, kleiner Geldkassetten, auf deren Schlössern das kaiserliche Wappen[7] prangte. Es waren vier Ledernacken[8] unter einem Feldwebel mit vorspringendem Kinn, alle sehr schneidig, die Gewehre geschultert. Speeds Taler wären mit dieser Gefolgschaft vor Seeräubern und Landräubern jedenfalls sicher.

Vielleicht lag es an meinem kleinen Scherz über Monte oder seiner natürlichen Angst davor, seine wertvolle Fracht aus den Augen zu lassen, aber nun, als die Tinte getrocknet war, kamen in Speed schreckliche Zweifel auf. Vorher hatte er mich förmlich darum angefleht, ihm zu Hilfe zu kommen, doch nun, beim Anblick der plappernden Itaker, die die Kassetten schwungvoll unter Deck brachten und dem Feldwebel, der darüber fluchte wie ein Landsknecht, kaute er nervös auf seiner Unterlippe. Ich hingegen, genehmigte mir einen Stumpen an der Reling und probierte mein italienisches Kauderwelsch am wehrlosen Skipper aus.

„Das hier ist kein Spaß, Flash!“, sagte Speed. „Es ist verdammt ernst! Du trägst nicht nur die Verantwortung für diese Taler, sondern auch für meine Karriere – und meinen guten Ruf, verflucht!“ Als ob er einen gehabt hätte. „Jesus, sollte irgendetwas schiefgehen, wirst du dich doch darum kümmern, oder, alter Freund? Ich meine, du wirst doch nichts Dummes anstellen, du weißt schon, wie … wie …“, er hielt inne und wollte den Satz nicht mit so etwas wie „wie mit dem Zaster nach Pago Pago durchzubrennen“ beenden. Stattdessen schloss er ihn mit einem mürrischen „es ist nicht versichert, weißt du – nicht ein Groschen!“ ab.

Ich versprach ihm, dass sein Hartgeld wohlbehalten und in weniger als vier Wochen zu Napier gelangen würde, aber er sah immer noch irgendwie traurig aus und nicht allzu erpicht darauf, mir den Passierschein der Botschaft zu übergeben, der die königlichen Staatsdiener dazu veranlasste, meine Reise zu erleichtern und einen Brief an Napier mit der Bitte um Mittel für meine Rückreise. Ich schüttelte hastig seine Hand, bevor er es sich anders überlegen konnte, und als wir ablegten, der Skipper das Steuerrad drehte und seine Crew die Segel setzte, mein Gott, da war er schon wieder. Er lief an der Mole entlang, ruderte mit den Armen und brüllte:

„He, Flash, ich hab vergessen, dich nach einer Quittung zu fragen!"

Ich schlug ihm vor, meine Unterschrift zu fälschen, wenn es ihn besser schlafen ließe, und sein Gezeter verklang in der warmen Nachtluft, als der Wind in unsere Segel blähte und sich das kleine Schiff ruckartig in Bewegung setzte. Der Skipper brüllte seine Kommandos, und die Arbeitskräfte liefen barfuß umher und knoteten die Tauenden fest. Ich blickte zurück auf den großen, leuchtenden Halbmond über dem Hafen von Triest und fühlte eine unheimliche Erleichterung, als ich bei mir dachte: Flashy, mein Junge, schon wieder ein Ort, den du nach kurzer Anwesenheit heilfroh bist zu verlassen. Auf eine fröhliche Urlaubsfahrt zu einem neuen Horizont und einem alten Freund! Und danach, hey, auf einen kurzen Abstecher in die Heimat und zur schmachtend wartenden Elspeth. Die merkwürdige kleine Gertrude verblich zwar bereits in meiner Erinnerung, trotzdem befand ich rückblickend, dass dank meines Einsatzes ihr Gemahl von einem Prinzlein in ihrer Hochzeitsnacht wohl entweder hocherfreut oder hochgradig entsetzt sein würde – womöglich beides, dieser glückliche Bursche!

Sie können hieraus erschließen, dass ich in einer friedvollen und optimistischen Gemütslage war, als ich zu meiner Abessinischen Odyssee aufbrach. Esel, der ich war. Sie mögen vielleicht denken, dass ich mir nach all den Dingen, die ich Zeit meines Lebens gesehen und durchlitten habe, auch immer die Male in Erinnerung rufe, bei denen es beim Aufbruch zunächst rosig erschien, um später in einem heillosen Durcheinander zu enden. Aber man weiß es eben vorher nie.

Ich konnte es nicht vorhersehen, als ich zufrieden am Bug stand und in die vom Mondlicht grün erleuchtete See starrte. Die sanfte adriatische Brise im Gesicht, das Fluchen und Lachen der Jollies in den Ohren und der unerträgliche Gesang eines Crewmitglieds – als hätte man einer Katze auf den Schwanz getreten.

Ich konnte auch nicht vorhersehen, dass eine schreiende Horde langhaariger Krieger mit ihren schrecklichen Sichelklingen auf die Sikh-Bajonetts eindreschen würden, oder den riesigen Haufen verwesender Leichen unterhalb des Islam Gee Plateaus, oder das beengende Gefühl von stählernen Gitterstäben um meinen Körper, als ich in einen Käfig gesperrt im eisigen Wind über gähnender Leere baumelte, oder die Veränderung eines kultivierten Monarchen in einen mörderischen Tyrannen, der lauthals kreischte, als er, mit hysterischer Fröhlichkeit, auf seine gefesselten Opfer einschlug.

Nein, all diesen Horror konnte ich nicht vorhersehen. Auch nicht dieses unglaubliche, fremde Land, Priester Johannes sagenhaftes Reich von uneinnehmbaren Bergfestungen und bodenlosen Felsspalten, besiedelt von einem wilden, kriegsbesessenen, stolzen Volk, in das Napier eine Expedition führen sollte, wie man sie seit Cortéz oder Pizarro (laut Henty) nicht mehr gesehen hatte und sie – unglaublicher Gefahren und geringer Überlebenschancen zum Trotz – auch wieder hinausbringen sollte. Ein Land voller Geheimnisse, Terror und Grausamkeit und den entzückendsten Frauen in ganz Afrika … eine lächelnde, goldglänzende Nymphe in knapper Ledertunika, die sich, an einem Bachlauf sitzend, die Haare flocht und mich dabei zu necken versuchte … eine prunkvolle Barbarenherrscherin, die, von ihren gezähmten Löwen umringt, auf üppigen Sitzkissen thronte … und eine lehmfarbene junge Schönheit, die meinen Häschern anriet: „Wenn wir ihn Stück für Stück ans Feuer verfüttern, wird er schon reden …“

Aye, Abessinien ist schon ein interessantes Fleckchen Erde.

Kapitel 2

Sollten Sie meine früheren Memoiren gelesen haben, dürften Sie mich besser kennen als Speedicut und demnach auch nicht seine Bedenken teilen, mir eine kühle halbe Million in Silber anzuvertrauen. Der alte Flash mag ein Paradebeispiel der schlimmsten Laster sein – Unzucht, Verrat, Feigheit, Betrug und Werteverfall, alle zutreffend, wie Sie wissen, und dies ist womöglich nicht einmal die Hälfte, doch schwerer Diebstahl gehört mitnichten dazu. Eine zwingende Notwendigkeit hat mich vielleicht schon mal dazu verleitet, bei der einen oder anderen Gelegenheit etwas einzustecken, aber niemals im großen Stil. Wie Sie sich vielleicht erinnern, bot sich mir einst die Chance, den Koh-i-Noor-Diamanten* an mich zu reißen, aber nicht für den Hauch einer Sekunde war ich versucht es zu tun. Wenn es eine Sache gibt, die ein ausgemachter Feigling wie ich wertschätzt, ist es Seelenfrieden, und als Gesetzloser auf der Flucht lässt sich dieser nur schwer erreichen. Davon abgesehen, einen Diamanten einzustecken ist eine Sache, doch stapelweise Geldkassetten, die weiß Gott wieviel wiegen und von fünf stattlichen Burschen bewacht werden, eine völlig andere.

Speed hatte ganz unbekümmert von einem kurzen Halt in Alexandria gesprochen. Nicht ahnend, dass unsere Reise dorthin, mit diesen dilettantischen Dagos, die mit unserem Schiff zwischen dem Absatz des italienischen Stiefels und Kreta planlos hin und her kreuzten, nun schon fast zweitausend Meilen andauerte. Die Hälfte der Zeit, die mir eingeräumt wurde, um Napier zu erreichen, war bereits verstrichen, als Ägypten in Sichtweite lag. Zwar halte ich es nur für einen sandbedeckten Misthaufen, doch war ich heilfroh ihn nach dieser todlangweiligen Überfahrt endlich zu erblicken. Außerdem sollte es dieses Mal keinen trostlosen Zug durch die Wüste geben. Die Reise

* siehe „Flashman und der Berg des Lichts", Band 9 der Flashman-Manuskripte

per Kamel war eine Strafe, die ich in vergangenen Zeiten über mich ergehen lassen musste, doch nun gab es eine Zugverbindung für den ganzen Weg von Alex nach Suez über Kairo. Was einst eine tagewährende, gesäßfeindliche Unbequemlichkeit verhieß, war heute, dank unserer Ingenieure, die trotz wütender französischer Opposition die Konzession gewannen, eine lediglich achtstündige Zugfahrt. Sie waren überaus eifersüchtig auf den großen Kanal der Franzosen, der noch im selben Jahr fertiggestellt werden sollte. Arbeitskolonnen aus Tausenden von unglücklichen Fellachen wurden in den letzten Monaten seiner Vollendung gnadenlos ausgepeitscht, denn er bestand, bis auf die Namensgebung, ausschließlich aus Sklavenarbeit.[9]

Wir verweilten nicht lange in Alexandria. Ägypten dürfte der letzte Ort auf der Welt sein, an dem man eine Fracht voller Wertgegenstände mit sich führen möchte. Daher machte ich auch nur einen kurzen Abstecher ins Hôtel de l'Europe, um ein Bad und ein annehmbares Frühstück zu genießen. Der Feldwebel war in der Zwischenzeit damit beschäftigt, einige örtliche Eseltreiber aufzuspüren, die unsere Kisten zum Bahnhof befördern sollten.

Bald darauf zuckelten wir los. Vier Stunden nach Kairo, weitere vier im Express Richtung Suez, und noch vor Einbruch der Dunkelheit wurde ich beim Hafenkapitän vorstellig und dinierte im Speiseraum der Marine. Abessinien war in aller Munde und als es die Runde machte, dass der gefeierte Flashy General Napier seine Kriegskasse liefern sollte,[10] legte man sich mächtig ins Zeug. Man stellte mir eine dampfbetriebene Schaluppe zur Verfügung, unter dem Kommando eines fröhlichen Jünglings namens Ballantyne. Sein blonder Schopf war von der Sonne schon ganz ausgeblichen und auch die sonnenverbrannte Nase pellte sich leicht. Seine Männer wuchteten die Geldkassetten an Bord und verstauten sie sogleich unter Deck. Die Ledernacken mussten mit den beengten Verhältnissen unterm Vorschiff vorliebnehmen und bei Sonnenaufgang brausten wir den Golf von Suez hinunter Richtung Rotes Meer. Somit lagen zwischen unserer Ankunft und Abfahrt aus Ägypten nicht einmal vierundzwanzig Stunden, was immer noch ein Tag zu viel ist.

Der Golf von Suez ist an seiner schmalsten Stelle nicht breiter als zehn Meilen und Ballantyne, der so berauscht und sprudelnd in seinem jugendlichen Übermut war, wie es ein Einundzwanzigjähriger mit eigenem Kommando nur sein konnte, berichtete mir stolz, dass die Kinder Israels an dieser Stelle die berühmte Überquerung beim Auszug aus Ägypten vollzogen hatten. „Aber das ist alles Geschwätz mit der Teilung des Meeres und der ertrunkenen Armee des Pharaos, sage ich Euch. Es gibt Stellen, an denen man bei Ebbe von Ägypten bis zum Sinai laufen kann, und ein alter schwarzer Zigeuner hat mir verraten, dass sie auch nicht vom Pharao verfolgt wurden, sondern von einer Horde gemeiner arabischer Beduinen. Nachdem es Moses bei niedrigem Wasserstand auf die andere Seite geschafft hatte, kam die Flut, und die Bedus sind verdienterweise alle ertrunken. Es wurde auch kein ein verflixter Streitwagen entdeckt, als das Wasser wieder ablief. Da habt Ihr's doch!“[11]

Sein Bootsmann sagte, er bäte um Verzeihung, Sir, aber das sei Gotteslästerung, und so entbrannte zwischen beiden eine hitzige Diskussion, worauf die Seemänner grinsten und flachsten und mein Ledernacken-Feldwebel finster und missbilligend dreinblickte. Er war die freie und unverfängliche Art dieser Navy-Jungspunde nicht gewöhnt, die nicht anders konnten, als ihre Unterstufenattitüde mit auf See zu bringen und sich eher wie der Kapitän einer Fußballmannschaft aufführten als der einer Schiffscrew. Aber es ist doch ganz offensichtlich: der junge Kornett oder Fähnrich, der zum ersten Mal zu seinem Regiment stieß, wurde Teil einer Welt aus steifer Formalität und Disziplin, und hier war dieser Kerl, gerade dem Backfischalter entwachsen, der ein kleines schwimmendes Königreich sein Eigen nannte und entsandt wurde, um Sklavenhändler und Piraten zu bekämpfen, Schmuggler zu jagen, Pilger zu schützen und nicht zuletzt den wertvollen Silberbestand zu geleiten, auf dem die Hoffnung der gesamten britischen Armee ruhte – und das ohne Vorgesetzten, den er um Rat oder Hilfe bitten konnte. Er musste sich vollkommen auf den eigenen Verstand verlassen. Der junge Ballantyne folgte keinen Befehlen, da es außer seinem Reisemandat keine gab. Seine Mannschaft war ausnahmslos älter als er, aber er musste mit ihnen durch dick und dünn gehen, ihre Sorgen und Ängste teilen, ihr Vertrauen gewinnen und sie dazu bringen ihn zu mögen, weil das seine Stellung verlangte. Wenn er ihnen „Los!“ befahl, mussten sie ihm folgen. Sogar in den Tod.

Ich hatte nie bei der Navy gedient. Soldaten sind durch Reserviertheit und ein kriegerisches Aussehen leicht zu täuschen, aber ein Seemann hätte mich durchschaut, bevor wir die nächste Sandbank überquerten. Das ist die verflixte Sache mit dem Leben an Bord eines Schiffs – man kann weder Körper noch Geist verbergen.

Am zweiten Tag auf See, kurz nach dem wir die Ras Mohammed Südspitze der Sinai-Halbinsel passierten, bekamen wir eine Kostprobe von Ballantyne geboten. Der Ausguck im Bug erspähte ein flaches, schäbig aussehendes Boot mit großem Lateinersegel, welches abrupt den Kurs änderte, als es von uns Kenntnis nahm und auf eine kleine Inselgruppe nahe der ägyptischen Küste zusteuerte.

„Ein Sklavenhändler, darauf verwette ich meinen Hut!“, rief der junge Nelson. „Bootsmann, macht die Kanone klar! Tomkins, öffnen Sie die Waffentruhe! Sir Harry, ich würde es begrüßen, wenn sich auf jeder Seite zwei Ihrer Männer positionieren könnten, für den Fall, dass wir schießen müssen. Tally-ho!“ Er packte das Steuer, während sein Maschinist den Kessel befeuerte und die kleine Schaluppe daraufhin geradezu über das Wasser flog. Ballantynes Arbeiter wirbelten unter Deck und tauchten kurz darauf wieder auf, die Arme beladen mit Knarren und Entermessern. Wie gefordert, wies ich meinen Feldwebel an, sein Gefolge an der Reling aufzustellen, womit ich seiner Militärseele einen echten Schock versetzte. Er selbst hatte ihnen nämlich gerade erst den Befehl gegeben, sich Hüte und Jacken anzuziehen. Aber wenn die afrikanische Sonne so auf einen runterbrennt, schießt man in einem langärmligen Oberhemd einfach genauer.

Doch dazu kam es nicht, denn die Sklavenhändler erreichten noch vor uns ein felsiges Eiland und verließen mit ihrem menschlichen Frachtgut fluchtartig das Schiff. Wir waren noch immer eine halbe Meile entfernt und unfähig einzugreifen, als ein Dutzend weißgewandeter Araber und mehr als hundert nackte Schwarze – Männer, Frauen und Kinder – die Küste hinaufstolperten und zwischen den Felsvorsprüngen verschwanden. Wir konnten ihre Schreie hören und das Knallen der Karbatschen, als die Händler sie weiter vorantrieben. Wir drehten bei, um einen Schuss auf das Land abzufeuern, worauf sich ihr Anführer umdrehte und unser Vorhaben mit Spott und obszönen Gesten quittierte. Ballantyne schäumte vor Wut und drohte ihm mit der Faust.

„Ihr widerlichen Bastarde! Das werdet ihr noch bereuen!", brüllte er, so dass sich seine Stimme fast überschlug. „Bootsmann, haltet die Kanone bereit – nein, wartet noch! Marines, zielt auf diesen Hundesohn – nein, wartet noch!" Der Anführer der Bande hatte eines der Kinder an sich gerissen und wie einen Schutzschild hochgehalten. Seine Schurken folgten diesem Beispiel oder mischten sich unter die aufgeschreckten Sklaven, so dass uns eine freie Schussbahn verwehrt blieb.

„Oh, ihr Halunken!", pöbelte Ballantyne. „Ihr feigen Schweine! Ihr werdet uns nicht entkommen! Macht das Boot klar, Bootsmann! Haltet eure Messer bereit, Männer! Wir werden uns rächen, ihr gemeinen schwarzen Unholde! Sie können nicht mit all den Sklaven vor uns weglaufen! Pistolen, Tomkins, ich brauche zwei. Und zwei für Sir Harry – und ein Messer! Wir werden sie in Nullkommanichts zerlegen, nicht wahr, Sir? Haha!"

Er war so blutrünstig, dass er es kaum erwarten konnte, Hand an den Feind zu legen und es mir deshalb auch fast leidtat, als ich ihm den Spaß verderben musste. Ich wäre erledigt, wenn ich mich auf ein Hauen und Stechen mit diesen verzweifelten Barbaren einließ. Aber ich besaß die perfekte Entschuldigung, um mich über seine Anweisung hinwegzusetzen. Ich gab dem Bootsmann den Befehl, die Maschinen stoppen zu lassen und unterbrach damit Ballantynes falsettartiges Gezeter.

„Verzeiht, mein Bester, aber es geht nicht! Wir führen die Kriegskasse der Armee mit uns und können sie nicht wegen ein paar lausiger Schurken aufs Spiel setzen!"

„Aber wir könnten ihnen in Windeseile den Garaus machen und diese armen Seelen retten!“, konterte er. „Wir haben das schon mal gemacht, wissen Sie! Der Bootsmann könnte Ihnen …“

„Nun, heute werden Sie es unterlassen“, entgegnete ich, worauf er das hohe C anschlug. Der Bootsmann schüttelte den Kopf und sagte zustimmend, ich bitte vielmals um Verzeihung, Sir, aber wir können den Verlust der Taler unter keinen Umständen riskieren. Ballantyne schien gleich in Tränen auszubrechen, gab sich aber keine Blöße.

„Wohl wahr, Sir Harry. Ich war nicht ganz Herr meiner Sinne! Verzeiht meine Gedankenlosigkeit. Trotzdem sage ich, wir könnten zumindest das Boot dieser Halunken in den Grund bohren! Das macht ihren Handel zunichte. Bootsmann, macht die Kanone klar!“

„Was ist mit den Sklaven, Sir?“, fragte dieser. „Diesen schwarzen Teufeln ist es zuzutrauen, dass sie ihnen aus Trotz die Kehlen durchschneiden, wenn wir ihr Schiff versenken.“

Ballantyne ließ sich das Gesagte für gute zwei Sekunden durch den Kopf gehen, sorgsam abwägend, ob er als Hans dem Hänschen eine mitgeben oder ihn zu hundert Zeilen Vergil verdonnern sollte. Dann blaffte er: „Nein. Wenn wir sie nicht aufhalten, werden sie diese armen Kreaturen verkaufen wie Vieh. Sie können gar nicht schlimmer dran sein, gestrandet mit diesen Unmenschen. Ein Höllenschiff mit *schwarzem Elfenbein* weniger!“

Der Bootsmann tippte sich an den Hut, merkte aber an, dass es mit unserer 6-Pfünder wohl den ganzen Tag dauern würde, bis die Holzplanken des Sklavenhändlerboots durchschlagen wären. „Dann verbrennt das Scheißding!“, schrie Ballantyne, worauf er zwei seiner Männer in einem Beiboot entsandte, die das Schiff der Sklavenhändler in Flammen setzten. Es brannte lichterloh wie der Fackelzug in der Bonfire Night, was die Schurken am Felshang hilflos aufschreien ließ. Wir gingen auf Distanz und Ballantyne schwor ihnen lauthals Rache.

„Zu schade!“, seufzte er. „Die feigen Grobiane schaffen es immer bis zur nächsten Küste, aber wir haben sie verfolgt und hätten die Sklaven mit Leichtigkeit befreien können. Diese hasenfüßigen Halunken hätten sie niemals mit der Waffe verteidigt!" Er schaute zurück zur Küste und dem brennenden Boot. „Aye, diese Bestien hocken immer noch zwischen den Felsen. Man muss auf der Hut sein, wissen Sie. Ein alter Kumpan, Jack Legerwood, ist so einer Bande vor ein paar Monaten zu weit gefolgt. Sie haben ihn erwischt und den armen Kerl in seine Einzelteile zerlegt. Herrgott, wenn ich sie nur zu fassen bekäme!"

Sie wissen ja, wie ich über Heldentaten denke. Ich würde nicht einen Finger krümmen, um ein paar mittellose Schwarze vor der Sklaverei zu bewahren. Wahrscheinlich auch kein schlechteres Leben als in einem Drecksloch in der Wüste und wohl eine angenehme Abwechslung für die Damen, die ein neues Zuhause in irgendeinem Harem finden. Ich sagte dies auch zu Ballantyne, worauf er hingegen puterrot anlief und „Ach was!" schnaubte, arnoldscher Paladin, der er war, unerschütterlich loyal, reinen Herzens und voll christlichen Eifers, seinen Nächsten zu lieben und allen Ungläubigen mit größtem Vergnügen ein jähes Ende zu bereiten.

Aber ich will mich nicht über ihn mokieren, jedenfalls nicht zu sehr. Ich habe weitaus mehr für ihn und seinesgleichen übrig, als für diese psalmdreschenden Bibelfanatiker, die Lippenbekenntnisse ablegen, um die Heiden vom falschen Weg abzubringen, predigen und ihre zwei Pfennig der Antisklavengesellschaft beisteuern, aber niemals einen Gedanken an den jungen Ballantyne verschwenden, der die Seewege für die Zivilisation freihält oder Jack Legerwood, der einen Tod sterben musste, den man nicht mal seinem ärgsten Feind wünscht. Ich habe sie sogar wie meinen alten Schiffskameraden Brooke lästern hören, man solle erst schießen und dann fragen und über Sklavenjäger, Piraten und Briganten wie der Zorn Gottes kommen. Aus der Entfernung ist es immer ein Leichtes andere zu tadeln, aber ich habe sie in den Grenzgebieten gesehen. Halbstarke, noch mit Flaum auf den Wangen, die Männerarbeit verrichten, dafür aber bezahlt werden wie Sidiboys[12] und häufig noch vor ihrem einundzwanzigsten Geburtstag die Kugel bekommen – ich hatte gerade erst einen erlebt. Noch nicht alt genug zum Wählen, aber die erdrückende Last auf den Schultern, darüber entscheiden zu müssen, was mit Hunderten von schwarzen Leben geschehen soll. Eine furchtbare Frage, der seine ehrwürdigen Vorgesetzten zu Hause geflissentlich ausweichen würden. Ich bin übrigens der Meinung, dass er Recht hatte, und ich spreche aus der Erfahrung von jemandem, der die Verantwortung unzählige Male von sich weggeschoben hat. Aber die Ballantynes und Legerwoods dieser Welt taten dies nicht, und wenn der Sklavenhandel von unseren Meeren verschwinden sollte, war dies nicht wirklich der Arbeit von Reformatoren und Staatsmännern geschuldet, mit ihren hochtrabenden Idealen in London, Paris und Washington, sondern der lange vergessenen Heerschar ziemlich nutzloser junger Briten, die sich gerne damit die Zeit vertrieben. Sie dürfen den Geschichtsschreibern gerne ausrichten, dass dies meine Worte sind.

Vom Sinai bis zum abessinischen Hafen Zoola sind es ungefähr tausend Meilen und ich hatte angenommen, dass unsere muntere kleine Dampfmaschine diese Distanz in Windeseile zurücklegen würde, aber ich hatte mich geirrt. Auf halber Strecke schlug der Kessel leck und es ist der Barmherzigkeit des lieben Gottes zu verdanken, dass wir kurz vor Dschiddah lagen. Zu diesen Zeiten war es der einzige Ort entlang der ganzen gottverlassenen Roten-Meeres-Küste, der überhaupt einen Fliegenschiss wert war – als der Hafen, in dem die Muslime von Bord gingen, um weiter nach Mekka zu pilgern, das ein paar Tagesmärsche landeinwärts liegt.

Konsequenterweise wimmelte es daher von muslimischen Gläubigen, die in jeder Art von Boot, seien es chinesische Dschunken, altertümliche Dampfer bis hin zu Feluken und Dingis, an- und abreisten. Wir hatten dort einen Konsul stationiert und die Navy war immer abrufbereit. Sie nutzen diesen Ort als Stützpunkt mit einem Vorratslager und einer Schmiede, in der auch unser Maschinist seinen Kessel flicken lassen konnte.

Dort gibt es einen Ort namens El Golea, in den Tiefen der Sahara, von dem behauptet wird, er sei der heißeste Fleck der

Erde. Ich hingegen würde mein Geld auf Dschiddah setzen oder irgendwo anders am Roten Meer, wenn wir schon dabei sind. Tagelang kamen wir fast um vor Hitze und der Bootsmann gewann eine Wette mit den Marines, als er auf dem Deck ein Ei briet.

Das Hafenviertel war ein heilloses Durcheinander aus den unterschiedlichsten Booten und die Stadt selbst schien unter der riesigen Horde von Pilgern förmlich zu ersticken. Sie hatten sie in einen menschlichen Ameisenhaufen verwandelt, aus dem Hitze und Gestank stoßwellenartig herausquollen und ich könnte schwören, dass sie über den berühmten weißen Mauern sogar sichtbar wurden. Keuchend lag ich unter einer Markise und versuchte dabei den ohrenbetäubenden Lärm von einer Million umherlaufender Nigger, mit ihrem Rufen und Klagen, zu ignorieren. Ich blätterte durch eine alte Ausgabe des *Punch*, in der ein Reim über in Ketten gelegte Briten in Abessinien stand, und eine Karikatur von Kaiser Theodor als dicklippiger Mohr. Weit gefehlt, wie ich herausfinden sollte.

Der *Punch* hielt nicht besonders viel von unserer Expedition und klagte in guter alter Manier über Ungereimtheiten im Kriegsamt und welche Kosten dabei für die Mittelschicht entstünden. Daraufhin schlugen sie vor, man solle diese Kosten begleichen, indem man Theodor schnappte und ihn im Ägyptischen Saal am Piccadilly in einem Käfig zur Schau stellte für einen Schilling pro Kopf.[13]

Wenn ich über die Verspätungen ungeduldig klagte, war Ballantyne bereits drauf und dran zu platzen. Ein paar Schaluppen, baugleich der unseren, lichteten ihre Anker und machten sich auf den Weg die arabische Küste hinunter zu irgendeinem Ort, an dem laut unseren einheimischen Spionen eine große Ladung afrikanischer Sklaven erwartet wurde. Unser junger Held empfand dies wie ein Baby, dem man die Flasche verwehrte.

„Mehr als tausend Sklaven auf dem Weg nach El Confound-it* und wir stecken hier in diesem Drecksloch fest! Was für ein Pech! Wir werden es niemals pünktlich dorthin schaffen!“

---

* wahrscheinlich Al Qunfudhah, ein Hafen an der Küste Saudi Arabiens

„Oh, da bin ich mir nicht sicher", antwortete unser Informant. Ein weiterer lebhafter Jugendlicher, in eine modische Djellaba gekleidet, einer Jacke mit Messingknöpfen und Piratentuch um den Kopf.

„Die Sklavenhändler haben sich schon seit 'ner Woche nicht blicken lassen und Confound-it liegt nicht weit von Zoola entfernt. Sag deinem Maschinisten einfach, es gibt keinen Grog mehr, wenn er nicht bald ein bisschen Dampf macht!"

Ein verdammt alberner Vorschlag, denn der sicherste Weg, einen britischen Arbeiter dazu zu bringen, sich Zeit zu lassen, ist ihn zu bedrohen. Besonders wenn man ihn dazu noch als einen Port-Mahon-Trottel beschimpft. So dauerte es noch weitere zehn Tage, eine Woche später als Speed veranschlagt hatte, bevor wir Richtung Annesley Bay, dem Golf, in dem Zoola liegt, schipperten. Und, wissen Sie, erst jetzt, mit dem ersten kurzen Blick auf die abessinische Küste wurde mir bewusst, dass ich, abgesehen von den Informationen, die mir Speed mitgeteilt hatte und ein paar Fetzen, die ich von Ballantyne und den Jungs in Dschiddah aufgeschnappt hatte, praktisch nichts über dieses Land oder seine Bewohner wusste, oder warum wir gegen sie in den Krieg zogen. Ich hatte Triest in fliegender Hast verlassen, recht beschwingt über die neue Aufgabe und darüber, den Konsequenzen meines schlechten Benehmens entkommen zu sein und hier war ich nun: der Auftrag war fast erledigt und ich fragte mich zum ersten Mal, worum zum Teufel es dabei eigentlich genau ging.

Und da Sie, werter Leser, nicht mehr wissen als ich selbst es tat, als wir uns unseren Weg durch die große aufgereihte Flotte in Annesley Bay bahnten, und von den zwei charmantesten Attraktionen in Zoola eingehüllt wurden, die die Landbrise zu uns herüber wehte – nämlich ein feiner puderartiger Staub, der über uns hing wie eine Wolke und der abstoßende Gestank – scheint nun der richtige Zeitpunkt zu sein, um Ihnen von den Dingen zu erzählen, die ich noch lernen musste über Abessinien und den *casus belli*, der Napier und seine Armee den ganzen Weg von Indien zu dieser mysteriösen Küste geführt hat.

Zu Anfang müssen Sie verstehen, dass die Abessinier nicht wie andere Afrikaner sind. Als semitisches Volk, das vor langer Zeit aus Arabien kam, gutaussehend, grausam und blutrünstig, aber zivilisierter als alle anderen auf diesem Kontinent, abgesehen von den Ägyptern, mit denen sie sich einen erbitterten gegenseitigen Hass teilten. Dies lag zum einen daran, dass diese ägyptischen Zigeuner seit ewig ihre Frauen und Söhne als Sklaven verschleppten, zum anderen daran dass die Abs (wie ich die Abessinier aus Bequemlichkeit nenne) fromme und gewalttätig militante Christen sind, die Muslime nicht ertragen können – oder römische Katholiken. Ziemlich orthodox sind sie, da sie schon lange Zeit vor uns Christen waren und von ziemlich primitiver Glaubenslehre. Ich habe Kirchengemälde gesehen (Eintritt ein Dollar) eines byzantinisch aussehenden Sankt Georg, wie er den Drachen erschlägt und die Tochter des Pharaos und ihre Dienerinnen ihm voller Bewunderung dabei zusehen, so wie eine Darstellung des Letzten Abendmahls – gedeckt für vierzehn.

Ihr christlicher Glaube führt nicht unweigerlich zu Moral und Sittlichkeit. Sie lügen und betrügen, trinken exzessiv, haben Freude daran, sich gegenseitig abzuschlachten und die Frauen rammeln wie die Karnickel. Die Folgerung aus ihrem Sprichwort „eine rechtschaffene Frau ist die Krone ihres Ehemanns“ ist, dass es verdammt wenig gekrönte Häupter in Abessinien gibt und hört, hört, sage ich, es wäre eine Schande, all diese herrlichen verheirateten Schönheiten verkommen zu lassen.

Sie weisen kaum negride Merkmale auf. Tatsächlich passen die Ab-Frauen eher in mein Bild von Cleopatra mit ihrer geraden Nase, fein geschnittenen Lippen, Mandelaugen, kessen Formen und einer Hautfarbe, die sich in vielen Fällen nicht von der einer Italienerin unterscheidet. Auch wissen sie, wie man sich zurechtmacht. Die Shoho-Frauen aus dem Norden, in ihren muschelbesetzten schwarzen Umhängen, die sie über engen Ledertuniken tragen, neckisch reizend, und die Galla-Mädchen aus dem Süden, mit ihren makellosen Gesichtern, eingerahmt von schweren Zöpfen, die von ihren Kronen bis auf die Schultern reichen, die allgemein als die Schönsten gelten. Manche von ihnen sind bis zur Taille unbekleidet und tragen lediglich kleine Schürzen, und, bei Gott, sie können sich diese Freizügigkeit wirklich erlauben. Aber die Schönen sind auch immer die Wilden. Eine, die ich einst kannte, war so ein süßes Früchtchen, dass sich die Sklavenhändler, die sie gefangen hatten, bereits horrende Summen für sie vorstellten. Allerdings wurden sie jäh enttäuscht, als das Mädchen während der Auktion mit Wurfmessern jonglierte und die Käufer damit so sehr einschüchterte, dass sie sie unter Wert weggeben mussten.

Das Bild vom ägyptischen Mann wird durch seine weiße Baumwollrobe und durch seine Faulheit verstärkt. Das ist wirklich das müßigste Volk auf Erden. Nur nicht im Kampf, in dem sie sich eigentlich immer befinden, da jeder von ihnen ein Krieger und ständig bewaffnet ist. Das Gefühl der Angst scheinen sie nicht zu kennen. Die jüngeren Nobelmänner haben die sonderbare Angewohnheit, an Furten auf Reisende zu warten und diese zum Duell herauszufordern. Wie sie auf diese arthurische Gepflogenheit gekommen sind, muss eine spannende Geschichte sein.

Ihre Häuser sind lediglich große Hütten, strohbedacht und einfach eingerichtet, auch wenn man hin und wieder ein schlossartiges Gebäude auf einer der Bergspitzen vorfindet. Ihre Siedlungen sind großflächig ummauerte Dörfer mit scheinbar dauerhaft stattfindenden Märkten und Volksfesten. Selbst ihre Städte (wenn man sie so nennen kann), sind nicht mehr als eine Ansammlung von Häusern auf der Spitze einer sehr steilen Anhöhe, die Amba genannt wird. Magdala, das Ziel von Napiers Expedition, war so eine Stadt. Man benötigt keine Festungsmauern, wenn man auf blanken Felswänden thront.[14]

Das ist also Abessinien, ein ziemlich eigenartiges Gelände, auf das wir zum ersten Mal 1770 durch einen schottischen Exzentriker aufmerksam gemacht wurden, dem niemand so recht Glauben schenken wollte. Bedenken Sie, dass er selbst ziemlich eigenartig war, als er auf der Suche nach der Quelle des Nils mit den Berberkorsaren herumalberte. Letztendlich brach er sich das Genick, als er eine Lady die Treppe hinabgeleiten wollte, was uns lehrt, dass selbst der wahnwitzigste Abenteurer nicht vorsichtig genug sein kann.[15]

Nur wenige Europäer hatten es vor ihm nach Abessinien geschafft, da die Reise dorthin einem wahren Albtraum gleicht. Alles ist rau und unbeschreiblich trostlos, geplagt von den ewig währenden Bürgerkriegen, in denen die Stammesführer um die Oberhoheit kämpften. Einer von ihnen, Ras Ali, hatte sich bis 1840 selbst zum König über weite Teile des Landes ernannt, allerdings beging er den schweren Fehler, seine Tochter, Tewabetch die Schöne, einem ambitionierten jungen Söldner namens Lijkassa zur Gemahlin zu geben. Er war der Sohn einer Frau, die Bandwurmmedizin verkaufte, welche die Abs in rauen Mengen konsumieren, da sie eine große Vorliebe für rohes Rindfleisch hegen. Das sagt schon alles. Er jedoch war ein erstklassiger Soldat: clever, mutig und gewissenlos. In Windeseile hatte er den Thron usurpiert.

Obwohl noch ein Jüngling, war er überzeugt davon, der Messias aus einer alten Prophezeiung zu sein und damit auch der bedeutendste König der Welt zu werden. Als Herrscher über Äthiopien und Ägypten würde er die Ungläubigen aus Palästina geißeln, Jerusalem von seinen Schändern (den Muslimen) reinigen und Theodor genannt werden. Also änderte er seinen Namen entsprechend und betitelte sich als Kaiser und König der Könige. Er war jung, gutaussehend, muskulös, belesen (nicht so wie die meisten Abs) und voller reformerischer Ideen, wie die Sklavenhaltung abzuschaffen und das generelle Allgemeinwohl des Volkes zu verbessern. Allerdings hatte er die Neigung, vor Wut durchzudrehen, seine Feinde abzuschlachten, Massenenthauptungen durchzuführen, Menschen zu Tode zu peitschen oder ihre Glieder abzutrennen und sie für die wilden Tiere zurückzulassen – nun, grausame Despoten können schließlich nicht wie Tiny Tim* daherkommen.

Seine Königin hatte mildernden Einfluss, genau wie zwei Engländer, Plowden, unser Konsul und Bell, ein Söldner, der es zu Theodors Kämmerer gebracht hatte. Unglücklicherweise

* Eine Figur aus Charles Dickens „Weihnachtsgeschichte".

starben alle drei fast zur selben Zeit. Die beiden Briten, aufgeschlitzt von den Rebellen und Tewabetch durch natürliche Umstände. Theodor massakrierte die Rebellen dafür in einem Vergeltungsschlag, doch mit dem Verlust der drei besten Einflüsse in seinem Leben war es unausweichlich, dass er sich letztendlich in einen Vollblutmonarchen verwandelte, mit Saufgelage und Konkubinen und noch viele weitere Scheußlichkeiten. Er heiratete wieder, doch da seine Braut die Tochter eines rivalisierenden Thronanwärters war, den Theodor zuvor beschämt und ins Gefängnis geworfen hatte, war diese Ehe nicht besonders erfolgversprechend.

Wir entsandten einen neuen Konsul, Hauptmann Cameron, der Theodor zwei Pistolen von Queen Victoria als Geschenk überreichte. Darüber hocherfreut, schrieb er einen Brief an die Königin, in dem er vorschlug, einen Gesandten nach London zu schicken und dabei noch erwähnte, dass er Plowdens Mörder ausgemerzt habe, um „die Freundschaft Ihrer Majestät zu gewinnen".

Man würde annehmen, er hätte sich nicht fairer ausdrücken können, aber würden Sie glauben, dass diese kolossalen Schwachköpfe im Außenministerium seinen Brief der Queen nicht zugestellt haben, geschweige denn überhaupt zur Kenntnis nahmen? Warum? Oh, weil es Wichtigeres gab. Die Hochzeit von Bertie The Bounder und Alexandra von Dänemark[16] zum Beispiel. Und überhaupt, wer war dieser weit entfernte afrikanische Emporkömmling doch gleich? Gut möglich auch, dass einer dieser vertrottelten Blödiane seinen Brief mit einer Weinrechnung verwechselte und ihn ins falsche Ablagefach einsortierte. Nur Gott weiß warum unsere auswärtigen Angelegenheiten bisher noch nicht in einem totalen Desaster geendet haben … Moment mal, das haben sie ja, oder etwa nicht?

Was darauf folgte, war unausweichlich bei einem jähzornigen, arroganten Barbarenmonarchen, der von sich selbst dachte, Gottes Auserwählter zu sein. Nachdem er ein Jahr lang ignoriert wurde, ließ er Cameron verhaften, der gerade Theodors Todfeinde, die Ägypter, besucht hatte, um die Baumwollversorgung zu sichern, auf die wir Dank des amerikanischen Bürgerkriegs, der unsere Geschäfte zerstört hatte, schmerzlich angewiesen waren. Dann veröffentlichte ein Missionar namens Stern (der versuchte, abessinische Juden zum Christentum zu konvertieren, man mag es kaum glauben) beleidigende Bemerkungen über Theodor. Das Ergebnis: Cameron in Ketten, ausgepeitscht und auf die Streckbank gelegt. Stern brutal zusammengeschlagen und zwei seiner Diener durch Nilpferdpeitschen getötet. Weitere Europäer verhaftet und mit nassen Schnüren verzurrt, so dass sie ihnen tief ins Fleisch schnitten. Missionare wurden dazu gezwungen, dem Foltertod von Missetätern beizuwohnen, deren Blut die Henker an den entsetzenden Zuschauern abwischten ... und so weiter, während der Brief, der all diese Gräueltaten wohl verhindert hätte, unberührt in Whitehall lag.

Letztendlich schickte man doch noch ein Antwortschreiben, dessen Überbringer ein verschlagener orientalischer Gentleman namens Hormuzd Rassam war. Er gehörte zu unserer Dienststelle in Aden und verspätete sich volle sechs Monate, bevor er mit Worten der Versöhnung und Geschenken ins Landesinnere aufbrach, die unter anderem eine Schaukel für Theodors Kinder beinhalteten (Gott, was bin ich stolz, Brite zu sein!). Dadurch wurde viel Gutes erreicht: Rassam und seine Gefolgschaft gehörten von da an zu den Kettensträflingen und nach einer langen Zeit, vier Jahre, in denen die Öffentlichkeit bis auf einige Gerüchte wenig erfahren hatte, erwachte das Parlament und seine Mitglieder, begannen zu fragen, wo denn Abessinien liege. Die Russell-Regierung, die heftig über das erstaunliche Thema debattierte, dass man Theodor vielleicht vor den Kopf gestoßen haben könnte, schied aus dem Amt und überließ das Chaos den Tories, die Napier damit beauftragten, eine Streitmacht von Indien abzuziehen und nach Abessinien zu verschiffen, eine letzten Aufforderung zur Freilassung der Gefangenen zu überbringen und dann „die erforderlichen Maßnahmen zu treffen, die er in dieser Situation für angemessen halte" – und wünschten ihm dabei viel Glück.

Sie bemerken vielleicht, dass die Derby-D'Israeli Bande mit ihrer typischen parlamentarischen Feigherzigkeit einem Soldaten die gewichtigen Entscheidungen überließ, aber zum ersten Mal empfand ich so etwas wie Verständnis, wenn nicht gar Empathie. Wenn jemals eine Regierung in der Zwickmühle zwischen Scylla und dem anderen Ding saß, dann war es diese. Einerseits konnten sie die Gefangenen um unseres Ansehens Willen nicht in Theodors Gewalt lassen – sollen wir uns etwa von einem minderwertigen Niggerkönig vorführen lassen? Briten im Stich und die Welt somit wissen lassen, dass wir nicht in der Lage wären, Unseresgleichen zu beschützen? Indien, wo wir keine zehn Jahre zuvor Angst und Schrecken verbreitet hatten, zeigen, dass man sich ungestraft über uns hinwegsetzen konnte? „Niemals!", schrie John Bull. Auch wenn es eine Armee von Tausenden in Anspruch nehmen sollte, um eine Handvoll Leute zu befreien und dreieinhalb Millionen kostete und Monate oder Jahre dauern konnte: Es musste getan werden.

Auf der anderen Seite war es sehr wahrscheinlich, dass diese Invasion fehlschlagen würde. Abessinien war ein tropisches *terra icognita*, unsere Armee wäre ohne Reserven meilenweit vom Meer entfernt und abgeschnitten, in einem Land ohne feste Straßen oder einer Wasserversorgung, in dem jede Unze Nahrung, Ausrüstung und Munition getragen werden musste – nur wohin? Es gab keine verlässliche Informationen über den Aufenthaltsort der Gefangenen und was, wenn Theodor ihnen die Kehlen durchschneiden ließ oder sie Hunderte Meilen landeinwärts verschleppte? Und was war mit den Abertausenden wilden Stammeskriegern zwischen der Küste und Magdala – wenn Magdala sich als tatsächliches Ziel herausstellte? Was wäre wenn, und es schien ziemlich wahrscheinlich, dass Napiers Armee in Priester Johns Wildnis verschwand und niemals zurückkehrte.

Dies, so sagte man mir, war der Tenor der Warnungen und Prophezeiungen, die die Zeitungen füllten, als die Entscheidung der Regierung öffentlich wurde: Diese Expedition war dem Untergang geweiht, aber sie musste trotzdem stattfinden.[17]

Aber nichts davon war mir bewusst, als wir an diesem schönen Februarmorgen Zoolas Staub und Gestank entgegendampften. Ich hatte nicht die Beihilfe der öffentlichen Meinung daheim und in Jedda waren sie viel zu sehr mit den Piraten und Pilgern beschäftigt, um über die Konsequenzen nachzudenken und was tatsächlich im mysteriösen Süden vor sich ging, weit hinter den fernen Gipfeln, die sich schemenhaft im Dunst der Annesley Bay abzeichneten. Nun wissen Sie erst mal Bescheid über das Wie und Warum von Napiers Expedition und vorerst genug über Land und Leute. Basierend auf dem, was ich Ihnen erzählt habe, kommt Ihnen vielleicht der Gedanke, der mich erst im Moment des Schreibens dieser Zeilen ereilte: Für das vielleicht erste Mal in seiner langen und turbulenten Geschichte war Britannien auf dem Weg in einen Krieg, von dem jeder dachte, er würde verloren werden. Das heißt, jeder, bis auf Schürzenjäger Bob Napier.

Kapitel 3

Die Expedition war schon seit drei Monaten an Land, dennoch kamen täglich neue Vorrats- und Kriegsschiffe mit einfachen Soldaten an, die von der Flotte aus Dampf- und Segelschiffe bereits über den Damm, der in die Buch hinauslief, ausstiegen und das Kontingent ständig vergrößerte. Man hatte Schienen verlegt, auf denen offenen Güterwagen die vielen Güter zur Küste transportierten. Soweit man blicken konnte, türmten sich Ballen und Kisten auf.

Für einen Quartiermeister war dies der reinste Albtraum. Zuviel Gerät, das zu schnell an Land geschafft wurde und daher nicht fachgerecht verstaut werden konnte. Die Verwirrung wurde noch durch den umherlaufenden Mob verschlimmert, den jemand die „Molenkopf-Demokratie“ getauft hatte. Messlattengehilfen, Kulis aus Madras, Generäle und Trommler, weiße und schwarze Hafenbanden, die unter verzweifelten zivilen Aufsehern schufteten, Arbeitstrupps von Soldaten, die das Gebrüll der schwitzenden Unteroffiziere ignorierten, Kontoristen und Wasserträger und einheimische Erntearbeiterinnen, alle Arten und Farben von Afrikanern und Asiaten, plus den Tieren aus Noahs Arche. Neben unserem Ankerplatz am Damm wurden Elefanten von einem Frachtkahn hochgewunden. Sie brüllten und trompeteten, während sie lebensbedrohlich in ihren Bauchgurten baumelten. Die Seilzüge ächzten und knarzten unter der Last, bis die imposanten Tiere unter beängstigendem Aufschlagen von Rüsseln und Extremitäten zu Boden kamen. Fluchende Reiter sattelten und bepackten Maultiere, denen stets ein Bein festgebunden wurde, damit sie nicht ausschlugen. Barkassen pumpten Wasser in riesige fahrbare Tanks auf dem Schienenweg, da jeder Tropfen Trinkwasser in Zoola von den Dampfkondensatoren der Schiffe angelandet werden musste. Als ich an Land ging, platzte gerade einer der Schläuche, spritzte die Lasttiere voll und wirbelte um die Füße der Elefanten, die daraufhin losröhrten und sich in Panik aufbäumten, während sich die Treiber an ihre Rüssel klammerten, um sie zu beruhigen.

Britanniens Brückenkopf nach Abessinien war, gelinde gesagt, ein gottloser Verhau, der nur noch durch den Staub und Gestank verschlimmert wurde. Hinter Hafen und Lager erstreckte sich eine karge Landschaft, an deren Horizont sich ein Gebirgskamm abzeichnete. Man konnte ihn durch die beigefarbene Wolke, die über den Zelten und Verschlägen und sogar dem Wasser im Hafen hing, allerdings nur schwer erkennen. Alles war von einem feinen Staub bedeckt, den man sich ständig von Haut und Kleidern klopfen und manchmal sogar ausspucken musste.

Das war aber alles kein Vergleich zu dem unsäglichen Gestank, ein faulig-aasiger Geruch, der einen zum Würgen brachte und das Atmen nahezu unmöglich machte.

„Wenn Ihr denkt, dass das schlimm ist, hättet Ihr vor 'nem Monat hier sein sollen", pflichtete mir der Transportwallah bei, der Aufsicht über das Verladen meiner Geldkassetten auf einen der Güterwagen führte. Er war ein schwächlicher, freundlicher, junger Fatzke namens Twentyman. Ein Husar, komplett mit Fliegenwedel und von einem Chico* begleitet, der einen Eimer voll kampferpräpariertem Wasser bei sich trug und seinem Herren immer wieder einen nassen Lappen reichte, damit er sich den Staub abwischen konnte. „Woher das kommt? Tausende verrottende Kadaver. Daher kommt das. Die Reittiere der Kavallerie sterben wie die Fliegen, die Maultiere auch, und keiner weiß warum. Die Tierärzte haben so etwas noch nie gesehen." Mit einem schweren Seufzer ließ er den nassen Lappen in den Wassereimer fallen. „Gott sei Dank gibt's Aasfresser, sonst hätten wir hier 'ne Epidemie."

Ich stellte mich vor und war bereits darauf gefasst, den Grund meiner Anreise zu erklären, aber das war gar nicht nötig. „Wir alle wissen von Ihnen, Sir Harry!", sagte er fröhlich. „Die Postschaluppe aus Jedda hat die Nachricht über Eure Ankunft letzte Woche übermittelt. Die Delegation des Stabsquartiers wartet seit

* Einheimisches Kind

drei Tagen, ein ganz schöner Trubel, was? Und das hier ist die heißersehnte Penunze, nicht wahr? Hervorragend, ladet sie auf, Sergeant, und Ihr, Dragoman, versammelt Eure kräftigen Kerle, damit sie uns schieben!“

Ich sagte Ballantyne ein hastiges Lebewohl, der geradezu darauf brannte, sich und sein Schiff zurück an die frische Luft zu bringen und stieg mit Twentyman auf den Wagon, dicht gefolgt von den Marines, die es sich auf den Geldkassetten gemütlich machten.

„Ein schlauer Zug, Sergeant, lasst sie genauso sitzen“, stimmte Twentyman zu. „Man kann nicht vorsichtig genug sein mit der 33rd im Nacken. Diebische irische Kanaillen, wirklich verzweifelte Typen. Also werft ein Auge auf die Taler, oder Paddy ist mit klimpernden Taschen über alle Berge. Was?[18] Dragoman, ich sage, jildi jao, sub admi push karo!“*

Der Dragoman brüllte und prügelte mit seinem Stab auf die Kulis ein, so dass wir vorwärts bis zum Ende des Schienenstrangs geschoben wurden. Es war fast wie eine richtige Eisenbahn, mit schwerer Fracht wie die meine, und sie reichte ganz schön weit.

„Fünf Meilen schon!“, frohlockte Twentyman. „Aber es sind ungefähr Hundertzwanzig nach Attegrat. Das heißt Maultiere für Euch, Sir, fürchte ich. Die schaffen zwölf Meilen am Tag, vorausgesetzt Ihr bekommt welche. Wir haben weniger als zehntausend Lastentiere, obwohl es dreißigtausend sein sollten. Was sagt man dazu! Typisch indisches Tohuwabohu, oder nicht?“

Ich dankte Gott persönlich, dass ich nicht Teil dieser Expedition war und fragte, wie schnell Napier die Nachricht von meiner Ankunft erreichen würde.

„Oh, in ein paar Stunden. Die Telegraphenstation liegt auf halbem Weg nach Attegrat, aber wir benutzen Flaggensignale am Tag und Magnesium-Leuchtfackeln in der Nacht, der neueste Schrei, ganz schön auf der Höhe der Zeit, was? Ah, da ist einer der Korrespondenten! Hallo, Henty, hier ist er endlich!“

---

* Los, los, alle mit anfassen!

Wir sprangen vom Wagen, und ein stämmiger Kerl mit fleischigem Gesicht in Staubmantel und Käppi kam auf uns zu, grinste breit und streckte mir die Hand entgegen.

„Ihr könnt euch wahrscheinlich nicht an mich erinnern, Sir Harry, da bin ich mir sicher!", rief er. „George Henty[19] vom *Standard*. Wir haben uns ein Quartier mit Billy Russell und Lew Nolan geteilt, in Sewastopol, und Ihr lagt flach mit der Amöbenruhr. Vorher hat sich der arme alte Lew noch umbringen lassen, und Ihr und Cardigan habt es zu Ruhm gebracht!"*

Er gab mir einen kameradschaftlichen Klaps auf den Rücken wie einem lange vermissten Bruder. Ich konnte ihn allerdings immer noch nicht zuordnen.

„Wisst Ihr eigentlich, dass Ihr meine journalistische Karriere befördert habt?", fuhr er fort. „Ich war Teil des Krankenhaus-Kommissariats, wisst Ihr, bis ich dem *Advertiser* angeboten habe über Eure Rolle bei der Attacke der Leichten Brigade zu schreiben, und … tja, hier bin ich nun, eh?"

Ich begann mich zu fragen, ob er der Idiot gewesen war, der diesen unflätigen Quatsch verfasst hatte, den George Paget – ich verfluche ihn – ausgeschnitten, eingerahmt und in der Messe der 4th Lights aufgehängt hatte. Voller „mit welcher Eleganz und Kraft der galante Flashman ritt, sein Auge schrecklich funkelnd", dabei furzte ich vor Angst wie ein sich entleerender Ballon. Sie hatten ja keine Ahnung.

Mein erster Gedanke war es, diesem vertrauten Wüstling einen Dämpfer zu verpassen, aber ich hielt mich zurück, und so rief ich – um ganz sicher zu gehen – dass ich mich sehr wohl an ihn erinnerte, und wie es ihm denn all die Jahre ergangen war? Er wurde ferkelrosa vor Aufregung, weil sich der berühmte Flashy an ihn erinnerte.

„Hier ist noch jemand, der es gar nicht erwarten kann, Euch zu sehen!", jauchzte er, und aus einem Zelt trat Giant Despair hervor, gekleidet wie für eine Zigeunerhochzeit und versetzte mich in Staunen.

Außer Mangas Colorado war er der größte Mann, den ich jemals gesehen hatte, um die zwei Meter, gebaut wie ein über-

* siehe "Flashmans Attacke", Band 4 der Flashman-Manuskripte

großer Gorilla. Sein gigantischer Körper war in eine Robe aus Löwenmähnen gehüllt, die vom weißen Schal um seinen Hals bis zu seinen massiven Halbstiefeln reichte. Sein schwarzer Bart hing ihm bis auf die Brust. Er trug Hornbrille und einen Fez, einen Wurfspeer in der einen und einen Sonnenschirm in der anderen Hand. Ein Säbel an der Hüfte, ein Revolver am Gürtel und ein runder Eingeborenenschild auf dem Rücken komplettierten seine bemerkenswerte Ausstattung. Wenn er grinste, die Zähne funkelten dabei heftig in seinem Bart, sah er aus wie ein Ghazi auf Haschisch –, und dann sprach er auch noch mit hoher Kopfstimme. Seine riesige Hand umschloss meine sehr sanft. Er hätte auch ein Vikar sein können, der mich zu einem Wohltätigkeitsbasar begrüßte.

„Charles Speedy*, Sir Harry. Ich war Adjutant der Zehnten Punjabis. Ich habe Euch einmal am Grand Trunk nahe Fatehpur gesehen – oh, wie lang das schon her ist –, Ihr mich aber nicht."

Dann müsst Ihr wohl versteckt in einem Mufti am Boden gelegen haben, dachte ich bei mir. Meine Verwunderung war mir wohl anzusehen, denn er zuckte neckisch mit den Schultern und breitete demonstrativ die Arme aus.

„Sir Robert Napier möchte, dass ich mich wie ein Einheimischer kleide. Er meint, dass es die örtlichen *sidis* beeindruckt, Gott hab sie selig! Ich bin sein politischer Berater und in diesem Moment Euer Begrüßungskomitee." Er grinste ein weiteres Mal beunruhigend, gefolgt von noch beunruhigenderen Worten: „Ich kann Euch gar nicht sagen, wie erleichtert wir alle darüber sind, dass Ihr endlich bei uns seid!"

Nun, dies war wohl der erste Hinweis auf den möglichen weiteren grausigen Verlauf der Mission, die ich lediglich bestritt, um einem alten Kameraden entgegen zu kommen. Natürlich waren

* Nicht zu verwechseln mit Speed in Kapitel 1. Offensichtlich war es Flashman nicht klar, dass die Namen Speedicut und Speedy womöglich verwirrend seien. Wäre er darauf aufmerksam gemacht worden, hätte er ohne Zweifel gekontert, dass sie tatsächlich die entsprechenden Nachnamen seines Rugby-Schulfreunds und der des politischen Beraters von Abessinien waren, und es ist nicht seine Schuld war, und dass er nicht die Absicht hatte einen von ihnen zu beleidigen, indem er ihn Smith oder Snodgrass nannte.

seine Worte doppeldeutig zu verstehen und ich verlor keine Zeit, ihn zu berichtigen.

„Ich bin nicht bei Euch. Ich sehe mich eher als eine Art Nachrichtenüberbringer." Ich nickte in Richtung der Kassetten, die die Kulis unter den wachsamen Augen von Twentyman und meinem Ledernackenfeldwebel entluden. „Ich habe gehört, es dauert zehn Tage, die Fracht per Muli zu Napier zu bringen. Wie knapp bei Kasse ist er denn?"

„Ziemlich knapp, aber eine Kiste voll Taler sollte das Nötigste abdecken, und wir werden sie ihm innerhalb von 48 Stunden bringen. Ich kann ihn nicht mit leeren Taschen rumlaufen lassen, wenn er im Begriff ist, den König von Tigre zu treffen, um über unsere Reise durch sein Hoheitsgebiet zu verhandeln. Napier hat tagelang hinter Attegrat verharrt, aber seine Majestät hält sich zurück, wahrscheinlich aus Angst, sich zu verpflichten. Theodor mag noch weit entfernt sein, trotzdem fürchten diese läppischen Regenten seinen Terror." Er lachte sein lautes durchdringendes Lachen. „Was das Politische angeht, liegt es wohl an mir, König Kussai davon zu überzeugen, dass wir auf der Gewinnerseite stehen. Je früher wir uns Richtung Süden aufmachen, desto besser. Ihr und ich und Henty können eine Kiste Silber auf unsere Satteltaschen aufteilen und mit einer kleinen Vorhut reiten. Hörst du das, George? Du kannst aufhören zu kritzeln und dich zur Abwechslung mal nützlich machen!"

„Den Anblick, dass zwei solche Löwen wie Sir Harry Flashman, V.C. und der Basha Fallaka sich die Hand geben, bekommt man auch nicht alle Tage", merkte Henty an und steckte sein Notizbuch in die Tasche. Ihr beide seid interessanter Stoff, Charlie. Wann brechen wir auf?"

„Nach dem Mittagessen", entgegnete Speedy. „Wenn es recht ist, Sir Harry?" Henty lachte auf und erklärte, dass es kein Wunder sei, dass die Abs ihn Basha Fallaka nennen. Das bedeutete so viel wie *Schneller Anführer* und war ein Wortspiel aus Speedys Namen.

Für mein Dafürhalten ging mir das allerdings etwas zu schnell. Hier war ich nun – gerade mal zehn Minuten an Land

– und wurde noch ehe ich mich versah, von einem verrückten Goliath in Halloweenverkleidung in den Sattel gezwungen, um mich mit einem achtundvierzigstündigen Galopp landeinwärts zu Napiers Stützpunkt abzuqälen. Wohl wahr, dass ich Speedicut geschworen hatte, seine Taler den ganzen Weg bis nach Attegrat zu begleiten, aber das war noch in Triest, mit Scharen herumschleichender Midianiter. Hier war Napiers eigener Staatsmann zur Stelle, um die Lorbeeren zu ernten. Die Aussage, ich wäre zum Glück bei ihnen, löste in mir keinen besonders großen Drang aus, mich näher am Einsatzgebiet aufzuhalten, als unbedingt nötig – gesetzt den Fall, dass mich Napier in den ganzen Schlammassel mithineinziehen wollte. Ich kannte diese verdammten Generäle. Das hatte ich alles schon erlebt.

Auf der anderen Seite war ich so gut wie im Ruhestand und hatte die Uniform der Queen seit China '60 nicht mehr getragen und benötigte Napiers persönliche kitab* für eine bezahlte Heimreise. Er würde von mir erwarten, dass ich mich freiwillig melde und so völlig unvorbereitet fiel mir leider auch keine gute Ausrede ein, dies nicht zu tun. Dummkopf, der ich war! Ich hätte Speedy sagen sollen, dass ich an Mumps erkrankt war, eine Schwangerschaft vortäuschen oder sonst irgendetwas tun, um in sicherer Distanz von diesem Feldzug zu bleiben, der versprach – nach dem äußerst düsteren Mittagsmahl zu urteilen –, die größte Katastrophe seit dem Rückzug aus Kabul zu werden.

Ich erwähnte ja bereits den in der Heimat vorherrschenden Pessimismus, von dem ich hier allerdings nichts geahnt hatte. Nun erfuhr ich darüber durch die Männer vor Ort, während sie in der brütenden Hitze des Mannschaftszelts in ihre Hemdärmel meckerten: Einheimische Infanterieoffiziere, Punjabi Pioniere, King's Own, Kavalleristen der Scinde Horse irregulars und einheimische Kavallerieregimente, Belutschen, Madras-Ingenieure, sogar ein Dragoner-Gardist war dabei. Eine bunte Mischung, die man selbst nicht schöner hätte zusammenstellen können, krächzte wie nimmermüde Krähen. In Stichworten schnappte ich auf, dass dumme Politiker aus Bombay Napier bei jedem seiner Schritte behindert und seine Pläne völlig durchkreuzt hat-

* wortwörtlich, Buch (Hind.), aber in diesem Zusammenhang: offizielle Befugnis.

ten. Dass der Transport im Chaos geendet hatte, weil sie Treiber angeheuert hatten, die der Abschaum der Levante waren. Griechen und südeuropäische Halunken und dergleichen, die einen Aufruhr angezettelt hatten und durch Perser und Hindus ersetzt werden mussten. Wir waren viel zu vorsichtig mit den Abs umgegangen, da wir, laut Zeuge Pottinger, einen Pulk Shohos gewähren ließen, die die Straße zu blockieren und einen Wachposten zu attackieren versuchten, was durch die Bajonette von Coopers Iren zurückgewiesen werden musste. Dass wir Stümper waren, weil wir uns auf die Informationen der Einheimischen verließen, die uns von einem halben Dutzend verschiedener Aufenthaltsorte Theodors und den Gefangenen auf einmal berichteten. Dass wir mit dem Thermometer bei 46 Grad (und das an einem lauen Tag), kurz vor dem Ausbruch einer Epidemie standen, falls die Armee nicht weiter landeinwärts in höhere Gefilde geschickt wurde. Dass Affen auf den Telegraphendrähten herumkletterten, die eigentlich verbuddelt und vergraben gehörten. Alles wie vom Khyber bis Chattanooga bereits bekannt, auch wenn sich die Wortwahl ab und zu änderte, so blieb doch der Tenor immer derselbe.

„Oh, ein Himmelreich für das Pionierkorps der Armee, das wir auf der Krim hatten!"

„Als ob das noch einen Unterschied machen würde! Der liebe Gott persönlich könnte nicht mehr als eine Meile am Tag über massives Geröll mit meterhohen Felsbrocken zurücklegen."

„Bei einer Meile am Tag sollten wir nächstes Jahr in Magdala ankommen, was?"

„Also schaffen wir es nicht hin und zurück bis April?" Allgemeines Gelächter.

„Wir können uns glücklich schätzen, wenn wir es da überhaupt raus schaffen. Schaut her – zwölftausend Männer, dreiviertel von ihnen zur Unterstützung, Depots, Transport und so weiter, zweitausend, die für Magdala übrig bleiben."

„Eine schnelle Eingreiftruppe, meint Ihr also? Davon versteht Napier was."

„Zur Hölle mit 'ner schnellen Eingreiftruppe. In einem Land, in dem man mit viel Glück zehn Meilen am Tag zurücklegt? Es sind vierhundert Meilen! Woher glaubt Ihr, Viehfutter für vierzig Tage auftreiben zu können? Von den Elefanten wollen wir gar nicht erst anfangen oder den Gebirgsgeschützen und Mörser auf einem Gelände, das Hannibal nach seiner Pension hätte betteln lassen?“

„Ihr scheint die Weisheit mit Löffeln gefressen zu haben! Und die Eingeborenen lassen uns zufrieden? Man sagt, Theodor kann Hunderttausende auf einmal einberufen!“

„Nur wenn die Häuptlinge ihn unterstützen, aber Merewether rechnet nicht damit.“

„Ist das so? Wisst Ihr, ich rechne nicht damit, dass Merewethers Optimismus zählt, wenn unsere Gewinnchancen eins zu fünfzig stehen.“[20]

„Pah, Schild-und-Speer-Nigger. Keine wirkliche Feuerkraft.“

„Das ist nicht der Punkt, zum Teufel!“ Und das von einem ergrauten Major des Belutschen-Feldzugs. „Die Zeit und die Entfernung sind unsere Feinde – nicht die Eingeborenen! Wir sind nicht zum Erobern hier oder gar um einen Sieg zu erzielen! Etwas zu essen zu bekommen wird zur wahren Herausforderung. Nicht der Kampf! Aye, es geht ums nackte Überleben!“ Wir quittierten das Gesagte mit betretenem Schweigen, das kurz darauf vom Kauderwelsch eines Scinde-Horse-Offiziers unterbrochen wurde.

„Also … wird es keine Freiwilligen für die Entsatz-Expedition in zwei Jahren geben?“ Trockenes Gelächter.

Die ganz normale „Pack schlägt sich, Pack verträgt sich Mentalität“ von Männern im Feld, wenn Sie so wollen, allerdings mit einem spürbaren Hauch Unsicherheit in der Luft – und dies waren nicht irgendwelche Soldaten, sondern die Besten aus Indien. Trotzdem hätte ich sie wahrscheinlich als Miesmacher abgetan, wenn Speedys Schweigsamkeit bei Tisch mich nicht davon überzeugt hätte, dass er ihre Bedenken teilte.

Wissen Sie, wir Feiglinge haben ein Auge dafür, Helden zu erkennen. Das müssen wir sogar, um uns möglichst von ihnen fernzuhalten, und wie ich von Henty erfahren hatte, der am Mittagstisch neben mir saß, war Speedy ein Paradebeispiel dieser Art und Meister seines Fachs. Ein sanfter Riese, der wie Gottes Zorn aussah, aber auf keiner Seite stand, schon in vier Armeen gedient und wahrscheinlich mehr Männer auf dem Gewissen hatte als die Amöbenruhr. Er kannte Abessinien wie seine Westentasche, sprach Amharisch, die örtliche Amtssprache, und war Ausbilder im Dienste Kaiser Theodors gewesen, der großer Bewunderer seines Partytricks war, ein Schaf mit nur einem Hieb seines Säbels in zwei Hälften zu teilen (der Länge nach, Gott beschütze uns). Aber sie hatten sich überworfen und Speedy betrieb gerade Landwirtschaft und bekämpfte Maoris in Neuseeland, als die aktuelle Krise aufkam. Napier hatte darauf bestanden, ihn als seinen politischen Berater zu bekommen und Speedy hatte seinen Dienst angetreten, mit nicht mehr als den Kleidern, die er am Leib trug und ein paar Decken.

Das sollte Ihnen Aufschluss darüber geben, aus welchem Holz er geschnitzt war.[21] Ein weiterer verrückter Gentleman-Abenteurer, der schon früh seine Grenzen ausgetestet hatte, und wenn ein Bursche mit seiner Autorität dem Gejammer nicht widersprach, sollten Sie daraus Ihre eigenen Schlüsse ziehen können. Meiner war, dass ich keine Zeit verlieren durfte, Napier nach meiner Rückfahrkarte anzupumpen.

Rein interessehalber fragte ich Speedy, wann wir uns für die weitere Reise bereitmachen würden und wie Napier seiner Meinung nach an den Feldzug heranginge, und war erstaunt, als er darauf nur locker entgegnete, dass er einzig und allein hoffte, wir kämen so schnell wie möglich und mit einer kleiner Einheit nach Magdala, auf das Glück vertrauend, dort die Gefangenen aufzuspüren und diese erhobenen Hauptes und doppelt so schnell wieder zurück in die Zivilisation zu bringen.

„Ihr seid mit Grant nach Peking gereist, nicht wahr, und mit Gough nach Sutlej – aye, und mit Sherman ans Meer?“ Er schüttelte seinen zottigen Kopf.

„So eine Reise ist das nicht. Diese Jungs wussten genau, wo sie landeten, mit standesgemäßem Transport, Kommissariat, Kommunikationswegen, wohl wissend, wer der Feind war und wo er sich befand und mit genug Kampfkraft, es auch mit ihm aufzunehmen. Napier hat nichts dergleichen. Wie der alte Belutsche gesagt hat, es sind die Zeit und das Land selbst, gegen die wir kämpfen, und es bleibt ihm nur ein Überfall und ein schneller Rückzug."

„Jetzt mal ehrlich, wie stehen unsere Chancen?"

Er dachte einen kurzen Moment nach und zwirbelte seinen Bart.

„Die Chancen sind ausgeglichen. Drei zu zwei gegen uns, wenn irgendjemand anderes das Kommando hätte, aber Napier ist der Beste seit dem alten Colin Campbell. Ja, ich würde einen Affen* auf ihn setzen, wenn ich soviel hätte!"

Er kam jetzt richtig in Fahrt, brach die Siegel einer der Geldkassetten und ließ den glänzenden Inhalt von den Marines in die Satteltaschen umfüllen. Der Sergeant beobachtete das Geschehen mit Argusaugen, damit keine der Münzen an listigen Fingern kleben blieb. Die Marines mussten sich barfuß bis auf die Unterhosen ausziehen, um ja sicherzugehen, dass niemand Bares in seine Kleidung schmuggelte, und Twentyman bedankte sich wieder einmal für die Tatsache, dass die 33rd nicht zugegen war.

„Aye, ein Haufen irischer Diebe", sagte Speedy, „aber ihr Geld wert, wenn sie ein Karree bilden. Habt Ihr gehört, dass sie ein übles Saufgelage veranstaltetet hatten, und als Cooper sie schon auf dem Rückzug wähnte, bat ihr Wortführer um fünfzig Peitschenhiebe pro Mann, wenn sie nur am Vorstoß teilhaben durften. Was hätte Cooper anderes machen sollen, als diesen unverschämten Schlingeln zu vergeben?"

Der leitende Polizeidirektor wurde gerufen, um Verantwortung für die verbleibenden Kassetten zu übernehmen, und ich befahl meinen Ledernacken, ihn zu begleiten – als bester Wachschutz für die Taler, den er sich wünschen konnte. Ihr Feldwebel lächelte das erste Mal seit unserem Zusammentreffen und ich honorierte dies mit einer kleinen Prise Flashy, indem ich ihm und seiner Mannschaft für die saubere und vertrauenswürdige Arbeit dankte und jedem Mann persönlich die Hand schüttelte.

* £ 500

Ein gewinnender Schachzug, wie ich wusste. Ich bin nicht umsonst ein echter Sympath.

Die Last des Hartgelds wog so schwer, dass wir ein halbes Dutzend zusätzlicher Tiere benötigten,[22] und Speedy befand, dass so viele Packpferde unser Vorankommen deutlich verzögern würden, also pfiff man die Hälfte der Scinde Horses zusammen. Tapfere Grenzreiter in den langen grünen Mänteln und Hosen, mit roter Feldbinde und Puggaree, die ich seit der Meuterei nicht mehr gesehen hatte. Jeder einzelne Mann mit einem Doppellaufgewehr und Säbel bestückt – nicht die Kerle, die ich mir selbst ausgesucht hätte, da die Hälfte von ihnen Paschtunen waren, die wohl lieber stahlen als schliefen, aber Speedy schwor auf sie. Zu meiner Zufriedenheit war ihr Havildar ein ledriger Veteran aus Mogala, der behauptete, sich an „Bloody Lance" erinnern zu können, als er mich ansprach und die alte Geschichte auspackte, wie Ifflass-mann die vier Gilzais abschlachtete. Viel erlogener Mumpitz, Sie verstehen schon, aber ich würde behaupten, dass ich dafür heute immer noch in der Karawanserei entlang der Jugdulluk Road essen gehen könnte.*

Wir sattelten und Speedy kontrollierte die Satteltaschen jedes einzelnen *Scindees*. Kurz darauf zogen wir los, durch das heillose Durcheinander des Camps, das sich fünf Meilen weit vom Zoola-Fahrdamm auf jeder Seite der Schienen mit den zischenden und dampfenden Lokomotiven erstreckte. Die Loks wurden nicht auf dem Fahrdamm selbst eingesetzt, weil man befürchtete, ihr Gewicht könnte einen Erdrutsch auslösen. Dank der sich auftürmenden Ausrüstung, Arbeitskolonnen, Ab-Verkäufern, die ihre Stände basarartig zwischen den Zelten aufgebaut hatten und niemandem, der versuchte auch nur ein Fünkchen Ordnung in das Camp zu bringen, kostete es uns fast eine Stunde bis wir Fuß in die freie Landschaft setzen konnten. Speedy fluchte über die Verzögerung, mir hingegen machte sie nichts aus, da sich genug fürs Auge bot, um sich die Zeit zu vertreiben. Da waren die Shoho-Mädchen mit ihrem frechem Grinsen und den krausen

* Für die Geschichte, wie Flashman in Afghanistan sich den Spitznamen *Bloody Lance* verdient hat, siehe den ersten Band seiner Memoiren, „Flashman in Afghanistan".

Haaren, die unter ihren beindruckenden Turbanen hervorlugten. Nackt bis auf den Lendenschurz und hocherfreut über die schrillen Pfiffe, die ihnen hinterher hallten, als sie mit Tongefäßen auf den Köpfen vorbeistolzierten.

„Bis Weihnachten wird es einen Kindersegen an schönen Mischlingen geben“, sagte Speedy. „Man kann es unseren Kameraden nicht verdenken. Solche Grazien wie diese bekommen sie nicht alle Tage zu Gesicht.“

Vor dem Camp wurde ein Tross Elefanten beladen. Ein halbes Dutzend dieser enormen Viecher kniete am Boden, jedes aufgereiht neben einer abschüssigen Rampe, über die die großen Mörser und Armstrong-Kanonen auf Tragevorrichtungen auf ihre Rücken gehievt wurden. Speedy erklärte, dass es keine andere Möglichkeit gab, die schwere Artillerie durch die Schluchten und über die schmalen Pfade, die sich entlang der Klippen im Hochland schlängelten, zu befördern. Nur die leichteren Berggeschütze konnten auseinandergebaut und von geführten Maultieren getragen werden.

„Dieser alte Belutschen-Major hat recht. Alles steht und fällt mit den Lasttieren. Ohne sie käme alles mitten im Nirgendwo zum Stillstand. Der Transport aber hängt von den Futtermitteln ab und die wiederrum vom Geld.“ Er schlug mit der flachen Hand auf seine Satteltasche voller Münzen.

„Das ist Napiers Lebenssaft, den ihr uns hier mitgebracht habt. Damit wird er vielleicht ein-zwei Tage durchkommen, und, so Gott will, bringen die Maultiere tags darauf den Rest.“

„Können wir auf die Stämme zählen, was die Versorgung angeht? Einige der Kameraden am Mittagstisch waren der Meinung, dass sie uns möglicherweise bekämpfen werden.“

Er schüttelte den Kopf. „Im Moment nicht. Sie freuen sich zu sehr darüber uns zu sehen – und unsere Taler. Tatsache ist, das einfache Volk würde nichts mehr begrüßen, als wenn wir das Land einnähmen und regieren. Wir bezahlen, wir brächten ihnen Frieden von ihren schier endlosen Bürgerkriegen, beschützten sie vor Rebellen und Banditen und Heuschrecken und Sklaventreibern. Vielleicht würden wir sie sogar von ihrer Armut erlösen.

Wusstet Ihr, dass manche von ihnen so arm sind, dass sie sogar ihre Frauen und Töchter verhökern? Sie sind auch noch klerikalistisch. Ihre christliche Känguru-Kirche erhält zwei Drittel der landwirtschaftlichen Erzeugnisse – aye, zwei Drittel! Der König und ihre Häuptlinge kriegen den anderen Batzen, also gibt es da für die Räuber nicht mehr viel abzugreifen, was?"

Ich fragte mich, ob wir Abessinien zu unseren wilden Besitztümern hinzufügen würden, aber dies verneinte er vehement. „Wir sind hier, um die Gefangenen zu befreien – Punkt. Die Häuptlinge sind alle dafür, dass wir Theodor stürzen und einen von ihnen zu seinem Nachfolger erklären, aber Napier will keine Winkelzüge machen oder sich auf eine Seite schlagen, und das hat er ihnen auch unmissverständlich klar gemacht. Sie können gar nicht fassen, dass wir nicht auf Eroberung aus sind – und ich darf behaupten, dass unsere europäischen Kumpel und die Yankees ihre Ansicht teilen – aber da liegen sie völlig falsch. Sogar die Tories meinen, dass Britannien schon über mehr als genug Empire verfügt, ihnen sei Dank, und keinerlei Bedarf für Afrikas fortschrittlichste Barbaren hat, deren Vorstellungen von Politik aus Bürgerkriegen und Massakern bestehen. Wie dem auch sei", fügte er an, „was für ein Profit lässt sich aus einem Land schlagen, das hauptsächlich aus Wüste und Steinen besteht? Dafür interessieren sich die Kolonisten nicht die Bohne!"

Ich fragte ihn, was ihn hergeführt hatte, vor allem in den Dienst Theodors, und warum er diesen Dienst wieder quittiert hatte. Gedankenversunken ritt er einen Moment lang weiter, das Kinn auf die Brust gelegt und fing plötzlich an zu lachen, ganz so als wäre er peinlich berührt.

„Mir fällt nun wahrlich kein guter Grund ein! Sie sind eine mörderische Bande Piraten. Grausam, unzuverlässig, unmoralisch und stinkfaul – und ich mag sie! Warum? Weil sie mutig sind, und clever, gerne lachen, und weil sie so verdammt widersprüchlich sind!" Er deutete in Richtung einer Herde Ochsen, die gerade von Ab-Kuhhirten in eine Wagenburg getrieben wurde.

„Diese Kerle sind so schlau, dass sie sich gegen unsere Beauftragen bei Geschäften durchsetzen und mit Zahlen übers Ohr hauen – trotzdem können sie nicht schreiben und glauben, dass wir die Ochsen als Futter für die Elefanten kaufen! Ich schwöre bei Gott", er hielt inne und fing kurz darauf wieder an zu lachen, „aber ich glaube, ich mag Habesh – das ist arabisch für Abessinien – deshalb, weil sie uns mögen. Wir behandeln sie fair und im Gegensatz zum Rest von Afrika sind die schlau genug, uns zu bewundern. Sie wissen, dass sie von uns lernen können. Von unseren Ingenieuren und Wissenschaftlern, aye, und unserem Militär. Wisst Ihr, wie sie uns nennen? Die Söhne Shaitans – und das ist ein Kompliment!"

„Und Theodor? Ihr müsst ihn besser kennen als jeder andere."

„Ich kenne ihn kein bisschen. Niemand tut das." Er nahm seine Augengläser ab und polierte sie vorsichtig. „Er ist nicht nur ein Mann, er ist viele – und sie sind alle brandgefährlich. Ihr werdet mich fragen, was er zu tun geneigt ist, wird er kämpfen, wird er weglaufen, wird er Lösegeld für die Gefangenen fordern, wird er sie umbringen – und ich habe nicht den blassesten Schimmer. Also versuche ich nicht zu antworten. Besser, wenn Ihr es von Napier erfahrt."

Und dies, soviel kann ich Ihnen verraten, ließ mir einen kalten Schauer über den Rücken laufen, weil sich daraus die Frage ergab, warum Napier überhaupt vorhaben könnte, mich in irgendetwas einzuweihen. Ich dachte weiter angestrengt darüber nach, als Speedy hinzufügte:

„Zu der Frage, warum ich Theodor den Rücken gekehrt habe: Das war aufgrund der Lügen, die ich über mich gehört hatte, und ich verspürte nicht den Wunsch eines Morgens kopfüber auf einem Bett aus Speerspitzen aufzuwachen. Also bat ich um meinen noch ausstehenden Lohn und freies Geleit. ‚Nehmen wir mal an, ich lasse Euch nicht ziehen?', sagte er. – ‚Dann werde ich kämpfen', entgegnete ich, ‚und Ihr wisst, ich bin kein Kleinkind.' – ‚Ich kann Euch töten lassen', sagte er. – ‚Ah, aber wie schnell?', entgegnete ich und legte Hand an das Heft meines Säbels. Er hatte keine Angst, zögerte aber, dann lächelte er, umarmte mich und sagte, ich solle mein Geld haben, ein Pferd, einen Speer und Gottes Segen." Speedy schnalzte mit den Zügeln. „Wir sollten einen Zahn zulegen, was meint Ihr?"

Von Zoola aus erstreckt sich trostloses Buschwerk bis an den Fuß der Berge. Es dauerte fünf Stunden unkomfortablen Reitens über steinübersäte, ausgetrocknete Flussbette und leicht glitschigem Schutt, bis wir ein Plateau erreichten, von dem man auf das riesige Panorama des weit entfernten Camps wie auf ein Sandkastenmodell zurückblicken konnte, und auf Annesley Bay mit seinem Wald aus Schiffsmasten und dem dahinterliegenden Roten Meer.

In einem breiten Becken liegend befand sich die Durchgangsstation von Koomaylee, eingerahmt von steilen Klippen und einer massiven Felswand direkt vor uns, die vom Sonnenuntergang wunderschön karminrot gefärbt wurde – bis auf den düsteren Eingang zum Großen Pass, der sie in zwei Hälften teilte, als hätte Gott persönlich mit einem Hackebeil zugeschlagen. Dies ist das wirkliche Tor nach Abessinien und im Halbdunkel sah es aus wie der Weg in die Unterwelt. Dahinter lagen Gebirgsketten mit mächtigen Gipfeln, immer höher aufragend und so weit das Auge reichte.

Der Himalaya und die Rockies, so beeindruckend sie auch sein mögen, haben mich niemals so klein und hilflos fühlen lassen wie das höllische Abessinische Hochland. Es besaß diese überwältigende Kraft, einem das zu Gefühl zu geben, man sei in einer andersartigen, menschenfeindlichen Welt. Eine Wüste voller Gipfel, die jemand mit den Beinen eines umgedrehten Tisches verglichen hatte, die in einen Himmel aus poliertem Stahl stießen. In dieser Nacht in Koomaylee sah ich sie zum ersten Mal und ich erinnere mich noch genau, wie ich dachte, während der Hindukusch und der Sangre de Cristo einen glauben machen wollen, sie seien die Dächer der Welt, jagen sie einem zumindest keine Angst ein. Abessinien schon.

Meine einzige andere Erinnerung an Koomaylee, wo wir mit den Madras-Ingenieuren ein Nachtlager aufschlugen, sind die Norton-Pumpen, die da standen wie eine Reihe gigantischer

Kleiderständer und einen niemals endenden Schwall klaren, eiskalten Wassers in Hundert-Fuß-Reservoirs spien. Gänzlich anders als die schale, abgestandene Brühe in Zoola. Wir leerten sie um ein Viertel.

„Gott schütze Amerika", sagte Henty, „auf dass sie landeinwärts genauso funktionieren und wir niemals durstig sind."

Tags darauf durchzogen wir den Großen Pass, Meile für Meile, durch einen atemberaubenden Hohlweg, der sich an manchen Stellen bis auf fünf Meter verengte, mit 250 Meter aufragenden soliden Granits an jeder Seite, und nur einem schmalen Streifen Himmel hoch droben, der einen daran erinnern sollte, dass man mit viel Glück dieses Mal nicht auf Charon trifft. Wir ritten einer hinter dem anderen. Die Scindees waren fasziniert und beeindruckt, als wir die wunderschönen Akazien- und Lorbeerhaine passierten, mit buntschillernden Vögeln, die über unsere Köpfe hinwegflatterten. Als sich der Pass am Ende wieder verbreiterte, sahen wir kleine Wiesen voll wilder Blumen, herrliches Waldland aus Pinien und Tannen an den unteren Hängen und prachtvolle Kakteen mit rosa, weißen und purpurfarben Blüten. Durch das Sonnenlicht hatte sich die Farbe der umliegenden Gipfel von Orange zu Silber geändert, was wie Schnee aussah, aber in Wirklichkeit weiße Flechten waren. Es war ein Land, welches sich in kürzester Zeit von einer Märchenwelt in eine brennende Wüste aus trostlosen Bergen und bodenlosen Abgründen verwandeln konnte. Der Weg führte entlang felsbrockenreicher Schluchten, sich windender Klippenpfade, über ein Plateau, das so eben war wie ein Billardtisch, nach links und rechts dreihundert Meter abfallend und ähnlich abgeflachten Felsvorsprüngen, die wie Inseln bis zum Horizont emporstiegen.

Aber ich will ja keinen Reiseführer schreiben. Wenn Sie einen Leitfaden von Zoola nach Magdala wünschen, müssen Sie sich an Henty wenden oder diesen Yankee-Prahlhans Henry Stanley. Die werden Ihnen alles über die Landschaft erzählen können und auch über die Schwerstarbeit der Armee, wie sie sich langsam den Weg von der Küste ins Landesinnere bahnte, indem sie erst jeden einzelnen Meter dieses Weges anlegen musste. Sie sprengten dafür Felsen und hämmerten sie flach, um eine Schnellstraße für die Kolonnen aus Ochsenkarren und Maultierzügen und Elefanten und Kamelen zu bauen, die uns behinderten, als wir durch Senafe zogen. Es war eine große Versorgungsstation, die als Napiers Hauptquartier fungiert hatte, bevor er ein paar Wochen vor unserer Ankunft nach Attegrat weitergezogen war. Speedicuts Einschätzung über seinen Aufenthaltsort war wirklich nicht ganz falsch. Den ganzen Weg über sah man umherlaufende Truppen. Ich erkannte das Blau und Silber der 3rd Native Cavalry, die braunen Puggarees und Baumwollmäntel der Punjabi Pioniere mit ihren Spitzhacken und Schaufeln an den Hängen und die verschiedenfarbigen Mäntel der zusammengewürfelten Gruppe von Beinahe-Rabauken, Sikhs, Paschtunen, Punjabis und dergleichen, aus denen sich die berühmte 10th Native Infantry zusammensetzte. Wie immer sahen sie aus wie Karnevalisten auf einem schicken Kostümball, in roten Puggarees, grünen Puggarees, violetten Käppis und Jacken. Hanswurste in jedweder Form und Farbe. Eine Kings Own Einheit, die in nüchternem Khaki vorbeischlenderte, wirkte dagegen geradezu trostlos und wie Speedy feststellte, sahen die Belutschen in ihren grünen Mänteln und schwarzen Hosen und der Band, die „Highland Laddie" spielte, mehr wie Britische Soldaten aus als unsere eigene Gefolgschaft.

Möge Gott dir beistehen, Theodor, wenn dieser Tross dich eingeholt hat, dachte ich bei mir und stellte dabei die weitere Überlegung an, dass sich Napier bei der Zusammenstellung dieser edlen Auswahl wohl köstlich amüsiert haben musste. Es gab Dragoner-Gardisten, die Rum und Tabak für Chapattis mit bengalischen Lanzenträgern tauschten und chinesische Eisenbahnarbeiter mit kleinen Zöpfchen, die kicherten und den schwarzen kamerunischen Scharfschützen winkten, die sie wiederum mit finsteren Blicken straften, als sie grimmig vorbeimarschierten. Lange Reihen von Maultieren, die die Räder und Läufe der 2.000-Meter-Berggeschütze transportierten und die Rohre und Raketen der Naval Brigade, die von Blaujacken mit geschulterten Buschmessern bewacht wurden – zwölftausend Pferde, Füße und Gewehre auf dem Weg ins Herz der Finsternis, für einen Preis von £ 333 pro Kopf (jeder von ihnen hatte erst kürzlich eine Gehaltserhöhung im Wert von zwei Pence pro Tag erhalten). Alles nur, um eine Handvoll Briten am Arsch der Welt aus der Gefangenschaft von Wilden zu befreien. Aye, so war sie, die gute alte Zeit.

Wir waren zwei Tage und drei Nächte lang im Sattel gewesen, als wir Attegrat erreichten. Dort erfuhren wir, dass uns Napier noch immer voraus war und auf den König von Tigre wartete, der anscheinend endlich über seinen Schatten springen wollte und man daher jeden Tag mit seiner Ankunft rechnete. Diese Neuigkeiten versetzte Speedy und Henty in einen Schweinsgalopp. Der eine wollte seine diplomatischen Pflichten erfüllen, der anderen gierte nach Textmaterial. Ich wurde zurückgelassen, um das Silber an den Zahlmeister auszuhändigen, was ich mit Gemächlichkeit tat. Es drohte ein weiterer Tag in der Hitze und niemand wusste ob und wann Napier nach Attegrat zurückkehren würde, also blieb mir gar nichts anderes übrig.

Attegrat ist ein flaches Tal, vielleicht zwei Meilen breit. Die Zelte unserer Hauptstreitkräfte, vier- bis fünftausend britische und indische Truppen, reihten sich entlang des Talrandes. Ein buntes Treiben aber geordnet, im Vergleich zum heillosen Durcheinander in Zoola. Auf Napier können Sie sich verlassen; er hatte schon immer Augen wie ein Luchs und ein Talent, sich um alles zu kümmern. Nicht, dass er ein Zuchtmeister gewesen wäre, aber es musste immer alles nach seiner Façon gehen.

Man konnte ihm keine Vorwürfe für den disziplinarischen Wahnsinn machen, der sich während seiner Abwesenheit vom Quartier abspielte. Auf meinem Weg zum Zahlmeister sah ich, wie ein einheimischer Treiber, nackt bis zur Hüfte, an ein Kanonenrad gebunden war und halbherzig ausgepeitscht wurde. Ausnahmsweise ermutigten die dienstfreien Bummelanten, die sich zusammengefunden hatten, um dem Schauspiel beizuwohnen, den Peitschenschwinger, sein Opfer mit Nachsicht zu behandeln und äußerten sogar so etwas wie Mitleid. Es stellte sich heraus, dass der unglückliche Nigger es gewagt hatte, einen Ab-Räuber anzuschießen, der wiederum versucht hatte, seinen Besitz mit vorgehaltener Pistole zu erbeuten – dafür erhielt er ein Dutzend Hiebe! Nun, ich bin immer für ein beherztes Auspeitschen zu haben, aber dies schien mir ein billiger Vorwand zu sein, und ich erfuhr von einem angewiderten Zahlmeister, dass man die Strafe lediglich verhängt hatte, weil Krapf, ein idiotischer Geistlicher, der sich selbst der Expedition als Experte[23] angeschlossen hatte, den Polizeidirektor – noch so ein Idiot – davon überzeugt hatte, dass es einen Aufruhr unter den Einheimischen geben würde, wenn man die Abs durch das Auspeitschen des Treibers nicht beschwichtigte.

„Wartet ab bis der Häuptling davon erfährt!“, schäumte mein Informant. „Wir sind viel zu nachgiebig mit diesen verfluchten Wilden und geben jedes Mal klein bei, und so ein jämmerlicher Sidi wird völlig umsonst verdroschen. Ich hoffe er lässt sich das nächste Mal wirklich ausrauben und schickt diesem Krapf-Clown die Rechnung. Dieses verdammte Volk verachtet uns als Schwächlinge und wird überheblich bis zu dem Punkt, an dem sie uns angreifen, wenn wir ihnen nicht zeigen, wer der Herr im Haus ist!“

Ich war heilfroh, das Silber los zu sein. Eine äußerst unangenehme Verantwortung, so lange es von dieser Gruppe diebischen Gesindels geschleppt wurde. Ihr Widerwille, sich von ihren Satteltaschen zu trennen, bot einen erstaunlichen Anblick. In aller Bescheidenheit, ich glaube, dass es ihr Respekt vor „Bloody Lance“ war, der diese Gauner letztendlich davon abgehalten hat, die Taler zu klauen. Alles lag abgezählt auf dem Tisch des Zahlmeisters und da er bereits darüber in Kenntnis gesetzt worden war, dass mehr unterwegs war, erstellte er einen Beleg, der beim restlichen Zahlungseingang ausgehändigt werden sollte. Ich bekam ihn deshalb noch nicht in die Finger.

Napier war unterdessen im Begriff, auf seinen königlichen Wilden zu treffen, an einem Ort namens Mai Dehar. Das lag einen halben Tagesritt voraus, also machte ich mich mit den Scindees als Begleitschutz nach dem Mittagessen auf den Weg durchs Tal, vorbei an den Hütten, die das Dorf Attegrat bildeten.

Neben einer Kirche gab es noch einen heruntergekommenen Palast. Was allerdings wirklich ins Auge stach, war dieses wahrhaftige Blaubart-Schloss, am Hang über dem Dorf gelegen. Ein massiver Bergfried mit vier großen Geschütztürmen an jeder Ecke, der selbst im Sonnenschein ein schauriger, bedrohlicher Anblick war.

Unser Weg schlängelte sich entlang der Hügel in eine Trostlosigkeit, in der uns alle Hinweise von Bürgerkrieg und Ausbeutung schmerzlich vor Augen geführt wurden: Zerstörte und verlassene Dörfer, verbrannte Hütten und brachliegende Felder. Die Dörfer, die noch bewohnt waren, lagen alle weiter oben, geschützt von starken Mauern. Auf jedem Gipfel gab es einen einfachen Turm aus Lehm, der dem Vorbild aus Attegrat entsprach. Manche von ihnen waren gut 18 Meter hoch, besaßen fünf oder sechs Stockwerke und waren direkt am Rand der Klippen erbaut worden. Wie lauernde Aasgeiger blickten sie auf die Dörfer herab. Ein legitimer Vergleich, da mein Havildar erklärte, dass dies die Festungen von Räuberbaronen waren, die die ländlichen Regionen als Jagdrevier betrachteten. Zwischen ihnen und den sklavenjagenden Gallas aus dem Süden hatte das Landvolk nur wenig zu lachen. Es erinnere ihn an zu Hause, sagte er heiter. Dieses gesegnete Grenzland, wo aufrichtige Männer von Brandschatzung und Ausbeutung lebten, mit einzig den Britischen Sikars, die sich einmischten und diese Idylle störten. Ich merkte an, dass die Sikars auch verantwortlich für die Zahlung der Gehälter von ihm und seinen Diebesfreunden waren, wenn sie gerade Urlaub vom Stehlen machten, und er sah ein, dass wir durchaus auch nützlich waren.

Wir schafften ungefähr zwanzig Meilen in diesem Ödland und übernachteten an einem Brunnen, der das nahegelegene Dorf Ad Abaga mit Wasser versorgte. Die tiefliegenden Brunnen befanden sich gezwungenermaßen außerhalb der Schutzmauern der Berggemeinden, daher war ich dankbar für meinen Begleitschutz bärtiger Schlagetots, als wir ums Feuer herumsaßen und den Schakalen lauschten. Hin und wieder erklang auch das schaurige Heh-heh einer Hyäne, während wir zum Mond aufschauten, vor dem sich das Schloss auf dem Berg, albtraumartig wie ein Scherenschnitt, abzeichnete. Ich machte eine Bemerkung über sein gespenstisches Aussehen, worauf der Scindee-Havildar nur leise in sich hinein lachte.

„Der Husur hat von der Geschichte dieses Schlosses gehört, nehme ich an? Nein? Von der merkwürdigen Dame der Zitadelle, die niemals jemand zu Gesicht bekommen hat? Der Sage nach ist sie das Eheweib eines Räuberhäuptlings, der vom König von Lasta gefangen genommen wurde“ – er zeigte in Richtung der weit entlegenen Berge – „und dass sie schwor, weder die Sonne solle scheinen, noch solle der Regen auf ihr Haupt fallen, bevor er nicht zurückkäme. Andere glauben sie wurde mit einem Bann belegt, eine Zauberin, die von einem großen Magier dazu verdammt wurde, für immer abgeschieden und einsam zu leben.“

„Eine ganz gewöhnliche Dame aus Shallot, eh? Und was denken die Scindees?“

„Dass sie den König von Lasta bestochen hat, ihren Mann zu entführen, um sich selbst an Lustsklaven zu berauschen!“, rief er, und seine Raufbolde gluckten voller Zustimmung. Ich zitierte Ilderim Khans Sprichwort: „Ein Gilzai und eine Großmutter sind immer für einen Skandal zu haben!“, worauf sie unverhohlen losjohlten.

Unser Weg am nächsten Tag führte uns durch mehr Brachland und die verfallenen Überreste geplünderter Dörfer und über ein Plateau, so uneben, dass es später Nachmittag wurde, ehe wir Napiers Feldwache auf dem Bergkamm erreichten, der Mai Dehar überragte. Ein flaches Tal, das von einem Strom geteilt wurde, an dem John Bull das erste Mal auf Prester John getroffen war.

Allen Berichten zufolgem war es ein bedeutsames Treffen und ein herrliches Spektakel, mit unseren unerschütterlichen Reihen aus King's Own, einheimischer Kavallerie und Infanterie und der Artillerie, die zum Salut von der nahegelegenen Flussseite feuerte. Die Tigre-Armee, viertausend Mann stark, tauchte plötzlich mit dröhnenden Trommeln in einiger Entfernung vom Bergkamm auf und formierte sich zu einem riesigen Halbmond, ihren Monarchen in der Mitte. Ich sagte „allen Berichten zu Folge“, da ich leider zu spät gekommen war, um das Spektakel selbst mitanzusehen, und wenn Sie die ausgeschmückten Details wissen möchten, sollten Sie sich abermals an Henty oder Stanley oder irgendeinen anderen dieses Korrespondenten-Gesindels wenden, das rechtzeitig zur Stelle war.*

Sie werden Ihnen davon erzählen, wie Napier auf einem Elefanten zu dem Treffen geritten kam, aber absteigen musste, weil die Tigre-Pferde vor ihm scheuten, und er den adeligen Herrscher somit von einem stolzen Schlachtross aus begrüßte, welches er König Kussai anschließend sogar zum Geschenk machte. Zusammen mit einem Gewehr, für das er im Gegenzug einen Schild, einen Speer, einen Löwenumhang und ein weißes Maultier erhielt. Sie verbrachten den ganzen Tag miteinander beim Plausch im königlichen Zelt, und als Kussai erwähnte, dass ihn Eindringlinge nicht kümmerten, nicht besonders zumindest, und dass er bei Christen alle Fünfe gerade sein lassen könne, entgegnete Napier diplomatisch, dass er alle Abs mochte, bis auf die eben, die unsere Leute gefangen nähmen. Ah, sagte Kussai darauf, Ihr meint wohl Theodor, einen bösartigen Hundesohn, der es ertragen müssen wird, entthront zu werden, und ich bin der Kerl, der seine Nachfolge antritt. Ach, sagte Napier, wir befassen uns nicht mit Ab-Politik. Für uns zählen nur unsere Gefangenen, was natürlich bedeutet, dass wir Euren Gegenspielern auch nicht helfen werden. Fairer kann man es wohl nicht ausdrücken, gestand Kussai ein. Der Weg durch mein Herrschaftsgebiet steht Euch frei. Gebt Theodor, was er verdient und überlasst mir die rivalisierenden Thronanwärter.

Dies war die Quintessenz des Gesprächs, aber Henty und Co. werden euch mit Beschreibungen über die barbarische Herrlichkeit der Tigre-Krieger in ihren Samtumhängen, Löwenmähnenroben, Hemden in allen Regenbogenfarben, blanken Sichelklingen, Schilden, Lanzen, und ein paar Musketen in ihren Bann ziehen. Ihre Offiziere mit Kopfbedeckungen aus fließender Seide, ganz im Stil der Beduinen, mit silbernen Bändchen um die Stirn und geflochtenen Haaren und Bärten. Sie werden

* dieses Treffen fand am 25. Februar statt

das noble Benehmen König Kussais kommentieren, in seiner rot-gefransten Toga und Goldstulpen, seine sanfte Sprache und sein Auftreten. Wahrlich nicht der hellste Despot zwischen Kairo und dem Kap, aber bis zum einen gewissen Grad liebenswert, da er genau erkannte, was gut für ihn war.

Die Verhandlungen wurden mit zeremonieller Inaugenscheinnahme abgeschlossen, Napier prüfte die Tigre-Armee auf Herz und Nieren, stramme Kerle trotz primitiver Bewaffnung, und Kussai wurden die Exerzier- und Manöverkünste unserer galanten Burschen dargeboten. Mancher war der Ansicht, wir hätten besser daran getan, den Abs unsere Armstrong-Kanonen und Raketen in Aktion zu präsentieren, in Form einer Warnung, da bei ihnen der Eindruck unseres ersten Zusammentreffens langsam zu verblassen schien und sie überzeugt waren, dass wir zwar im flachen Feld unbesiegbar wären, im Hochland allerdings keine Gefahr für ihre irregulären Kämpfer darstellten.

Als wir uns mit der untergehenden Sonne im Rücken den Hang am Bergkamm hinaufquälten, an dem die Feldwache stationiert war, kam uns ein junger Offizier der 3rd Native Cavalry, ziemlich schneidig in Blau und Silber in leichtem Galopp entgegen geritten. Er grüßte mich mit Namen und erklärte, dass er den ganzen Tag auf Streife gewesen war, mit dem Befehl mich direkt zu Napiers Zelt zu geleiten, sobald ich mich blicken ließe – durchaus schmeichelhaft, wenn ich nicht, wie Sie wissen, misstrauisch gegenüber Generälen wäre, die mich unbedingt sehen möchten. Aus gutem Grund, weil …

„Ich frage mich, Sir Harry, ob Ihr so gut wärt und dies tragen würdet?“, sagte er und hielt mir einen langen, kapuzenbesetzten Umhang, so wie sie dort die Halsabschneider trugen, hin. „Mein Rissaldar wird sich um Eure Scindees kümmern.“

Mein Blick wanderte vom Umhang zu ihm und seinem Rissaldar, der mir ein Salam entgegenbrachte und meinen Begleitschutz um Aufmerksamkeit bat. Der winzige Zweifel, der sich in meinem Hinterkopf breit gemacht hatte, als Speedy darüber frohlockte, dass ich bei ihnen und der Expedition war, wuchs mit rasanter Geschwindigkeit zu einer schrecklichen Vorahnung heran, als er mir den Umhang in die zögernde Hand legte.

„Was, zum Teufel, ist das?“, fragte ich misstrauisch.

„Bitte haltet Euch möglichst bedeckt!“, antwortete er. „Sir Robert wünscht, dass so wenige Leute wie möglich von Eurer Anwesenheit wissen. Besonders der Fei…, das heißt unsere abessinischen Freunde. Ein paar von ihnen treiben sich an unseren Linien herum, wisst Ihr … oh, sie sind sehr freundlich, aber einfach zu neugierig.“

„Und warum, zur Hölle, sollen sie mich nicht sehen? Ich renne doch nicht in einer Burka herum!“

„Sir Robert hält es für das Beste.“ Er war rosa, aber kräftig, Ende zwanzig, aber keineswegs eingeschüchtert, noch nicht einmal vom berühmten Flashy. „In der Tat, er besteht darauf. Nun, wenn es Euch also nichts ausmacht, Sir … die Kapuze wird eure Gesichtszüge verdecken, versteht Ihr.“

Lächerlich war das – Besorgnis erregend gar, aber es machte wenig Sinn sich zu widersetzen. Ich warf mir den Umhang um die Schultern, zog die Kapuze ins Gesicht und folgte ihm über den Bergkamm den Hang hinab zu unseren Zeltreihen, in denen bereits Sturmlampen wegen der hereinbrechenden Abenddämmerung brannten. Tatsächlich gab es großgewachsene Ab-Krieger und Weibervolk und Kinder, die zwischen den Zelten herumliefen, unsere Gefolgsleute und die Jawans* anstarrten, die augenscheinlich ihr bestes Verhalten an den Tag legten. Sie grüßten die Abs freundlich, boten ihnen Sitzplätze bei ihren Feuerstellen an, während sie die Shoho-Mädchen mit Wohlwollen betrachteten und die Chicos mit ihrer Ausrüstung spielen ließen. Mein Führer ging voraus in Richtung eines großen, sich vom Rest abhebenden Festzelts. Ein paar Dragoner mit gezogenen Säbeln standen unter dem Vordach und Speedys riesige Gestalt war in ihrer Mitte, der mich umgehend ins Innere verwies.

„Es hat ihn auch keiner von den Presseleuten gesehen?“ Mein Begleiter versicherte, dass mich wirklich niemand gesehen hatte. Nun wurde es mir zu viel und das äußerte ich auch.

---

* indische Soldaten

„Von dem ganzen Unsinn ist das hier die Krönung! Henty hat mich doch gesehen, oder nicht? Warum dann nicht auch der Rest von ihnen?"

„Henty ist in Ordnung", antwortete Speedy. „Der Rest allerdings nicht, vor allem nicht dieser vermaledeite Schnüffler Stanley – Ihr kennt ihn, der Chicago-Wallah.[24] Er würde Eure Ankunft in die Welt hinausposaunen!"

„Und wer würde sich einen feuchten Kehricht darum scheren, wenn es so wäre? Warum sollte er nicht? Oh, zum Teufel damit! Und wo ist Bob Napier überhaupt? Oder ist er auch aus der Haut gefahren?" Ich warf den Umhang ab und war kurz davor, meinem Unbehagen vollends Luft zu machen, als ich bemerkte, dass meine Zuhörerschaft, bestehend aus dem Begleitschutz, Speedy und einem wie ein Buchwurm aussehenden Pionier-Hauptmann, erwartungsvoll in Richtung des fernen Zeltendes blickte. Da war er – der Panikmacher in Person. Selbst in meiner Wut war mein erster Gedanke: Wenn jemals ein erschöpfter Veteran einen langen Diensturlaub nötig gehabt hat, dann war er es. Er sah immer einigermaßen müde aus, mit seinen nach unten gebogenen Augenbrauen, den Tränensäcken und dem dösigen Schnurrbart. Nun war er aber auch noch alt geworden. Er musterte mich mit einem duldsamen aber müden Lächeln, als er sich von seinem Platz hinter dem Tisch erhob und unter der Lampe hervortrat.

„Lasst Euch nicht von Sir Harrys Ostindien-Kompanie-Manieren irritieren, Gentlemen", setzte er an. „Das erste Mal als ich seine Stimme hörte, richtete er gerade das Wort an den indischen Generalgouverneur in allergrößter Kavaliers-Manier. Erinnert Ihr euch an den großen Diamanten vor zwanzig Jahren, in Kussoor?"* Seine Augen begannen zu leuchten ob der Erinnerung. „Reicht mir die Hand, alter Kamerad, und seid herzlich willkommen. Ich war wahrlich noch nie so erfreut, jemanden zu sehen, das sage ich Euch!"

Damit war der Moment gekommen, in dem ich ohne Zweifel sagen konnte, dass das Verderben erneut über mich hereingebrochen war.

* siehe „Flashman und der Berg des Lichts", Band 9 der Flashman-Manuskripte

Kapitel 4

Wenn Sie Tom Brown gelesen haben, erinnern Sie sich vielleicht an einen großen Helden namens Crab Jones, von dem Hughes behauptete, er sei der härteste Hund im Rugby, und wenn er in diesem Moment über den Mond gestolpert wäre, hätte er sich mühelos berappelt, ohne die Hände aus den Taschen zu nehmen. Bob Napier hat mich immer an Crab erinnert. Im Sikh-Krieg, während der Meuterei, in China und entlang der Nord-Grenze: Immer derselbe sichere, gelassene Stil, die ruhige Stimme, die methodische Besonnenheit, die seine leicht reizbaren Offiziere zur Weißglut trieb. Er war außerdem der beste Ingenieur der Armee und der erfolgreichste Truppenkommandant, den ich je getroffen habe.

Damals in Abessinien ging er auf die Sechzig zu und es war kein Wunder, dass er ausgebrannt aussah. Wir hatten gemeinsam mehrere Feldzüge bestritten, aber er war jedes Mal den beschwerlicheren Weg gegangen, dank seines Talents, sich in Gefahr zu begeben – und wieder herauszukommen. Üblicherweise mit einigem Blutverlust. Gott allein weiß, wie viele Verletzungen er schon davongetragen hatte. Einmal, ich erinnere mich noch genau, wurde ihm sein Fernrohr aus der Hand geschossen, drei Einschusslöcher waren in seinem Mantel und eine Kugel durchschlug seinen Fuß. Wahrscheinlich hatte er zu dieser Zeit nur mit der Zunge geschnalzt und leicht das Gesicht verzogen. Nicht überraschend, dass er dazu auch noch öfter krank wurde; er war in einem erschütternden Zustand, sagte man, als er bei der Indischen Meuterei Tantia Topi besiegte, und laut Colin Campbell gab es dort „keine zwei Männer wie ihn“, als er die Eroberung von Lucknow plante (dabei ging es ihm überhaupt nicht gut). Wenn er nicht gerade den Helden spielte, Sikhs mit einem Elefantengewehr jagte und die Paschtunen an den Nord-Grenzen vernichtend in die Flucht schlug, ließ er die Kanäle und die meisten Straßen in Nordindien anlegen, von Lahore bis zum Khyber, und baute Darjeeling auf. Und nun, kurz vor Rente und Pension, reichten sie ihm den vergifteten Kelch von Abessinien ... und da war er und hieß mich willkommen, mit diesem berühmten Lächeln, das niemand vergaß. Vielleicht schickte es sich nicht für diese ernste, altmodische Gallionsfigur, mich nach meinem Befinden zu fragen, anzumerken, wie gut ich aussah, sich nach Elspeth zu erkundigen (die er nie getroffen hatte), oder Brote und Bier zu meiner Erfrischung anzufordern und noch einmal zu betonen, welch Glück mein Eintreffen war – und das die Maria Theresias gekommen waren.

Verdammt nervtötend war solch eine Herzlichkeit von einem Mann, der niemals einer meiner Lieblinge gewesen war. In einer Generation von großen Hauptmännern, wie Campbell und Rose und Outram, solchen Giganten wie die Lawrences und Nicholson und Havelock und Harry Smith, um nicht wahnsinnige Krieger wie Hope Grant und Rake Hodson zu erwähnen, zeugte es davon, dass Napier immer der bescheidene, ruhige Kerl am Rand der Tanzfläche war, der nur gelegentlich einen Funken seines sarkastischen Humors aufblitzen ließ und immer froh darüber war, sich in seine Arbeit flüchten zu können, und seine Studien zu pflegen – Musik, Malerei und das Anstarren von Steinen.*

Nachdem er die Taler erwähnt hatte, machte ich ihn besonders taktvoll darauf aufmerksam, dass ich mich eigentlich auf dem Heimweg befunden hatte, als ich Speedicut erlaubte, mich in seine Dienste zu nehmen und wies ihn höflich darauf hin, dass ich verpflichtet war, einen Passierschein einzuholen und eine Kleinigkeit an Reisegeld, um mich wieder auf den Weg machen zu können.

„Also, was das angeht, Moore, wärt Ihr so gut", sagte er zu dem Pionier, den er als seinen Sekretär und Dolmetscher vorstellte. „Nur so nebenbei, wie viele Sprachen beherrscht Ihr noch mal, Moore? Ein Dutzend? Wie steht Ihr Angebot dazu im Vergleich ... Sir Harry?" Er war auf der Kippe, mich „Flashman"

* siehe Anhang II

zu nennen, als mein Vorgesetzter von 10 Jahren und nun auch noch General; ein einfaches „Harry" hätte er zu dieser Zeit nicht über die Lippen gebracht und ich machte mir eine gedankliche Notiz, ihn nicht mit „Bob" anzusprechen.

Ich sagte ihm, dass ich mich wohl in einem Dutzend Sprachen durchschlagen könnte, fließend aber nicht mehr als sechs spräche.

„Eine davon war doch Arabisch, wenn ich mich recht entsinne", hakte Napier nach, was mich in Sorge versetzte. Warum Arabisch? Er führte die Frage nicht weiter aus, aber ließ Moore und meinen Begleitschutz wegtreten, machte es sich wieder auf seinem Stuhl gemütlich und bot Speedy ebenfalls einen Platz am Tisch an.

„Nun, es ist ganz vortrefflich, Sir Harry. Ich entnehme der Nachricht aus Wien, dass Ihr zuletzt in Mexiko gewesen seid. Eine politische Indaba,* wenn mich nicht alles täuscht?"

„Nicht wirklich, Sir. Fremdeinwirken könnte man es nennen."

„Ich verstehe. Also geht Ihr momentan keinem offiziellen Amt nach? Auf der Pensionsliste?" Er nickte. „Nun, Moore wird Euren Passierschien am Morgen fertig haben … wenn Ihr umgehend Gebrauch von ihm machen wollt, meine ich." Er warf einen flüchtigen Blick auf Speedy, und Speedy, der in seiner unmenschlichen Pracht dasaß wie der König der Kannibalen-Inseln, lächelte so spitzbübisch, als dächte er an ein Geheimnis, in das nur er eingeweiht war.

„Ich kann Ihnen nicht ganz folgen, Sir … Warum sollte ich nicht umgehend Gebrauch von ihm machen?"

„Aus keinem besonderen Grund", sagte Napier, „abgesehen von Eurem Hang für risikofreudige Dienstleistungen, wie ich es einmal nennen möchte … Ich denke, Ihr solltet Eure Abreise vielleicht noch etwas verschieben … für eine gute Sache und aufgrund Eurer freien Entscheidung?" Er stellte den letzten Satz als Frage und Speedy lachte leise, verflucht sei er, mich mit diesem idiotischen Grinsen anzuschauen, wie jemand, der auf die Auflösung einer großen Überraschung wartet.

„Es ist alles in allem eine inoffizielle Sache und muss in der Tat absolut geheim bleiben." Napier beugte sich nach vorne und

* Affäre, Verwicklung (Swahili)

sprach mit gesenkter Stimme weiter. „Ihr seid ein Fremder in diesem Land, Sir Harry, und es wurde dafür Sorge getragen, dass kein Hochland-Abessinier von Euch Kenntnis nehmen konnte, und dass überhaupt nur einige wenige, die vertrauenswürdig sind, von Eurer Anwesenheit wissen. Seht Ihr, es muss eine Rolle gespielt werden – eine geheime, und diese Rolle könnte durchaus lebensgefährlich sein, und kein anderer Mann der Armee könnte auch nur den Versuch wagen, sie anzunehmen." Er hielt inne. Seine trüben Augen ruhten auf meinen. „Eine Rolle, von der der Erfolg oder das Scheitern der Expedition maßgeblich abhängt." Wieder machte er eine Pause. „Soll ich weiterreden?"

An diesem Punkt, als offensichtlich wurde, dass gleich ein saumäßiger Unsinn verzapft würde, hätte der innere Flashman gerne losgeschrien: „Nur wenn Ihr es riskieren wollt, einen ausgewachsenen Mann in Tränen ausbrechen und plärrend wie ein Kind in die abessinische Nacht entschwinden zu sehen!" Der äußere Flashman hingegen, armer Teufel, saß nur stumm da, schwitzte nonchalant, wurde vor Bammel langsam rot im Gesicht und hoffte, dass Napier dies als rasende Wut interpretierte, da er seine Reisepläne völlig durcheinandergebracht hatte. Er deutete mein betretenes Schweigen als Zustimmung, erhob sich und winkte mich zu einer Staffelei hinüber, auf der sich eine Karte des Landes befand. Eine ziemlich merkwürdige Karte, die das Land zwar in seiner Länge darstellte, allerdings nicht in der Breite, so wie die, die ich diesen Memoiren anfügen werde. Sie war aus mehreren, zusammengeklebten Fotografien angefertigt. So etwas hatte ich noch nie gesehen.

„Ihr wisst was zu tun ist – unser Auftrag lautet: findet Theodor und stellt unter allen Umständen die Befreiung der Gefangenen sicher. Wir sind hier in Attegrat und Theodor und seine Armee sind dort, auf der Straße von Debra Tabor nach Magdala. Zwischen uns liegen dreihundert Meilen Land, welches, und ich bin mir sicher, Ihr habt die Unkenrufe schon gehört" – er grunzte amüsiert –„eine unwegsame Wildnis ist, mit unbezwingbaren Gipfeln und bodenlosen Abgründen, in denen uns garantiert ein Desaster erwartet, sollte unsere Versorgung fehlschlagen oder feindliche Stämme unsere Wege kreuzen oder Theodor selbst uns mit überlegenen Kräften in die Quere kommt oder irgendeine andere von hundert Schwierigkeiten tut sich auf und bringt uns zum Stillstand."

Er machte eine Pause, um zu sehen, wie ich es aufnahm und ließ einen seiner kleinen müden Seufzer verlauten.

„Nun, Sir Harry, ich kann Euch sagen, dass mit Eurem Silber unser Nachschub gesichert ist, wenn wir uns flink voranbewegen. Die Stämme ...", er zuckte mit den Schultern „sind nicht einschätzbar und nicht vertrauenswürdig. Kussai aus Tigre hat dreißigtausend Krieger und Menelek aus Shoa und Gobayzy aus Lasta haben je genauso viele, aber die werden uns keine Schwierigkeiten bereiten, so lange wir keine Anzeichen von Schwäche zeigen. Kussai hat uns sogar Durchgang gewährt und seine Hilfe angeboten, und alle drei hoffen, dass wir Theodor seines Amtes entheben. Danach werden sie sich um seinen Thron prügeln."

„Sie haben eine Heidenangst vor ihm", fügte Speedy hinzu. „Menelek belagerte Magdala letztes Jahr, aber hat es sich dann noch einmal überlegt. Er und Gobayzy befinden sich mit ihren Armeen noch immer im Feldzug, bereit für kleine Gefechte, aber nicht bereit, den Entscheidungsschlag zu führen." Er kratzte sich nachdenklich den Bart. „Ich kann nicht sagen, dass ich es Gobayzy übelnehme. Er hat Theodor letzten Monat per Nachricht seinen offenen Widerstand erklärt und Theodor ließ seinen Kurier dafür einen langsamen Tod sterben. Das heißt, ihm wurden die Glieder halb abgetrennt, an Knien und Ellenbogen, und verdreht, um die Arterien zu verstopfen. Das Opfer hat man dann den wilden Tieren überlassen. Ich hab schon mal gesehen, wie das gemacht wird", ergänzte er, ganz sicher um mich aufzuheitern.

„So ist es", sagte Napier schnell. „Es ist immer dasselbe mit den Abscheulichkeiten, die er seit Jahren in seinen südlichen Provinzen begeht." Er berührte einen Punkt auf der Karte westlich von Magdala. „Gondar, wo er seit je her Widerstände durch Massentötungen unterdrückt, Zehntausende zu Tode foltert und die Landschaft verwüstet. Debra Tabor, das er niedergebrannt hat und dessen Einwohner unbeschreibliche Qualen erleiden mussten, Kreuzigungen, Massenverbrennungen bei lebendigem Leib und dergleichen. Es scheint, als sei er vollkommen wahnsinnig geworden, da sich ganz Abessinien im Aufstand gegen ihn befindet. Außer seiner Armee, aber die schwindet durch konstante Fahnenflucht dahin – so hat man uns zugetragen. Im Moment führt er sie zurück nach Magdala, langsam allerdings, weil sie schweres Gerät mit sich führen, und er, genau wie wir, die Straßen erst anlegen muss, auf denen er sich bewegt. Natürlich mit der Arbeitskraft von gefangenen Rebellen aus Gondar, daran besteht kein Zweifel."

„Er hat immer ein paar politische Feinde um sich, die er bei Bedarf hinrichten lässt", sagte Speedy. „Er lässt sie zu Hunderten unterwegs exekutieren. Gott sei Dank sind unsere Leute in Magdala gefangen und dieser Marsch wird ihnen erspart! Wenn ich an die Folter und den Missbrauch denke, die ihnen widerfahren sind …"

Seine riesigen Hände umklammerten den Speer, der quer auf seinen Knien lag, und er knurrte tief in seiner Kehle. „Eines schönen Tages werde ich mal ein ernstes Wort mit seiner Majestät über die Behandlung von weißen Gefangenen sprechen!"

Napier nahm das Gesagte mit höflichem Interesse auf, bevor er fortfuhr. „In jedem Fall wird er Magdala vor uns erreichen. Womöglich wird er dort Stellung beziehen. Ich glaube und hoffe sogar, dass es dazu kommt. Aber wenn er glaubt, einer Belagerung nicht standhalten zu können, zieht er sich vielleicht in die südliche Wildnis zurück und nimmt die Gefangenen mit sich."

„Außer, er hat sie vorher zerstückelt!", ächzte Speedy.

„Auch das ist möglich", antwortete Napier leise. „Oder er marschiert uns entgegen und wir müssen bereit sein, ihn in den Pässen zu bekämpfen, vielleicht sogar ohne unsere Artillerie, wenn sich unser Transport als zu langsam herausstellt. Das wäre ein schweres Los, aber wenn es nicht anders geht, müssen wir unsere Kanonen zurücklassen, Gepäck, Zelte, Träger, Hilfstruppen und den ganzen Rest, und stellen uns ihm mit Gewehr und Bajonett entgegen, und 60 Schuss pro Mann, so wie wir gegen die Hassemezeia am Black Mountain vorgegangen sind. So Gott will, werden wir mit ihm vor den Juni-Regenfällen fertig sein, aber wenn nicht, müssen wir in Kauf nehmen, weiter zu marschieren und zu kämpfen. Zur Not folgen wir ihm bis zum Kongo oder dem Kap.“

Dies waren die Worte, die man von einem Brooke oder Custer erwartete, ausgesprochen mit einem heldenhaft-blumigen Ausdruck und der Faust auf dem Tisch. Napier sagte sie mit der Leidenschaft eines Mannes, der einen Eisenbahnfahrplan vorlas … aber ich dachte, Lebewohl und Adieu, Bruder Theodor, dein letztes Stündlein hat geschlagen; dieser ziemlich alte Kerl mit dem schnöden Backenbart mag vielleicht nicht seinen Wetteinsatz herausposaunen, aber was er verspricht, das hält er auch. Es stand immer noch aus, welche schreckliche Rolle ich in diesem Stück spielen sollte. Er berührte erneut die Karte und zeichnete mit seinem Finger einen Bogen im Süden von Magdala.

„Ob er flieht oder weiter nach Süden getrieben wird, nachdem wir ihn besiegt haben – dort müssen wir ihm den Weg abschneiden. Und dies kann nur mit Hilfe von Einheimischen geschehen – nein, nicht Gobayzy oder Menelek, die sind nicht nur unzuverlässig, sondern würden ein Ersuchen um Hilfe als Zeichen von Schwäche abtun und sich vielleicht sogar gegen uns wenden. Wir müssen all jene einberufen, die unerbittliche Feinde Theodors sind, aber kein politisches Interesse an seinem Schicksal oder dem Schicksal von Abessinien haben, das sie lediglich als Quelle für Beute und Sklaven ansehen. Ich spreche von den Gallas, vielleicht habt Ihr schon mal von ihnen gehört. Speedy, Ihr habt das Wort.“

„Dank Euch, Sir Robert“, sagte Speedy und erhob sich, wahrscheinlich um seine Gedanken anzukurbeln, da er für einen Moment nur so mit verzerrter Miene dastand und sich mit dem Speer seinen Bart kratzte. „Die Gallas“, setzte er an. „Aye, erinnert Ihr euch an die Ghazis in Afghanistan, Sir Harry? Nun, die Gallas sind aus demselben Holz geschnitzt – bösartig, grausam und völlig übergeschnappte Blutsäufer!“ Er schnippte mit den Fingern. „Nein, ich gebe Euch einen besseren Vergleich als die

Ghazis – ein paar Kerle, die Ihr aus dem amerikanischen Westen kennt. Aye, die Gallas sind die Apachen Abessiniens! Sie scheinen nur für Plünderungen, Morde und Entführungen zu leben – Gott allein weiß, wie viele Jünglinge und Mädchen sie jedes Jahr wegschleppen, um sie nach Ägypten und Arabien zu verkaufen. Habt Ihr die abgebrannten Dörfer und verwüsteten Felder auf dem Weg hierher gesehen? Das war das Werk der Gallas. Sie sind eine monströse Gruppe und böser und gefährlicher als jeder andere Stamm in Afrika. Sie verabscheuen Theodor, weil sie Mohammedaner sind – wenn sie überhaupt irgendetwas sind – und er hat versucht, sie zu christianisieren. Durch Feuer und Schwerter und Massaker. Er hatte keinen Erfolg, aber er eroberte ihren großen Amba bei Magdala, die er zu seiner Hauptstadt machte, nur damit er ein Auge auf sie haben kann. Sie warten und beten für den Tag, an dem sie ihn stürzen können!"

„Und mit unserer Ankunft könnte dieser Tag für sie gekommen sein, so glauben sie", sagte Napier, und Speedy, der auf und ab lief wie ein Feldprediger, verstand den Wink und setzte sich. „Und wir müssen sie davon überzeugen, dass es im Bereich des Möglichen liegt. Sie fürchten Theodor aus gutem Grund, und sie werden keinen Schlag gegen ihn wagen, solange sie nicht sicher sind, dass wir fest entschlossen sind, ihn zu stürzen, und nicht eher Ruhe geben, bis er tot oder unser Gefangener ist."

Das war es also. Flashy, Botschafter Extraordinär für eine Nation blutrünstiger Sklavenhändler, wurde soeben der Auftrag erteilt, diese Kerle zu einem Krieg gegen einen barbarischen Tyrannen zu überreden, der erheblich zivilisierter war als sie selbst – das war es, was vorgeschlagen werden sollte, ganz unmissverständlich. Glücklicherweise jedoch war es unmöglich. Es gab etwas, das Napier im Eifer des Gefechts völlig übersehen hatte. Vielleicht zeigte sich meine Erleichterung in freudiger Überraschung, was er offensichtlich missverstand, da er nickend zu Speedy hinüber schielte, der mich erwartungsvoll anstrahlte.

„Ich sehe, Ihr könnt meine Gedanken lesen, Sir Harry", sagte Napier. „Ja, es ist eine Aufgabe für Euch, und nur für Euch. Ich sagte ja, kein anderer Mann in der Armee könnte die geforderte

Rollen spielen – da es wirklich eine Rolle ist, und zwar eine, die ihr schon einmal gespielt habt. Als Ihr nach Lahore gereist seid, in Verkleidung eines Afridi-Pferdehändlers, als Ihr Kavanagh aus Lucknow geschmuggelt habt, oder als Ihr Monate als Sowar der Native Cavalry in Meerut, vor der Meuterei zugebracht habt."

Wieder lächelte er, und hegte keine Zweifel wegen meines verzerrten Gesichtsausdrucks. „Aber einmal ganz von Eurer einzigartigen Tauglichkeit für diesen Auftrag abgesehen, ich weiß, dass dies die Art von Dienst ist, die ihr immer gesucht und darin brilliert habt, was auch der Grund dafür ist, und ich schäme mich nicht dies zuzugeben, dass ich dem Allmächtigen Vater in meinen Gebeten dafür gedankt habe, als in dem Telegramm stand, Ihr würdet das Silber aus Triest überbringen."

Für mich war es kein Trost, dass Speedy mich bei diesem Vortrag über meine angeblichen Heldentaten ehrfürchtig anblickte. Was für ein gottloser Vorschlag! Ich bemühte mich, meine Gesichtszüge in den passenden Ausdruck von verwirrt-amüsiertem Bedauern zu bringen, als ich auf sein haarsträubendes Angebot antwortete.

„Aber, Sir, Euch ist etwas Wichtiges entgangen! Natürlich würde ich diesen Auftrag so gezielt verrichten wie jede andere nützliche Arbeit …" Sollte reichen, dachte ich bei mir, Pappnase, die ich war. „… Aber ich spreche kein Amharisch oder irgendeinen anderen regionalen Dialekt, wo wir gerade dabei sind …"

„Aber, Ihr sprecht doch Arabisch!", rief Speedy. „Das wird reichen. Es gibt nicht gerade wenig Arabischsprechende im Landesinnern, besonders unter den mohammedanischen Gallas, und Königin Masteeat ist eine von ihnen."

„Königin wer?"

„Masteeat, Königin der Wollo Gallas, der stärkste – aye, und der wildeste – Stamm im Galla-Bündnis. Sie ist das Mädel, das darüber entscheidet, ob sie gegen Theodor losmarschieren oder nicht. Gewinnt sie für Euch, und wir haben die Gallas zu Tausenden gewonnen!" Wieder einmal ertönte sein durchdringendes Lachen, das sein Barbarengeschmeide zum Beben brachte. „Allerdings ist das leichter gesagt als getan. Sie ist eine bemerkenswerte Lady und ich bezweifle, dass es seit Cleopatra je ein schlaueres oder rücksichtloseres gekröntes Weibsbild in diesen Breiten gegeben hat."

„Ja, Ihr erwähntet, sie sei furchteinflößend", murmelte Napier. „Tatsächlich muss sie das auch sein, wenn sie solche Kerle im Zaum halten will. Und sie ist jung und Witwe, stimmt's?", fuhr er fort, während seine Augen den riesigen Motten folgten, die um die Lampe herumschwirrten. „Ansehnlich?"

„Welches Galla-Mädchen ist das nicht?", fragte Speedy grinsend zurück. „Masteeat bedeutet ‚Spiegel', da habt Ihrs. Nicht nur, dass sie ein Mädchen in den besten Jahren ist – schön, dick, und so um die vierzig, eine echt stattliche Juno, aber mit einem feinen, wachsamen Auge und einem Hunger wie ein Bär … für ihre Mahlzeiten, ich meine, ein ganz normaler Vielfraß."

„Allerdings", nickte Napier. „Was noch?"

„Nun, um euch die Wahrheit zu sagen, Sir Robert, ich war weniger an ihrem Aussehen interessiert, sondern viel mehr daran, von ihr wegzukommen ek dum* – wenn eine verspielte Tyrannin mit Macht über Leben und Tod, sich fragt, ob ein Kerl meiner Größe in der Lage ist, einen Löwen nur mit einem Messer zu bekämpfen … nun, ich war froh ihr einen schönen Tag zu wünschen!"

„Du liebe Güte! Warum sollte sie sich so etwas fragen?"

„Na ja, sie war ziemlich betrunken, aber ich glaube der wahre Grund war weiblicher Groll, weil ich einen Posten in ihrem Dienst ausgeschlagen habe." Sagte er, ohne eine Miene zu verziehen, dieser Riesenidiot. Manche Kerle würden einen geschenkten Gaul selbst dann nicht erkennen, wenn er ihnen direkt in die Familienjuwelen tritt. „Sie hätte mich gegen eines ihrer Haustier-Monster ausgespielt, wenn ihr Kämmerer sie nicht davon abgebracht hätte. Sie ist 'ne Gefährliche, diese Königin Masteeat. Lustigerweise attraktiv, aber eigenwillig und scharfsinnig wie ein Säbel, wenn sie nüchtern ist. Das ist auch der Grund, warum sie seit zwei Jahren über das Bündnis herrscht, trotz ihrer älteren Schwester Warkite, Königin der Ambo Gallas, und es gibt noch einen dritten Anwärter …"

* Auf einmal, sofort (Hindi)

„Vielen Dank, Speedy", unterbrach Napier. „Also ... wie eigenwillig Ihre Majestät auch immer sein mag, sie wird es wohl kaum versäumen, einen höheren Offizier der Britischen Armee, der auf dem Vormarsch nach Magdala ist, Respekt zu erweisen. Was denkt Ihr, Sir Harry?"

Da Speedy mir mein Arabisch an den Kopf geworfen hatte, verfolgte ich den weiteren Verlauf dieses Gesprächs mit zunehmender Sorge, und griff nun nach dem einzigen Strohhalm, der mir noch einfiel, während ich mich wie ein eifriger Dick Champion aufspielte.

„Was für eine Frage. Natürlich gehe ich, Sir, wenn Ihr es wünscht – nichts würde ich lieber tun!" Ich lachte gellend und ließ darauf ein reumütiges Lächeln folgen. „Aber ... ich bedaure, zugeben zu müssen, dass Hauptmann Speedy hier viel besser für diese Aufgabe prädestiniert ist. Er kennt die Königin und spricht ihre Muttersprache, kennt das Land und seine Gepflogenheiten."

„Das genau disqualifiziert ihn für diese Aufgabe! Jeder Abessinier kennt ihn, und Verschwiegenheit ist hier entscheidend. Theodors Spione informieren ihn über jeden unserer Schritte. Aber er darf unter keinen Umständen erfahren, dass ich Gesandte zu den Gallas schicke." Napier sprach mit pathetischem Nachdruck, während er mit dem Finger auf die Tischplatte tippte. „Mit Sicherheit würde er seine Vertreter schicken, um zu verhindern, dass sie uns unterstützen. Möglicherweise würde er sogar den Tod Königin Masteeats herbeiführen –, und Euer Leben wäre keinen Pfifferling mehr wert, wenn er von Eurer Mission erführe. Ihr werdet Euch tief im Feindesgebiet befinden, denkt daran. Darum müsst Ihr Euch in einheimischer Tracht kleiden, ein harmloser asiatischer Reisender, der unauffällig seinen Geschäften nachgeht."

Wie Sie vielleicht bemerkt haben, hatte sich eine einfache Einladung im Kopfe dieses verabscheuungswürdigen Senilen in eine Tatsache verwandelt, an der es nichts mehr zu rütteln gab. Ich würde hinter Feindeslinien herumschleichen und dabei riskieren, von einem Wahnsinnigen gefangen genommen zu werden, der seinen Opfern gerne die Gliedmaßen abdrehte, und einer dementen Schlampe den fliegenden Händler vorspielen, die großen Gefallen daran fand, Besucher den Löwen zum Fraß vorzuwerfen. Und ich konnte nichts dagegen tun, außer Entschlossenheit zu heucheln. Mit flauem Magen und einem freudigen Grinsen saß ich schwitzend in dem stickigen Zelt mit Napier, der mich als einen Musterschüler betrachtete und diesem gottverlassenen Halbaffen Speedy, der mir auf die Schulter klopfte.

Wieder einmal wurde ich mit meinen eigenen Waffen geschlagen, durch meinen unverdienten Ruf von Tollkühnheit und den betrügerischen Darstellungen zweifelhafter Heldentaten, und wieder einmal konnte ich nicht ablehnen – zumindest nicht, wenn ich meinen Namen reinhalten wollte. Es gab Zeiten, in denen ich mich gedrückt und gelogen hätte, und mir kein Weg zu weit gewesen wäre, um meinen Pflichten zu entkommen, aber die Erfahrung hatte mich gelehrt, einen hoffnungslosen Fall zu erkennen, und dieser war ganz besonders hoffnungslos – Napier hatte recht: äußerlich betrachtet war ich der richtige Mann – und eine große Memme. Niemals hätte ich mich der Schande, der Empörung und dem sozialen und professionellen Ruin stellen können, wenn ich mich vor der Verantwortung gedrückt hätte und nach Hause geschlichen wäre … Nein, dafür hatte ich nicht den Mumm.

Also tat ich mein Möglichstes so wie ein Windhund auszusehen, der nur darauf wartet, von der Leine gelassen zu werden – und ich will verdammt sein, wenn Napier mich nicht mit hämischer Schadenfreude betrachtete.

„Man sieht, dass es die richtige Entscheidung war, Euch diese Mission für Eure freie Entscheidung vorzuschlagen. Ich frage mich“, er klang beinahe witzig, „ob sie sich aufgrund der Tatsache, dass eine königliche Lady … mit einer umwerfenden Persönlichkeit involviert ist, vielleicht als doppelt attraktiv erweist. Ihr seid darüber vielleicht nicht im Bilde, Speedy. Sir Harry hat große Erfahrung auf diesem Gebiet. Als Gesandter am Hof der Maharani der Punjabis war er so erfolgreich, dass ihm Ihre Majestät einen Heiratsantrag machte. Das hat mir Sir Henry Lawrence entzückt erzählt. Und ich erinnere mich, dass unsere

Armee während der Peking-Expedition förmlich vor Eifersucht verging, wegen der besonderen Aufmerksamkeit, die er von der chinesischen Kaiserin erhielt." Er machte ein merkwürdiges Geräusch, welches ich nur als verschmitztes Glucksen interpretieren konnte. „Wirklich, mein lieber Sir Harry, Ihr solltet in Erwägung ziehen, in Sandhurst oder Addiscombe Vorlesungen über höfische Galanz zu geben."

Herrgott, war dies nicht zwangloses Geplänkel? Wollte er mir vielleicht durch die Blume sagen, was sicherlich auch schon in den frommen Köpfen von Broadfoot und Elgin[25] vorgegangen war, dass ich die königliche Zusammenarbeit am besten gewährleiste, indem ich die Königin in Windeseile, wie einer meiner französischen Bekannten es nennt, in einen Zustand von Ohnmacht versetzte? Sicher nicht? Sie waren weltgewandte, gewiefte Politiker, aber dies war ein ernster, sittenstrenger Senior der alten Schule, der nicht mal im Traum daran dachte … Und dann erinnerte ich mich, dass dies derselbe Napier war, der mit seinem museumsreifen Schnurrbart und einem Bein im Grab, erst kürzlich ein junges Fohlen von achtzehn Jahren zum Eheweib genommen hatte, welches seine Ansichten vom Umgang mit dem schönen Geschlecht deutlich zu beeinflussen schien – kein Wunder, dass er so aussah, als hätte man ihn durch die Mangel gedreht.[26] Ja, ich wusste was er dachte, der geile alte Bock. Nun, ich war nicht in der Stimmung, seine Liederlichkeit zu würdigen, wenn es das überhaupt war. Wie ich bereits erwähnte, waren die Berichte über meinen diplomatischen Erfolg heillos übertrieben, aber die Armee hatte eine beeindruckende Vorstellungskraft.

„Sir, seid Ihr Euch sicher, dass ich der beste Mann für diesen Auftrag bin?"

Nach Außen zeigte ich meinen überbordenden Eifer um sofort aufzubrechen, Sie verstehen, aber trotzdem äußerte ich ehrliche Zweifel. „Ich meine, die Angelegenheit ist zu wichtig, als dass wir einen Fehlschlag riskieren dürfen, während ich natürlich mein bestes gebe, nun … Es wird nicht reichen", platzte ich heraus, „wenn ich Euch enttäusche, durch Ignoranz oder mangelnde Landeskunde …"

„Mein geschätzter Sir Harry“, sagte er, so bewegt von meiner männlichen Bescheidenheit, dass er mir eine Hand auf die Schulter legte. „Ich weiß von keinem Mann, bei dem ein Fehlschlag weniger wahrscheinlich wäre, und keinen, dem ich solch ein Vertrauen entgegenbringe“, und mit seinem noblen Ausdruck und Speedy, der nur „Hört, hört!“ murmelte, war mein Schicksal besiegelt und im Begriff, vor die Hunde zu gehen. Ich konnte nur dasitzen, meinen Marschbefehl abwarten, dabei entschlossen auszusehen, während ich mich heimlich fragte, wie ich da vielleicht doch noch rauskommen könnte … vielleicht irgendwo auf dem Weg zu dem Nest dieser königlichen Medusa.

Napier verlor keine Zeit und rief Moore herein, der Notizen anfertigen sollte und mich sprachlos zurückließ, als er mir bedeutete, ich müsse noch heute Nacht abreisen. „Es ist überlebenswichtig, dass wir das Risiko Eurer Entdeckung möglichst gering halten und Ihr bis Sonnenaufgang aus der Gefahrenzone seid. Es muss nicht besonders weit sein. Der Führer, der Euch zu Königin Masteeat geleiten wird, lebt nur einige Meilen entfernt von hier und wird Euch ein Dach über dem Kopf bieten, damit Ihr Euch ausruhen und auf die Reise vorbereiten könnt. Und damit beginnt, Euren Bart wachsen zu lassen“, fügte er noch hinzu, „sodass Khasim Tamwar etwas weniger europäisch daherkommt.“

„So lautet mein Deckname? Wer bin ich?“

„Ein Inder, Untertan des Nizam aus Hyderabad, dem Ihr als Diplomat in Syrien und Arabien gedient habt, nun auf dem Weg nach Galla, um eines ihrer berühmten Pferde für des Nizams Kavallerie zu erstehen – die Gallas reiten übrigens wie Zentauren. Selbstverständlich werdet Ihr ihrer Majestät des Nizams Komplimente überbringen, und …“, er hob den Zeigefinger, um die Betonung zu verstärken, „… nur ihr werdet Ihr sagen, dass Ihr ein Britischer Offizier seid und damit mein Gesandter. Nur ihr.“ Er zupfte skeptisch an seinem Bart. „Zu Eurer eigenen Sicherheit, wünschte ich, Ihr könntet Inder bleiben, aber, wenn wir sie überzeugen wollen in den Krieg zu ziehen, wird sich Eure wahre Identität als durchaus nützlich erweisen. Stimmt Ihr zu, Speedy?“

„Lasst Ihn Sir Harry Flashman sein“, antwortete Speedy grinsend. „Glattrasiert, wenn möglich. Ich wage zu behaupten, dass das besonderen Eindruck bei der Kaiserin von China hinterlassen hat.“

Napier war nicht belustigt. „Es ist keine Lappalie, um die er sie bitten wird. Ihr Leben und das Leben ihrer Leute hängt dran.“ Er wandte sich wieder der Karte zu. „Ich sprach davon, Theodor den Fluchtweg abzuschneiden, und im Moment müssen wir uns damit zufrieden geben, aber ich hoffe auf noch etwas mehr – einen stählernen Ring aus Galla-Kriegern um Magdala, die einen Rückzug von vornherein unmöglich machen. Die ihn dort festhalten, bis wir uns unseren Weg durch die Pässe gebahnt haben. Und dann, wenn er sich nicht ergeben will, erobern wir die Stadt im Sturm.“ Er warf mir einen ernsten Blick zu. „Was ich von Masteeat will, ist dieser stählerne Ring. Es liegt an Euch, sie zu überzeugen.“

Meine Eingeweide rebellierten bei dieser Zukunftsaussicht, doch es stand noch eine Frage im Raum.

„Wenn sie wie eine der Königinnen ist, mit denen ich bisher Bekanntschaft gemacht habe, dann müssen wir sie bestechen. Da Ihr mir gesagt habt, Magdala gehöre den Gallas, nehme ich an, sie will es zurück. Aber was noch?“

„Die Beherrschung Magdalas ist eine politische Frage und somit nicht Euer Bier. Ihr könnt ihr fünfzigtausend Taler anbieten, um in die Stadt zu investieren. Wenn sie nicht gewillt ist, mehr zu tun, als Theodors Rückzug zu blockieren, werdet Ihr die Zahlung mit Besonnenheit herabsetzen.“

Und wenn sie damit droht, meine sterbliche Hülle an ihre Löwen zu verfüttern, wie besonnen soll ich dann sein, he? Aber diesen Gedanken behielt ich für mich.

Napier saß einen Moment lang stillschweigend da, dann sprach er langsam. „Es tut mir Leid, Sir Harry, aber das sind alle Instruktionen, die ich Euch geben kann. Speedy hat uns ihr Wesen beschrieben: scharfsinnig, beeindruckend aber launig, gelegentlich freundlich und schonungslos, und zweifellos genauso grausam, wie derlei Despoten nun mal sind. Dennoch sind uns ihre derzeitige Situation und Beweggründe verborgen. Wir können nur mit Gewissheit sagen, dass sie Theodors Todfeindin ist. Euer Auftrag ist einer", sagte er, den gräulichen Schopf schüttelnd, „der einen abgehärteten Botschafter durchaus belasten würde, aber bei Euch bin ich überzeugt, dass Ihr genauso erfolgreich sein werdet wie in der Vergangenheit, und dann", ein Lächeln zog sich über das alte faltige Gesicht, „könnt Ihr tun, wozu kein einfacher Diplomat imstande wäre. Ihr offeriert Königin Masteeat die Fertigkeiten eines Soldaten, die weit über die ihrer eigenen Kommandanten hinausgehen: Die Beteiligung am Einsatz Investition von Magdala zu lenken, und wenn sie es wünscht, ihre Truppen ins Gefecht zu führen!"

Sie wird gar nicht die Chance bekommen, Wünsche zu äußern, du alter Optimist, dachte ich. Angenommen meine Zeit reicht aus, um mit ihr zu sprechen und sie tatsächlich zu beschwatzen, wäre das Letzte, was ich tun würde, sie um das Kommando ihres blutdurstigen Nigger-Mobs zu bitten. Aber natürlich schlug ich mir aufs Knie und spannte die Sehnen noch etwas weiter an. Speedy versicherte, wie er mich um diesen Trip beneidete. Gott schütze ihn, ich habe keine Zweifel, dass er es tatsächlich ernst meinte.

„Wenn Theodor auf dem Weg von Debra Tabor nach Magdala ist", sagte er und bewegte sich Richtung Karte, „gehe ich davon aus, dass Masteeat sich selbst auch auf den Weg gemacht hat, mitsamt ihrem Hofstaat, Beraterstab, Armee und allem, um ein Auge auf seine Marschroute zu haben. Ihre Ländereien liegen südlich von Magdala, aber wenn ich mich nicht täusche, müsste sie Richtung Westen gegangen sein, irgendwo entlang des Nils[27] – seht, hier – zwischen dem Bechelo und dem Tanasee."

„Wie weit sind wir vom Nil entfernt?", fragte Napier.

„Ungefähr dreihundert Meilen, Sir, aber Sir Harry muss womöglich einen Umweg machen. Egal, bei beständigem Tempo und nicht allzu vielen Zwischenfällen, sollte er ungefähr in zwei Wochen dort sein."

„Das wäre der 25. Februar", sinnierte Napier, „und so Gott will, liegen wir noch vor Ende März vor Magdala. Ihr habt vier

Wochen Zeit, Sir Harry, um Königin Masteeat ausfindig zu machen, Eure Überzeugungskünste anzuwenden ...", er sagte dies mit einem völlig unbeteiligten Gesichtsausdruck, „... und ihre Armee dazu zu bringen, Theodor einzukreisen." Er nestelte eine abgenutzte Taschenuhr hervor. „Bald ist es Nacht. Je weniger Zeit Ihr verliert, desto besser. Wir haben uns die Freiheit genommen", fuhr er gelassen fort, „auf Eure Hilfe zu bauen. Hinter der Abschirmung dort drüben findet Ihr Euren Aufzug und die weitere Ausrüstung für Khasim Tamwar, den Diplomaten und Pferdehändler aus Hyderabad. Vertraut Ihr dem Führer voll und ganz, Speedy?"

„Selbstverständlich, Sir. Uliba-Wark kann das Amhara-Gebiet lesen wie ein Buch und weiß auch wie man Königin Masteeat aufspürt. Ihr könntet Euch keinen besseren Jancada* wünschen, Sir Harry, glaubt mir."

„Hervorragend", sagte Napier. „Ich schlage vor, wir machen die beiden ohne Umschweife miteinander bekannt." Und als Speedy weiter ausführte: „In der Zwischenzeit, Sir Harry, vielleicht während Ihr euch gewandet, könntet Ihr noch mal über mögliche Fragen oder Beobachtungen nachdenken, die Ihr mir stellen wollt. Nun, Moore, die morgigen Anweisungen ...", da traf mich die Plötzlichkeit des gesamten Unterfangens wie ein Schlag. Schon früher hatte sich so mancher Auftrag, der nicht abzuwenden war, wie eine Ohrfeige angefühlt, aber es gab immer genug Raum zum Atmen, ein paar Stunden wenigstens, um das Gesagte sacken zu lassen, meine zerstreuten Gedanken zu ordnen, mein Abendessen runter zu würgen, und mich zu fragen, wie ich meiner Pflicht am Besten entgehen konnte. Nun aber schickte mich dieser eiskalte alte Bastard nach einer mehr als mageren Einweisung in die Verdammnis und ließ mir kaum Zeit, vorher noch das Hemd zu wechseln – was ich dann einen Augenblick später tat, in der abgeschirmten Ecke des Zelts. Ich kam mir vor wie ein Mann in einem Albtraum, da ich die einheimische Kluft völlig mechanisch anlegte, weil mir nichts anderes übrig blieb; die Pyjamas und Tunika und Rehleder-Stiefel (die wundersamer Weise passten). Ich wickelte die Schärpe um die

* Ein Führer und Begleiter von ungewöhnlicher Verlässlichkeit (Hind.).

Hüfte und warf mir den Umhang um die Schultern und schwor, dass ich verdammt sein sollte, wenn ich einen Puggaree* tragen müsse. Die könnten mir eine Kapuze suchen oder eine arabische Kufiya … Nun herrschte plötzlich hektisches Treiben hinter dem Schirm. Napier hatte sein Diktat beendet und fragte bei Speedy nach, ob sie gesehen worden waren. Speedy versicherte ihm, dass dies nicht der Fall gewesen sei und drehte sich mit einem triumphierenden Grinsen zu mir, als ich in meinem Faschingskostüm hervortrat … und wie angewurzelt stehen blieb.

„Euer Jancada, Sir Harry!“, rief er. „Führer, Philosoph und Freund, nicht wahr? Uliba-Wark – Sir Harry Flashman!“

Nach den ganzen Schockmomenten der letzten Stunde hätte mich eigentlich nichts mehr überraschen dürfen, aber dies war der bisher schärfste, und ich erkannte an Speedys ungeduldigem Blick, und Napiers wachsamen Auge, dass sich beide dessen bewusst waren, und angespannt auf meine Reaktion warteten. Hinter Speedy standen zwei große Ab-Krieger, eingehüllt in ihre dunklen Shamas,** aber neben ihm stand eine Frau, wie ich sie während meines kurzen Aufenthalts in diesem Land noch nicht gesehen hatte. Das Wort, das mir dabei in den Sinn schoss, war „Gazelle“, weil sie großgewachsen und schlank war und sich mit einer Anmut bewegte, die Schnelligkeit und unerwartete Energie verhieß. Ihr Gesicht war prägnant und eher ansehnlich als hübsch, mandelförmig im Stil der Madagassen-Schönheiten, wie ich mich erinnerte, mit stark ausgeprägten Lippen und heller bernsteinfarbener Haut, die durch irgendeine Art von kosmetischem Öl glänzte. Ihr schwarzblaues Haar trug sie als Pony, der tief in ihre Augenbrauen hing, und dicken Zöpfen auf den Schultern. Ihr langer schwarzer Umhang war mit Muscheln besetzt, und als sie sich zu mir drehte, öffnete er sich leicht, und Moore der Ingenieur, der sie schon die ganze Zeit über angestarrt hatte, wie ein Junge in einem Spielwarenladen, war verdammt nah dran, seinen Stift entzwei zu brechen. Unter ihrem Umhang trug sie nur eine Ledertunika, von der Brust bis zur Hüfte, die wie eine zweite Haut saß. Sie entblößte nackte Arme, Schultern

* Tuch für einen Turban, auch Helmtuch.

** Traditionelles Kleidungsstück von Männern, ähnelt einer Toga und lange herrliche Beine. Leichte Halbstiefel, allerlei Halsketten und Reifen und leiterförmige Goldohrringe komplettierten ihre Tracht. Sie führte einen leichten Speer bei sich, dünn wie ein Zauberstab und mit einer Nadelspitze versehen.

Sie taxierte mich in einer ziemlich unweiblichen Art und Weise, liebenswert genug, aber mit einer entschiedenen du-mich-auch-Aura. Ihre bemerkenswerte Figur in dem engsitzenden Leder betrachtend, hätte ich mir gewünscht, wir zwei wären allein, weit weg in Arkadien. Sie kennen mich; jede neue ist die ideale Frau, besonders wenn sie dieses Funkeln in den Augen hat, das verrät, dass wir zwei vom gleichen Schlag sind. Die Reise, die vor uns lag, schien so finster wie immer, allerdings dürfte sie die ein oder andere freudige Entschädigung bereithalten.

„Salam, Uliba-Wark", sagte ich und schenkte ihr mein Flashy-Lächeln, offen und kameradschaftlich, und nach ihrem gehobenen Kinn und dem Schlafzimmerblick zu urteilen, schätzte ich sie richtig ein, und sie teilte mein Verlangen.

„Salem aleikum, farangi* effendi", gab sie zurück, kühl und förmlich, und Speedy fügte schnell auf Englisch hinzu: „Womöglich müsst Ihr der Dame Euer Leben anvertrauen, Sir Harry. Ich habe das bereits getan."

„Ich werde dem in nichts nachstehen", antwortete ich ebenfalls in Englisch. Speedy sprach zu ihr, was ich als Amharisch ausmachte, und Napier zog mich zur Seite.

„Es gab für Euch so viel zu verdauen in so kurzer Zeit, dass wir es für das beste hielten, das erste Kennenlernen mit Eurem Führer für den Schluss aufzuheben", sagte er. „Sehe ich richtig, dass Ihr keine … Vorbehalte habt?"

„Weil sie eine Frau ist? Um Himmels Willen, nein! Wenn ich an einige der Damen denke, auf die ich mich bisher verlassen musste, Sir Robert …" Ich hätte laut lachen können, wenn ich an Cassy, die mordende Sklavin dachte, oder die Seidene mit ihrem Säbel in der Hand, oder Lakshmibai an der Spitze ihrer Reiter, oder die schwarze Aphrodite, wie sie mit ihrem Regenschirm die Rothäute vermöbelte, oder meine eigene Bekloppte, die unerschrockene Elspeth.

* Farangi, auch Feringi: Fremder, Franke

„Nun, ich hätte sie nicht für irgendeinen Mann eintauschen wollen – und diese hier wird genau wissen, was zu tun ist, oder ich irre mich sehr. Ihr habt nicht gezögert, ihr meinen Namen zu verraten, wie ich bemerkt habe."

„Das liegt an dem Maß an Vertrauen, das Speedy ihr entgegenbringt. Es wäre schwierig – und tatsächlich auch gefährlich gewesen –, wenn wir versucht hätten, sie zu hintergehen. Sie ist", sagte er stirnrunzelnd, „eine ungewöhnliche Frau. Ihr Gemahl, ein unbedeutender Stammesfürst, ist in diesem Moment Gefangener des König Gobayzys von Lasta, und die … Lady, Madam Uliba-Wark, hat verkündet, dass sie nicht eher ihre Zitadelle verlässt, bevor er nicht zu ihr zurückkehrt."

„Also ist sie die Lady von Shallot?" Ich musste erklären, dass ich bereits von ihr gehört hatte. „Nun, jetzt ist sie draußen und auf Rache aus!"[28]

„Die Untertanen ihres Gemahls wissen davon nichts. Sie wähnen sie in ihrer Abgeschiedenheit, gebunden durch ihren Schwur, während sie in Wahrheit mit euch unterwegs ist. Das ist eine gute Entschuldigung für ihr Verschwinden aus der Öffentlichkeit."

„Ihr meint, das war alles zusammengelogen, nur für diesen Zweck? Puh! Speedy scheint sie wirklich schon lange zu kennen, wie ich sehe … ist sie eine Eurer politischen Berater?"

„Nicht ganz. Sie wird natürlich für ihre Dienste bezahlt. Was mich daran erinnert, Moore hält einen Geldbeutel mit zweihundert Taler für Eure Unkosten bereit … Ja", sagte er, und zupfte abermals zögerlich an seinem Schnäuzer, „eine andere Sache, die ihr wissen solltet, ah, Madam … Uliba ist besonders für diese Mission geeignet, da sie selbst eine Galla ist –, tatsächlich ist sie die jüngere Halbschwester der rivalisierenden Königinnen Masteeat und Warkite, das Kind einer Konkubine, und daher ausgeschlossen vom Thron. Eine Position", es klang beinahe rechtfertigend, „die sie, wie Speedy mir verraten hat, sehr verabscheut."

Nun, er hat das Beste für den Schluss aufgehoben, nicht wahr? Ich begann zu verstehen, warum ich in vorsichtigen Schritten instruiert wurde und warum er Speedy vor einer Weile unterbrochen hatte, so dass nun, fünf Minuten vor Zwölf, der ganze Unsinn plötzlich Sinn machte. Ich sollte auf meiner Botschaftsreise zu einer königlichen Barbarin von ihrem neidischen Geschwisterkind begleitet werden, das zweifellos danach lechzte, der älteren Schwester die Kehle durchzuschneiden und ihren Thron zu besteigen ... auch wenn sie nicht danach aussah. Eine echte abessinische Goneril. Eine attraktive barbarische Repräsentantin, mit diesem arrogant-vorspringenden Kinn. Wie sie mit ihrem Speer herumspielte und sich nur all zu sehr darüber bewusst war, dass jeder im Zelt ihre Figur begutachtete – Herrgott, es saß aber auch wirklich alles am richtigen Fleck. Sie sehen, ich war abgelenkt von der Aussicht auf tödliche Gefahren, diplomatische Schwierigkeiten, einem möglichen Putschversuch, einer Belagerung, die arrangiert werden musste ... durch zwei Wochen in unmittelbarer Gesellschaft von dem herrlichsten Stück Weiblichkeit, das ich seit ... seit dem fetten kleinen Bündel auf der Überfahrt nach Triest gesehen hatte – nicht, dass sich das Fräulein von Dingsbums mit dieser erstklassigen Amazone hätte messen können. Ich möchte nicht leugnen, dass ich es stattdessen vorgezogen hätte, Elspeth zu einer Belgravia-Festivität zu begleiten, langweiliges altes England, aber so ist es nun mal. Wenn dein Schicksal besiegelt ist, musst du das Beste daraus machen, und nun, da Napier mich fragte, ob es sonst noch irgendetwas gab, das er für mich tun konnte, tat ich das, was ich schon einige Male zuvor getan habe. Ich prahlte in alter Flashy-Manier, Maulheldentum der Verzweiflung, schätze ich, des Betrügers Instinkt, die Scharade durchzuziehen.

„Ich wäre Euch sehr verbunden, wenn Ihr mir einen Revolver und fünfzig Schuss zur Verfügung stellt, Sir. Oh, und eine Kiste Zigarren, falls Ihr eine entbehren könnt."

Hätten Sie's gedacht? Er klatschte in die Hände! Wenn ich an diesen merkwürdigen, schicksalhaften Abend in Mai Dehar zurückdenke, ist meine deutlichste Erinnerung nicht die von dem bizarren Auftrag, der mir erteilt wurde, oder der pantomimenhaften Figur Speedys in seiner sonderbaren Kleidung, oder etwa diese glatt-glänzenden Gliedmaßen im schimmernden Kerzenlicht … Nein, woran ich mich am deutlichsten erinnere, ist ein müdes, faltiges altes Gesicht, das durch ein Lächeln blitzartig erstrahlte.

Kapitel 5

„Kommt näher, in den Schein des Feuers, damit ich Euch sehen kann", sagte Uliba-Wark. „Wenn Ihr einen Pferdehändler aus Hindustan darstellen wollt, dann seht ihr am besten auch aus wie einer."

Ich rückte meinen Sitz näher an die Feuerstelle, bis unsere Gesichter kaum mehr als eine Handbreit voneinander entfernt waren. Dabei wurden mir die weichen Schultern und das wohlgeformte Tunika-Mieder angenehm bewusst, und der schwache moschusartige Geruch eingeölter Haut, als sie sich nach vorne beugte und mich mit aufmerksamen schwarzen Augen betrachtete. Sie streckte eine Hand aus, um meine Haare zu ertasten, die ich glücklicherweise lang trug, und schnipste verächtlich gegen meinen Backenbart.

„Der muss weg, und Ihr lasst Euer Haar weiter wachsen und ölt es mit Ghee,* ganz nach der indischen Mode." Seelenruhig fuhr sie mit einer Fingerspitze durch meinen Schnurrbart. „Weniger Haar auf der Oberlippe und kein Bart." So viel zu Euren Vorstellungen, Napier. „Seid Ihr der indischen Sprache mächtig, wenn es gefordert ist?"

„Mehr als einer, Sultana", pflichtete ich ihr bei. „Und besser als mein Arabisch, für das Ihr mir bitte verzeihen mögt. Es ist lange her, dass ich unter den Badawi verweilte."

„Ihr sprecht es gut genug", antwortete sie. „Warum nennt Ihr mich Sultana? Ich bin keine Königin."

„Ihr seht aber aus wie eine." Ein Kompliment, das sich bereits durchaus bewährt hat, im Gespräch mit Barbaren-Ladies. Auch diese brachte es zum Lachen, mit einem Kräuseln ihrer bezaubernden Lippen, die aussahen, als wären sie aus violettem Marmor.

* Butterschmalz

„Das hab ich schon mal gehört“, sagte sie, „und mit Sicherheit bin ich auch nicht die Erste, der Ihr dieses Kompliment macht.“ Sie lehnte sich zurück, faltete die langen Beine unter sich, und zog mich auf. „Nun, Khasim Tamwar, da ich Euch ab jetzt als diesen betrachten muss, Ihr seid ein ziemlich attraktiver Hallodri für einen Pferdehändler. Da wir jetzt unsere Komplimente ausgetauscht haben, können wir das Flirten für einen Moment lassen und ernsthaft miteinander reden.“

Napier hatte recht; sie war ungewöhnlich. Während ich in meinem holprigen Arabisch mit ihr sprach, mich dabei an ihres und ihre Sprachmelodie gewöhnte, die so anders als die kehlige Wüsten-Sprache war, empfand ich sie als verblüffenden Gegensatz: Ihr Aussehen entsprach dem einer edlen Wilden, einer Primitiven von weit weg von der Zivilisation, aber mit einem gänzlich salonfähigen Geist gesegnet, außer ich saß hier einem großen Irrtum auf, und während sie sich selbst mit der Freiheit und Autorität eines Mannes langweilte, war sie sich ihrer weiblichen Ausstrahlung und wie sie sie einzusetzen hatte, durchaus bewusst.

Sie hatte Napier bezirzt, keine Frage, was ich für eine halbnackte Wilde mit Speer eigentlich für geradezu unmöglich gehalten hätte. Aber er nannte sie zaghaft „Madam“, wenn er von ihr sprach und neigte zur Verabschiedung seinen Kopf galant über ihre Hand. Und er war anscheinend dazu bereit, ihr ohne jeden Skrupel meine Person und das Schicksal meiner Mission anzuvertrauen. Sie erinnern sich, wie spärlich seine Anweisungen an mich gewesen waren, und es dauerte bis zur allerletzten Minute, bis er zu dem wesentlichen Punkt kam, nämlich, wie ich mit ihm kommunizieren sollte, sobald ich Masteeat ausfindig gemacht hatte.

Wenn mit ihr alles so lief wie geplant, würde sie mir einen Boten zur Verfügung stellen; wenn dem allerdings nicht so war … Nun, uns bleibt nur abzuwarten was passiert, stimmt's?

Ich bezweifle, dass ich jemals mit einem klareren Ziel und weniger Information, wie ich es erreichen konnte, ins Feld geschickt worden war. Nun aber waren wir bereits unterwegs und saßen am Lagerfeuer, ungefähr eine Meile von Mai Dehar entfernt. Ich fühlte mich von der Art ermutigt, wie Uliba-Wark das Ruder an sich gerissen hatte: Im einen Moment verzurrte ich den Geldbeutel unter meiner Schärpe, während Napier mir eine gute Reise wünschte und Speedy meine Hand zerquetschte – und im nächsten Moment befanden wir uns in der kalten Dunkelheit. Ihre beiden Ab-Begleiter hasteten voraus, erklommen den Hügel und verschwanden als trübe Schatten über dem Bergkamm hinter dem Camp. Sie hatte mir nicht mal bedeutet, ihr zu folgen, da war lediglich ein Blick, um sicherzugehen, dass ich ihre Geschwindigkeit mithielt. Wir traten aus dem Lichtschein des Camps und ich verlor sie augenblicklich in der Finsternis aus den Augen, bis eine schmale Hand die meinige umschloss und mich zu einem zügigen Schritt zog – und diese Führung, beständig und sicher, bestätigte was ich zu Napier gesagt hatte. Sie wusste, was zu tun war.

Sie wählte ihren Weg über unebenes Terrain ohne einen Blick in Richtung einer kleinen Bodensenke im Windschatten einer Klippe, wo ein kleines Feuer brannte und ihre Begleiter bereits mit vier angebundenen Pferden auf uns warteten, zu vergeuden. Sie hatten Getränke und Essen auf Holztellern vorbereitet und da ich bisher nur mit Napiers Sandwiches verköstigt worden war, war ich unheimlich hungrig. Es gab eine Currypastete, die Uliba-Wark zwischen uns vieren aufteilte, und köstliche kleine Bällchen, ähnlich den Bitterballen, die sie in Holland servieren. Mit dem Unterschied, dass diese nicht mit Fleisch gefüllt waren, wie ich auf Nachfrage herausfand, sondern mit zerriebenen Heuschrecken, gebunden mit Fett. Es war bereits zu spät, also beruhigte ich meinen Magen mit einem alkoholischen Getränk, das sie Tej nennen und aus fermentiertem Honig und Gerste gebraut wird. Man endet davon definitiv unter dem Tisch, wenn man nicht aufpasst, aber in Maßen ist es großartig.

Während wir aßen, studierte ich aufmerksam unsere Begleiter. Was für ein eindrucksvolles Paar sie waren. Großgewachsen, gut gebaut, schwarz wie die Nacht, aber nicht negroid mit ihren langen Köpfen und Kinnen und geraden Nasen. Sie führten die Krummsäbel und Speere bei sich, wie bei den Ab-Kriegern üblich. Einer hatte einen Kurzbogen und einen Köcher voller Pfeile, aber an ihren Shamas waren die roten Borten befestigt, die sie als Menschen einer höheren Klasse kennzeichneten. Der andere trug die silbernen Schutzhandschuhe, die, wie ich später herausfand, Zeichen der Ritterschaft waren. Dennoch sprach er nur, wenn Uliba-Wark auf Amharisch das Wort an ihn richtete, antwortete respektvoll und salutierte voller Ernsthaftigkeit, als die Mahlzeit beendet war und sie die beiden Männer außer Hörweite schickte, damit sie ihre Einschätzung über mein Aussehen abgeben konnte – wie ich Ihnen bereits berichtet habe – um dann unsere nächsten Schritte zu planen.

„Wir sollten uns sogleich zur Zitadelle meines Ehegatten aufmachen, die wir noch vor Morgengrauen erreichen müssen. Wir machen hier nur eine kurze Pause, weil es ein paar Dinge gibt, die ich Euch ohne weitere Verzögerung mitteilen muss. Erstens, wenn Unheil über uns hereinbrechen sollte oder wir auf unserer Reise getrennt werden, reitet unbedingt weiter in Richtung des Tanasees. Er liegt ungefähr zweihundert Meilen von hier, genau südwestlich – habt Ihr einen Kompass? Gut. Von dort aus werdet Ihr dem Ostufer bis nach Baheerdar folgen, wo der Abai-Fluss* aus dem See entspringt. Wartet dort bis ich komme oder Euch benachrichtige."

„Wartet mal – was sollte uns trennen? Wie viele werden wir denn sein?"

„Wir vier … dann nur noch wir beide. Wir müssen unentdeckt bleiben, erinnert Ihr Euch?"

„Ja, ich weiß, aber … Ihr spracht von Unheil. Ist das wahrscheinlich … bevor wir dort ankommen, wo auch immer Königin Masteeat ist, meine ich?"

Wenn ich ängstlich geklungen haben sollte, nun, das war ich. Es schien sie zu amüsieren.

„Habesh ist immer ein gefährlicher Ort, gerade für mich. Sie haben Euch doch bestimmt erzählt, dass Gobayzy aus Lasta meinen Ehemann gefangen hält – und mich würde er genauso gerne gefangen nehmen. Seine bewaffneten Banden kreuzen im

* Der Blaue Nil

Süden unseren Weg und ich habe noch andere Feinde … Und manche, die gerne Freunde wären, aye, engere Freunde als mir lieb ist. Erpicht darauf, meinen abwesenden Herrn zu ersetzen." Sie lachte auf. „Oh, ich bin wahrlich kein sicherer Begleiter, Farangi! Aber ich kenne den Weg zu Königin Masteeat, und der Basha Fallaka konnte niemand anderem trauen. Also, habt ihr Angst davor, mit mir zu reisen?"

Ich mag freche Schlampen, und keine war frecher als diese. Wie sie sich im Schein des Feuers räkelte, das ihre nackten Glieder in Gold tauchte. Sie wusste genau, welche Wirkung sie auf mich hatte. Und vor einem Moment hatte sie mir noch geheißen, das Flirten zu unterlassen, also warf ich ihr meinen flashigsten Blick zu.

„Ich könnte euch dasselbe fragen, Sultana. Ich kann auch ein durchaus gefährlicher Begleiter sein – besonders für ein wehrloses Weibsbild ohne Mann, der sie beschützt. Vermisst Ihr Euren Ehegatten eigentlich?"

Ihre schwarzen Augen wurden größer – und das träge Lächeln breiter. „Ich vermisse ihn überhaupt nicht", murmelte sie, begleitet von einem leisen Kichern. „Aber denkt Ihr wirklich, ich wäre wehrlos?"

Was mich immer an lustvollen afrikanischen Frauen verzaubert hat, war, dass sie keine Zeit verschwendeten, diesen Gelüsten auch umgehend nachzukommen. Während man ihre europäischen Schwestern erst durch heiteres Beisammensein in Rückenlage bringen konnte, manchmal über Wochen, so wie mein fettes Fräulein, stürzten sich die farbigen Ladies unmittelbar auf den Hauptgewinn. Dabei denke ich an Ranavalona aus Madagaskar, die es mit mir unter Wasser trieb, nur wenige Minuten nach unserem ersten Zusammentreffen, die schwarze Aphrodite in der Büffelsuhle, und die liebe Mrs. Popplewell, die es kaum erwarten konnte, dass die Tür ins Schloss knallte. Und hier war nun diese anmutige Barbarin, die mir eine direkte Offerte machte. Sie hatte sogar ihren Begleitschutz aus dem Weg geräumt.

„Es kommt wohl darauf an, wer Euch angreift", sagte ich, beugte mich vor und nahm ihre volle Unterlippe zwischen meine. Erst zaghaft und dann, als ihr Mund sich interessiert zu bewegen begann, setzte sich mein guter Wille durch, und ich war drauf und dran, den Flashman-Halbnelson anzuwenden (Hintern in der einen Hand, Brust in der anderen), als sie ihren Kopf zurückzog, aber ohne übermäßige Eile. Einen Moment lang betrachtete sie mich stillschweigend, dann nahm sie mein Gesicht in ihre Hände, küsste mich vorsichtig und berührte mit ihrer Zunge meine Lippen.

„Wie heißt der Ort am Tanasee, an dem Ihr auf mich warten sollt?", fragte sie. „Ihr habt es vergessen. Eine kleine Liebelei, ein übermütiger Kuss, und eurer Verstand ist so zerstreut wie die Spreu im Wind."

„Baheerdar!", antwortete ich, „wo der Fluss Abai am Ostufer des Tanasees entspringt", und wollte mich ernsthaft über sie hermachen, aber sie lachte laut, entzog sich meinem Griff und schnappte mich mit überraschender Kraft bei den Handgelenken. „Nein, es reicht! Dies ist nicht der Ort oder der richtige Zeitpunkt und wir müssen vor Tagesanbruch noch viele Meilen zurücklegen." Zu meiner Überraschung hielt sie mir ihre Hand hin, damit ich sie schüttelte. „Ich hätte es besser wissen müssen, als denjenigen anzuzweifeln, dem das Vertrauen des Basha Fallaka gebührt und dem weisen alten Soldaten, der stets lächelt."

Sie lächelte, ganz ohne Hohn, und genauso sehe ich sie heute noch vor mir: Der stolze äthiopische Kopf mit den lachenden Augen und die liebreizenden eingeölten Glieder im Schein des Feuers. „Vielleicht werden wir gefährlich füreinander sein", sagte sie. „Aber ich glaube, es wird angenehm sein, miteinander zu reisen."

Ich weiß wann genug ist, also akzeptiere ich ihren Handschlag und fragte, ob sie noch weitere Anweisungen für mich habe. Einen Moment lang dachte sie nach, dann schoss ihr das Lachen förmlich aus den Augen. „Eine Sache noch. Ich weiß, dass Ihr schon länger im Krieg seid, als ich auf der Welt bin, und somit ein erfahrener Soldat, der das Befehlen gewöhnt ist. Aber Ihr kennt Habesh nicht. Ich schon, und auf unserer Reise ist mein Wort Gesetz. Wenn plötzlich Gefahr im Verzug ist und ich einen Befehl ausspreche, habt Ihr umgehend Folge zu leisten, ohne nachzufragen. Ist das klar?“

Ihrem Blick nach zu urteilen erwartete sie eine Diskussion, aber den Gefallen tat ich ihr nicht. Stattdessen nickte ich mit ernster Miene und tippte zur Bestätigung an die Augenbraue.

„Um es mit Euren Worten zu sagen, Uliba-Wark … Ich denke, es wird angenehm, miteinander zu reisen.“ Das fand sie gut, so wie ich es mir gedacht hatte.

Es war beinahe Mitternacht, als wir uns auf den Weg machten, und die kühle Luft des späten Abends verwandelte sich in eisige Kälte. Die zwei Begleiter traten plötzlich aus der Dunkelheit hervor, ohne gerufen worden zu sein, sattelten die Pferde und löschten das Feuer. Der Ritterliche sprach zu Uliba-Wark in Amharisch und zeigte mit seinem Finger in die Finsternis, um augenscheinlich eine Marschroute vorzuschlagen. Sie unterhielten sich eine Minute lang. Sie schüttelte den Kopf, er zuckte leicht mit den Achseln, als wolle er sagen: „Nun, macht was Ihr wollt, aber …“, und bedeutete seinem Kameraden, die Führung zu übernehmen. Wir verließen also die kleine Bodensenke. Uliba ritt an zweiter Stelle, ich an dritter und der Ritter am Schluss. Zunächst ging es nur langsam voran, in absoluter Dunkelheit über unebenen, steinigen Grund, aber nach einer Stunde ging der Mond auf und Uliba trieb uns zu einem gleichmäßigen Galopp an.

Seit der Ankunft in Napiers Camp war dies nun die erste Gelegenheit, in mich zu gehen. Von Rechts wegen hätte ich nämlich vielerlei Stoff zum Nachdenken haben müssen: erstens, wie ich, zur Hölle, unversehrt aus den bevorstehenden Prüfungen hervorgehen sollte, und zweitens (ein angenehmer Tagtraum), in dem ich der gebieterischen Uliba-Wark zeigen konnte, auch wenn sie die Befehlshoheit in Gefahrensituationen hatte, dass sie sehr wohl Flashys Anweisungen folgen würde, wenn es um Matratzensport ging. Aber ich konnte mich auf nichts so recht konzentrieren, denn als wir durch die lautlose Dunkelheit ritten und die beißende Kälte unter unsere Umhänge kroch, fühlte ich eine wachsende Unruhe in mir aufkeimen, die ich nicht einordnen konnte.

Sie möchten vielleicht sagen, dass meine Zwangslage Grund dafür sein mochte, aber das war es nicht: unbekannte Gefahren voraus sind eine Sache, aber das hier war nah und bedrohlich. Mein Instinkt verriet mir, dass da draußen, hinter den schattigen Felsen, die sich im Mondlicht abzeichneten, eine Gefahr lauerte, die mit uns Schritt hielt.

Der Ritter am rückwärtigen Ende fühlte es auch. Zweimal gab er seinem Pferd die Sporen und rückte einmal bis an Uliba-Wark heran, aber es gab keine Planänderung, da er mit schüttelndem Kopf zurückritt. Kurz darauf bemerkte ich, wie die Hufschläge seines Pferdes abebbten, er regungslos dasaß und den Kopf drehte, um genau hinzuhören … Nur wohin?

Wenn sich ein guter Späher argwöhnisch verhält, bekomme ich hysterische Anfälle. Ich konnte ihn nicht fragen was los war, also galoppierte ich vorwärts zu Uliba und fragte nach, was ihn bedrückte.

„Er sorgt sich um meine Sicherheit“, sagte sie, „dadurch wird er zu einer alten Frau.“

„Er sieht mir aber nicht wie ein Großmütterchen aus“, sagte ich. „Und ich auch nicht – aber ich weiß, wenn ich verfolgt werde!“

„Wenn es da draußen Feinde gäbe, hätten sie uns schon vorher überfallen. Nicht erst, wenn wir nur noch zwei Meilen von der Zitadelle entfernt sind!“, spottete sie. „Im Übrigen, es gibt nichts zu hören oder zu sehen.“

Ich hätte vielleicht Kit Carsons Weisheit zitieren sollen, dass genau dann, wenn man die Bastarde nicht hört oder sieht, sie darauf warten, dich aus dem Hinterhalt zu töten, aber das war gar nicht nötig. In selben Moment erklang das Bellen eines Pavians in der Dunkelheit zu unserer Linken, ein weiteres Bellen kam von vorne, alarmiert riss Uliba den Kopf hoch, der Ab an der Spitze stieß einen markerschütternden Schrei aus, und der Ritter am anderen Ende preschte, in Amharisch brüllend, nach vorne. Irgendetwas sagte mir, dass er nicht den Vorschlag machte, sich hier zu einem Picknick niederzulassen, und ich musste auch nicht erst auf Ulibas Befehl warten, um in Deckung zu gehen. Der Ab an der Spitze kippte von seinem Pferd und als ich an ihm vorbeidonnerte, zappelte er heulend am Boden, mit einem Pfeil zwischen den Schultern.

Ich glitt an der Flanke meines Pferdes hinab, die Hand am Zaumzeug, den Fuß über den Sattel, Cheyenne-Stil, und keine Sekunde später schossen Speere über mich hinweg wie wütende Hornissen. Einer blieb direkt neben meinem Bein zitternd im Sattel stecken. Uliba befand sich auf meiner Höhe, zusammengekauert und zeigte geradeaus. An meiner anderen Seite war der Ritter im vollen Galopp und brüllte etwas zu ihr herüber. Womöglich „Ich hab's doch gesagt!"

Mir kam kurzzeitig in den Sinn, dass ich unter meinesgleichen war, da keiner von ihnen sich die Mühe machte, nach dem angeschossenen Ab zu sehen, der sich hinter uns die Seele aus dem Leib schrie. Vor uns lag eine enge Schlucht und als wir auf sie zujagten, zog der Ritter an seinen Zügeln, so dass sein Pferd auf die Hinterbeine stieg. Dann sprang er mit dem Schwert in der Hand aus dem Sattel. Er streifte sich seinen Schild über den linken Arm und brüllte Uliba etwas zu, das Gesicht zu einem wilden Grinsen verzerrt, und schwenkte sein Schwert zum Salut.

„Vorwärts!", schrie Uliba erbittert und sie muss dankbar gewesen sein für meine unmittelbare Folgsamkeit. Wir preschten die Schlucht entlang, Knie an Knie, dann stießen wir auf einen Geröllhaufen, der unsere Tiere zum Rutschen und Stolpern brachte, bis wir wieder Bodenniveau erreichten. Im Hintergrund verklang derweil langsam das Geräusch von aufeinanderprallendem Stahl, gemischt mit brüllenden Stimmen. Eine von ihnen klang wie ein Schlachtruf.

Erst nachdem wir eine gute halbe Meile zurücklegt hatten, drehte sie sich um und sah nach. Die ersten Sonnenstrahlen der Morgendämmerung krochen über den Boden, aber es gab keine Anzeichen von Bewegung in der entfernt zurückliegenden Schlucht.

„Wer sind die?“, rief ich. „Nicht Theodors Leute?“

Sie schnitt eine angewiderte Grimasse und zog den muschelbesetzten Umhang enger um sich. „Nein. Einer meiner Verehrer und seine Schakale. Sie müssen auf der Lauer gelegen haben, während ein anderer uns verfolgte und unser Herankommen signalisiert hat. Sarafa hatte also doch recht.“

„Euer Begleiter … der zurückgeblieben ist?“

Sie nickte. „Er wird sie für eine Weile beschäftigen. Er ist ein erstklassiger Schwertkämpfer.“ Plötzlich klang ihre Stimme ermattet. „Er kann sich glücklich schätzen, meinetwegen zu sterben.“

Nun, jede Minute wird ein Mensch geboren, aber der alte Oberst Taktgefühl hätte etwas über Hingabe und große Liebe und ähnliche Schwindeleien gebrummelt – er wäre geschockt gewesen, von der brutalsten Abschiedsrede, die ich je in meinem Leben gehört habe, und verdammt, wenn sie sich bei ihrer barschen Äußerung nicht sogar eine Träne wegwischte.

„Er hat meinen Körper geliebt und ich seinen. Und er stirbt nicht aus Liebe zu mir, sondern weil er bei meinem Ehemann den Schwur geleistet hat, mich mit seinem Leben zu beschützen.“ Sie ruckte an ihren Zügeln und wendete das Pferd. „Kommt! Selbst Sarafa kann sie nicht ewig zurückhalten!“

Ihre häuslichen Angelegenheiten gingen mich nichts an, aber ich gebe zu, ich fand es erstaunlich, dass ihr Geliebter sein Leben für einen Schwur hingab, den er einem Ehemann geleistet hatte, für den sie sich nach eigener Aussage nicht sonderlich interessierte. Hier taten sich augenscheinlich ganz schöne Abgründe auf und nur einen kurzen Augenblick nach dem Lärm, der plötzlich hinter uns ertönte, polterte ein kleiner Reiterzug über den entfernt gelegenen Geröllhaufen heran. Wir machten uns schnurstracks aus dem Staub in Richtung eines felsigen Bergkamms.

Als wir ungefähr die Hälfte der Strecke zurückgelegt hatten, warf ich einen Blick zurück und stellte mit Erleichterung fest, dass wir den Vorsprung gehalten hatten. Ich fragte gerade bei Uliba nach, wie weit es noch zu ihrer Zitadelle sei, als ich spürte, wie mein Pferd ins Stolpern geriet. Mir war augenblicklich klar, dass es lahmte. Uliba stieß einen bestürzten Schrei aus, als sie das Pferd straucheln sah. Ich sprang ab, landete auf allen vieren, und dachte bei mir: Wird sie weiterreiten und mich zurücklassen, so wie sie Sarafa und den glücklosen Pfeilliebhaber zurückgelassen hatte?

Sie tat es nicht, wendete und rief mir zu, ich solle hinter ihr aufsitzen, was verdammt sportlich und völlig sinnlos war, da sie uns so mit Leichtigkeit nach ein paar Achtelmeilen eingeholt hätten. Da kamen sie auch schon, mit triumphierendem Geschrei, wie die Schwere Reiterei. Ein halbes Dutzend Figuren, die ihre Lanzen schwangen, da sie sich ihrer Beute überaus sicher waren.

„Runter, Sultana!“, rief ich, zog den Revolver, den Napier mir gegeben hatte, während ich Deckung hinter ein paar Felsblöcken suchte. Ich betete zu Gott, dass unsere Verfolger keine Feuerwaffen mit sich trugen, aber selbst wenn dem so wäre, hatten wir keine andere Wahl, als uns ihnen zu stellen. Dieses Modell hatte ich noch nie bedient. Eine amerikanische Joslyn .44 mit fünf Schuss in der Trommel. Jeder von ihnen hätte auf der Stelle ein Nashorn umgehauen. Mein direktes Ziel war, ein Pferd zu Fall zu bringen, da ich kein Bill Hickok bin und wusste, wenn ich sie nah genug rankommen lasse, um einen Reiter zu treffen, und ihn dann verfehlte, wären wir ihnen völlig ausgeliefert.

Ich stützte den langen Lauf auf einem Felsbrocken ab, wartete mit klopfendem Herzen, visierte das vorderste Pferd an, entsicherte den Revolver, und schoss – aus einer Entfernung von fünfzig Meter. Das Tier plumpste zu Boden wie ein Stein. Schreiend flog sein Reiter kopfüber gegen einen Felsen und brach sich hoffentlich den Schädel. Seine Kameraden scherten erschrocken aus.

„Tötet sie!“ Uliba brannte vor Wut. „Erschießt das Schwein! Seht da – den mit dem Löwenschal! Das ist Yando, Gobayzys Kröte. Tötet den Bastard, befehle ich! Tötet ihn!“

„Nicht aus dieser Entfernung“, sagte ich. „Haltet das Zaumzeug ja gut fest, hört Ihr? Wir werden diesen Klepper noch brauchen.“

Feuerwaffen hatten sie glücklicherweise nicht und schienen auch sonst nicht mehr so richtig weiter zu wissen, bis ihr Anführer, Yando, einen zögerlichen Späher aussandte, um zu prüfen, wie es dem gestürzten Kameraden ging. Der Kerl bewegte sich in kurzen Sprints von Felsblock zu Felsblock, während ich bäuchlings auf dem Boden lag und auf Ulibas Forderung verzichtete, ihn direkt zur Hölle zu jagen. Als er den gefallenen Körper erreichte, gab ich einen Schuss ab, der ihn knapp verfehlte, aber ein paar Splitter aus dem Felsen neben ihm sprengte. Panisch stolperte er davon, und sie unternahmen keinen weiteren Versuch. Stattdessen fingen sie an uns anzubrüllen, was Uliba dazu veranlasste, aufzustehen und es ihnen gleich zu tun. Ich entnahm dem lebhaften Austausch zwischen ihr und Yando, einem korpulenten Brutalo mit einschüchterndem Auftreten, dass er ein informelles Angebot unterbreitete, welches sie mithilfe von grob beleidigenden Begrifflichkeiten ablehnte. Wie er von Schmeicheleien zu Drohungen überging war geradezu leidenschaftlich. Er sprang auf und ab, stampfte mit dem Fuß und schleuderte seine feine Löwenrobe zu Boden. Ich versuchte einen Distanzschuss, doch verfehlte, streifte aber – zu Ulibas großer Freude – einen seiner Kameraden.

Das schien sie zu entmutigen und so zogen sie ab, während Yando allerlei Dinge brüllte, die einerseits nach Vorschlägen, andererseits nach Drohungen klangen.

„Die kommen wieder“, sagte Uliba. „Yando würde es nicht wagen, Gobayzy von einem Fehlschlag zu berichten. Wahrscheinlich sind sie vor Einbruch der Nacht an der Zitadelle, daher sollten wir uns lieber früher als später hinter ihren Mauern befinden.“

Sie ritt auf ihrem Pferd und ich führte meine lahme Mähre. Während wir weiterzogen, forderte ich eine Erklärung für die äußerst aufwühlende Begegnung, die wir gerade erlebt hatten. Diese wurde mir emotionslos und völlig nüchtern geliefert, als ginge es um die Darstellung von alltäglichen Freizeitaktivitäten innerhalb der Oberschicht – was wohl in gewisser Weise zutrifft, schätze ich. Abessinien wie es leibt und lebt.

Ihr Ehegemahl, wie sie mich erinnerte, war Gefangener König Gobayzys von Lasta, der ein lüsternes Auge auf sie geworfen hatte und damit drohte, ihren Mann der Länge nach zu zerstückeln, wenn sie sich Ihrer Majestät nicht zur Verfügung stellte. Natürlich hatte sie das abgelehnt, also beorderte Gobayzy, Yando, einen unbedeutenden Stammesführer aus der Gegend, sie zu entführen. Aber auch Yando hatte ein Auge auf sie geworfen. Vielleicht hätte er sie später an Gobayzy weiter gereicht oder ihn mit irgendeiner ausgedachten Geschichte abgewimmelt – daher Yandos Überfall, vereitelt durch den findigen Flashy. Ob ihr Ehemann aber nun immer noch ganz und intakt war oder nicht, vergaß sie zu erwähnen.

Ich verstand nun was sie meinte, wenn sie von ihren „Verehrern" sprach, und wie recht sie damit hatte, als sie sich als einen gefährlichen Begleiter bezeichnete. Halb Abessinien schien verrückt nach ihr zu sein, willig sie zu entführen und überaus erpicht darauf, ihre zufälligen Mitarbeiter, wie meinesgleichen, abzuschlachten – und das war die Frau, die mich durch feindliches Gebiet führen und mich ihrer verrückten Halbschwester vorstellen sollte, die sie möglicherweise nebenbei noch zu entthronen versuchte. Mein Gott, Speedy hatte ausgerechnet sie ausgesucht!

Darüber hinaus war sie eine, die ihre Liebhaber gerne ihrem Schicksal überließ und sich nicht allzu sehr darum scherte, ob jemand den Mann sezierte, den sie zu lieben geschworen hatte, zu ehren und zu achten … andererseits hatte sie eine entzückende Figur und Beine, wie sie sich wohl die Gläubigen bei den Jungfrauen im Paradies vorstellen.

Sie war natürlich nicht frei von weiblichen Stimmungsschwankungen. „Gott sei Dank ist Sarafa schnell im Kampf gestorben", sagte sie. „Yando hätte ihn tausend Tode sterben lassen, wenn sie ihn lebend erwischt hätten, weil er mein Geliebter war."

Ich sagte, dass sich Yando dessen vielleicht gar nicht bewusst war, worauf sie mich erstaunt anschaute. „Darum wird ihn Sarafa im Jenseits verhöhnen!", rief sie. „Er wird es ihm unter die

Nase reiben!“ Sie fügte nicht „würdet Ihr nicht dasselbe tun?“ hinzu, wohl, weil sie die Frage für überflüssig hielt.

Sobald wir den Bergrücken hinter uns gelassen hatten, erblickten wir die Festung, die auch bei zweiter Betrachtung kein Stück weniger unheimlich aussah, hoch auf einem Fels-Vorsprung gelegen und mit einem Gefälle von mehr als dreihundert Meter bis zu dem darunter liegenden Dorf. Es dauerte eine halbe Stunde, bis wir sie erreichten, und mir wurde bewusst, dass sie aus zwei zusammengefügten Türmen bestand, sechs Stockwerke hoch sein musste, von den Fensterflächen zu urteilen, und der hintere Turm über die Leere unter ihm hinausragte. Der Weg zur Hauptpforte war steil, und noch ehe wir sie erreichten, eilte uns das Weibervolk des Schlosses mit beunruhigtem Geschnatter entgegen und bombardierte Uliba mit unzähligen Fragen. Dennoch blieb ihnen genug Zeit, den attraktiven Fremden mit dem interessanten Backenbart in Augenschein zu nehmen. Wie Sie wissen ist weibliche Aufmerksamkeit kein Neuland für mich, doch kann ich mich nicht erinnern, jemals so unverschämt begafft worden zu sein. Gelinde gesagt, diesen Weibern waren Heuboden und hohes Gras nicht gänzlich unbekannt.

Ein Grund für ihr schamloses Beäugen wurde bald offensichtlich: Uliba-Warks Festung schien fast gänzlich frei von Männern zu sein. Die Wenigen waren graubärtige Senile oder kleine Jungs. Die jungen Männer standen vermutlich an den Fronten der Bürgerkriege als Rekruten oder Söldner, aber aufgrund mangelnder Sprachkenntnisse fand ich das niemals wirklich heraus. Es ist verdammt langweilig, wie eine Anziehpuppe rumzustehen, während alle umstehenden über einen reden, schlimmer für mich noch, da ich gewohnt bin das Zepter in der Hand zu haben.

Diese abessinischen Schlösser sind ganz schön merkwürdige Orte. Nicht ungleich unserer nordindischen Grenzfestungen, mit wie Kisten aufeinandergestapelten Zimmern und durch Treppen verbunden, die besseren Leitern gleichen. Da Uliba erwähnt hatte, dass wir unter Umständen einer Belagerung standhalten musstenen, war ich froh darüber, dass das Haupttor eine massive Angelegenheit war, die wohl nur mithilfe von Artillerie durchbrochen werden konnte. Auch die Lehmmauern waren mehr als einen Meter dick, mit schmalen Öffnungen deutlich oberhalb des Bodens, die ein hervorragendes Schussfeld boten. Mit meiner Joslyn und fast 50 Schuss könnte ich also jedem, der den Pfad zu unserem Adlernest hinaufkraxelte, einen warmen Empfang bereiten.

Wenn ich jemals irgendwelche Zweifel gegenüber Uliba-Warks Bedeutung gehabt hätte, wären sie spätestens durch den Respekt und die Ehrfurcht verflogen, die ihr innerhalb der Schlossmauern entgegengebracht wurden. Sie winselten vor ihr, und nicht nur die Sklaven, aus denen die halbe Belegschaft der Festung bestand, sondern auch die frei herumlaufenden Frauen und die zwei ältlichen Herren, die sich wie Vogte oder Kämmerer verhielten. Sie hielt eine knappe Ansprache vor dem versammelten Mitarbeiterstab, im großen Saal des Erdgeschosses, der scheinbar als Aufenthaltsraum genutzt wurde, aber was sie sagte klang für mich wie Amharisch, bis auf den Teil, in dem sie auf mich hinwies und sich die gesamte Zuhörerschaft zu mir umdrehte und sich verbeugte. Als sie den Befehl zum Wegtreten gegeben hatte, wurde ich zu einer luftigen Kammer in der dritten Etage geführt. Blitzsauber und schick, wenn auch spärlich eingerichtet, mit einem guten Charpoy,* Ledersessel, Tisch, Waschtisch, Teppich auf dem Boden und ledernem Vorhang vor der Schießscharte – ich habe schon in Landgasthöfen in England übernachtet, die weniger annehmbar und komfortabel waren.

Zu meiner Enttäuschung wurde ich vom Dorfdeppen begleitet, der wiederum von einem vollschlanken Drachen mit Damenbart beaufsichtigt wurde. Sie war wohl die einzige graue Maus an diesem Ort, da die Mädel, die bei unserer Ankunft zugegen waren, dem typischen Ab-Klischee entsprochen hatten, wobei man erwähnen muss, dass sie von wohlgestaltet bis hin zu atemberaubenden Schönheiten reichen. Ich fragte mich, ob Uliba entschieden hatte, dass ich mit einer alten Spinatwachtel besser dran wäre. Wenn ja, war das kein schlechtes Zeichen.

Seit unserem Biwak vorletzte Nacht in Ad Abaga hatte ich kein Auge zugemacht, also schlief ich den ganzen Tag durch.

* Einheimisches Bettgestell aus Rahmen und Schnüren

Am Abend wurde ich zu einem geräumigen Apartment auf der zweiten Etage zitiert und erlebte mein erstes förmliches Ab-Diner. Ich kann nicht sagen, was die Norm ist, da ich bei späteren Gelegenheit auf Sitzkissen auf dem Boden oder auf Stühlen am Tisch wie bei Christenmenschen dinierte, aber bei Chez Uliba lehnten wir uns entspannt auf Charpoys zurück, im Stile einer römischen Orgie mit einem tiefen Tisch pro Person.

Was aber den besonderen Reiz dieser Mahlzeit ausmachte, waren die Mädchen, die uns bedienten, da sie nur kleine Schürzen aus Lederschnüren trugen – ich glaube sie trugen auch Messinghalsbänder und ein oder zwei Armreifen, aber so genau habe ich nicht darauf geachtet. Das tut man einfach nicht, wenn dein Maise* von einer süßen kleinen Hebe eingeschenkt wird, die ihre blanke Brust auf deiner Schulter ablegt, während sie sich zun Becher runterbeugt; wie ich dem Drang widerstanden habe, den Kopf zu drehen und zuzubeißen, weiß ich bis heute nicht.

Übrigens, falls Sie vermuten, dass ich leicht zu beeindrucken bin, sollten Sie die Erinnerungen von J.A. St.John, Esq., lesen, der in den 1840ern durch Abessinien reiste und scheinbar den Großteil seiner Zeit damit verbrachte, auf Brüste zu starren, worin er offensichtlich als echte Kapazität galt. Es gibt vor Sabber triefende Beschreibungen über Sklavenmädchen und eine äußerst wissenschaftliche Passage, in der er äthiopische Milchtüten mit ägyptischen vergleicht und die erst genannten als „feiner geschnitten und besser proportioniert" befindet; dem Busen der Schwarzen unterstellt er eine Tendenz zum Hängen, was für mich bedeutet, dass er es nie bis nach Zululand oder Dahomey geschafft hat, wo die Ladies dem Begriff strammbrüstig eine ganz neue Bedeutung verleihen. Aber das nur am Rande. Ich selbst bin ein großer Bewunderer der weiblichen Formen, aber J.A. St.John hätte wirklich gut ein kaltes Bad gebrauchen können, wenn Sie mich fragen.[29]

Weiter im Text. Das Essen bestand aus zwei Sorten Rindfleisch. Die gekochte Variante, die schwarz gebraten war mit Paprikas, und das rohe Zeug, das sie Brundo nennen. Es ist gar nicht schlecht, wenn es mit Chutney serviert wird, aber ich probierte

* Met, Honigwein

es dieses Mal nicht. Zum Nachtisch gab es Früchte und den unverzichtbaren Tej, ausgeschenkt aus langhalsigen Flaschen von der Gruppe hüpfender Brüste.

Die zwei Kämmerer-Kerle nahmen an unserem Mahl teil, ebenso wie zwei Damen, lohfarbige gelangweilte Ladies, die nicht zum Dienstpersonal gehörten, sondern eher Gefährtinnen der Dame des Hauses waren, da sie mit ihr auf Augenhöhe sprachen, gut gekleidet, mit seltenem Schmuck behangen, und unter uns gesagt, auch ziemlich von sich eingenommen. Aber alle Ab-Frauen waren das, aus gutem Grund; die Kellnerinnen, mit deren Bewunderung ich mir die Zeit vertrieb, da Uliba sich nicht die Mühe machte, das Tischgespräch für mich zu übersetzen, zeigten keinerlei Schamgefühl darüber, dass man sie anstarrte, die frechen Kleinen. Uliba, apropos, hatte ihre Tunika gegen eine exquisite safrangelbe Robe eingetauscht, die wie Seide aussah und im Toga-Stil getragen wurde, mit einer entblößten Schulter und zwei riesigen kreisförmigen Ohrringen unter ihren Zöpfen.

Gerade als sich das Essen dem Ende zuneigte, herrschte plötzlich Aufregung im Zimmer unter uns. Man hörte wütende Frauenstimmen und sogleich brachte eine der Mägde ein Mädchen die Leiter-Treppe hoch, die wohl das bisher schickste gewesen sein musste, das ich gesehen hatte. Selbst in dieser Gesellschaft. Sie war mahagonifarbiger als die meisten, aber mit einem langen entzückenden ägyptischen Gesicht und großen Augen, die jetzt tränengefüllt waren. Genau genommen schien sie zwischen Trauer und Rage hin und hergerissen zu sein, wie sie in der einen Sekunde in ihre Handflächen schluchzte, um in der nächsten ihre Fäuste zu schütteln und zu toben, zum Entsetzen der weiblichen Belegschaft und der Empörung der Älteren, die alle zu dem Streit beitrugen und somit ein völliges Durcheinander veranstalteten, bis Uliba sie schließlich zum Stillsein verdonnerte.

Sie sprach scharfzüngig mit dem heulenden Mädchen, welches zunächst nur missmutig antwortete, dann völlig aufgebracht, stampfte und dabei Geräusche machte wie ein gequältes Tier. Uliba reagierte auf all dies mit eisigem Zorn, wodurch sich die Tonlage der Schönheit komplett veränderte. Sie warf sich vor Ulibas Charpoy zu Boden, jammerte und küsste ihr die Füße. Uliba sprach leise zu ihr, und das Mädchen erhob sich, trocknete seine Tränen und griff dann plötzlich ausgerechnet mich an und gab sich einem weiteren Gefühlsausbrauch hin. Darauf verlor Uliba völlig die Fassung, ohrfeigte sie und schickte sie schreiend wieder die Treppe hinunter. Die Damen und Älteren zogen sich zurück und ließen uns allein, während die Barbusigen das Geschirr abräumten.

Ich war gespannt darauf zu erfahren, was in das Mädchen gefahren war. Uliba knurrte noch immer in Amharisch, als sie sich wieder auf das Charpoy fallen ließ, doch dann lachte sie plötzlich, während ihr Tej-Becher aufgefüllt wurde, und sie mir erklärte, dass die Furie Sarafas Frau war, nun wahrscheinlich Witwe, und daher unglaublich wütend.

„Ich sagte ihr, dass er aus freien Stücken zurückgeblieben sei, um sich Yandos Kämpfern entgegenzustellen, und die unverfrorene Schlampe fluchte, Ihr hättet genauso zurückbleiben sollen. Sie vermutet, Ihr hättet Sarafa aus meinem Bett verdrängt und wäret daher wichtiger für mich!“ Sie knallte ihren Becher auf den Tisch, wütend und beschwipst zugleich. „Ha! Und dann, weil wir nicht genau wissen, ob Sarafa tot ist oder in Gefangenschaft, fängt sie an mich anzubetteln, ob ich nicht mit Yando um sein Leben verhandeln könne. Bemouti!* Sie weiß genau, welchen Preis ich dafür zahlen müsste, und als ich sie abweise, nennt sie mich eine herzlose Hure, die ihr den Mann gestohlen und ihn zum Sterben zurückgelassen hat, weil ich einen neuen Liebhaber gefunden hätte! Und das von einer Sklavin – zu mir!“

Ich stimmte zu, dass die Disziplin in den Personalräumen und Stallungen heutzutage wirklich zu wünschen übrig ließ. „Also war sie gar nicht Sarafas Eheweib, sondern nur sein Zeitvertreib?“

„Seine Konkubine, früher – als ob ihr das das Recht gibt, mich anzufahren!“ Sie beruhigte sich mit einem Schluck Tej. „Ich hätte die kleine Schlampe auspeitschen lassen sollen! Oder an die Ägypter verkaufen!“

---

* Nur über meine Leiche!

Dass das trauernde Flittchen glaubte, ich sei Ulibas neueste Errungenschaft, traf mich hart. Verständlich irgendwie, aber vor allem beunruhigend. Bei all dem Überfallenwerden und Flüchten hatte ich keinen Gedanken daran verschwendet, die Rolle zu spielen, die eigentlich für mich vorgesehen war. Ich hatte nicht mal die Gelegenheit dazu gehabt, meinen Bart zu rasieren oder die ersten Schritte für die Transformation zu Khasim Tamwar einzuleiten.

„Weiß sie, wer ich bin? Was ich bin? Wissen es die anderen, die beiden Alten oder die Frauen?"

„Für sie seid Ihr ein indischer Reisender. Habe ich ihnen jedenfalls gesagt, und warum sollten sie meinem Wort misstrauen? Sie haben noch nie einen Engländer gesehen. Wenn wir weiter nach Süden ziehen, muss Eure Verkleidung unter dem gelehrten Volk besser funktionieren."

„Und wann wird das sein?"

„Möglicherweise schon übermorgen, wenn Yando sich nicht blicken lässt. Das gibt uns genug Zeit, Eure Gesichtsbehaarung zu verändern, uns noch etwas zu erholen und die Reise vorzubereiten."

„Wie Ihr wünscht, Sultana … Nun würde ich aber noch gerne wissen, was Ihr der lärmenden jungen Frau gesagt habt, als sie mich als Euren Liebhaber bezichtigte?"

Sie schaute mich mit unverhohlener Belustigung an, während sie sich auf ihrem Charpoy zurücklehnte. Ein drastisches Bild sexueller Unverfrorenheit in ihrer seidenen Robe, die einen wohlgeformten Schenkel und eine Schulter freilegte. Wenn die Mägde am anderen Ende des Zimmers nicht mit dem Geschirr beschäftigt gewesen wären, hätte ich mich auf sie gestürzt. Ein unnützer Gedanke, wie mir ihre Antwort zeigte.

„Ich habe ihr die Wahrheit gesagt – dass Ihr nicht mein Liebhaber seid. Die unverschämte Schnepfe schimpfte mich eine Lügnerin und als ich ihr sagte, dass ich Euch erst seit ein paar Stunden kenne und dazu noch die meiste Zeit auf dem Pferderücken, rief sie, ‚Aye, aber was ist in Zukunft?' Darauf sagte ich ihr, dass Gott allein darüber entscheidet und sie gern vor meiner

Schlafzimmertür übernachten könnte, um sicherzugehen, dass sich auch ja kein Liebhaber hineinschleicht."

„Das war verdammt umsichtig von Euch! Aber ich sag' Euch was, Sultana. Ich habe noch eine viel bessere Idee. Warum lassen wir sie nicht vor meiner Zimmertür schlafen? Das würde sie doch wahrhaft überzeugen!"

Sie dachte für eine Weile nach, die stark verächtliche Miene noch immer ungerührt, und dann kräuselten sich die Winkel ihres konturierten Mundes ein wenig, und sie schwang in einer grazilen Bewegung ihre Beine vom Charpoy und blickte auf mich herab.

„Mag sein, dass Gott allein darüber entscheidet", sagte sie gleichgültig. „Aber ich habe da auch noch ein Wörtchen mitzureden." Und damit beugte sie sich herunter, hauchte mir einen Kuss auf die Lippen und verließ zügig den Raum. Ich blieb zurück, mit dem schrillen Gekreische der Mägde und der Überlegung, dass sie eine neckische, provokante Dirne war, bewandert im Schüren dessen, was der alte Arnold als Feuer der Liebe bezeichnete ... Und mir den Hinweis gab, dass die Feuerwehr wohl nicht lange auf sich warten ließe.

Und so kam es dann auch, ganz wie ich vermutet hatte. Ich kenne Frauen, wissen Sie, und meine langjährige Erfahrung hat mich gelehrt, wenn sie anfangen die Delilah zu mimen, ist es ein sicheres Zeichen dafür, dass sie sich selbst anheizen. Es war also wenig überraschend, als, nachdem ich mein Nachtgebet gesprochen hatte (den Inhalt können Sie vielleicht erraten) und in fröhlicher Erwartung auf dem Charpoy in meinem friedlichen Zimmer vor mich hin schlummerte, dabei dem Knarren und Gemurmel des schlafenden Schlosses lauschte und dem gelegentlichen Ruf eines nachtaktiven Tieres draußen in der Ferne, sich ein weiches Trittgeräusch meiner Tür näherte und eine sanfte trockene Brise hineinwehte, als sie geöffnet und behutsam wieder geschlossen wurde.

Aber ich bin ein misstrauischer Vogel, und so lag meine Hand auf der Joslyn unter meinem Kopfkissen, nur um von ihr abzulassen, als eine große Gestalt geräuschlos in den Strahl des

Mondlichts trat, der durch das schmale hochgelegene Fenster fiel – eine Gestalt in einer Robe aus safranfarbiger Seide, die lautlos zu Boden fiel und einen prachtvollen goldenen Körper preisgab, der in wiegenden Bewegungen auf mich zukam. Schmale Hände bedeckten ihre Brüste und ruhten dann auf ihrer Hüften, als sie aus dem Mondlicht in den Schatten schritt, sich auf das Charpoy kniete, über mich lehnte und mit ihren geschickten Fingern und wundervollen Lippen meinen Körper erkundete.

Gewöhnlich hätte ich so etwas, wie „Guten Abend", oder „Kommt rein, meine Liebe, heut' ist Euer Geburtstag", gesagt, aber sie hatte ja darauf bestanden, dass sie und sie allein die Führung in Krisenmomenten übernehmen würde. Was konnte ein pflichtbewusster Soldat also anderes tun, als sie gewähren zu lassen, während sie sich eine Mahlzeit aus mir machte, mich neckte und an mir herumfummelte, bis ich kurz vor der Explosion stand. In diesem Moment fing sie glücklicherweise an sich zu benehmen. Wie eine scharfe römische Kaiserin in einem Orgien-Wettbewerb, ritt sie mich heftig unter ekstatischen Schreien, hob und senkte sich in einem perfekten Rausch und grunzte und keuchte mit voller Hingabe, was ich keineswegs für ihre Art gehalten hatte. Man kann nie genau sagen, wie sie sich im Eifer des Gefechts verhalten, und als sie ihre Darbietung beendete, indem sie schreiend ihre Arme in die Luft warf, muss ich zugeben, dass auch ich mich gänzlich diesem Moment hingab, bis sie zu guter Letzt wimmernd auf meinem zerstörten Kadaver zusammenbrach.

„Uliba-Wark", sagte ich, als ich wieder Luft bekam, „vom Moment unserer ersten Zusammentreffens wusste ich, dass unsere Liebe vom Schicksal bestimmt sein würde, und ich möchte Euch sagen, dass Ihr der beste Ritt wart, seit ich von zu Hause aufgebrochen bin." Anerkennung, wem Anerkennung gebührt.

Ich sagte dies zu ihr in Arabisch, und sie antwortete fahrig in einer Sprache, die wie Amharisch klang, richtete sich über mir in ganz Größer auf, so dass zum ersten Mal ihr Gesicht im Mondlicht erschien – der schöne ägyptische Kopf und die schwarzen, leuchtenden Augen von Sarafas Frau. Auch ihr fiel das Atmen schwer. Sie lächelte mich einnehmend an und murmelte mir eine Frage zu, die, wie ich annahm, die Bitte um eine gute Note vom Prüfer war.

Nun, sie hatte sie verdient, achtzig Prozent zumindest, auch wenn ich gerne instinktiv „Betrügerin!“ gebrüllt hätte. Aber das wäre geradezu unhöflich gewesen, nachdem sich das kleine Liebchen so verausgabt hatte, und ich war zu gesättigt, um mich mit der Frage zu belasten, warum Uliba-Wark sie darauf gebracht hatte, oder warum, so kurz nach dem hysterischen Anfall von Trauer über Sarafa, sein Weibsstück in der Lage, nein, begierig darauf war, sich mit Ihrem Berichterstatter zu vergnügen – an dem sie sich, wenn ich das so sagen darf, noch zwei weitere Male vor Tageseinbruch verging. Ob sie nach Trost gesucht hat? Die Befehle ihrer Herrin befolgte? Betört war von Flashys Backenbart? Wer kann das schon sagen?

Vor einem Moment noch habe ich behauptet, Frauen zu kennen … und ich hätte hinzufügen sollen, dass, basierend auf dem was ich weiß, man sie nicht erklären oder verstehen oder voraussagen kann, was sie als nächstes tun werden. Wenn man sich so glücklich schätzen kann, von einer Schönheit wie Sarafas Dirne aufs Kreuz gelegt zu werden, musst man einfach der Weisheit folgen, die mir einst eine Lady aus dem Orient mitgab, nachdem sie mich mit Haschisch abgefüllt und sich an mir ausgetobt hatte: „Leckt den Honig auf, Fremder, und stellt keine Fragen.“

Kapitel 6

Daran hielt ich mich, stand spät auf und begrüßte Uliba-Wark und ihre Gefolgschaft mit fröhlicher Gelassenheit und ohne Anzeichen, dass ich die halbe Nacht mit Schlampen-Ringen verbracht hatte. Dass Sarafas Mädchen weniger diskret gewesen sein musste, ließ sich mit Leichtigkeit an der Zurückhaltung von Ulibas Damen und den älteren Staatsmännern erkennen, die nicht nur meinen Blicken auswichen, sondern meine ganze Person ignorierten. Die Busenbrigade kicherte und flüsterte schamlos, als sie mir das Frühstück servierte. Ich muss gestehen, ich hatte gehofft, dass ich durch meine Nonchalance vielleicht Ulibas Neugier geweckt hatte, aber falls dem so war, ließ sie sich nichts anmerken. Dass Yando und seine Gefolgsleute nicht aufgetaucht waren, war das erste, was sie zu mir sagte, also könnten wir am nächsten Tag gen Süden weiterziehen.

„Aber er hat vielleicht noch nicht von dem Vorhaben abgelassen und liegt auf der Lauer, daher sollten wir uns vor Tagesanbruch auf den Weg machen. Nur wir beide, ohne Sarafa und seinen Späher. Wir müssen uns umsichtig und zügig voran bewegen. Kommt, ich zeige Euch den Weg, dem wir in der Dunkelheit folgen müssen."

Der Aussichtspunkt war die Spitze des über den Abgrund hinausragenden Turmes, zu dem wir über unzählige Treppenstufen hochstiegen. Mit ihrer knappen Ledertunika sorgte sie dabei für eine schöne Aussicht und bei Flashy für mittelschwere Atemnot. Ich bekam tatsächlich kaum noch Luft, als wir das Dach erreichten, abgesehen von der kurzen Verschnaufpause, während der ich ein merkwürdiges Gerät in der Dachkammer begutachtete: Ein massiver Haken hing inmitten des Raumes an einem Seil, das über ein großes Rad in der Decke zu einer Seilwinde an der Wand verlief. Es sah furchterregend aus, und als ich bei Uliba nachfragte, sagte sie nur trocken, „das ist der Kerker“ und lenkte meine Aufmerksamkeit auf das Panorama, das sich vor uns erstreckte.

Südlich, in der nebligen Ferne, thronten die silbernen Gipfel des Ab-Hochlands hinter einem weiten felsigen Plateau, das von bewaldeten Schluchten durchzogen war. Unmittelbar unter uns, in einer Tiefe, so schwindelerregend, dass ich direkt Halt an der Brüstung suchte, lag die Talsohle. Ein ausgetrocknetes Flussbett, das mit Felsbrocken gespickt und von einem dünnen silbrig-schimmernden Faden durchzogen war, eine der Quellen des Fluss, der in zehn Meilen Entfernung aus einer Felsspalte strömte.

„Das ist unser Weg, den Fluss entlang zu den Wäldern“, erklärte Uliba. „Sobald wir durch die Bäume geschützt sind, sollten wir vor unseren Verfolgern in Sicherheit sein. Falls wir in der Dunkelheit getrennt werden, treffen wir uns bei den weißen Felsen weiter hinten wieder, dort wo der Fluss hervortritt. Wenn ich nicht innerhalb von 12 Stunden dort ankomme …“, sie zeigte in Richtung der Berge, „… der Tanasee liegt hinter den Gebirgszügen. Ihr erinnert Euch an die Namen des Flusses und des Dorfes? Und daran, einen Kompass mitzuführen? Seid Ihr sicher? Gut … Nun, da ich feststelle, dass Ihr mehr daran interessiert seid, mich töricht anzustarren, als die Straße zu studieren, von der Euer Leben abhängt, schlage ich vor, dass wir wieder nach unten gehen und Ihr den Rest des Tages nutzt, um Euch von einem liebestollen Farangi-Soldaten in einen indischen Reisenden zu verwandeln. Kommt.“

Sie sagte dies mit einem Lächeln und sah dabei so reizend in dem glänzenden Lederkorsett aus, von dem ich sie in Gedanken befreite, dass ich bei mir dachte, ach, zur Hölle mit dem Vorspiegeln falscher Tatsachen – Karten auf den Tisch!

„Moment mal“, sagte ich und zog sie vorsichtig am Arm, als sie sich an mir vorbei schob. Leicht überrascht drehte sie sich zu mir, und ich schwöre, sie erwartete einen direkten lüsternen Überfall. Also starrte ich ihr für einen langen Moment in die stolzen, furchtlosen Augen und sagte dann: „Ihr geht bis zum

Äußersten bei der Bestrafung unverschämter Sklavinnen, nicht wahr?"

Für den Bruchteil einer Sekunde war sie verwundert, dann aber erfreut, dass ich das Thema als erster zur Sprache brachte. „Bestrafung? Denkt Ihr wirklich, das ist der Grund, warum ich Malee zu Euch geschickt habe?" Sie brach in Gelächter aus. „Ich kann es nicht fassen! Ihr habt ein viel zu bescheidenes Bild von Euch selbst, wenn Ihr denkt, Ihr könntet als Bußübung für irgendeine Frau herhalten. Bestrafung, wahrhaftig!"

„Nun, vielen Dank, Ma'am, aber Ihr spracht davon, sie auszupeitschen oder zu verkaufen."

„Ach, Unsinn! Ich sollte Malee auspeitschen oder verkaufen, die meine Spielkameradin war? Die mein Brautbett bereitete? Die ihr Leben für mich geben würde, genauso wie Sarafa es getan hat? Dafür schulde ich ihr zu viel Güte und Freundschaft."

„So viel Güte, dass Ihr ihren Liebhaber ausgespannt habt?"

„Was hat das mit irgendwas zu tun? Ich hab ihn mir genommen, weil er mich zufriedengestellt hat – und da mein eigener Ehegatte mit Malee angebandelt hat, wenn er meiner überdrüssig war, warum sollte ich mich dann nicht an Sarafa erfreuen?"

Eine gute Frage, die mich aus der Fassung brachte. Es schien mir, dass der moralische Kompass in Abessinien nicht ganz mit dem unserer gesitteten Gesellschaft zu vergleichen war – nicht, dass Ulibas belgravische Schwestern einem Schäferstündchen gänzlich abgeneigt wären, aber sie sind diskret. Ich hingegen tappte weiterhin im Dunkeln.

„Sie ist also Eure alte Spielkameradin, Busenfreundin, weiß der Teufel was –, trotzdem lässt sie eine öffentliche Tirade los wie eine Fischverkäuferin, nennt Euch eine herzlose Hure, und ihr ohrfeigt sie."

„Wir haben uns schon Schlimmeres an den Kopf geworfen, seit wir zehn Jahre alt waren und um denselben Schuljungen stritten!", rief sie lachend. „Nicht, dass ich Malee jemals das Wasser reichen könnte! Ist sie nicht wunderbar? Euch muss sie sehr gefallen haben, wie sie mir berichtete", fügte sie mit einem

Schnauben hinzu. „Die kleine Schlampe konnte kaum die Augen offen halten.“

„Also, dann wisst Ihr ja nun, was Euch entgangen ist“, antwortete ich. Mir eine Stellvertreter-Mätresse in Eurem Gewand zu schicken, mich in der Finsternis zu täuschen! Ist das eine Art abessinische Beleidigung?“

„Erst eine Bestrafung, jetzt eine Beleidigung!“, rief sie fröhlich. „Nein, Effendi. Mehr eine Marotte, ein kleiner Trick. Ein Scherz, um den großen Farangi-Soldaten daran zu erinnern, dass eine wilde Barbarenfrau tut, worauf sie Lust hat, um eine gute Zeit zu haben …“ Die gewölbten Lippen waren zu einer frechen Schnute verzogen und fingen wieder an zu Lachen, bevor ich mich ihrer annehmen konnte.

„Aber wenn es Euren männlichen Stolz bewahrt, seid gewiss, dass ich Malee auf ihren eigenen Wunsch zu Euch geschickt habe … nein, ernsthaft. Als sie ihren Tobsuchtsanfall ausgelebt hatte und mich inständig um Verzeihung bat, so wie sie es immer tut, hat sie mich förmlich darum angebettelt. Warum? Weil sie glaubt, dass Ihr mein neues Spielzeug seid – und was immer ich habe, Malee will es auch haben. Und sie ist eine wollüstige Dirne, wie Ihr zweifellos bemerkt habt, mit dem Appetit eines brunftigen Pavians. Also war ich großzügig.“ Sie zog die Brauen verspielt nach oben. „Bin ich nicht eine generöse Herrin für meine Leibeigenen?“

„Vielleicht zu generös, Sultana. Ach, ich beschwere mich ja gar nicht … Aber ich sage Euch etwas über Sklaven: Wie untergeben und liebend und winselnd wie kleine Schoßhunde sie auch scheinen, sie vergeben ihren Besitzern niemals, dass sie sie besitzen.“ Das tun sie wirklich nicht, aber was in mich gefahren ist, dass ich ihr das ausgerechnet in diesem Moment sagte, ist mir ein Rätsel. Vielleicht wollte ich Zeit schinden, während ich mich fragte, ob ich sie küssen sollte, bevor ich sie auszog, oder danach. Aber ich führte diese innerliche Debatte zu lange und sie verschwand über die Treppen-Leiter, während sie meine Besorgnis lachend herunterspielte.

Ich verbrachte den Tag damit, mir Khasim Tamwar vorzustellen, was stets der Schlüssel zu einer gelungenen Maskerade ist. Man muss die Essenz des Charakters verinnerlichen, wenn man ihn glaubwürdig verkörpern will, so wie ich es in der Vergangenheit bereits bei Kronprinz Carl Gustaf (würdige königliche Niete) und Makarram Khan (streitsüchtiges paschtunisches Raubein) und meinem militärischen Selbst (schroffer Held in Koteletten) getan hatte, nur um einige zu nennen. Ich entschied, dass Khasim ein ausgesprochen langweiliger Zeitgenosse war und rasierte vorsichtig meinen vollen Schnäuzer zu einer feinen Linie entlang der Oberlippe, verabschiedete mich von meinem Backenbart und bastelte mir mit Hilfe eines heißen Eisens und großen Mengen Haaröls eine unwiderstehliche Schmalzlocke – eher im Stil der Grene als dem in Hyderabad, aber keiner in Abessinien würde den Unterschied bemerken. Ich begann beim Laufen über die Zehen abzurollen, was für einen Kavalleristen keine wirkliche Schwierigkeit darstellt.

Zu guter Letzt lieh ich mir ein Stück Seide von meinem Zimmerdrachen, um einen engen Turban zu improvisieren, polierte meine Stiefel, nahm Pyjamas und Schärpe und war somit gewappnet für Ulibas Beurteilung. „Oho!“, sagte sie vergnügt, „ist das der indische Pferdehändler oder der Prinz der Sieben Meere? Meine Damen müssen sich dieses Wunder anschauen – und Malee auch!“

„Es gibt nur einen kleine Haken“, sagte ich. „Sie kennen mich als Khasim Tamwar, aber welchen Bären werdet Ihr ihnen aufbinden, um zu erklären, dass wir gemeinsam in den Süden ziehen?“

„Was gibt es da groß zu erklären, wenn ich mit einem attraktiven Fremden eine Vergnügungsreise zum Tanasee mache? Die sollen ruhig etwas zum Grübeln haben!“ Was sie durchaus taten, um nach ihren schiefen Blicken und dem Grinsen der Busensportlerinnen zu urteilen. Nur Malee war nirgendwo zu sehen. Sie musste noch ganz erschöpft sein, kein Zweifel.

Am Abend brachte mich Uliba zu einem kleinen Raum innerhalb der Stallungen, wo wir unsere Taschen für die Reise packten – diverses Zeug zum Wechseln, Shamas und Stiefel und wasserdichte Umhänge, Decken und Utensilien, Biltong* und Brot und Teff**-Kuchen, Flaschen voll Maise und Tej, Käse und getrocknetes Obst, und Heuschrecken-Bällchen, Gott steh mir bei. Wir teilten meine 200 Taler zwischen uns auf, so wie ich es vorgeschlagen hatte, da sie die Anschaffungen eventueller Notwendigkeiten unterwegs übernehmen musste. Zusätzlich zu meinem Joslyn und Patronengürtel führte ich noch einen Dolch und ein Schwert aus der Waffenkammer der Festung mit mir – nicht eine ihrer Sichelklingen, sondern eine gerade Waffe mit Kreuzgriff und *Deus vult**** auf der Klinge eingraviert – das Schwert eines Kreuzritters, bigott, aber warum nicht. Auch wenn es 700 Jahre aus der Mode war, weilte es immer noch in einem christlichen Land.

Wir waren bis zum Abendbrot mit dem Packen unserer Taschen beschäftigt und auch der Auswahl in den Stallungen, wo sie uns zwei herrliche Araberstuten und ein Packpferd aussuchte. Wir gingen früh zu Bett, da wir bereits um drei wieder aufstehen und um vier aufbrechen wollten. Wir wünschten uns gegenseitig eine anständige gute Nacht, wobei ich nur schwer meine Hände bei mir behalten konnte, da, obwohl Malee einen Teil meiner Fleischeslust befriedigt hatte, Ulibas lederverhüllte Gaben immer noch eine große Versuchung darstellten.

Dennoch wusste ich, dass es nicht lange dauern konnte, bis die Herrin entschied, dass auch ihr etwas von dem Vergnügen zuteilwerden sollte, von dem ihre Magd angeblich in allerhöchsten Tönen berichtet hatte. Mit diesem tröstlichen Gedanken schlief ich ein.

Als ich wach wurde, dauerte es einen kurzen Moment, bis ich den Lärm einordnen konnte, der mich geweckt hatte. Dem Mondlicht nach zu urteilen, musste es nach Mitternacht gewesen sein. Es gab nichts Außergewöhnliches innerhalb der Geräuschkulisse des schlafenden Schlosses – doch dann hörte ich es. Ein schwaches Flüstern hinter meiner Tür, tief und eindringlich. Für

* Luftgetrocknetes Wildfleisch oder Rindfleisch

** Hirse

*** „Gott will es" – Kampfruf der Kreuzfahrer

einen Augenblick fragte ich mich, ob es Uliba sein konnte, aber die Sprache war definitiv Amharisch, und ich schnappte eines der wenigen Worte auf, dessen Bedeutung ich kannte – „tenisu“, was so viel wie „steh auf“ heißt. Es war eine Frauenstimme. Konnte es Malee sein, auf der Suche nach einem weiteren Betthupferl? Aber wenn dem so wäre, warum schlich sie nicht einfach hinein, so wie zuvor? Da war es schon wieder; mit einem sanften Kichern bat ich sie herein. Ergebnislos, also sprang ich aus dem Bett und öffnete die Tür. Tatsächlich war es Malee, mit wilden Augen im Schein der Lampe, die sie bei sich trug, und als sie einen hastigen Schritt von der Türschwelle zurücktrat, wirbelte ich herum, warf mich auf mein Charpoy und griff nach dem Joslyn unter dem Kopfkissen.

Nur eine Sekunde länger und ich hätte sie erwischt, aber die Kerle, die mit Malee gewartet hatten, waren schneller. Als meine Hand den Griff berührte, landete einer von ihnen auf meinem Rücken und sehnige Hände ergriffen meinen Hals, während der andere mich beim Handgelenk packte und unter einem Jubelschrei den Revolver ergriff. Er umfasste mich, sein Kollege ließ von mir ab, und als ich vom Charpoy hochkam, erklang ein durchdringender Befehl von der Tür her. Dort stand ein schwerfälliger Wüstling mit Brustpanzer über seinem Shama, den ich zu meinem Entsetzen als Yando erkannte, und neben ihm Malee, die vor Begeisterung quiekte.

Ich weiß, wann ich mit dem Rücken zur Wand stehe, also nahm ich die Hände hoch. Yando brüllte vor Lachen und der Kerl mit dem Joslyn rammte mir selbigen zwischen die Rippen und rief mir Dinge zu, die keinerlei Übersetzung bedurften, da er mich zur Tür trieb, die Treppen-Leiter hinunter und zu dem großen Saal im Erdgeschoss. Sein Kamerad ging vor und bedrohte mich beim Hinuntergehen mit einem Speer, während der Pistolero folgte; Yando und Malee bildeten die Nachhut. Sie schnatterten wie die Sittiche und er brüllte seinen Helfern zu, dass sie gut auf mich aufpassen sollten.

Der ganze Laden war in Aufruhr. Frauen wurden hysterisch, nackte Brüste wackelten auf und ab, die Älteren zitterten und dann war da noch Uliba, in Rage die Zähne bleckend, einem beherrschten Ab-Speerträger an ihrer Seite und zwei weiteren mit Krummsäbeln, die die aufgebrachte Menge in Schach hielten.

Was passiert war und warum, war offensichtlich: mein Instinkt, Sklaven zu misstrauen, hatte sich mal wieder bestätigt. Malee hatte Yando und seiner Bande Zugang zur Burg verschafft. Dies ließ sich aus dem Betragen aller Anwesenden ableiten. Ich verstand kein Wort, aber der frohgemute Triumph in Malees Stimme, als sie eine erneute Tirade an Uliba richtete, und Ulibas Grollen in Richtung Malee, die schnell Schutz hinter Yando suchte, ließ keinen Raum für Missverständnisse. Der Ab an Ulibas Seite musste sie zurückhalten, Yando sprach lärmend zu ihr, voller schadenfrohem Vergnügen. Sie fauchte zurück, die Hysterie der Frauen schien sich noch zu steigern, und ich befand, dass es Zeit wurde etwas zum Geschehen beizutragen, in dem ich mein schönstes Exerzierplatz-Gebrüll zum Besten gab.

„Chubbarao!“* Das Geschrei hörte auf. „Uliba-Wark, sagt ihnen, wer ich bin!“

Es lag doch auf der Hand: Was auch immer Yando einem anonymen Fremden innerhalb Ulibas Mauern anzutun bereit war – einem Gesandten der britischen Armee, die gerade in seine Heimat eingefallen war, ein Haar zu krümmen, würde er nicht wagen. Und wenn diese Enthüllung meine lächerliche Mission zu der Galla-Königin aufs Spiel setzte, umso besser.

„Sagt es ihm!“, wiederholte ich auf Arabisch, und von dem Blick, den er an Uliba richtete, konnte ich ablesen, dass er kein Wort verstand. „Er wird uns nichts tun, wenn er weiß wer ich bin! Auch Ihr wäret sicher!“

Sie schaute mich an, ohne ein Wort zu verlieren, und feuerte dann regelrechte Salven auf Yando ab – und nur Gott allein weiß, was sie ihm gesagt hat, aber es trieb ihn regelrecht zur Weißglut: Er packte sie hart bei den Schultern und brüllte ihr ins Gesicht. Sie schrien sich so lange gegenseitig an, bis er sie weg schubste und sich an meine Schergen wandte, mit ausgestreckter Hand auf mich zeigte, das Mopsgesicht wutverzerrt, und ehe ich mich versah, wurde ich wieder nach oben bugsiert, während der

* Ruhe! – Mund halten!

Pistolen-Wallah mich dabei mit meinem eigenen Lauf traktierte und der Speerträger ihn unterstützte.

Ich bewegte mich, aber nicht widerstandslos, da können Sie sicher sein, und verfluchte sie als Verbrecher in Englisch, Arabisch und Hindi, doch es war vergeblich. Sie zwangen mich in den Raum, den Uliba als „den Kerker" bezeichnet hatte. Da kamen auch schon Yando und einer seiner Schläger. Er bellte einen Befehl und grinste niederträchtig. Ich wurde zu Boden gestoßen und von einem der Schurken mit den Handgelenken an den Fußknöcheln festgebunden, während der Dritte irgendetwas aus einer dunklen Ecke des Raumes zu Tage förderte.

Durch die hohen Fenster fiel das erste Licht und erhellte den Haken, der an einem dicken Tau von einem Flaschenzug baumelte. Mich befiel Todesangst, als Yando ihn unter brüllendem Gelächter ergriff. Ich sah, wie der dritte Mann ein Gestell hervorzog, das einer Eisernen Jungfrau ähnelte, aber aus Metallstangen gefertigt war und nicht wie der berüchtigte dornenbewehrte Sarg aussah, in den man Todeskandidaten einschließt. Man konnte den Käfig an einer Seite öffnen und als Yando ihn aufriss, zogen mich meine Schergen hoch und stießen mich hinein. Yando ließ die Tür zuschnappen und verschloss sie mit einem langen Bolzen, der an einer feinen Stahlkette befestigt war, deren anderes Ende er aufgerollt in seiner Hand hielt. Sie hoben mich in meinem Käfig parallel zum Boden und hängten mich durch eine Schlaufe an der Oberseite des Gestells an den Haken, so dass mein Gesicht nach unten zeigte.

Damit war der Moment gekommen, in dem ich ernsthaft zu schreien begann, hilflos in dem grässlichen Käfig zappelte, und durch seine schmalen Stäbe auf die Bodendielen starrte. Plötzlich zog Yando an der aufgerollten Kette, so dass sich der Bolzen löste, die Klappe ruckartig aufging und ich mit voller Wucht auf den Boden knallte. Ich blieb wie betäubt liegen.

Wissen Sie, in diesem Moment war ich wieder das erbärmliche Rugby-Weichei, das von diesem widerwärtigen Schwein Bully Dawson in einer Decke herumgeschleudert wurde. Ihm gefiel es sehr, uns hochzuheben und dann die Decke wegzuziehen, damit wir auf den Boden prallten. Ich hatte damals um Gnade gewinselt, aber das war kein Vergleich zu dem Geheul, das ich nun veranstaltete, als sie mich wiederum hochhoben und zurück in die baumelnde Vorrichtung steckten. Yando verschloss sie erneut mit dem Bolzen, und sie zogen mich abermals in die Luft.

Ich verstand immer noch nicht, was sie beabsichtigten, nur, dass es etwas Höllisches sein musste. Yando grinste mich anzüglich durch die Stäbe an, brabbelte irgendetwas auf Amharisch, während ich ihn beschwor, in Ruhe gelassen zu werden – bitte, o bitte, ich habe doch nichts getan, und ich bin ein britischer Offizier, o Jesus, bitte hilf mir – und dann öffneten sie mit großem Schwung eine Falltür, direkt im Boden unter mir. Ich kreischte mich heiser, als ich mich vergeblich in dem scheußlichen Stahlkäfig zu bewegen versuchte und dem unglaublichen Horror ins Auge blicken musste, der sich unter mir auftat: Es war der tiefe Abgrund, über den der Turm hinausragte.

Ein Schwall eisiger Luft schlug mir entgegen. Eine Nebeldecke waberte in der Tiefe, die die gähnende Leere und die Steilwand teilweise verdeckte, von der ich wusste, dass sie senkrecht mehr als tausend Meter hinabging – und Yando schwenkte die Stahlkette, demonstrierte ihre Länge, und verspottete mich, als er pantomimisch darstellte, wie er den Bolzen lösen und mich in einen grausigen Tod stürzen lassen würde. In meiner Angst verließ mich sogar meine Stimme; meine Lippen formten nur unausgesprochene Worte gegenüber diesem entsetzlichen Gesicht, dessen faulen Atem ich riechen konnte – und noch heute sehe ich die Poren um seine eklige schwarze Schnauze vor mir.

Wieder bellte er einen Befehl und zwei seiner Handlanger standen am Rad, das den Haken kontrollierte. Plötzlich ertönte ein Rasseln und als ich jäh mit einem Brechreiz erregenden Ruck ein paar Zentimeter fiel, fand ich meine Stimme wieder und schrie mir die Seele aus dem Leib, während ich unter dem stetigen Rasseln dieser niederträchtigen Gerätschaft hinabgelassen wurde, bis ich mich auf Höhe der Falltür befand – und dann durch sie hindurch in den beißend kalten Wind und herumwirbelnden Nebel glitt. Ich war in vollem Bewusstsein, dass die feine Kette, die den Bolzen lösen könnte, über mir nachgelassen wurde und sich ihr Ende in der Hand dieses Unmenschen befand, der hämisch auf mich hinunter blickte. Das Herunterlassen stoppte mit einer Erschütterung und einem letzten Rasseln, und so hing ich, eingeschlossen in meinem Käfig, drei Meter unterhalb der Falltür und starrte hinab in die Ewigkeit.

Oder so schien es zumindest. In meinem persönlichen Schreckenskatalog kommen große Höhen an zweiter Stelle, direkt nach körperlicher Folter. Ich habe immer noch Albträume, in denen ich hinter de Gautet in die brodelnden Tiefen der Jotunschlucht stürze, in die Todesgrube von Ambohipotsey geschleudert werde oder splitternackt unter diesem verdammten Balkon in Lahore baumele. Nichts war jedoch vergleichbar mit dieser Angst, durch den wehenden Nebel in die endlose Tiefe unter mir zu starren. Die Steilwand war nun deutlich sichtbar, die zerklüfteten Gipfel, darunter die Talsohle, zu der mich dieser Bastard Yando, nur durch ein Zucken seiner Hand, hinabschleudern konnte. Runter und runter und runter, fallend, fallend, eine Ewigkeit lang fallend, durch eine halbe Meile eiskalten Nichts und dem durchdringenden Wind, der meine sterbenden Schreie ersticken würde, bis das Leben letztendlich in einem zerschmetternden blutigen Aufprall endete.

Ich wundere mich, dass ich nicht verrückt wurde, während ich darauf wartete, in die ewigen Jaggründe geschickt zu werden. Welche teuflische Grausamkeit lag diesem andauernden Horror zugrunde, und welcher unterirdische „Kerker" konnte weniger Hoffnung auf Entkommen oder ein grausigeres Grab bieten? Ich traute mich nicht einmal an den Fesseln zu zerren, da ich Angst hatte, auf diese Weise den Bolzen zu lockern. Also weinte ich kraftlos, während ich langsam hin und her schwang, als hilfloses menschliches Pendel … Oh, gütiger Gott, war es möglich, dass der schauerliche Moment der Entriegelung niemals eintraf und ich einfach dort hängen gelassen wurde, bis ich verhungerte, vor Kälte umkam oder letztendlich doch verrückt wurde?

Wissen Sie, was mich vor dem Wahnsinn bewahrt hat? Die quälende Kälte und das Beißen der stählernen Gitterstäbe mögen ihren Teil dazu beigetragen haben, aber ich glaube, es war die bloße Angst, die mich empfindungslos werden ließ und durch die ich in einen Zustand geriet, in dem Schmerz und Furcht und Leid und meine Hoffnungslosigkeit in eine Art Trance übergingen und damit an Bedeutung verloren. Oder vielleicht, wie der verflixte Dick Burton es sich erklärte, als ich ihm von meiner Qual berichtete, war ich einfach eingeschlafen. Das war es, was ich seiner Auffassung nach hätte tun sollen. Der verdammte Idiot hatte sowieso keine Vorstellungskraft.

Trance, Koma, Schlaf oder Delirium, was immer es auch war, es dauerte Stunden. Als ich wieder zu mir kam, gepeinigt von der Einschnürung durch meine Fesseln und den Stäben, die unaufhörlich in meine fast gelähmten Glieder bissen, hatte der Wind nachgelassen und es war weniger kalt; ansonsten wäre ich wohl tot gewesen. Die Klippen waren in Sonnenschein getaucht, erinnere ich mich, und dann muss ich wieder das Bewusstsein verloren haben, denn als ich zum zweiten Mal zu mir kam, war die Sonne verschwunden. Es muss früher Abend gewesen sein, auch wenn ich dafür zu diesem Zeitpunkt keinerlei Gespür hatte.

Nun, ich habe so gut ich kann beschrieben, wie es sich anfühlt über dem Abgrund der Welt zu hängen, spinnenartig, am Ende eines Fadens (mit dem Unterschied, dass sie hochkrabbeln kann, und man selbst nicht), aber letzten Endes hat man irgendwann auch die höllischste Qual überstanden – tot oder lebendig. Meine endete mit einem fernen Klirren, das mir nichts sagte. Ich hörte es, aber ich verstand es nicht oder was vor sich ging, als ich langsam nach oben durch die Falltür hindurchgezogen wurde und mich plötzlich wieder im „Kerker" befand.

Andere Dinge, an die ich mich erinnern kann: Den Knall, mit dem die Falltür zufiel. Wie der Stahlrahmen geöffnet wurde, und starke Hände mich auf einen weichen Untergrund ablegten. Meine wund gescheuerten Gliedmaßen, die mit warmem Öl eingerieben wurden. Das Stechen von Tej in Mund und Rachen; Stimmen in Amharisch … und dann, durch einen lampenbeschienenen Dunst, sah Uliba-Wark zu mir herab, das ansehnliche Gesicht von Sorge gezeichnet, die schönen Augen beunruhigt –

und das, ich kann Ihnen sagen, war ein angenehmer Anblick. Sie kniete neben der Matratze auf die ich gebettet war, immer noch in diesem abscheulichen „Kerker", aber mit sicher verschlossener Falltür. Hinter ihr stand ein großgewachsener, gutaussehender Kerl ungefähr meines Alters in prinzenartigem Aufzug, der nicht nur aus einem rotgefransten Shama und den Panzerhandschuhen eines Ritters bestand, sondern auch einem silbernen Krönchen in seinem geflochtenen Haar, mit kleinen Hörnern und Metallschweife, die auf seine Schultern hingen.

Ich muss noch immer ziemlich verwirrt gewesen sein, da ich mich nur noch daran erinnern kann, dass ich zugedeckt wurde und weiche schwere Lippen mir einen Kuss auf die Augenbrauen drückten. Dann fiel ich in einen tiefen Schlaf, ohne von Visionen über bodenlose Abgründe geplagt zu werden. Ein Vorteil der Feigheit ist, dass der Stolz, einer großen Gefahr entkommen zu sein, jegliche Angstreaktionen überwiegt; das kommt erst später, wenn man daran zurückdenkt, und das wird am besten mit großzügiger Aufnahme von Alkohol behandelt. Gute zwölf Stunden rührte ich mich nicht und beim Aufwachen fand ich mich noch immer in derselben Haltung wieder. Jedes Gelenk schmerzte höllisch. Mein Leib war mit Striemen vom Druck dieser verdammten Gitterstäbe überzogen, aber dennoch war ich bei vollem Verstand, quicklebendig und einsatzbereit für Uliba-Wark.

Sie erschien, als ich gerade darüber nachdachte, eine der beiden spärlich bekleideten Fräuleins, die meine müden Glieder massierten, liebevoll an mich zu drücken, oder vielleicht die Dritte, die die Überreste meines Frühstücks abräumte. Vermutlich war es gut, dass ich nicht weiter kam als darüber nachzudenken, als sie hereinstürmte und die Dienstmädchen mit bissiger Zunge fortscheuchte. Sie betrachtete mich aufmerksam, nahm mein Gesicht in ihre Hände und küsste mich, drückte es aber zurück, als ich zu freundlich wurde. Dann setzte sie sich ans Fußende meiner Matratze. Mein Frühstücks-Dienstmädchen hatte eine Flasche Tej zurückgelassen und Uliba füllte zwei Becher. „Hört zu", sagte sie, also tat ich, wie mir geheißen und wurde mit einer Geschichte belohnt, die den wildesten Fortsetzungsroman in den Schatten gestellt hätte – aber so wahr, wie die meisten wilden Geschichten, meiner Erfahrung nach, nun mal sind.

Wie ich mir schon gedacht hatte, war Malee (auf deren exzentrisches Verhalten ich in Kürze zu sprechen komme) die Verräterin innerhalb der Burgmauern. Sie schaffte es auf unerklärliche Weise mit Yando in Kontakt zu treten, der in unmittelbarer Nähe auf der Lauer gelegen hatte. In den frühen Morgenstunden öffnete sie ihm und seiner Bande Tür und Tor. Problemlos hatten sie die Besatzung aus Weibsstücken und Tattergreisen überrannt, und Yando, dessen Herangehensweise ich zugegebenermaßen beeindruckend fand, machte Uliba ein krasses Angebot: Stell dich Yando zur Verfügung, oder Flashy macht einen steilen Abgang.

„Die gottlose Schlampe Malee, diese falsche Schlange, sagte ihm, Ihr würdet mir viel bedeuten!“ Sie spuckte die Worte aus, als wären sie siedend heiß. „Oh, wenn ich sie zu fassen kriege, wird diese verlogene Metze um den Tod betteln! Was Yando betrifft …“ Ich wartete gespannt auf haarsträubende Details, da ich mich nun wohlbehalten und in Sicherheit wiederfand und ich annahm, dass sie um meinetwillen auf sein schreckliches Angebot eingegangen sein musste, diese mutige kleine Frau. Doch ihre Aussage war vage, und sie deutete darauf hin, dass es ihr gelungen war, Zeit zu schinden. Denn einige ihrer Leute, die nach Yandos Überfall geflohen waren, holten Hilfe bei einer ein paar Meilen entfernten Amba.

Der dortige Schlossherr war mal wieder einer ihrer Verehrer (von denen es einen schier unerschöpflichen Vorrat gab, muss ich hinzufügen), zur Abwechslung mal ein zivilisierter und vornehmer mit Namen Daoud. Er hatte keine Sekunde gezögert und eine Truppe Reiter zu Hilfe geschickt, die Yando gefangen nahm und den Großteil seiner Gefolgsleute niedermetzelte. Malee hatte sich schlauerweise rar gemacht, und Flashy wurde hochgezogen und wiederbelebt.

Ob Daoud und Co. rechtzeitig eingetroffen waren, um Uliba vor einem Schicksal zu bewahren, das die meisten mir bekannten Damen in jedem Fall einem Todesurteil vorgezogen hätten, darüber bin ich mir immer noch nicht ganz sicher, aber von ihrem Verhalten ausgehend, glaube ich, dass dem nicht so war und er seinen ganz speziellen Spaß mit ihr hatte.

Aber bewerten Sie das für sich selbst.

Ein anderes Rätsel, das sich mir immer noch nicht erschließt, ist Malee. Ihre Wut über Ulibas Behandlung von Sarafa kann ich nachvollziehen, auch ihre vorgegaukelte Reue und Versöhnung mit ihrer Herrin, während sie bereits den Verrat plante. Doch zwischendurch noch die Nacht mit dem Pensionsgast herumtollend zu verbringen, passte irgendwie nicht ins Bild. Ich bin so unzüchtig wie jeder andere Mann, aber es erscheint merkwürdig, und das tut es noch immer. Nicht für Uliba.

„Ich sagte Euch bereits, alles was mir gehört, will sie auch haben. Sie glaubte, Ihr wäret mein Liebhaber, das hat gereicht." Sie zuckte mit den Achseln. „Davon abgesehen braucht sie Männer wie Trunkenbolde den Tej. Aber sie ist auch nicht weiter wichtig, im Gegensatz zu Yando." Sie stand auf und schritt in der Kammer auf und ab, während ich ihr stolzes äthiopisches Profil betrachtete, mit seinen schweren Zöpfen und der eleganten Figur in dieser lächerlich knappen Tunika. Sie drehte sich um und warf mir einen ernsten Blick zu.

„Er weiß nun, wer Ihr seid. Ich war töricht, nicht zu bemerken, dass er mein Amba schon vor einer Woche ausspionierte, in der Hoffnung mich zu erwischen. Er sah mich vor drei Tagen, als ich mich auf den Weg zu Napier Effendis Lager machte. Dann hat er gesehen, wie wir zusammen das Lager verließen, und er wusste, dass Ihr ein britischer Soldat seid – was sonst hättet Ihr sein können?" Vor lauter Selbstvorwürfen knirschte sie mit den Zähnen. „Und ich habe den Ruf, gerissen zu sein! Ich, die Frau, die für ihre exzellente Führung bekannt ist, vergaß für einen Moment, dass keine Spione gefährlicher sind, wie die Spione aus Habesh!"

„Na und? Ob ich Brite bin oder nicht, ist ihm doch völlig egal! Er hat uns verfolgt, um Euch zu erwischen, nicht mich. Und wie gewitzt er und seine Spione auch sein mögen, er kann nicht den Hauch einer Ahnung haben, warum ich hier bin, weil Malee ihm gesagt hat, ich sei Euer Liebhaber! Nun, da habt Ihr's doch! Warum sollte er also vermuten, dass ich ein Gesandter auf dem Weg nach Süden bin, um zu …“

„Was er vielleicht vermutet, hat nichts zu sagen!“, rief sie. „Was zählt ist, dass er vor drei Tagen wusste, dass Ihr Brite seid, und auch seine Männer, und zwei von ihnen sind uns entkommen! Also, wie lang denkt Ihr, wird es dauern, bis die Nachricht Theodor erreicht, der ein Auge hinter jedem Fenster und ein Ohr an jeder Tür hat?“ Sie kniete an meiner Matratze, Unrast in Gesicht und Stimme.

„Was wird Theodor dann wohl sagen? Er wird sagen, ‚Hier ist eine britische Armee gegen mich auf dem Vormarsch. Da ist ein britischer Offizier, der nachts mit Uliba-Wark reitet, der Schwester von Masteeat der Königin der Wollo Gallas. Was kann das bedeuten? Kann es sein, dass der englische General einen Gesandten schickt, um meine Feinde für den Kampf gegen mich anzuwerben?‘“ Ungeduldig brach sie ab. „Ein Kind könnte sich das zusammenreimen, und Theodor ist kein Kind!“

Mein erster Gedanke war, damit ist meine Mission, Gott sei Dank, vorbei. Mein zweiter war, dass Napier dies wohl nicht so sehen würde. Er würde meinen plötzlichen Ausstieg nicht dulden; Galla war zu wichtig, wie hoch auch immer das Risiko sein möge, und aufzugeben kam auch Uliba nicht für den Bruchteil einer Sekunde in den Sinn.

„Von nun an wird unsere Reise also doppelt so gefährlich“, sagte sie. „Theodor wird uns seine Späher auf den Hals hetzen, von Gondar bis zum Ashangisee. So Gott will, werden sie nach einem Engländer Ausschau halten und nicht nach einem indischen Pferdehändler.“

„Aber sie werden auch nach Euch suchen …“

„Was der Grund dafür ist, dass ich Euch genug Amharisch beibringen muss, damit Ihr Euch als unser Einkäufer ausgeben und Passanten einen guten Tag wünschen könnt.“ Sie musterte mich von Kopf bis Fuß. „Seid ihr bereits kräftig genug, um morgen vor Tageseinbruch anzufangen?“

„Ich bin kräftig genug für mehr als das", antwortete ich, schnappte ihren Arm, bevor sie aufstehen konnte und zog sie neben mich auf die Matratze. Sie wehrte sich nicht, als ich sie an mich presste und ihr einen Kuss aufdrückte. Ihre Lippen blieben für einen zögernden Moment verschlossen, um sich plötzlich gierig zu öffnen, während sie meinen Kopf in festem Griff nahm. Lasst eine Fanfare erklingen, Trompeter, dachte ich mir, und grub meine Hände in ihren Hintern. Ich war gerade im Begriff, einen weiteren Satz zu spielen, doch sie stieß mich zurück.

„Wartet!", sagte sie. „Zuerst gibt es noch etwas anderes – etwas, das Ihr sehen müsst!"

Sie ging zu der Treppen-Leiter und rief etwas hinab. Eine weibliche Stimme antwortete und kurz darauf eine männliche. Sie gab einen schroffen Befehl, und sogleich ertönte unten streitlustiges Gezeter, das Geräusch, wie jemand die Treppen hochstieg, und dann erschien auch schon der prinzenhafte Kerl, unser überpünktlicher Erretter Daoud, gefolgt von ein paar strammen Burschen, die, zu meiner Begeisterung, einen äußert verärgerten Yando hinter sich her schleiften.

Als er sie erblickte, ließ er eine wütende Tirade auf Uliba ab, worauf ihm einer seiner Wächter einen kräftigen Schlag auf den Mund versetzte. Sie hielten ihn gut fest, als zwei weitere Helfer auftauchten und, nach Daouds Anweisungen, den höllische Käfig wieder zum Vorschein brachten, in dem ich meine Frischluftkur verbracht hatte und der taktvoll versteckt worden war, nachdem ich ihn verlassen hatte.

Bei seinem Anblick quietschte Yando wie eine Dampfpfeife. Seine blutunterlaufenen Augen traten vor und sein Affengesicht verzog sich panisch. Selten hatte ich eine befriedigendere Erwartung. Wie Sie wissen, bin ich ein grausamer Bastard, und wenn ich mich etwas erfreut, dann, wenn einem anderen grausamen Bastard der Marsch geblasen wird. In diesem Fall war es auch noch so verdammt poetisch gerecht. Meine Blicke wanderten zu Uliba, wie sie hämisch da stand, die Hände in die Seiten gestützt, und ich bedauerte lediglich, dass ich die Pöbeleien nicht verstehen konnte, mit denen sie Yando bedachte, als sie ihn einschlossen.

Sie hatten eine Höllenarbeit, weil er stark war wie ein Bulle, und aus einem Grund, den ich erst später verstehen sollte, banden sie ihm nicht die Hände. Alle vier Wächter mussten ihn zuerst halb bewusstlos schlagen, bevor sie ihn einschließen konnten und der Bolzen an seinem Platz saß. Dann hingen sie den Käfig an den Haken, rissen die Falltür auf, und wir positionierten uns ringsum, um seine Gnadenschreie in vollen Zügen zu genießen – sie klangen genauso wie meine eigenen. Entsprechend Ulibas Anweisungen wurde er mit dem Gesicht nach oben eingeschlossen, damit wir uns an seinen unterhaltsamen Gesichtsausdrücken erfreuen konnten, als er langsam in die Leere hinab gelassen wurde. Die Männer an der Seilwinde stoppen kurz nachdem er sich einen knappen Meter unterhalb der Fußbodenebene befand. Nicht annähernd so weit unten wie ich zuvor, aber so war es bequem für uns Zuschauer.

Die lange Kette, die den Bolzen sicherte, lag aufgerollt auf dem Boden. Uliba hob sie auf, präsentierte sie Yando und lächelte auf ihn hinab. Sie ruckte leicht, nur um den Bolzen ein wenig zu bewegen, und sprach in einer Weise zu ihm, die nach einer Frage klang. Eine Frage, bei der Daoud und seine Gefolgschaft die Ohren anlegten. Daoud selbst zeigte den Anflug eines Lächelns und ich hatte das Gefühl, dass er den Vollzug an dem Delinquenten als nicht wirklich relevant betrachtete (wie Elspeth sagen würde). Er sagte etwas zu ihr, worauf sie mit den Achseln zuckte und eine flapsige Antwort gab, worauf sich Daoud, nachdem er mich lange angeschaut hatte, verbeugte und wegtrat, gefolgt von seinen missmutig dreinblickenden Schergen; sie alle hatten sich darauf gefreut, Yandos Abflug beizuwohnen.

Uliba hatte keine Eile, ihn aus seiner misslichen Lage zu erlösen. Sie stand am Rande der Falltür und verspottete ihn, heiser vor Begeisterung, während sein Flehen und Bitten wie Echos widerhallten und er sich so in dem Käfig wand, dass er hin und her baumelte wie ein Korken an einer Schnur. Ein unterhaltsamer Anblick, aber ich war mehr daran interessiert, ihr Gesicht zu begutachten. Sie lachte lauthals vor Freude, als sie mit der Kette herumspielte. Sie zog den Bolzen so langsam wie möglich aus seiner Verankerung, um ihn letztendlich mit einer plötzlichen ruckartigen Bewegung herauszureißen.

Der Käfig öffnete sich und spie Yando ins Freie – und nun verstand ich auch, dass seine Hände nicht zu fesseln, eine exquisite Verfeinerung von Grausamkeit war, da er sich noch während des Fallens an der Kante des Käfigs festkrallen konnte. Da war er nun, und hing an seinem lieben Leben, als er über dem nebligen Abgrund baumelte und sich die Seele aus dem Leib kreischte.

Uliba jubelte vor Begeisterung, klatschte in die Hände und freute sich diebisch über die Qualen des Wüstlings, und dann versüßte sie auch noch seine letzten Atemzüge mit einer Geste, die zweifelsohne weder Ranavalona, die Kaiserin Tsu-hsi oder meine kleine Apachin Sonsee-array fertig gebracht hätten –, und auch sie wussten, wie sie ihre männlichen Opfer provozieren konnten. Sie beugte sich nach vorne, starrte höhnisch in sein gepeinigtes Gesicht, und mit Bedacht löste sie die Riemen ihrer Ledertunika, ließ sie fallen, und präsentierte sich somit nackt bis auf einen Lendenschurz. Sie spitzte die Lippen, als wolle sie ihn küssen und befahl mir, die Klappe der Falltür zu schließen.

„Ganz langsam, damit er Zeit zum Nachdenken hat", murmelte sie. Also tat ich wie mir geheißen und ließ die Klappe langsam hinab; durch das heruntergelassene Seil ließ sie sich nicht vollständig schließen, aber genug, um uns von dem schrecklichen Anblick und den Geräuschen dieses heulenden Halunken abzuschotten, der sich in Schrecken festklammerte, bis Schmerz und Kälte seinen Griff lösen würden. Uliba drehte sich zu mir, ihr Mund zitterte wie in einem Anfall von Schüttelfrost, und da war ein Glanz in ihren Augen, den eine weibliche Romanautorin definitiv als unzüchtig beschrieben hätte. Sie warf ihre Arme um meinen Hals, zog mein Gesicht zu ihrem, und hauchte, was ich nur als geschmacklose Vorschläge erahnen konnte, da das arme Ding vor lauter Aufregung in Amharisch sprach. Man muss das Eisen schmieden so lange es heiß ist, dachte ich mir, und hob sie hoch, befreite mich gekonnt von meinen Beinkleidern, während ich das reizende bebende Fleisch fest in der anderen Hand hielt, platzierte sie fest auf meinem Schoß und machte sie zur glücklichsten Frau, als wir in der Matratze versanken.

Man kann nie sagen, wie ich herausgefunden habe, was unterschiedliche Frauen als stimulierende Begleitung während des Galopps bevorzugen. Ich denke dabei an die verehrte Lola mit ihrer Haarbürste, Jeendan und ihre Rohrstöcke, Mandeville mit Stiefeln und Sporen, Cleonie, die gerne französische Wiegenlieder summte, und mein eigenes liebes Eheweib, das gerne unaufhörlich tratschte, bis zum letzten glückseligen Augenblick und darüber hinaus. Jede nach ihrem Geschmack und Gott beschütze sie, sage ich. Aber es so zu treiben, wie eine Simla-Witwe, während ein früherer Verehrer nur wenige Zentimeter unterhalb des Bettes um sein Leben kämpft, ist nicht die feine englische Art. Nicht, dass es mich gekümmert hätte; Flashy in Ekstase verschwendet keinen Gedanken an wackelige Throne oder zerfallende Königreiche, geschweige denn garstige Rivalen, die ihre wohlverdiente Abreibung kassieren.

Apropos, als unser Rausch abgeklungen war und wir uns vollständig erholt hatten, öffneten wir die Klappe der Falltür wieder, um nachzusehen. Yando war verschwunden.

Kapitel 7

Wenn Sie einen Blick auf die Karte werfen, können Sie sehen, wie sich unsere Route von Ad Abaga südwestlich zum Tanasee erstreckte. Während der meisten Zeit ein leichter Ritt, während sich hinter den Bergen ostwärts Napiers Armee ihren Weg durch das unzugängliche Hochland mit seinen riesigen Gipfeln und tiefen Schluchten erkämpfte. Reiter, Fußsoldaten, Waffen, Maultiere und Elefanten. Um jede Meile wurden sie leichter und hungriger, da sie Ausrüstung, Kleidung und Nachhuten zurückließen. Unaufhörlich und verzweifelt drängten sie voran, in dem Rennen nach Magdala, hoffnungslos hinterher hinkend, während weiter im Süden Theodors schwindende Armee und zusammengewürfelter Pöbel von Gefangenen der Hauptstadt von Debra Tabor immer näher kamen. Sie hatten zwar weniger Meilen zu überwinden, doch wurden sie durch die großkalibrige Artillerie behindert, die sie mit sich schleppten. Auch der mächtige Mörser *Sevastopol* war darunter.

Ich weiß nicht, welcher von ihnen – der britische General oder der verrückte Monarch – die besseren Noten für Führungskraft und Entschlossenheit verdient hatte, um eine Armee durch das höllischste Gelände zu manövrieren. Man könnte sie auch als gleichwertig bezeichnen und würde nicht wirklich falsch damit liegen. Sie erreichten ihre Ziele trotz jeglicher Argumente, die dagegensprachen, und Hannibal und Marlborough hätten es nicht besser gekonnt.

Mein unmittelbares Anliegen war es, den zusammentreffenden Streitkräften um Magdala aus dem Weg zu gehen und Königin Masteeat trotzdem zu erreichen. „Wir müssen sehr weit westwärts reiten, um Gobayzys Späher zu umgehen“, sagte Uliba-Wark. „Sie werden sich entlang des Takazyflusses aufhalten, von Micara und weiter südlich bis zur Kerissa-Gabelung. Daher sollten wir den Weg in Richtung Idaga einschlagen und dann südlich den Fluss überqueren, hinter Sokar und Gondar zum See hin." Sie zog ihren schmalen Finger durch den Sand, auf dem sie zuvor eine grobe Karte aus Grashalmen und Kieselsteinen nachgebildet hatte. „Es ist ein langer Umweg, aber es gibt keine sicherere Route."

„Diese ist sicher, ja?", sagte ich, und sie lachte.

„Was ist schon sicher in Habesh? Wer weiß, welche Banditen sich abseits von Lasta rumtreiben und plündern? Rebellen, Vogelfreie, Briganten, Sklaventreiber – vielleicht sogar die Hauptkräfte von Menelek und Gobayzy, obwohl ich glaube, dass die sich weiter im Süden befinden, in Begemder, wo sie Theodor beobachten und abwarten. Irgendwo dort sollten wir auch Masteeat finden, aber nur wenn wir es bis zum See schaffen, können wir uns sicher sein. Erstmal reiten wir vorsichtig auf geheimen Pfaden und besuchen Dörfer und Ambas nur, wenn es nicht anders geht." Sie wischte durch den Sand, machte ihre Karte damit obsolet und lächelte behaglich. Als sie ihre Finger sauber abklopfte, setzte sich näher an mich heran und rieb ihre Wange gegen meine. „Es wird lange dauern, aber wir haben Zeit ... und wir wissen, wie wir das Beste daraus machen, oder nicht?"

Da sie am Tag zuvor die erste Flashy-Kostprobe erhalten hatte, war sie immer noch in Flitterwochenstimmung, also amüsierten wir uns umgehend an Ort und Stelle am Flussufer, am Rande des Waldgebiets, welches sie mir vom Turm aus gezeigt hatte. In den kalten frühen Morgenstunden waren wir von der Zitadelle aufgebrochen, so wie sie es geplant hatte, und sie wählte zielsicher ihren Weg Richtung Talsohle und entlang des Flusses, um den Schutz der Bäume zu nutzen. Irgendwo unterwegs mussten wir an den schäbigen Überresten von Yando vorbeigekommen sein, die wohl über alle Felsen verstreut waren, aber wir hielten nicht an, um ihm unseren Tribut zu zollen. Noch vor Tagesanbruch waren wir behaglich in unserem Versteck, nahmen unser Frühstück ein und eine Flasche Tej, dachten über unsere Route nach und erfreuten uns an den zuvor erwähnten Harem-Gymnastikübungen, in deren Verlauf wir das Ufer hinunterrollten und im Wasser landeten. Nicht, dass Uliba etwas davon bemerkt hätte, das liebe bezaubernde Mädchen, da sie im flachen Gewässer herum zappelte wie eine Forelle an Land.

Ein fröhlicher Auftakt zu unserer Reise, und ein wohlbedachter, wie ich finde. Wo der alte Duke* schon immer gesagt hat, dass man niemals die Möglichkeit verpassen sollte, davonzulaufen oder zu schlafen, sage ich, dass man niemals die Möglichkeit einer kleinen Liebelei verpassen sollte, vor allem dann nicht, wenn man drauf und dran ist, sich in tödliche Gefahren zu stürzen. Es könnte dein letztes Mal sein, und niemand möchte als Opfer vergeblichen Bedauerns das Zeitliche segnen. Außerdem hebt es die Stimmung und ich war in bester Verfassung, als wir an diesem Morgen weiterzogen. Die Landschaft war so schön und frisch wie der englische Frühling. Der Weg führte uns an bewaldeten Tälern entlang, wo klare Bäche unter den Ahornbäumen sprudelten und wilde Blumen an den Ufern sprossen. Am Nachmittag ging es weiter durch Felder sich wiegenden Grases, das so hoch gewachsen war, wie die Köpfe unserer Pferde. Am Abend stiegen wir einen steinigen Wüstenhang empor, hin zu Bergen in den aberwitzigsten Formen und zu verbogenen Gipfeln und hässlichen Klippen, die nachts bedrohlich näher rückten. Das ist Habesh, Elysium gefolgt vom finsteren Tal, und die Wildheit seiner Einwohner macht's auch nicht angenehmer.

Ich habe auf dem Weg von Zoola nach Attegrat die verheerenden Schäden durch Krieg und Raubzüge gesehen, und auf was wir auf unserem Ritt in den Westen nach Idaga stießen, stand dem in Nichts nach: gelegentlich ein niedergebranntes Dorf und eine verlassene Farm, Tierkadaver in den verwahrlosten Feldern, die entfernten Rauchschwaden, die auf die erfolgreiche Arbeit von Plünderern hindeuteten, Bauern, die hartnäckig ihrem Geschäft nachzugehen versuchten, und lieber auf Distanz blieben. Auf den Ambas und Hochland-Gemeinden waren bewaffnete Wachen stationiert und es gab einen Begleitschutz für die Wasserträger, die ihre Fracht von den Brunnen hinaufschleppten.

---

* Duke: Gemeint ist Arthur Wellesley, 1. Duke of Wellington, Militärführer, besiegte Napoleon bei Waterloo und wurde später Premierminister.

Wir gingen ihnen zunächst aus dem Weg, da man Uliba auch in den ländlichen Gegenden gut kannte und auch in den näheren Dörfern Adowa und Axum im Norden. Wir wollten nicht riskieren, dass sie aufflog, also wurde Khasim Tamwar der Auftrag zugeteilt, unterwegs Nahrung und Getränke zu beschaffen. Dadurch war er gezwungen, genug einfaches Amharisch zu lernen, um woha (Wasser), halib (Milch), engard (Brot) und quantah (Trockenfleisch) zu kaufen, während er sein charmantestes Hyderabad-Lächeln aufsetzte und die kleinen Salzstangen vorzeigte, die dem örtlichen kleinen Wechselgeld entsprachen und die einzig Währung im Land war, abgesehen von den Maria Theresias – bekannt als gourshi, eine war fünf Salzstangen wert. Ich habe eine Gabe für Sprachen, wie Sie wissen, und konnte in Windeseile oberflächliche Gespräche in Amharisch führen.[30] Heute ist davon nichts mehr übrig, aber ich muss offenbar halbwegs fließend zu sprechen gelernt haben, denn am Ende meiner abessinischen Odyssee unterhielt ich mich mit Abs, die keinerlei Arabisch verstanden. Schon in der ersten Woche wurde ich mit Ulibas Nachhilfe genötigt zu feilschen. Bei einer Farm bekam ich zwei Perlhühner und Klumpen undefinierbaren Fleisches für zwei ‚Salzige', was sie als deutlich unterhalb des Kurses ansah.

Sie blieb mit den Tieren außer Sichtweite, wann immer ich Einkäufe tätigte, und da mein fremdartiger Aufzug und mein exzentrisches Vokabular scheinbar kein großes Aufsehen erregten – oder gar Verdacht –, fing ich an zu glauben, dass ihre Angst, Yandos Schergen verbreiteten die Nachricht über unseren Vormarsch, unbegründet war. Sie schüttelte den Kopf und sagte, dass es hinter dem Takazyfluss anders sein würde. „Theodor wird erst weiter unten auf der Lauer liegen, da könnt Ihr Euch sicher sein. In diesen Gefilden kümmern sich die Leute nicht um ihn und seine Taktiken, und sie sind Ausländer gewöhnt, die noch absonderlicher sind als indische Pferdehändler."

Sie erzählte mir, dass nur wenige Jahre zuvor ein neapolitanischer Wahnsinniger namens de Bisson in diese Gegend eingefallen war, in der Zuversicht, ein Königreich zu gründen. Er verfügte über einen Söldnerhaufen, uniformiert, mit Orden behangen, bis an die Zähne bewaffnet und seine wunderschöne Ehefrau in vollem Ornat eines Zouave-Kavalleristen. Rote Reithosen, Käppi und alles, aber die einheimischen Stämme erteilten ihnen eine Lektion, und er und seine Bande konnten sich glücklich schätzen, es lebend wieder hinausgeschafft zu haben. Darauf versuchte er die ägyptische Regierung zu verklagen, da sie ihn nicht unterstützt hatte, aber ohne Erfolg. Angewidert zog er an die Riviera und ging in Rente.

„Nach so einem Geschehnis, wer würde da nur einen Gedanken an einen einzelnen Reisenden aus Hindustan verschwenden?", fragte Uliba. „Was auch immer später über uns hereinbricht, im Moment ist alles gut, also lasst uns dankbar sein und unsere Weiterreise angenehm gestalten."

Und das taten wir, aber wenn der Ritt zum Takazy problemlos vonstatten ging, so war es einzig ihrer Weidmannskunst geschuldet; sie war ein noch besser Jancada als Speedy gesagt hatte, mit dieser merkwürdigen Gabe eines Halbwilden (wie Bridger und Carson), die Aura eines lebendigen Wesens zu spüren, lange bevor man es sieht oder hört. Ein ums andere Mal zog sie mich in Deckung von Felsen oder Unterholz, wo wir darauf warteten, dass einige Minuten später ein Zug Kamele oder eine Gruppe Bauern vorbeikam. Und einmal rette sie sogar unsere Hintern, als sie eine Bande sich nähernder Sklavenhändler entdeckte, bewaffnet und beritten, die einen jämmerlichen Sklavenzug von Frauen und kleinen Jungs vor sich hertrieben.

Während wir in unserem Versteck lagen und sie beobachteten, brach einer der Jungs zusammen, und als Peitschenhiebe ihn nicht wiederbelebten, ritt die Bande gute 30 Meter weiter. Zwei von ihnen alberten herum und stachelten sich gegenseitig an. Dann setzten sie sich verkehrt auf ihre Sättel und benutzen die sich kaum noch rührende Gestalt als Zielübung. Sie schleuderten ihre Lanzen – sie trafen ihn noch auf diese Distanz. Sie zogen ihre Lanzen aus dem sterbenden Körper des Jungen, ließen Jubelschreie erschallen und folgten ihren Kameraden in fliegendem Galopp. Ich war gleichermaßen von ihrer Treffsicherheit wie auch ihrer Herzlosigkeit geschockt, aber Uliba merkte nur an, dass ein Galla-Krieger jedes Objekt auf 50 Meter Entfernung treffe. Mit einem Speer, einem Messer oder sogar einem zufällig herumliegenden Stein.

„Diese Bastarde waren Gallas?“, rief ich fassungslos. „Aber das sind doch Eure Leute, oder nicht? Sie wissen doch vielleicht, wo sich Masteeat aufhält! Warum habt Ihr nicht …“

„… ihnen einen guten Tag gewünscht? Ich habe kurz darüber nachgedacht“, entgegnete sie, „als ich ihren Anführer erkannt habe – einer von denen, die den Jungen speerten. Er ist mein Cousin. Aber er ist ein Ambo Galla, ein Untertan Königin Warkites, und obwohl er und manche meiner Verwandten mich oder Masteeat als königliches Oberhaupt von Galla bevorzugen würden – da wirklich niemand Warkite liebt, die verbitterte alte Kuh –, ist er immer noch ein Sklavenhändler, und er würde einen guten Preis für mich erzielen in El Khartoum … und noch mehr“, fügte sie selbstgefällig hinzu, „in Jibout oder Sansibar; die Käufer in den Küstenregionen haben ein feineres Urteilsvermögen als die Sudanesen.“

„Ach du heiliger Bimbam! Ihr meint, er würde Euch verkaufen – seine eigene Verwandte? Und die Frau eines Häuptlings?“

„Er würde seine eigene Mutter verkaufen … und das hat er wahrscheinlich sogar. Auch wenn ich Teil seiner Sippe bin und halb-königlich, habe ich trotzdem die Geschmacklosigkeit besessen, einen Christen zu heiraten. Nein, er hätte mich ganz sicherlich verkauft – und Euch. Ein weißer Eunuch wäre wohl gewiss etwas Neues in Arabien.“

Ich fiel beinahe vorn über. „Ein weißer … Ich bin kein verdammter Eunuch!“

„Aber er hätte Euch zu einem gemacht, wenn sie uns entdeckt hätten. Habt Ihr nicht die Kugeln bemerkt, die ihre Lanzen verzieren? Das waren die Genitalien von Gefangenen und Gegnern.“

Ein entmutigender Leckerbissen an Information. Wenn ich nur die leiseste Chance gesehen hätte, mich in Sicherheit zu bringen, oder überhaupt gewusst hätte, wo, zur Hölle, ich eigentlich war, ich wäre womöglich auf der Stelle umgekehrt. Napier hin oder her. Aber da ich mich so völlig verrechnet hatte, blieb mir nichts anderes übrig, als ihr zu folgen, auf das Glück zu vertrauen und mir selbst gut zuzureden, dass es weitaus unangenehmere Reisebegleiter gäbe als eine langbeinige Wilde, die mir leidenschaftlich verfallen war. Das ist die beste Art von Erinnerung, wenn Angst und Schrecken keine Rolle mehr spielen und ich zurückblicke und sie immer noch vor mir sehe, wie sie sich am Bach zurücklehnt, ihre Zehen badet, während sie die schlanken Glieder mit ihrem kosmetischen Öl einreibt, bis sie wie Bronze im Feuerschein glänzen. Oder wie sie leise vor sich hin summt, während sie ihre Zöpfe flechtet, sich auf den Rücken legt, mit dem Kopf auf ihrem kleinen hölzernen Kissen und lächelnd eine Hand nach mir ausstreckt.

Auch wenn diese erste Woche durchaus ihre idyllischen Momente hatte, sie fanden ein jähes Ende, als wir den Takazy überquerten und Richtung Süden in eine neue furchterregende Welt ritten. Ich habe mehr vom Krieg verwüstete Gebiete gesehen als ich zugeben möchte. Von der geschleiften Ruine des Sommerpalastes und den von Leichen überquellenden Gewässern des Sutlej bis zum fauligen Schlamm der Krim und der verkohlten Furche von Atlanta bis zum Meer, die Sherman brandschatzend hinterlassen hatte. Was aber nun vor uns lag, spottete jeglicher Beschreibung. Sogar der Krieg der Taipings, der blutigste in der Geschichte der Menschheit, der den chinesischen Boden mit Millionen Toten gepflastert hatte, war nicht furchteinflößender als die Beinhäuser, die Theodor in Lasta und Gondar und Begemder errichtet hatte.

Von dem Fluss bis zum Tanasee sind es gut 120 Meilen, und ich bezweifele, dass wir auf dieser Distanz mehr als 20 Lebewesen gesehen haben, abgesehen von Aasfressern, Hyänen, Skorpionen und weißen Ameisen. Oder ein unversehrt gebliebenes, noch intaktes Gebäude, mit Ausnahme von den Flachdachhäusern der etwas Wohlhabenderen. Von den einfachen, runden, strohbedeckten Häusern des Gros der Bevölkerung gab es keine mehr. Jedes Dorf und jede Farm war zu einer kalten verkohlten Ruine auf einem gewaltigen Friedhof geworden, wo die Skelette von Mensch und Tier herumlagen wie ein großer Trümmerhaufen. Die Felder und das flache Land waren völlig leergefegt von Menschen und ihrem Vieh; in den bewaldeten Tälern des Hochlands schienen selbst die Vögel verschwunden zu sein, und so ritten wir in gespenstischer Stille. Ich wage zu behaupten, dass es noch Menschen in Micara und Sokar gab, kleine Dörfer, die wir weiträumig umgingen, genauso wie die wenigen Ambas und Lehmforts, die noch bewohnt zu sein schienen. Ich konnte es nicht begreifen. Dies war ein dicht besiedeltes, blühendes Land gewesen. Wo, zum Teufel, waren alle hin?

„Die Meisten sind tot“, sagte Uliba. „Hier war Rebellengebiet, erinnert Ihr Euch, und es ist nicht Theodors Art, jemanden zu verschonen, der sich ihm widersetzt. Sei es Mann, Frau oder Kind. Wenn wir keine von Gobayzys Truppen gesehen haben, kann das nur bedeuten, dass sie weiter nach Süden gezogen sind, um Theodor zu folgen – und zweifellos sind die Banditen auch abgezogen. Was gibt's in Lasta schon noch zu holen?“ Wir hatten unsere Pferde an den Rand eines weiteren zerstörten Dorfes gelenkt, neben einer kleinen ummauerten Anlage, die mit einem beachtlichen Stapel an Gebeinen gefüllt war, viele von ihnen Kinder. Ich bin nicht überempfindlich, wie Sie wissen, aber beim Gedanken daran, wie sie wohl dort gelandet waren, drehte sich mir der Magen um. Uliba betrachtete sie regungslos.

„Dadurch gewinnt Theodor die Zuneigung seiner Untertanen. Ihr seht nun, warum Habesh wegen Eurer britischen Invasion jubiliert; ob sie nun Eure Gefangenen wieder zu Tage fördert oder nicht, Theodor geht auf jeden Fall daran zugrunde.“

Darauf ein Amen, dachte ich. Bis zu diesem Moment hatte ich kaum einen Gedanken an dieses Monster von Kaiser verschwendet und die Abscheulichkeiten, die er seinen Leuten angetan hatte. Man hört Leute wie Napier und Speedy darüber reden, aber es hat keinerlei Bedeutung – und dann siehst du es mit eigenen Augen und bist nicht in der Lage, solche Bösartigkeit zu begreifen. Zumindest bis du nach Gondar kommst, wo du anfängst, über die Hölle auf Erden nachzudenken.

Gondar lag ungefähr 100 Meilen unterhalb des Takazys und war einst die Hauptstadt Abessiniens. Eine Metropole mit 44 Kirchen und einem imposanten königlichen Palast, der auf einem Berg erbaut worden war, von dem man eine atemberaubende Aussicht auf den Tanasee, 40 Meilen entfernt, hatte. Über Generationen wurde er von reichen muslimischen Kaufleuten bewohnt und einer verehrten Priesterschaft, ein Magnet für Händler aus Ägypten und dem Sudan und den südlichen Seen. Eine friedliche Stadt, florierend und reich – was ihr zum Verderben wurde. Theodor verhängte exorbitante Steuern, Schutzgeld sozusagen, und so kam, was kommen musste. Die Stadtväter begannen mit den Rebellen zu sympathisieren, die vor der Vergeltung des Kaisers auf der Flucht waren und boten ihnen Unterschlupf.

Das hatte mir Uliba erzählt, als wir am fünften Tag nach Überquerung des Flusses auf die Stadt zu ritten. Ich fragte mich, ob es wohl sicher wäre, sich so nah an einen geschäftigen Ortskern heranzutrauen, und sie lachte mit einem bitteren Unterton.

„Hinter dem Bergkamm können wir das große Gondar sehen“, sagte sie, „und Ihr könnt Euch selbst ein Bild davon machen, wie umtriebig seine Bewohner sind.“

Wir überstiegen den Kamm, und tatsächlich sah man eine ferne Anhöhe, die von allerlei Gebäuden gekrönt war. Manche von ihnen schienen aus Lehm und Stein zu sein, soweit ich das aus dieser Entfernung beurteilen konnte. Die tieferen Hanglagen jedoch waren von abgebrannten Ruinen übersät. Tausende Strohhütten, die einst den einfachen Leuten gehörten. Es lag ein seltsamer Geruch in der Luft, nicht die Fäulnis der Korruption, sondern viel mehr die Nachwirkungen des Verfalls, moderig und abgestanden. Auf dem Hügel gab es kein erkennbares Anzeichen von Leben, auch nicht auf dem flachen Land darunter, welches völlig leer war, bis auf Reihen von senkrechten Objekten, die ich zuerst für kahle Bäume hielt, bis wir zu ihnen hinunter ritten und ich erkannte, dass es große Kreuze waren. Hunderte bis zum Rand der Stadt, und am Fuß jeden Kreuzes befand sich ein kleiner Haufen gebleichter Knochen oder verdrehte schwarze Gestalten, die einst menschlich gewesen waren und von einer Laune der Natur konserviert wurden, wie vertrocknete Mumien.

Ich konnte nur dasitzen und ungläubig starren, wohl wissend, dass Uliba mich mit einem Ausdruck von amüsierter Neugier beobachtete, während sie es sich in ihrem Sattel bequem machte, einen Fuß über dem Zaumzeug. Ich wage zu behaupten, dass ich durchaus einen unterhaltsamen Anblick geboten haben muss. Offenstehender Mund und blankes Entsetzen. Ich stellte mir so sinnlose Fragen, wie, welche Art von Kreatur war zu so etwas imstande, und wann und vor allem warum, in Gottes Namen?

Verstehen Sie mich nicht falsch. Wie ich schon sagte, war ich abgehärtet gegen Massentötungen und barbarische Grausamkeit: Wenn du die Haufen von Taiping-Toten gesehen hast oder die grausige Hinterlassenschaft eines Apachen-Raubzugs, dann musst du nicht mehr würgen oder wirst ohnmächtig. Man kann durchaus von Sprachlosigkeit befallen werden, beim Anblick eines Massakers, das mit präziser Sorgfalt erdacht, geplant und ausgeführt wurde – kein wildes hitziges Gemetzel, sondern eine geplante methodische Operation, mit Hunderten Holzbalken, zurecht gesägt, zusammengetragen und zu Kreuzen gezimmert. Hunderte Opfer, verdammt und festgenagelt oder gebunden, Hunderte Kruzifixe, aufgerichtet und vollgenagelt von Hunderten Scharfrichtern, Hunderte schreiende gefolterte Stimmen –, und wer auch immer den Befehl dazu gegeben hatte, muss zustimmend genickt und lobend dazu gesagt haben: „Gut gemacht, Männer, ihr habt ein ordentliches Tagwerk vollbracht", während er dem grausigen Anblick und den Geräuschen den Rücken kehrte und davon ritt, um zu sehen, was der Koch für die Abendmahlzeit vorbereitet hatte.

Oder vielleicht hat er auch einfach den Befehl gegeben, die Bevölkerung zu kreuzigen und war meilenweit entfernt, als seine Truppen zur Tat schritten.

„Oh, nein", sagte Uliba. „Ihr könnt davon ausgehen, dass Theodor höchstpersönlich anwesend war. Er hat jedes Kreuz inspiziert und jeden aufgehängten Körper; er hat mitunter sogar ein paar Nägel selber eingeschlagen. Das ist seine Art, wenn der Teufel von ihm Besitz ergriffen hat."

„Dann ist er wahnsinnig. Absolut und ohne jeden Zweifel geisteskrank!" Ich dachte an andere charmante Monarchen, deren Bekanntschaft ich gemacht hatte, wie Ranavalona mit ihren Todesgruben, und diesen edlen Wilden Gezo aus Dahomey, wie er auf seinem Thron herumsprang und freudig geiferte, als seine Amazonen seine Opfer mit Hackebeilen aufschlitzten. Theodor war – gelinde gesagt – vom gleichen Schlag. Es reicht, um dich zu einem Republikaner zu machen.

Uliba zuckte mit den Schultern. „Verrückt, vielleicht. Oder eher abessinisch. Oh, Ihr seht uns als diese erbitterten kriegerischen Menschen, die den Kampf lieben – und das sind wir, und Ihr versteht und bewundert das, weil es auch Teil Eures Naturells ist. Aber versteht Ihr auch die Freude am Töten aus purer Lust? Das Vergnügen an Blut und der Qual der Sterbenden?" Sie schüttelte den Kopf. „Von dem, was ich gehört habe, ist dies nicht Teil des britischen Naturells."

Du solltest mal eine öffentliche Hinrichtung in Newgate sehen, du arme ignorante Eingeborene, dachte ich. Oder Flashy, wie er de Gautets Zehen brach und ihn mit einem fröhlichen Witz in die Jotunschlucht stieß, ein Riesenspaß, und eine Handlung ganz nach Eurem Geschmack, Sultana. Du, die du sich so hämisch über Yandos Darbietung am fliegenden Trapez gefreut hast. Aber sadistische Gehässigkeit, wenn es darum geht eine persönliche Rechnung zu begleichen, ist die eine Sache; eine ganze Bevölkerung zu Tode zu foltern, mit der man überhaupt nichts zu tun hatte, und deren einzige Straftat darin besteht, dass ihre Gemeindeführer einer Gruppe Rebellen ein Refugium boten, eine ganz andere.

Ich hatte das alles nicht wirklich geglaubt, als Uliba erzählt hatte, dass Theodor weder Mann, noch Frau, noch Kind verschont, aber nun tat ich es, als wir durch den schaurigen Wald aus Toten ritten, die sogar die Aasfresser zurückgelassen hatten. Wir steuerten auf den Hügel zu, durch die geschwärzten Ruinen der Stadt Gondar. Gespenstische Stille hing über ihr wie ein

Schleier und der Gestank von verbranntem Holz war überwältigend, obwohl das Feuer schon vor Monaten erloschen war. Ich hätte diesen höllischen Ort nicht nur wegen seiner Fäulnis gerne gemieden, sondern weil dort vielleicht auch Feinde auf der Lauer lagen, aber Uliba, die gleichmütig schien gegenüber dem Schrecken, den wir gesehen hatten, schob meine Ängste beiseite.

„Nur Geister leben in Gondar, seit Theodor es vor mehr als einem Jahr zerstört hat. Die Bauern nennen es verflucht, und sogar die vogelfreien Banden meiden es.“ Sie drehte sich in ihrem Sattel und blickte zurück über den verkohlten Schutt auf die Reihen aus Kreuzen unter uns. „Aber es ist gut, dass Ihr Euch ein Bild machen könnt. Wenn Euer General die Art von Gegner anzweifelt, mit dem er es zu tun hat, dann könnt Ihr Ihn nun eines Besseren belehren.“

Ich fragte mich, ob Napier es wohl glauben würde, dass ein christlicher König dem christlichen Glauben einfach ins Gesicht spucken konnte, indem er die Kreuzigung in eine Art Blasphemie verwandelte – weil es für meine frommen Landmänner genau danach aussehen würde. Und trotz allem war dies immer noch nicht das Schlimmste. Wir ritten durch die von Schutt verstopften Straßen, zwischen zerfallenen Mauern von dem, was einst Geschäfte, Kirchen und Steinhäuser waren, und kamen zu dem breiten Vorplatz vor der ausgebrannten Ruine des riesigen Palastes (einst das größte Gebäude, so sagt man, zwischen Ägypten und dem Kap), wo lang verstorbene Könige Abessiniens ihre Höfe inmitten des Wohlstands und der Herrlichkeit eines Kontinents unterhielten. Wenn Prester John wirklich existiert hat, hätte er hier seinen Thron bestiegen, wo nun die Skorpione und Eidechsen unter dem verfallenen Mauerwerk umher krochen. Einst musste sie wohl das Wunder von Afrika gewesen sein, eine großartige Stadt von immensem Reichtum und Zehntausenden Bewohnern; heute erinnerte sie mich an eine dieser uralten Ruinen Nordafrikas oder Zentralasiens, und ich muss zum zwanzigsten Mal laut gefragt haben, was, in Dreiteufelsnamen, Theodor befallen hatte, damit er eine solche Pracht zerstörte?

„Weil er sie gehasst hat", sagte Uliba verächtlich. „Nicht nur wegen der Zuflucht, die sie den Rebellen bot, sondern auch wegen ihrer Herrlichkeit und Kostbarkeit und den Traditionen, die sich über sein ergaunertes Königtum lustig zu machen schienen. Gondar, die Großartige, der Stolz von Habesh, die noble Stadt voller Adliger war wie ein lebendiger Vorwurf für diese Brut einer Abführmittel-Händlerin."

Bei Sonnenuntergang setzte der Regen ein, einer dieser herabstürzenden tropischen Sturzbäche mit Flächenblitzen, die am westlichen Horizont aufflackerten, und grollendem Donner über unseren Köpfen. Also schlugen wir ein kleines Lager im Vorbau einer der vier Kirchen auf, welche die einzigen Gebäude waren, die Theodor hatte stehen lassen. Es war warm und gemütlich, so lange die Vordertür verschlossen war und uns von der Trostlosigkeit der Stadt abschnitt, und als ich mit einem meiner Zigarrenstreichhölzer[31] ein Feuer ansteckte (Uliba, die so eine weltgewandte und in vielerlei Hinsicht kultivierte kleine Wilde war, schrie verängstigt auf, als ich das erste Mal eines benutzte), machte sie sich an die Arbeit, einen Eintopf aus Wild und Ziege zu bereiten. Ich führte unsere Pferde durch das Bogengewölbe in das leer stehende Kirchenschiff, wo ich ihr Futter auslegte und sie trocken rieb, und erhaschte im Licht der hohen unverglasten Fenster einen letzten kurzen Blick auf die Umgebung.

Theodor hatte dieses Gebäude vielleicht äußerlich verschont, aber dennoch komplett ausgeplündert. Es gab nichts mehr bis auf ein zerbrochenes Taufbecken und einen nackten Altar, hinter dem sich eine weitere dieser verrückten Fresken befand, von denen ich Ihnen schon mal erzählt habe. Dieses hier stellte die Kinder Israel dar, wie sie das Rote Meer durchquerten, verfolgt von der Armee Pharaos, die Musketen über ihre Köpfe schlenkerten. Wahrscheinlich um ihr altertümliches ägyptisches Schießpulver trocken zu halten.

Ansonsten gab es nichts mehr, bis auf eine schwere Falltür im Holzboden, welche den Bereich vor dem Altar abdeckte; ansonsten bestand der Boden aus bloßer Erde bis hin zu den Wänden. In einer war eine verschlossene Seitentür eingelassen. Ich hob die Falltür an, deren Latten verzogen und mit der Zeit geschrumpft waren. Unterhalb des Altars, befand sich ein kleiner Keller, ungefähr 4 Meter mal 4 Meter groß und über 2 Meter tief, leer bis auf ein paar antike Gefäße und ein zweifellos interessantes Insektenleben.

Ich ließ die Falltür wieder zufallen und gesellte mich zu Uliba in den Vorbau, wo wir unser Abendbrot im flackerten Schein des Feuers zu uns nahmen, während draußen der Sturm tobte. Sie erzählte mir die ganze unaussprechliche Wahrheit darüber, was Theodor dieser Stadt im Herbst '66 angetan hatte.

„Er hatte schon in der Vergangenheit Abgaben erzwungen, also erwarteten die Menschen nicht viel mehr als eine weitere Schur ihres Goldenen Vlieses, und gingen nach draußen, um ihren Kaiser zu begrüßen, Loyalität beteuernd und darauf hoffend, seine Gunst zu gewinnen. Da hätten sie auch direkt versuchen können, ein Krokodil zu bezirzen. Obwohl sich die Rebellen noch vor seiner Ankunft davongestohlen hatten, genügte Theodor das Wissen über ihre Anwesenheit als Vorwand, um die Stadt in den Ruin zu treiben. Der Reichtum von Selassie, das Gold von Kooksuam, das Silber aus Bata, die Edelsteine aus den Minen von Salomon hinter dem Rwenzori-Gebirge, die Seide und die Gemälde und sogar die wertvollen Schriftstücke wurden alle geplündert bis zum allerletzten Stück. Niemals war solch ein Raubzug … aye, sie hatten keinen Mangel in Gondar … damals.“

Sie füllte unsere Becher mit Tej und lehnte sich mit dem Rücken gegen die Wand, golden im Feuerschein, nippte an ihrem Getränk und erzählte ihre entsetzliche Geschichte so leichtherzig wie ein Feenmärchen.

„Aber um die Stadt zu ruinieren, reichte das noch nicht. Gondar selbst sollte völlig zugrunde gehen. Seine Bewohner, alle zehntausend, wurden zusammengetrieben wie Vieh, und die gesamte Stadt den Flammen überlassen: der Palast, die Schatzkammer, die 40 Kirchen, die edlen Häuser der Reichen genauso wie die Bruchbuden der Armen. Gondar brannte nieder von oben bis unten, und das Feuer ragte bis in den Himmel, so dass man es vom Ashangisee bis zum Grenzgebiet von Tigre und Sudan noch sehen konnte. Und als die Priester zu schreien begannen und ihm Flüche an den Kopf warfen, ließ er sie fesseln, Hunderte ältere Herren, und sie in die Flammen werfen, so dass sie bis zum letzten Mann bei lebendigem Leib verbrannten. Aber, glaubt Ihr, das hat ihm gereicht?"

Sie lehnte sich nach vorne und griff nach der Tej-Flasche, die schwarzen Mandelaugen auf mich gerichtet, da sie meine Reaktion auf ihre Geschichte sehen wollte, dabei erwartungsvoll lächelnd.

„Lasst mich Euren Becher füllen, Ihr, der Ihr schöne Frauen liebt, damit Ihr Euren Geist zur Ruhe bringen könnt, während Ihr den Rest hört. Erst einmal hat sich Theodor daran erinnert, dass die Menschen, die nach draußen kamen, um ihn zu grüßen, von den Frauen der Stadt angeführt wurden, die tanzten und sangen. ‚Ihr Lied war das Zeichen für die Rebellen, um zu flüchten!' hatte er gerufen. ‚Verräterinnen, bringt sie zu mir!' Und auch sie, jede Frau, vom Kindesalter bis zur Großmutter wurden bei lebendigem Leib in die Flammen geworfen." Sie machte eine Pause und genehmigte sich einen Schluck. „Den Rest der Leute ließ er kreuzigen oder zerstückeln. Was sagt Ihr dazu, Effendi? So war es – jede Seele in der großen Stadt, ausgelöscht durch das Feuer, das Kreuz und das Schwert, Tausende und Abertausende. Ganz Habesh weiß das.[32] Was wird Euer General sagen?"

„Er wird vermutlich einen erleichterten Seufzer ausstoßen, da ein Problem gelöst wird, das ihn vor eine ernsthafte Aufgabe gestellt hat … was mit Theodor zu tun ist, meine ich. Das macht es einfach; der Bastard muss verschwinden."

„Ihr werdet ihn vor Gericht zerren und zum Tode verurteilen?"

„Oh, das wage ich zu bezweifeln. Was könnten wir zur Anklage bringen? Wir haben nichts gegen ihn in der Hand, außer dass er ein paar unserer Männer entführt und sie nicht besonders pfleglich behandelt hat. Dafür können wir ihn nicht aufknüpfen. Was er in eigenen Land veranstaltet, mit seinem eigenen Volk, ist nicht unser Indaba. Ich kann Euch nicht die Gesetzbücher rezitieren, aber ich bin mir ziemlich sicher, dass es so sein wird. Ich denke dabei an zwei Feldzüge, an denen ich teilgenommen habe, in Indien und China, wo abscheuliche Dinge von einheimischen Regenten verbrochen wurden – Frauen, um genau zu sein, entsetzliche Schlampen –, aber wir haben sie nicht angerührt."[33]

„Aber Ihr sagtet doch, dass Theodor verschwinden müsse!"…

„Das wird er auch, so oder so. Eine Kugel in Rücken oder Kopf, abgefeuert bei einem Fluchtversuch, insgeheim liquidiert, wer weiß das schon so genau?" Ich gab ihr eine Kurzfassung meines Abenteuers an Harpers Ferry, wo ich aufgrund der Staatsraison dazu genötigt war, den verrückten John Brown zu erschießen, so dass sich die Yankee-Machthaber nicht die Blöße geben mussten, den bescheuerten alten Sack selbst abzumurksen – was ich dann aber nicht getan habe, wie Sie wahrscheinlich wissen. „Aber das war eine andere Situation. Theodor muss irgendwie sterben; man kann ihn nicht exekutieren, aber man kann ihn auch nicht frei herumlaufen lassen. Die Öffentlichkeit würde das nicht verkraften. Er muss einfach still und heimlich beseitigt werden, als wäre es ein Unfall."

„Was für Heuchler Ihr seid!"

„Kein bisschen. Das ist nur der zivilisierte Weg, mit der Sache umzugehen. Was würdet Ihr denn mit ihm machen?"

Sie lehnte sich wieder zurück, so dass sich ihre Tunika auf ablenkende Weise spannte, nahm die Hände hinter den Kopf und starrte nachdenklich zu den tänzelnden Schatten des Feuers an der gegenüberliegenden Wand.

„Wenn es nach mir ginge, würde sich sein Tod ein Jahr lang hinziehen. Vielleicht zwei. Zuerst würde ich die Knochen aus seinen Händen und Füßen entfernen lassen. Einen nach dem anderen. Dann die größeren Knochen aus Armen und Beinen. Dies würde von unseren fähigsten Chirurgen durchgeführt, die die Wunden wieder zunähten und sehr darauf bedacht wären, dass er überlebt und bei Bewusstsein bleibt …" Sie seufzte zufrieden, und entspannte sich etwas, damit sie ihre Vorstellungskraft vollends entfalten konnte.

„Danach …“ Aber ich möchte Ihnen nicht erzählen, was sie danach gesagt hat, weil Sie vielleicht wie ich gerade erst zu Abend gegessen haben. Ich sage ihnen nur, dass ich so etwas nicht mehr seit meinem vierten Eheweib, Sonsee-array, gehört hatte, die mir einst beschrieb, was sie im Winter '49 mit gefangenen Skalpjägern veranstaltet hatte.

„Ihr würdet ihm also nicht die Option einer Geldstrafe lassen?“, fragte ich. „Nun, meine Liebe, ich hoffe Ihr kommt zum Zuge, weil das üble Schwein es verdient. Aber ich nehme nicht an, dass es dazu kommen wird, oder?“

„Wenn ich die Königin von Galla werde, wer weiß?“, antwortete sie sanft. „Wenn Euer General es wünscht, die Verantwortung zu meiden … Theodor zu bestrafen … möchte er die Aufgabe dann nicht vielleicht seinem Verbündeten überlassen, der ihm schon geholfen hat, Magdala einzunehmen?“

Glücklicherweise bin ich überaus erfahren darin, meine Contenance zu bewahren, wenn der Boden unter mir wegbricht. Daher nahm ich einen großen Schluck von meinem Tej und dachte hastig nach: Dass war also ihre Visitenkarte, wenn es um Vergeltung ging; ich musste auf der Hut sein!

„Dieser Verbündete, wenn ich richtig verstehe, ist Königin Masteeat“, sagte ich. „Sie ist diejenige, die ich zumindest beordert wurde, aufzusuchen.“

Uliba setzte sich aufrecht hin, kerzengerade, und schob die Hände unter ihre Zöpfe, hob sie von ihrem Kopf, ließ sie fallen und hob sie wieder an. Dann drehte sie den Kopf, um mich intensiv aus ihren schwarzen mandelförmigen Augen anzugucken. Sie atmete tief ein. Kalkuliert wirkungsvoll, eine Geste, die sagte: „Schau mich an, wollüstiger Wildfang, der ich bin, Tigerweibchen und eine Frau des Schicksals, wie ich meine Krallen nach dir ausfahre, und du, bei Gott, am besten schnell eine Entscheidung triffst.“ Sie hielt ihre Pose für einen Moment, zweifellos, um sicherzugehen, dass ich sie auch gebührend beeindruckt war, und sagte dann: „Wenn Masteeat nicht länger Königin der Wollos wäre …“

„Dann, nehme ich an, müsste ich Warkite von den Ambos aufsuchen, nicht wahr?“

„Pah!“ Sie spuckte verächtlich auf den Boden und ihre Zöpfe wirbelten umher. „Zu welchem Zweck? Wer würde dieser vertrockneten alten Schachtel gegen Magdala folgen? Ihr denkt, weil sie die nächste Thronfolgerin aller Gallas ist, könne sie Loyalität befehlen? Sie ist ein Niemand, ein Name, sonst nichts! Sie ist keine wirkliche Rivalin für Masteeat!“

„Ist das irgendwer?“, fragte ich, und sie schüttelte ihre Zöpfe auf, warf ihren schönen Kopf hin und her und brach in schallendes Gelächter aus.

„Da sind wir nun! Ja, es gibt eine – und Ihr kennt sie.“ Sie wandte sich mir zu, stolz und selbstbewusst. „Der Basha Fallaka Speedy wird Euch alles über den dritten Bewerber erzählt haben, den Bastard der Konkubinen, der zweimal rebelliert hat – das wusstet Ihr nicht? – und für ihren Verrat vom Hof ihrer königlichen Vorfahren verbannt wurde, und dazu gezwungen, einen einfachen Mann zu heiraten, ein fröhlicher unbedeutender Häuptling, ein Häuptling, so schwächlich, dass Gobayzy ihn gefangen hält – also wer ist sie, ihre Schwester Masteeat herauszufordern? Masteeat, die so stark und listig ist, und ihren Thron gegen Warkite und solche Kriegsherren wie Gobayzy und Menelek verteidigen konnte? Masteeat, die zehntausende Schwerter beherrscht, oh, aye“, fügte sie schniefend hinzu, „und ein Händchen für Männer hat, weich-fleischig und träge wie sie ist. Nun, sie ist nicht die einzige, die ein Händchen für Männer hat. Oder?“ Und wieder hob sie ihre Zöpfe an und präsentierte sie.

Nein, das war sie nicht, aber das diplomatische Problem, dem ich gegenübersaß, war kein wirklich unangenehmes. Faktisch wurde ich gefragt: Wenn Königin Masteeat auf irgendeine Weise (und nur Gott wüsste wie) durch Königin Uliba ersetzt würde, würde ich sie, als Britanniens Gesandter, anerkennen und Geschäfte mit ihr machen? Dies hinge wohl einzig davon ab, ob sie in Masteeats Fußstapfen treten konnte, was in diesem Moment und dieser Situation ziemlich unwahrscheinlich schien.

Andererseits war sie unverhohlen zu einem Umsturzversuch bereit, also musste sie Gründe haben zu glauben, dass sie es durchziehen konnte, zweifellos indem sie Masteeat ins Gras beißen ließ. Ergo musste sie auf weitläufige Unterstützung aus der Wollo-Galla-Gemeinde zählen können, und da sie hervorgehoben hatte, dass sie durchaus ein Händchen dafür besaß, männliche Sympathie für sich zu gewinnen, bestand kein Zweifel darin, dass ihr diese Unterstützung auch zuteil würde. Doch reichte das aus, um den Zweck zu erfüllen? Das konnte ich nicht beurteilen. Aber eine unmittelbare Frage stellte sich: Wenn sie tatsächlich eine erfolgreiche Palastrevolte anzetteln würde, welche Art von Hilfe, wenn überhaupt, erwartete sie vom alten Flashy?

Sie erkennen mein Dilemma. Sie war meine einzige Hoffnung, Königin Masteeat zu erreichen, und ich durfte nicht sie nicht gegen mich aufbringen. Und wie unwahrscheinlich es auch schien, falls sie es innerhalb der nächsten zwei Wochen schaffte, durch Gelegenheit und Planung, Masteeat zu verdrängen, wäre sie der Schlüssel zur Unterstützung der Gallas gegen Theodor. Wenn sie aber einen Putsch versuchte und er schlüge fehl, wäre ich wohl besser nicht darin involviert. Nicht nur, dass Napier ohne Galla-Unterstützung auskommen musste, meine edelsten Körperteile würden außerdem als Dekoration für den Speer von irgendjemand verwendet. Die ganze Sache war toll und unberechenbar und regelrecht unmöglich vorherzusehen oder einzuplanen, also war alles, was ich in diesem Moment tun konnte, diesen wütenden Wildfang bei Laune zu halten und der Dinge zu harren, die da kommen sollten.

All dies geschah innerhalb weniger Sekunden, während sie mich beobachtete, als wäre ich ein gegnerischer Duellant. Der Feuerschein glänzte in ihren Augen, die fest auf meinen ruhten, den Mund in erwartungsvoller Haltung leicht geöffnet. Und da es nur eine absolut sichere Antwort auf dieses hoffnungsvolle weibliche Anliegen gab, schenkte ich ihr meinen einfühlsamen sanften Blick, nahm ihre Schultern zärtlich in meine Hände, brachte meine Lippen zu ihren … und stoppte augenblicklich, mit aufgestellten Nackenhaaren.

Der Sturm war abgeklungen, und die einzigen Geräusche um uns herum waren das leise Knistern des ausgehenden Feuers, die Bewegungen unserer Pferde im Kirchenschiff, das entfernte Plätschern und Tröpfeln des Wassers auf dem Boden vor der Kirchentür … und nun, ganz plötzlich und gar nicht so weit entfernt, das Klappern eines Steins, der irgendwo draußen in der Dunkelheit in Bewegung geraten war, das Klingen beschlagener Hufe und eine Stimme, erhoben zu wüstem Geschrei.

Kapitel 8

Wenn es einen Mann in diesen Zeiten gegeben haben sollte, der bei einer aufkommenden Krise eine höhere Reaktionsfreudigkeit zeigte als H.P. Flashman, ich habe ihn nie getroffen –, aber es gab eine Frau, die mich in den Schatten stellte. Uliba-Wark aus Tigre, die einem Kettenblitz ähnelte, aus dem ein Glied herausgebrochen war. Noch bevor ich verinnerlichen konnte, was diese Geräusche überhaupt zu bedeuten hatten, schoss sie an mir vorbei wie ein Rennhund und trat das Wasser-Chatti ins Feuer, während sie zur Tür hastete. Sekunden später war ich neben ihr und schielte durch eine Ritze im morschen Holz. Am anderen Ende des Vorplatzes, knappe 50 Meter entfernt, flackerten Fackeln in der Dunkelheit. Schemenhafte Umrisse von Männern und Pferden bewegten sich zwischen den Ruinen.

Hatten sie durch das marode Holz einen kurzen Blick auf unser Feuer erhascht? Es schien nicht so. Dank Ulibas schneller Reaktion war es zu einer zischenden Dampfwolke erloschen und keiner der Fackelträger hatte Alarm geschlagen, wer auch immer sie waren – eine Frage, die ich ihr fast hysterisch stellte, als wir uns in der Dunkelheit zusammenkauerten.

„Briganten!", japste sie. „Mit Sicherheit Sudanesen – keine Truppe aus Habesh oder aufrichtige Reisende wären bei so einem Wetter hier draußen unterwegs, am wenigsten im verfluchten Gondar!" Sie musste nicht hinzufügen, dass unsere Entdeckung Vergewaltigung und Versklavung für sie und einen schrecklichen Tod für mich bedeuten würde. Das erwartete sie schon von ihrer eigenen Galla-Verwandtschaft, aber Sudanesen waren berüchtigte grausame Monster. Mein Instinkt sagte mir, wir sollten uns durch die Seitentür verdrücken, aber sie wiegelte meinen aufgeregten Vorschlag ab, mit der Erwiderung, dass sie uns in Windeseile einholen würden. Wenn wir uns versteckt hielten, bestand zumindest eine kleine Chance, dass sie uns übersahen. Wie den einzigen verdammten Unterschlupf in der ganzen Stadt übersehen? fragte ich, doch noch bevor sie darauf antworten konnte, ertönte plötzlich ein Ruf aus der Dunkelheit, gefolgt von aufgeregtem Gequatsche auf Arabisch, das ich nicht einordnen konnte, und dann Ulibas scharfes Flüstern in meinem Ohr: „Sie haben unser Feuer gerochen!" Und als ob das nicht gereicht hätte, entschied sich eines der Pferde der Banditen in andauerndes Wiehern auszubrechen, was wiederum zu einer schrill gewieherten Antwort aus dem Kirchenschiff hinter uns führte.

Trotz der Situation, in der wir uns befanden, denke ich, dass Uliba und ich eine ungewöhnliche Geistesgegenwart bewiesen. Durch die Ritze in der Tür konnten wir erkennen, dass die Banditen mit lautem Gebrüll auf uns zustürmten, doch noch bevor sie ein paar Schritte zurückgelegt hatten, packte ich Uliba beim Handgelenk und stürzte in großen Schritten Richtung Kirchenschiff. Eine Flucht zu Fuß kam nicht in Frage, es blieb nicht genug Zeit die Pferde zu satteln, bevor sie uns erreicht hätten, aber es gab noch den von Gott geschenkten Keller vor dem Altar, und mit der schwächlich beleuchteten Kirche im Mondschein würden sie die Falltür hoffentlich niemals entdecken. Ich hatte sie im Handumdrehen geöffnet, doch zu meinem Entsetzen befreite sich Uliba aus meinem Griff. Sie rannte zu der Seitentür und drückte sie auf, ehe sie wieder zu mir zurückkam, dieses gewiefte Mädel. Die Banditen würden denken, wir hätten durch sie die Flucht ergriffen. Ich hatte schon bei den Greifern zu Hause denselben Trick angewendet. Mit Schwung ließ ich sie in den Keller hinab, sie landete wie eine Akrobatin, und keine Sekunde später rutschte auch ich über die Kante und schloss die Falltür über unseren Köpfen, während ich Richtung Kellerboden sprang.

Wir hörten, wie die Kirchentür aufgebrochen wurde, polternde Schritte, die in unmittelbare Aufschreie übergingen, und die ersten Worte, die ich hörte, waren ein schneidender Befehl in Arabisch, der eine Verfolgung durch die Seitentür anordnete. Sie befanden sich im Kirchenschiff, machten eine schnelle

Bestandsaufnahme, wie die professionellen Kerle, die sie waren, und augenblicklich drangen ihre Stimmen durch die nicht hermetisch schließende Falltür zu uns herunter, während wir uns in dem feuchtkalten kleinen Keller instinktiv aneinanderpressten, wie Kinder beim Versteckspielen.

„Es sind drei, Sadat?"

„Nein, eins dieser Pferde ist ein Lasttier. Und nur zwei haben an der Feuerstelle gegessen und getrunken. Einer von ihnen ist 'ne Frau."

„Woher willst du das wissen?"

„Benutz deine Nase, du Tölpel. Moschus-Öl!"

„Ha! Dann sollte sie noch jung sein!" Heiseres Gelächter. „Hey, Yusuf, sucht weiter! Sie kann noch nicht weit gekommen sein!"

Plötzlich schien Licht durch die Ritzen der Falltür. Sie hatten ihre Fackeln mitgebracht und mussten sie irgendwo befestigt haben, da es gleichmäßig hell war. O Gott, würden sie die Falltür entdecken? Wir drängten uns so weit wie möglich an den Rand des Kellers, in der Hoffnung, außer Sicht zu sein, falls sie die Klappe öffneten – es sein denn, sie stiegen selbst hinab, um es mal so zu sagen … Wirklich.

Wir konnten nur abwarten, mit unseren erhitzten aneinander gepressten Wangen, während schwerfällige Füße den Boden über unseren Köpfen zum Beben brachten, und Sadat, der Moschus-Öl-Experte, sagte, dass dieser Ort so gut wäre wie jeder andere, also sollten Yakub und Gamal das Zeug reinbringen, und ja vorsichtig damit sein, nachlässige Hunde, die sie seien.

Nun herrschte reges Treiben, da immer mehr der Bande anzukommen schienen. Man hörte, wie Gegenstände befördert wurden, Kraftanstrengungen und Befehle, ein massives Gewicht wurde auf den Bodendielen abgestellt, und durch all den Aufruhr konnte man eine Stimme vernehmen, die unsere Pferde beruhigte, die durch den ganzen Tumult völlig aufgeschreckt waren. Eine andere Stimme brüllte zu Yusuf und erkundigte sich, ob es schon Neuigkeiten bezüglich der Flüchtigen gäbe. Irgendjemand nah über uns fragte, was mit dem ganzen Zeug geschehen sollte – und bei der Antwort gefror mir das Blut in den Adern:

„Da muss ein Keller unter der Falltür sein! Welcher Ort wäre besser dafür geeignet?“ Uliba konnte ein geschnauftes Seufzen nicht zurückhalten. Dann:

„Warum hat Gott gewollt, dass ich mit solchen Trotteln reiten muss?“, fragte Sadat. „Welch schlechteren Ort könnte es geben, als einen, wo die Leute definitiv nachschauen würden?“

„Hä? Oh, aye … nun, dann, wo sollen wir sie hintun?“

„Unter die Erde, du Sohn eines Kamels! Weiter hinten an der Wand buddelst du ein Loch, vergräbst sie und verdeckst sie mit all dem Gerümpel, so dass nur Leute mit Luchsaugen und von Gott Erleuchtete, so wie Mahmud hier, darauf hoffen können, sie zu finden!“

„Hat er mich gerade als luchsäugig und von Gott erleuchtet bezeichnet?“

„Aye, war aber natürlich nicht so gemeint. Und jetzt hol eine Schaufel, du Clown!“

„Warum muss ich das Loch graben? Hilf mir wenigstens!“

Uliba wurde langsam lockerer neben mir, seufzte vor Erleichterung, und ich schauderte leicht, als ich hörte, wie sie einen schweren Gegenstand über die Falltür zogen. Darauf folgte ein Knirschen und Kratzen und die unflätige Wortwahl von Arbeitern, die sich tief in die feste Erde gruben. Darüber hinaus hörten wir, wie unsere Pferde beurteilt und ihre Lasten untersucht wurden. Männer kamen und gingen. Ein verdrießlicher Yusuf meldete, dass, wer auch immer die Bastarde gewesen sein mögen, die in die Nacht verschwunden waren, nirgendwo aufzufinden wären. Man stellte Forderungen nach Essen und einer Pause, worauf Sadat (der offensichtlich ihr Anführer war) entgegnete, dass sie sich direkt wieder auf den Weg machen würden, sobald alle Güter sicher verstaut waren. Es folgten Besprechungen von der Art, die man von Marodeuren erwartete, die ihre Tagesbelange durchgingen. Heute wünschte ich mir, ich hätte genauer zugehört, da man über die Möglichkeit des Herbeiziehtieren weiterer Bandenmitglieder für die Metema-Karawane sprach, und darüber, einen Schlag gegen eines der Vorratslager der gottlosen Farangi-Eindringlinge zu verüben. Aber ich hatte zu große Angst, um mich mit irgendetwas anderem zu beschäftigen, als mich an Uliba gut festzuhalten.

Zwei schier unendliche Stunden vergingen und mein Herz setzte bei jedem sich nähernden Schritt aus. Bitte, lieber Gott, murmelte ich unaufhörlich, lass keinen von ihnen neugierig auf den Keller werden … und ich fing gerade an zu glauben, dass sie wirklich nur ihrer Geschäftigkeit nachgingen und uns in Ruhe lassen würden, als …

„Aye, das ist tief genug. Tragt sie rüber."

„Wird es sicher sein? Wann holen wir sie wieder ab?"

„Wenn wir diese Farangi-Armee gesichtet und festgestellt haben, was es bei denen zu holen gibt … vielleicht auch bei Theodor. Er führt seine Staatskasse mit sich."

„Was? Theodor ausrauben? Stiehl doch gleich einer Löwin ihre Jungen!"

„Aye, wir täten besser daran, unsere Staatskasse sicher nach Kassala zu bringen, als sie hier in dieser Schlangengrube zu verbuddeln!"

„Ich lasse sie ungern hier! Gott weiß, wie viel Blut und Schweiß dafür geflossen sind, um an sie heran zu kommen!"

„He, Sadat, lasst uns noch einen letzten Blick darauf werfen, bevor wir sie abdecken. Nur einen Blick …"

Zustimmungsrufe, und Sadat, der nachsichtige Arsch, ließ sie gewähren. Man hörte das Knallen eines zurückgeschlagenen Deckels, hämische Freude, ein warnendes Knurren an Mahmud, bloß vorsichtig zu sein, und dann ein allmächtiges Geklimper von ausgeschütteten Münzen, die klingend über die Holzdielen rollten – und Jesus, durch die Ritzen in der Falltür in unseren Keller fielen! Uliba schnaufte, meine Innereien schlugen einen Purzelbaum, und über unseren Köpfen brachen Schuldzuweisungen los. Mahmud wurde als Idiot verflucht, Münzen wurden zusammengeklaubt, manches Hurensohn-Gezeter, da einige durch die Falltür gefallen waren, doch Sadat verordnete, es dabei zu belassen und stattdessen die Truhe zu verschließen und beizusetzen, doch der gemeine Bastard jammerte, dass er erschossen würde, wenn Geld fehle … und riss die Falltür auf.

Das Leuchten von Fackeln erhellte plötzlich die Mitte des Kellers, aber wir standen im dunklen Schatten gegen die Seitenwand gepresst, und alles was wir durch die offene Klappe sehen konnten, waren zwei Stiefelpaare und teure Beinkleider bis zum Oberschenkel. Wir waren außerhalb des Sichtfeldes, aber wenn sie sich nach unten beugten, um den Keller genauer zu inspizieren, würden sie uns entdecken?

Wenn sie herunter stiegen …

„Da sind sie! Beim Scheitan, Sadat, wenn du sie nicht willst, ich schon!“ Es müssen ein Dutzend oder mehr Münzen auf dem Schuttboden verteilt gewesen sein, und als ich sah, wie sich ein gestiefeltes Bein über den Rand der Falltür schwang, erhaschte ich einen Blick auf Stahl in Ulibas Hand und meine Hand ruhte auf dem Griff meines Joslyn – wozu auch immer das gut sein würde. Der zweite Stiefel kam herunter …

„Warte, du Idiot!“, röhrte Sadat lachend. „Guck, bevor du springst, Mann!“

Plötzlich hörte man den Mann, der im Begriff war, in den Keller zu springen, ängstlich aufheulen. Er riss die gestiefelten Beine nach oben, während er sich aus der Falltür rettete. Seine Kameraden röhrten vor Gelächter, und ich blieb in einer Mischung aus Erleichterung und Abscheu wie angewurzelt stehen.

Es ist die Angewohnheit des Skorpionweibchens, ihre Brut nach der Geburt auf dem Rücken zu tragen, und sogar mit sechs dieser widerlichen kleinen durchsichtigen Monster an Bord herrschte bei weitem kein Platzmangel auf der schuppigen Oberseite dieses enormen gelben Horrors, der zwischen den herunter gefallenen Münzen herumkrabbelte. Sie musste so lang wie meine Hand gewesen sein, den großen Stachel, der über ihrer abscheulichen Brut hing, nicht mitgerechnet – und sie war auch nicht allein in ihrem Nest. Papa und ein paar Onkel waren auch zur Stelle, und was sie für einen freudigen Anblick boten. Preiset ihre spitzen kleinen Hinterteile, da sie uns vor Entdeckung und Tod bewahrt haben, kein Zweifel. Nicht, dass sie unserem Eindringling durch seine stabilen Halbstiefel irgendeinen Schaden zugefügt hätten, aber doch waren sie Entmutigung genug fürs Geldaufsammeln.

Die Falltür wurde unter einem Chorgesang aus Spott und Hohn zugeschlagen, und wir in der Dunkelheit zurückgelassen und – in meinem Fall – in unmittelbarer Gefahr eines bevorstehenden Herzversagens. Ich war schweißgebadet, und Uliba zitterte wie in einem Fieberschub. Die Gefahr war vorerst gebannt, aber nicht gänzlich beseitigt. Durch die Wucht, mit der die Falltür zugeworfen wurde, hatte sich eine Latte gelöst, und durch die Lücke bekam ich eine Aussicht, neben der Mama Skorpion durchaus liebreizend wirkte: der Kopf und die Schultern eines sudanesischen Straßenräuber, der den Befehlen Sadats bezüglich ihrer Abreise lauschte. Da die Wahrscheinlichkeit, dass sie jemals auf einen Repräsentanten aus dem sudanesischen Kriminellenmilieu treffen werden, äußert gering ist, erzähle ich Ihnen nun, dass dieser schräge Vogel ausgesehen hat wie ein unbeschreiblich böser Wasserspeier einer Kathedrale. Hakennasig und fuchsartig, mit einem Büschel Barthaare, einer Stahlhaube mit kettengeflochtenem Ohrenschutz über schwarzem Haar, das ihm auf die Schultern fiel, und einem grinsenden Mund voll gelber Hauer. Welch glückliche Braut, die neben dem aufwachen darf, dachte ich bei mir, und war heilfroh, als er aus meinem Sichtfeld verschwand.

Kurz darauf verließen sie das Kirchenschiff. Wir hörten, wie sie sich zusammenrotteten und aufsaßen, aber wir entschieden einvernehmlich (und ohne ein gesprochenes Wort), dass wir bis zum Morgengrauen in unserem Versteck blieben, weil sie erst dann außer Reichweite waren. Es war nicht bequem, da wir uns mit solch feiner Spezies wie der Buthus Arachnidae, die am Boden raschelte, nicht hinsetzen oder gar legen wollten, und obwohl wir, wie die Sudanesen, gut gepolstert gegen ihre Stiche waren, fragte ich mich, ob die schrecklichen kleinen Quälgeister eigentlich klettern oder springen konnten.[34]

Als das erste Licht des Tages durch die zerbrochene Klappe fiel, waren meine Beine schmerzlich verkrampft, aber nachdem ich wieder Leben in sie hineingerubbelt hatte und zufrieden feststellte, dass alles friedlich bei Chez Scorpio zu sein schien, machte ich drei schnelle Schritte, schleuderte die Falltür auf und schwang mich selbst nach draußen. Uliba folgte sogleich – und da waren wir, durchgefroren bis auf die Knochen, bei Sonnenaufgang innerhalb einer verlassenen Kirche in einer Geisterstadt, und nicht ein Ding, mit dem wir uns hätten wärmen können, außer dem Gerümpel in dem wir standen, meinem Joslyn, dem Patronengürtel und Ulibas Messer. Unsere Pferde waren weg mitsamt der Satteltaschen, die all unser Essen, Ausrüstung, Ersatzteile und Taler beinhalteten. Wir waren einen Tagesmarsch vom Tanasee entfernt und Gott weiß wie weit von Königin Masteeats Lager.

„Nun, zumindest können wir unsere Finanzen ein bisschen aufbessern", sagte ich. „Wie der alte Ali Baba waren wir dabei, als die vierzig Räuber ihre Beute versteckten. Jetzt müssen wir sie nur noch finden und unsere Taschen füllen."

Sie kannte das alte Märchen nicht, also erzählte ich es ihr, während wir herumstöberten – sie war sehr davon ergriffen, besonders wie Morgiana die Räuber mit heißem Öl übergoss, erinnere ich mich. Das Versteck war leicht unter einem Haufen Trümmer an der Wand des Kirchenschiffs auszumachen und zum Preis von aufgeschnittenen Fingern und abgebrochenen Nägeln wühlten wir die lose Erde mit bloßen Händen auf und beförderten eine stabile Eisentruhe zu Tage. Sie war unverschlossen und als ich den Deckel anhob, blickten wir auf ein beträchtliches Vermögen an Maria Theresias, Schmuck, bearbeitetes kostbares Metall, Goldstücke einer Währung, die ich nicht kannte und geschnitztes Elfenbein. Wir füllten meine Hosen- und ihre Westentaschen mit den Gourshis, so in etwa hundert Taler pro Person, und ließen den Rest zögernd zurück, bis auf den edlen Damaskus-Krummsäbel mit Elfenbeingriff, den ich an mich nahm, und verschiedene edelsteinbesetzte Armreifen, Ketten und ein goldenes Haarband mit Schleier, welches schiere Jubelschreie bei Uliba auslöste. Sie war eine sehr weibliche Amazone, die sich mit Hilfe eines polierten silbernen Handspiegels herausputzte und sich diebisch freute, als sie ihn und andere ausgewählte Teile in den Keller warf, damit die Sudanesen sich todesmutig den Skorpionen stellen mussten, um sie wieder zu beschaffen. Dann lamentierte sie darüber, dass wir auch das Weibchen und seine Jungen einfangen könnten, um sie in der Truhe einzuschließen, bevor wir sie wieder in die Erde versenkten, als freudige Überraschung für die Räuber. Ihre Arglistigkeit war herrlich anzusehen. Es fehlte nicht viel und einer ihrer Zöpfe hätte sich aufgerichtet und mich angezischt.

Völlig ausgehungert und im Unklaren darüber, ob und wann die Sudanesen zurückkommen würden, verließen wir Gondar schnellen Fußes. Von einem Beobachtungspunkt auf der südlichen Mauer des zerstörten Palastes konnten wir das Land bis zum Tanasee, 40 Meilen entfernt, überblicken. Ein ferner Silberglanz in der Morgensonne, dessen baumreiches Ufer sich im Dunst erstreckte. Je schneller wir uns in den Schutz dieses Waldes begeben würden, desto besser, also reisten wir in der Art der Highlander, eine Meile im Trab und eine Meile in großen Schritten, gefolgt von einer kurzen Pause im Stehen, und dann ging es wieder von vorne los. Uliba rannte wie eine Diana und ich wie ein schwer arbeitender Ochse, aber nicht allzu schlecht für 45, und innerhalb einer Stunde befanden wir uns in Sichtweite eines Dorfes inmitten des Flachlands, das Azez hieß, und von dem ich annahm, dass wir es meiden sollten. Uliba aber sagte darauf nur, dass die Zeit für Versteckspiele vorbei sei, da wir uns nun zu Fuß fortbewegten, und abgesehen davon erführen wir niemals Neuigkeiten über Masteeat, wenn wir uns weiterhin zwischen Felsen und Büschen aufhielten.

„Wir müssen einen sicheren Ort ausfindig machen, wo es vertrauenswürdige Menschen gibt, die wir befragen können. Nein, nicht in dem Dorf." In einem Hain, nur wenige Schritte von einer kleinen Ansammlung von Strohhütten entfernt, hatten wir angehalten. Sie beschattete ihre Augen vor der Sonne, um die Hügel weiter unten abzusuchen. „Dort drüben soll es ein Kloster geben. Mönche des Ordens von St. Antonius dem Eremiten … falls die Kriege sie verschont haben. Mönche wissen alles …"

„Und wenn sie euch erkennen? Sie könnten diesen Gobayzy benachrichtigen, der hinter Euch her ist, oder sogar Theodor.“

„Bisher haben wir keine Spur von Gobayzy gesehen, niemand wird mich so weit im Süden erkennen, und Theodor hat keinen schlimmeren Feind als die Kirche, seit er letzten Sommer in Metraha gebrandschatzt und gemordet hat. Wie dem auch sei, wir haben keine andere Wahl, also kommt und haltet die Ohren offen nach der Klosterglocke.“

Wir machten uns auf über das flache Land, umgingen das Dorf weitläufig, dabei erzählte sie mir von Theodors krönender Unverschämtheit in Metraha, einer Insel im Tanasee, welche seit Menschengedenken ein heiliger Ort der Zuflucht gewesen war und infolgedessen ein Hafen, den viele Kaufleute nutzten, um ihre Kostbarkeiten zu lagern – St. Pauls gepaart mit der Bank of England, wenn Sie so wollen. Theodor hatte sich durch Verrat Zugang verschafft, plünderte ihre riesigen Lager voller Gold, Silber, Getreide und anderem kostbaren Zeug aus – trieb dann die Einwohner, Priester, Kaufleute, Frauen und Kinder in den Hauptgebäuden zusammen und ließ sie verbrennen.

„Also laufen wir nicht Gefahr, an Theodor verraten zu werden. Eher“, sagte Uliba selbstgefällig, „werden die heiligen Väter ihre ganze Güte und Respekt gegenüber einer noblen Lady aus Tigre demonstrieren, die auf dem Weg zum Hofe der Königin der Gallas ist und das Pech hatte, dass ihre Karawane unterwegs von einer Sudanesen-Bande ausgeraubt wurde, die ihre Dienerschaft umgebracht hat und sicherlich auch sie ermordet hätte (oder Schlimmeres), wenn sie nicht des nachts mit ihrem treu ergebenen Hindi-Begleiter entkommen wäre. Daher ihr mittelloser Zustand …“

„Gut für sie, dass sie in der Lage war ihre Mittellosigkeit mit etwas handverlesenem Plunder auszuschmücken – oh, und einer Tasche voll Taler …“

„… welche sie glücklicherweise noch rechtzeitig mitnehmen konnte und von denen sie ein großzügiges Geschenk an das Kloster und seinen Klingelbeutel machen wird. Wenn das ihr Mitleid nicht erregt“, sagte sie, „weiß ich nichts über christliche

Priester. Davon abgesehen, diese sind provinzielle Einfaltspinsel, die in der Anwesenheit einer Hochwohlgeborenen wohl vor lauter Ehrfurcht erstarren.“

Das bezweifelte ich nicht, aber eine mögliche Schwierigkeit drängte sich mir dennoch auf. „Sie sind koptische Christen, nicht wahr ... angenommen, sie finden heraus, dass Ihr eine Galla seid? Immerhin seid ihr auf dem Weg zu Masteeat – schafft Ihr es, als Christin durchzugehen?

Sie lächelte ihr überlegenes Lächeln und zog eine der Halskordel aus dem Ausschnitt ihrer Tunika, die sie aus dem Vorrat der Sudanesen hatte mitgehen lassen: ein feines Band aus heller blauer Seide, geschickt mit Gold- und Silberfäden verflochten. „Man nennt dies Matab; ist sie nicht wunderschön? Alle Christen aus Habesh tragen eine ab ihrer Taufe. Das ist das erste, wonach diese Christos Ausschau halten. Und diese hier, wie Ihr seht, ist von der wertvollsten Art, so wie nur hochgeborene und wohlhabende sie tragen ... ah, hört mal! Die Glocke!“

Es war ein schwaches Läuten, das völlig verstummte, als wir das kleine Tal erreichten, in dem ein einfaches Lehmgebäude von unspektakulärer Größe stand, ummauert, mit einem Torbogen als Eingang und umgeben von Parzellen, die zu klein waren, als dass man sie als Felder bezeichnen konnte, auf denen weißgewandete Abs ohne sonderlichen Enthusiasmus gruben und hackten. Sie hielten inne und starrten, als die auffällige Persönlichkeit, die hochgeborene Lady aus Tigre, in ihrer knappen Tunika, Stiefeln, schleierbesetztem Haarband, dem Tor förmlich entgegenschwebte, mit ihrem treu ergebenen Hindi-Begleiter, der ihr pflichtbewusst folgte.

Wir wurden von Gesängen begrüßt, als wir den Torbogen passierten, der zu einem Innenhof führte. Eine Gruppe Turban tragender Kerle intonierte etwas, das, wie ich später lernte, ein koptischer Psalm war. Wir waren geradewegs in einen Gottesdienst hineingeplatzt – oder, wie sich herausstellte, einer Probe für Palmsonntag, welcher in einer Woche stattfand. Die Kerle mit den Turbanen waren Priester, die merkwürdige lange Stäbe hielten, deren Kopfteile wie die bei einer Krücke aussahen, während das gemeine Volk und diverse Kinder Palmwedel trugen. Ganz vorne befand sich ein ehrwürdiger alter Knacker, der Abba genannt wurde (das steht für Abt, nehme ich an). Er trug einen sehr geschmackvollen gelben Ledermantel und hatte einen kuriosen Gegenstand, ähnlich einem Katapult, besetzt mit Abakus-Perlen unter den Arm geklemmt, den er von Zeit zu Zeit hin und her schwang. Im Dienst waren außerdem ein Priester, der ein ausgefallenes dekoriertes Kreuz trug, ein winziger Chico mit einer Glocke, die so groß war wie er selbst, und zwei Diakone, die eine riesige Bibel hochhielten.*

Gerade als wir angekommen waren, hörte der Gesang auf, und der Abba fing an, aus der Bibel vorzulesen, ließ aber verwirrt davon ab, als einer der Diakone seine Aufmerksamkeit auf Uliba-Wark richtete, die gespannt zuhörte, eine Hand in die Hüfte stemmte und zustimmend nickte. Ein jeder glotzte sie an, wohl weil sie da stand wie die Königin von Saba. Mit einer graziösen Handbewegung bedeutete sie ihnen fortzufahren, und ging dann zur Seite, um auf einer Bank neben der Eingangspforte Platz zu nehmen. Der Abba, der völlig aus der Fassung geraten war (mich dünkte, es gab keine anderen Frauen innerhalb der Anlage), berappelte sich wieder und begann erneut vorzulesen, diesmal in einem zittrigen Falsett. Währenddessen warf er immer wieder irritierte kurze Blicke in Ulibas Richtung, besonders als sie die Beine übereinander schlug, sich zurücklehnte, den Kopf auf die Hand gestützt, mild lächelnd, als verfolge sie eine Darbietung, die allein zu ihren Gunsten aufgeführt wurde. Die Lesung wurde beendet (die gekürzte Version, vermute ich), der Abba und seine Gefolgsleute zogen sich durch einen Gang ins Innere zurück, während sie noch ein paar Blicke zu uns warfen, und kurz darauf kam ein glatzköpfiger Kerl mit einer Art Amtsstab auf Uliba zu und bat sie hinein. Sie erhob sich würdevoll, machte eine unauffällige Geste in meine Richtung, die ich so interpretierte, dass ich ein paar Taler für die Plebs zusammenkratzen sollte, und schwebte majestätisch davon. Ich teilte grinsend aus, verbeugte mich taktvoll vor dem Kreuzträger, der das

* Für eine Beschreibung und Illustration der Palmsonntag Zeremonie, siehe Simpson, *Diary*.

singende Volk zu einem weiteren Psalm überleitete und hastete hinter meiner Herrin her, wie ein guter kleiner Günstling.

Auch mit meinen begrenzten Amharisch-Kenntnissen konnte ich das meiste davon verstehen, was an die Zuhörer gerichtet wurde, die in die Klosterkapelle gefolgt waren. Uliba wurde mit höchster Achtung zu einem Stuhl geleitet, der blitzschnell zwischen den vorderen Kirchenbänken platziert worden war, während der Abba sich selbst nervös auf einem Hocker vor dem Altar niederließ, seinen Mitarbeiterstab ringsum aufgestellt, mit Palmen, Krücken und offenen Mündern. Ich weiß nicht, ob koptische Priester im Zölibat leben, aber diese gafften wie Landeier in einer Burlesque-Show in Chicagos Loop. Ich gehe nicht davon aus, dass ihre kleine Kapelle je zuvor eine Frau ihresgleichen gesehen hatte, und sie inszenierte sich wie die größte der Grande Dames, musterte alle gelassen und drehte das elegante Profil, als sie sich Haarband und Schleier vom Kopf zog, mir beides huldsam reichte und mit ernster Miene neben ihren Stuhl schaute. Sie umgarnte sie mit einer liebevollen Entschuldigung, weil sie ihre Probe unterbrochen hatte, und der Abba fiel beinah von seinem Hocker, während er ihr versicherte, dass es doch überhaupt nicht der Rede wert war, ehrlich, und bitte, womit könnten sie Ihrer Exzellenz eigentlich dienen?

Das war noch bevor sie erwähnte, dass sie ein hohes Tier auf dem Weg zum Hofe Königin Masteeats war, aber beraubt worden war. Sie tat dies unter Einsatz ihres guten Aussehens und dieser bemerkenswerten Beine und ließ sie aus ihrer anmutigen Hand fressen. Sie würden vor Ehrfurcht erstarren, hatte sie prophezeit, und sie waren vor Ehrfurcht erstarrt.

Der Bericht über unsere Abenteuer, den sie ihnen präsentierte, war knapp und improvisiert, aber ausreichend, um die Gottesfürchtigen in Spannung zu versetzen, so dass sie die Fingerknöchel voller Nervosität an die Lippen pressten. Der Abba konnte kaum fassen, was aus dem schönen Habesh geworden war, mit all den bösartigen Kaisern und fremden Besetzern und plündernden Rebellen. Und dass noble Ladies belästigt und ausgeraubt wurden von heidnischen Briganten, Gott möge ihnen vergeben, aber welchen Schutz und Trost die Kirche ihnen auch bieten könnte, sie sollte ihn bekommen und auch ihr Diener, selbst wenn er ungläubig war. Dies beinhaltete Speis und Trank, Aufmerksamkeit, Gebete, und auch das beste Schlafgemach im Kloster wurde der Dame zur Verfügung gestellt (mit einer Matratze im Durchgang für Vilkins, den Butler), und das Versprechen auf Kleidung, Ausrüstung und Transport, die über Nacht aufgetrieben werden konnten.

Ich erhielt meine Essensration im Zönakel,* unter scharfer Beobachtung von neugierigen und nicht allzu freundlich dreinblickenden Augen, da sie mit Nicht-Christen nichts anzufangen wussten, und als „Hindi“ hatte ich die Grenze des Vertretbaren überschritten. Uliba speiste in den Privatgemächern des Abbas zu Abend, und auch wenn die Neuigkeiten, die sie erfuhr wirr und verstörend waren, so führten sie uns zumindest auf die richtige Fährte.

„Masteeat hat ihr Lager am Abai aufgeschlagen, unterhalb des Wasserfalls, den die Menschen den Großen silbernen Rauch nennen.“ Sie jubilierte innerlich. „Von hier ist es eine Fünftagesreise per Pferd oder Kamel, am Westufer des Tana entlang – seht!“ Der Abba reichte ihr eine Karte. Ein schönes koloriertes Ding. Der Tanasee war dargestellt in kleinen blauen Wellen und mit Booten, die darauf schwammen und einer Arche, die vor Anker lag mit Nilpferden und Pythons und Affen, die an Bord kletterten, unter dem wachsamen Auge eines eindeutig äthiopischen Noahs, die ganze Versammlung gesegnet von einem dunkelhäutigen Jesus. „Hier in Azez sind wir 40 Meilen von Gorgora entfernt, am Kopfende des Sees; höchstens weitere 50 bis nach Zage, und vielleicht noch 50 bis zum Abai …“

„Warum nicht den direkten Weg, das Ostufer entlang? Wenn ich das richtig sehe, würde es die ganze Reise um ein Drittel verkürzen.“

„Weil Theodor sein Lager letztes Jahr in Kourata aufgeschlagen hat –“ sie legte einen Finger darauf – „und er wird dort immer noch Truppen stationiert haben, und wer weiß wie viele zwischen dem See und seiner Armee noch auf dem Vormarsch

* Refektorium, Speiseraum (lat.).

nach Magdala sind? Er hat Begemder komplett zerstört, und diese Kirchenmänner sagen, er wäre bereits an der Schlucht von Jedda, aber ihre Nachrichten sind fast eine Woche alt. Er könnte mittlerweile schon nah an Magdala sein."

„Und Masteeats Armee liegt nach Eurer Schätzung ungefähr 90 Meilen vor Magdala … wo ist Napier, wissen sie das auch?"

„Sie haben das letzte Mal etwas über ihn in Antaloo gehört, aber auch das sind keine Neuigkeiten. Im besten Fall kann er kaum weiter als einen Tagesmarsch südlich vom Ashangisee sein." Mit dem Finger zog sie den Weg von Magdala aus nach. Napier hatte noch gut 100 Meilen vor sich, so wie es aussah.

„Nun, Theodor könnte das Rennen gewinnen, wenn er die Zügel anzieht", sagte ich. „Wenn er seine Waffen bis nach Magdala bringt …" Ich belastete mich nicht mit dem Gedanken. Man sagte diesem Ort nach, unbezwingbar zu sein, was zweifellos eine Übertreibung war. Britische Truppen können alles einnehmen, vorausgesetzt sie stehen unter einem Kommandanten, der etwas von seinem Geschäft versteht, aber dem Schürzenjäger fehlte die Zeit für eine Belagerung. Nicht mit einer Einsatztruppe, die aus dem letzten Loch pfiff, und Nahrung und Tierfutter, das zur Neige ging. Wenn er vor Theodors Bollwerk zum Stillstand käme … nun, dann wäre es ein wirklicher Niedergang, weit entfernt von zu Hause und kein Weg zurück. Seine Armee würde an Ort und Stelle verhungern, und Theodors Hochländer könnten ihre Überreste zum reinen Zeitvertreib aufschlitzen … kein Zweifel, dass sich die Rebellenbosse wohl auch noch dazu gesellen würden. Es war mir nun Trost, dass ich als freier Agent bei Uliba stationiert war, als ein glückloser Haufen Kanonenfutter in Napiers letztem Gefecht … Mich durchfuhr plötzlich die schreckliche Erinnerung an Gandamack, mit der 44th auf dem eisigen Hang gefangen, Soutar mit der Fahne um den Bauch und den Ghazis, die immer näher rückten …

Ich erkundigte mich nach den Rebellen und sie spuckte aus: „Vieh! Feiglinge! Sie laufen in Kreisen um Theodor, weil sie Angst vor ihm haben. Die haben vor sich selbst Angst! Das steht fest, wenn man dem Abba, dem alten Narr, Glauben schenken darf. Dieses betrunkene fette Ferkel Masteeat", spottete sie mit Genugtuung, „hätte das Spiel längst gewonnen, wenn sie ihren Verstand für irgendetwas anderes als Fressen und Vögeln nutzen würde! Vor zwei Monaten stand sie mit ihrer Armee vor Magdala, während seine Besatzung nur aus Schwächlingen und Verrätern bestand, fast bereit sich zu ergeben, abgehalten nur durch die Angst vor Theodors Vergeltung, wenn er zurück von seinem Raubzug in Begemder käme. Oh, wenn ich an ihrer Stelle gewesen wäre, hätten sie sich schnell ergeben!" Sie ballte die Fäuste und schüttelte sie, und ich glaubte ihr jedes Wort. „Aber sie schiebt es auf, vertut ihre Chancen und ist letztendlich zum Rückzug gezwungen, weil die Hyäne Gobayzy und der Schakal Menelek sich im Galla-Land herumtreiben, zwar Angst davor haben, Magdala anzugreifen, aber ihr seid zahlenmäßig überlegen, also zieht sie sich zum Abai zurück. Es ist hervorragend", fügte sie hinzu und freute sich wie ein Schneekönig. „Wir können uns keine bessere Ausgangsposition wünschen!"

Wenn ich das nur auch so sehen könnte, und das sagte ich auch. „Wenn sie die Flinte ins Korn geworfen hat, wo liegt dann noch der Sinn in unserem Auftrag? Sie und ihre Armee werden keinerlei Hilfe für Napier sein, wenn sie 90 Meilen entfernt sind!"

Sie winkte ab. „Galla-Armeen kommen sehr schnell voran. Abgesehen davon wird sie mehr Krieger in den Bergen um Magdala zurückgelassen haben, bereit zum Losschlagen, als sie mit zum Abai genommen hat. Gebt der Königin der Wollo Galla nur ein Zeichen, und Ihr habt einen Stahlring – hatte Euer General es nicht so genannt? – rund um die Amba von Magdala, mit Theodor eingeschlossen in der Mitte."

Die Königin der Wollo Galla … aber welche Königin? Wir hatten ihre Ambitionen gerade diskutiert, auch welchen Part ich womöglich darin spielen könnte, als die Sudanesen uns unterbrochen hatten. Seither wurde das Thema nicht wieder aufgegriffen. Nun, es spielte im Augenblick auch keine große Rolle. Dass sie nach dem Thron ihrer Schwester griff, wusste ich bereits, auch wenn ich nicht wusste, wann, wo oder wie. In der Zwischenzeit genügte es, Masteeats Standort zu erfahren und dass diese herzlichen Mönche uns den Weg dorthin bereiteten.

Und wahrlich, sie sparten an nichts. Zwei Kamele wurden ausgeliehen, die Satteltaschen gefüllt mit Fraß und Flaschen voll Tej, Umhänge und Decken und ein paar Chicos, die vorlaufen sollten, um sicherzugehen, dass unsere Bahn frei war. Uliba machte kein Zahlungsangebot und wedelte mich einfach mit ihrer königlichen Hand herbei, und ich präsentierte dem Hauptdiakon eine Tasche mit 50 Talern. Sie fügte eines ihrer Armbänder hinzu, indem sie es in Lady Bountiful Manier an ein kleines Mädchen in der Menge überreichte. Jeder aus der Anlage, Priester, Brüder, Arbeiter, Knechte war da, um uns zu verabschieden. Wir bestiegen die Kamele, diese erhoben sich, der Abba segnete uns, und weg waren wir mit einem Kamelburschen, der hinter uns her trottete. Ein Chor aus Lebewohls folgte, und noch bevor wir außer Hörweite waren, wurden Stoßgebete in den Himmel geschickt. Entweder hatten sie die Proben für den Palmsonntag wieder aufgenommen, oder sie freuten sich über die Moneten.

Kapitel 9

Ich bin kein alter Hase, was Afrika angeht, und was ich bisher von Abessinien gesehen hatte, war eher abschreckend als beeindruckend, dennoch würde ich mich zu der Äußerung hinreißen lassen, dass das Land um den Tanasee von allen Orten, die ich bisher besucht habe, dem irdischen Paradies am nächsten ist. Zumindest was das Landschaftsbild betrifft. Von Azez nach Gorgora am Nordufer ist es ziemlich eintönig, doch der See selbst schlägt alles, selbst die Seen in der Schweiz und Italien. Ein großer blau schimmerndes Gewässer, gesäumt von tropischen Wäldern, Hügeln und Wiesen. Wie ein prächtiger Garten voll exotischer Blumen und Stauden, in Hainen aus herrlichen Bäumen und Farnen. Die Wälder sind voller Leben, mit Vögeln in allen Farben und Größen, von winzigen gefiederten Milben, kaum größer als ein Schmetterling, bis hin zum mächtigen Nashornvogel, ein schwarz-weißes Monster, so groß wie ein Mensch, das mit lautem Gekrächz über einen hinweg zieht wie ein fliegender Drache. Es gibt einen Überfluss an Wild, Rehen und Antilopen, und Affen überall, Büffel streifen auf den Hängen herum, riesige Nilpferde, die sich im See selbst auftürmen und belfern, und die größten Schlangen in ganz Afrika, 20-Fuß-Pythons in glänzenden bunten Häuten, die durch das Unterholz gleiten.

Gute Kamele können längere Strecken genauso schnell zurücklegen wie Pferde, und wir schlugen unser erstes Nachtlager in einem kleinen Palmenhain auf, nur wenige Meilen vom See entfernt. Uliba sagte, es wäre sicherer, Gorgora außen vor zu lassen, also steuerten wir am nächsten Morgen geradewegs auf das Westufer und den Schutz des dschungelartigen Waldes zu. Man hatte nicht bestimmt, wo am Tana der Kamelbursche mitsamt den Kamelen umkehren sollte, und als Uliba erwähnte, dass wir sie gerne bis zu der Quelle des Abai mitnähmen, bekam er hysterische Anfälle. Er war einer dieser abgehärteten schlanken Abs, der rennen konnte wie ein Hirsch und durch seine große Schrittweite mit Leichtigkeit mithielt, aber er würde bestimmt erschossen, wenn er sich näher an den gefürchteten Negus Téwodros* heranwagte, als er unbedingt musste. Jeder wusste über das Blutbad Bescheid, das südlich des Sees veranstaltet worden war, von dem Verbrennen, Blenden und dem Abhacken von Ohren und Nasen; und warum ganz Metcha eine rauchende Wüste war.

Uliba trat ihm wie eine Schulmeisterin entgegen, aber er ließ sich nicht umstimmen. Erst als sie ihm 20 Taler bot und er sie auf 30 hochgehandelt hatte, willigte er zögerlich ein, zumindest bis Adeena mitzukommen, nah am Fuß des Sees.

„Wir hätten ihn töten können und die Kamele behalten", sagte Uliba, als wir unseres Weges ritten, der Kamelbursche missmutig hinter uns her trottend, „aber er hätte vielleicht gekämpft, und was sind schon 30 Taler?" Ich fragte mich, ob sie wohl von mir erwartet hätte, dass ich die Drecksarbeit für sie erledigte – aber ihrer Art nach zu urteilen, wahrscheinlich eher nicht.

Wir benötigten den Großteil des Tages, um Adeena zu erreichen. Ein kleines Fischerdorf auf einer hübschen Lichtung nahe dem Ufer. Seit wir Azez verlassen hatten, waren dies die ersten Menschen, die wir zu Gesicht bekamen. Freundliche Bauern, aber wie unser Kamelbursche, total verängstigt vor dem was weiter südlich lag, und dankbar dafür, dass sie von Theodors Feldzug bisher verschont geblieben waren.

Zage und Baheerdar waren dem Erdboden gleichgemacht und ihre Bewohner entweder getötet oder verjagt worden. Ja, Theodors Soldaten lagen noch immer in Kourata auf der anderen Seite des Sees; aber nein, nichts würde die Menschen hier dazu veranlassen, uns mit einer ihrer Fähren auch nur in die Nähe zu bringen – geschweige denn das Ufer runter. Aber angesichts ihrer Bote, geflochtene Coracle aus Rohrkolben, die pausenlos von Wasser durchtränkt wurden, war ich durchaus erleichtert, unsere Reise zu Fuß fortsetzen zu können.

Zu Ulibas Ärger erwähnte unser Kamelbursche während seines Schwätzchens mit dem Dorfvorsteher, der mit uns zu Abend

* Theodor II, ‚König der Könige'.

aß, dass wir auf dem Weg waren, Königin Masteeat zu finden. Für mich schien es harmlos, aber sie spuckte Gift und Galle als sie erklärte, dass die Gefahr immer größer wurde, je näher wir unserem Ziel kamen – Theodors Lanzen bedrohlich nahe. „Ich wusste, wir hätten dem plappernden Bastard die Kehle durchschneiden sollen! Nun, er hat unsere Taler, aber wir verabschieden uns nicht. Sobald alle schlafen, nehmt Ihr die Satteltaschen von den Kamelen, und vor Sonnenaufgang sind wir verschwunden!"

Ich glaubte, sie sähe Gespenster. „Diese Leute hassen Theodor mehr als Ihr! Sie werden uns nicht verraten."

„Und, ist ihr Hass größer als ihre Angst? Werden sie schweigen, wenn Theodors Reiter hier auftauchen? Wir sind nicht sicher auf dieser Seite des silbernen Rauches. Die Kamele könnten uns innerhalb eines Tages dorthin bringen, aber wenn wir uns in der Nacht mit ihnen davonstehlen, könnten wir möglicherweise Aufmerksamkeit erregen."

Also machten wir uns in den frühen Morgenstunden heimlich aus Adeena davon. Wir huschten mit solcher Vorsicht durch die Dunkelheit, dass uns nicht mehr als die Hälfte der Bevölkerung gehört haben konnte, aber sie scherten sich nicht darum. Wahrscheinlich drehten sie sich wieder aufs andere Ohr und dankten Gott dafür, dass diese ungebetenen Gäste wieder verschwanden. Es war eine klare Mondnacht und mit Uliba, die so trittsicher war wie eh und je, wurde es zu einem angenehmen Spaziergang durch die schattigen Haine, bis das Licht zu schwinden begann und der kalte Dunst vom Wasser herüberzog. Dann machten wir ein Feuer, genehmigten uns einen Bissen Brot und Schinken aus dem Kloster, spülten alles mit Tej hinunter, rollten uns zusammen unter eine Decke und hielten uns gegenseitig warm, auf die netteste Art und Weise, die ich mir vorstellen kann.

Am nächsten Morgen umrundeten wir die Bucht im Südwesten des Tana. Wir waren beide frohen Mutes im Sonnenschein, schlenderten den Weg entlang wie Phyllis und Corydon in Arkadien, ohne den leisesten Hauch einer Ahnung über den Horror, der noch vor uns lag. Ein paar Fischer waren draußen auf dem See und wir passierten ein paar Dörfer, in denen die Bauern offensichtlich unbehelligt geblieben waren, da sie auf ihren Grundstücken faulenzten. Wir läuteten die Mittagszeit an einem abgelegenen Hain ein, wo sich Wasservögel am seichten Ufer die Zeit vertrieben, und Uliba fragte mich, ob mir der Sinn nach Ente zu Mittag stünde. Durchaus, antwortete ich, wenn sie denn eine fing, und sie lachte und fragte, wenn sie eine tötete, ob ich sie dann an Land brächte? Tötet, los, sagte ich, und blieb erstaunt zurück als sie ein paar Kiesel aus dem Sand hob, mit ihnen jonglierte und sie plötzlich warf, einen, zwei, drei! Zwei Enten hatte sie die Köpfe zertrümmert und eine dritte war auch getroffen und lag quakend und zuckend im Wasser.

Sie hatte mir bereits von den Fähigkeiten der Gallas im Umgang mit Wurfgeschossen erzählt, aber ich hatte ihr nicht geglaubt, bis ich es mit eigenen Augen sah. Ich stürzte mich ins Wasser und apportierte das Federvieh voller Lobeshymnen, aber sie spielte alles herunter, weil die Vögel nur still dagesessen hätten. Nächstes Mal würde sie eine im Flug treffen. Eine kuriose Sache: Keine der anderen Enten hatte einen Mucks gemacht, und sie erklärte mir, dass die Vögel und anderen Tiere vom Tanasee so zahm seien, dass ihnen die Jäger egal waren und sich nicht einmal regten, wenn das Tier neben ihnen getroffen wurde.

Es war ein herrlicher Tag. Wir beschlossen, im See zu schwimmen, der eiskalt war. Davon ist mir eine schöne Erinnerung an Uliba geblieben, die auf einem schwarzen glatten Stein saß, wie die kleine Meerjungfrau, nackt, nass und glänzend.

Wir lagen gut in der Zeit, als wir am Nachmittag den Wald verließen und auf eine felsigere Küstenlinie zuhielten. Ich stellte fest, dass wir unterwegs immer weniger Menschen zu Gesicht bekamen, bis letztendlich gar keine mehr auftauchten. Dies war auch der Moment, in dem ich einen Hauch derselben abgestandenen Luft bemerkte, die auch über Gondar gelegen hatte. Und Uliba hielt an, hob den Kopf und sagte: „Zage."

Wir hatten ein paar Bächlein überquert, die zwischen den Felsen in den See mündeten, und nun kamen wir zu einem weiteren, schon eher ein kleiner Fluss mit steilen Ufern. Während unseres

Abstiegs schlug das Wetter mit der für Abessinien so typischen Schnelligkeit um und ein Hagelsturm prasselte auf uns hernieder wie mit einer Kartätsche geschossen. Eiskörner, so groß wie die Murmeln von Schuljungen, trieben uns an, so schnell wie möglich einen Unterstand zu finden und peitschten die Flussmündung und die Oberfläche des Sees zu Schaum auf. Bei dem Lärm des Niederschlags konnte man das eigene Wort kaum noch verstehen, aber Uliba lachte nur, deutete auf den Fluss und rief: „Kleiner Abai! Nur noch ein paar Meilen von hier!"

Ich verstand es nicht: Der Strom floss in den See und ich wusste, der Abai, welcher der Blaue Nil ist, sollte aus dem Tana fließen – und daraus ergab sich eine Geschichte, die ich das erste Mal von Uliba hörte, als wir uns unter den großen Blättern eines Affenbrotbaums zusammenkauerten, um uns vor dem Hagelsturm zu schützen, und dann noch einmal, Jahre später, im Travellers' Club vom Nilfachmann höchstpersönlich – Dick Burton. Er hatte die fixesten Ideen darüber gehabt, mit denen ich Sie jetzt nicht weiter langweilen werde, außer zu sagen, dass der Kleine Abai westlich vom Dorf Zage in den Tanasee mündet und auf östlicher Seite wieder entspringt. Dort wird er zum Großen Abai und vereinigt sich mit dem Weißen Nil, der weit entfernt dem Viktoriasee entspringt – oder so habe ich es zumindest von Burton gehört, der voll Zorn über die Kerle ablästerte, die ihn entdeckt hatten. Gott weiß warum: Dieser Typ kämpfte auch gegen seinen eigenen Schatten.[35]

Wie dem auch sei, als der Hagel aufhörte, überquerten wir den Fluss und kamen zum Vorgebirge von Zage, ein einst bevölkerungsreichen Ort, der nun zerstört und verlassen war, dank Theodor, der ihn bereits vor Monaten geplündert und niedergebrannt hatte – daher der Gestank nach verkohltem Holz und Verödung. Der Ort lag halbversteckt hinter Bäumen am Fuße des Vorgebirges, das wir durchquerten und auf freies Land stießen, wo wir die Überreste einer ausgedienten Feuerstelle vorfanden. Dann kamen wir zu einem Gewirr aus Wurzeln am sumpfigen Rande des Sees. Draußen auf dem Wasser konnten wir einige Fischerboote erkennen, die in Richtung Adeena steuerten. Uliba beobachtete sie eine Weile stirnrunzelnd, bevor sie sich umdrehte und am Rand des Sumpfes weiterging.

Dann hielt Sie wieder an und zeigte nach Osten, wo hinter dem sumpfigen Gelände eine kleine Ansammlung von Hütten am Ufer stand. „Baheerdar", sagte sie lächelnd. „Erinnert Ihr euch? Denkt Ihr, Ihr hättet es selbst finden können?" Ich entgegnete, ich sei überaus froh darüber, dass ich es nicht hatte versuchen müssen. Sie führte uns weiter am Sumpf entlang, nun in Richtung Süden. Wir bahnten uns unseren Weg durch morastiges Dickicht voll surrender Mücken, dann eine mit hohem Gras bewachsene Anhöhe hinauf. Dahinter wurde das sumpfige Rinnsal abrupt zu einem Bachlauf zwischen dschungelartigen Ufern. Eine Meile weiter verbreiterte er sich zu einem richtigen Fluss, der rötlich im Sonnenuntergang schimmerte. Uliba stieß einen tiefen Seufzer aus und streckte die Arme über dem Kopf.

„Da fließt er – der Große Abai! Ein paar Meilen noch bis zum Silbernen Rauch, und nicht weit dahinter ist das Lager meiner Leute." Sie stellte sich an meine Seite und bedeutete mir mit einer Handbewegung sie zu umarmen. „Sind wir nicht hervorragend miteinander ausgekommen auf unserer Reise, Effendi?"

Bei Gott, ja, rief ich, drückte sie liebevoll an mich und gab ihr einen herzlichen Kuss, unter dem ich ihr beipflichtete, die Königin aller Reiseführer zu sein – während ich für mich bemerkte, dass sie nun vom Lager ihrer Leute sprach, nicht Königin Masteeats. Bald darauf sollte ich wohl erfahren, was sich hinter dem triumphierenden Lächeln verbarg, und was auch immer es war, ich bereitete mich schon auf flinke Fußarbeit vor. Und wenn möglich, Napiers Auftrag auszuführen und sicherzustellen, dass die Wollo Gallas die Falle um Magdala zuschnappen ließen … wer dann auch immer den Thron ihres Stammes einnahm.

Ich erwartete halbwegs von Uliba, dass sie mir ihre Pläne aufdeckte, aber sie gab nichts preis, also musste ich abwarten, mich zum Schlafen ans Ufer des Großen Abai legen und über die Ironie der ganzen Sache nachdenken: Wenn ich ein kleines Boot und genug Fressalien gehabt hätte (und wenn die Napiers und Ulibas und ausgewählte Abs und Beduinen mich in Ruhe ließen), hätte ich ein paar tausend Meilen flussabwärts treiben können, friedlich und ruhig, bis zum Shepherds oder dem Hôtel du Nil in Kairo.

Ich wurde jäh aus dem Schlaf gerissen, als eine Hand meinen Arm packte und eine weitere meinen Mund bedeckte, und war drauf und dran, in Panik zu verfallen, als ich feststellte, dass die Hände Uliba gehörten. Der Morgen war noch nicht angebrochen, und schon zischte sie mir eine Warnung ins Ohr.

„Ruhig! Bleibt unten!“ Sie war unter ihrer Decke hervor gekrochen und schlängelte sich über das Gras davon, das ganz feucht vom Morgentau war, und ich folgte ihr erschreckt. „Seht – dort drüben, auf der anderen Seite des Flusses!“

Mein Blick folgte ihrem Finger, und ich erstarrte augenblicklich zu Eis. Am anderen Ufer, das an dieser Stelle gerade mal 50 Meter entfernt war, brach eine Gruppe Reiter aus dem Dschungel hervor und näherte sich dem Fluss. Es waren Lanzenreiter, 40 oder 50 von ihnen, herausgeputzt in weißen Roben, Turbanen und Brustpanzern, einer oder zwei mit kettengepanzertem Schulterschutz. Ihr Anführer trug einen Stahlhelm, die Panzerhandschuhe eines Ritters und einen silbernen Schild. Sie verteilten sich am Ufer, stiegen auf Befehl des Anführers von ihren Pferden, um sie zu tränken. Ihre Stimmen wehten über die neblige Oberfläche zu uns herüber.

Mehr verzweifelt als hoffnungsvoll fragte ich, ob es wohl Masteeats Leute waren, aber Uliba schüttelte ungeduldig den Kopf und wich in den Schutz der Büsche zurück, zog die Decken und die Satteltasche mit sich und gab mir ein Zeichen, es ihr gleichzutun.

„Das sind Theodors. Seine Leibgarde. Dieser silberne Schild wird nur von Adligen in höheren Diensten getragen.“ Ihr Flüstern war grimmig. „Diese Boote letzte Nacht, die Richtung Adeena unterwegs waren – sie müssen Nachrichten über uns und unsere Marschroute gemeldet haben!“ Voller Wut schloss sie die Augen und ballte die Faust. „Guter Gott, warum habe ich diesen Idioten mit der lockeren Zunge nicht getötet!?“

„Moment mal – woher wollt Ihr wissen, dass sie nach uns Ausschau halten? Ihr könnt Euch nicht sicher sein …"

„Ein silberner Schild, in diesem Gelände, mit Elite-Truppen des Kaisers? Ich bin mir sicher, dass sie nicht auf einem Manöver sind! Er würde niemals solch eine Elite zurücklassen, um Kourata zu besetzen, während er nach Magdala marschiert. Nein, er würde sie nach Westen schicken, sofort nachdem er erfahren hat(zweifellos durch Yandos Schergen), dass ein britischer Offizier nach Süden zieht, um Hilfe von Masteeat und den Wollo Gallas zu erbitten! Sie werden in Begemder umhergestreift sein, auf der Suche nach uns, und nun hat dieser Bauerntölpel in Adeena sie auf unsere Fährte geführt – und der folgen sie."

Wie immer redete sie wie ein Wasserfall, bewahrte aber Ruhe dabei. Sie bedeutete mir, keinen Mucks zu machen und krabbelte wieder nach vorne zu einem einzelnen Busch, den bezopften Kopf angewinkelt und leicht erhoben, damit sie besser lauschen konnte. Kurz darauf war sie zurück, ihre Lippen an meinem Ohr.

„Sie suchen nach einer Furt, dann werden sie beide Ufer absuchen. Und wir sind die Beute; kein gewöhnlicher Flüchtiger wäre solch eine Jagd wert."

„O Gott! Was können wir tun?"

Sie lächelte verbissen. „Rennen – weg vom Fluss, bevor sie ihn überqueren können. Wir können einen großen Bogen schlagen und wieder zu ihm gelangen, da wir im Dschungel schneller zu Fuß sind, als sie zu Pferd. Wenn wir den Silbernen Rauch vor ihnen erreichen, sollten wir in Sicherheit sein, da sie sich nicht näher an Masteeats Armee herantrauen werden." Ein Befehlswort drang über den Fluss; sie stiegen wieder auf.

„Aber wir haben keine Zeit zu verlieren. Es sind 20 Meilen durch den Dschungel bis zu den Wasserfällen."

Wenn Sie nie selbst einen Dschungel durchquerten, haben Sie dank den Geschichten von Angebern, die Ihnen weismachen wollten, wie sie sich ihren Weg durch unbezwingbares Unterholz hackten, und sich glücklich schätzen konnten zwei Meilen pro Tag zurückzulegen, während sie Schlangen und große haarige Spinnen meiden mussten, einen falschen Eindruck. Nun, so einen Dschungel gibt es, und er ist auf jeden Fall höllisch. Ich muss es wissen, da ich ihn auf Borneo und dem Land um den Fly bereits kennengelernt habe, aber normalerweise ist er nicht so dicht, und man muss gut darauf acht geben, wo man hintritt. Selbst solche erträglichen Regenwälder wie das Quellgebiet des Blauen Nils bergen ihre Gefahren, wie plötzlich auftauchende Sümpfe, Löcher im Boden oder umgestürzte Baumstämme, die verrottend vor sich hin bröckeln und einen unerwartet in den Schlamm plumpsen lassen, wenn man auf sie tritt. Im Großen und Ganzen jedoch ging es leidlich voran. Es gab mehr Bäume als Dickicht und genügend Platz, sich zu bewegen. Ich schätze, Uliba und ich legten gute vier Meilen pro Stunde zurück, was schneller als Marschieren ist, auch wenn es in der Hitze Schwerstarbeit war, im Schatten war es wenigstens nicht ganz unerträglich. Ich zweifelte, ob Theodors Kavallerie mithalten konnte. Wenn wir einen Bogen zurück zum Fluss schlugen, hätten wir mit etwas Glück einen komfortablen Vorsprung, vorausgesetzt wir konnten unsere Geschwindigkeit halten.

Sich vom Fluss zu entfernen, bedeutete zwei oder drei Extrameilen, aber bei Sonnenuntergang stellte Uliba fest, dass wir genug Strecke an diesem Tag zurückgelegt hatten. Man zieht nicht nach Einbruch der Dunkelheit durch den Dschungel, wenn man bei gesundem Verstand ist, also schlugen wir unser Lager unter Banyan-Feigen und Akazien auf. Wir riskierten es nicht, ein Feuer zu machen, erfreuten uns aber an den warmen Lichtstrahlen des Sonnenuntergangs, die durchs Gehölz fielen und das letzte Zwitschern und Rufen von Millionen bunter Vögel in den Ästen über unseren Köpfen. Die Szenerie erinnerte mich an den Wald Madagaskars. Und Sie werden es vielleicht nicht glauben, aber ich fühlte, wie meine Augen leicht zu brennen begannen, als mich die Erinnerung an Elspeth überfiel: blauäugig und wunderschön lächelnd zu mir hoch blickend mit ihrem goldenen Haar, das locker neben ihrem Kopf auf dem Gras ausgebreitet war. Ihre Arme, die sich nach mir ausstreckten und diese liebreizenden Lippen, die leicht geöffnet … „Mein Liebling, mein lieber Liebling!“ zu mir sagten.

Lieber Gott, das war vor mehr als 20 Jahren, diese merkwürdige Idylle von Freude und Terror zugleich, als wir aus Antan flohen mit Ranavalonas Hovas auf den Fersen … Theodors Reiter mögen eine Furcht einflößende Truppe sein und durch und durch professionell, ihrem Auftreten nach zu urteilen, aber zumindest waren sie halbwegs zivilisiert, nicht so wie diese schwarzen Monster … Komisch aber, wie Geschichte sich wiederholt: Da war ich schon wieder auf der Flucht vor dunklen Mächten durch tropische Wälder in Begleitung einer schönen Wilden – nicht dass Uliba sich auch nur annähernd in Sachen Aussehen, Stil, Haltung, Lebhaftigkeit, Eleganz, Anziehungskraft, Hingabe, erotischem Einfallsreichtum, oder in irgendeiner Form mit meiner herrlichen Elspeth vergleichen ließe – und bei dem Gedanken an sie lief mir das Wasser im Mund zusammen … Ich liebte sie ehrlich und aufrichtig, darf ich sagen, und hatte sie nur zu kurzen ekstatischen Stelldicheins in den letzten vier Jahren gesehen – nein, fünf, verdammt! Wirklich, zu schade, und ich vermisste sie so, und nur Gott allein weiß, was sie getrieben hat, seit ich Rauch und Pulverdampf in Chancellorsville, Gettsyburg, Yellow Tavern, Ford's Theatre und Queretaro schmeckte. Und schauen Sie mich jetzt an, tränenreich in Äthiopien, mit den kleinen grauen Affen, die von den Bäumen auf mich herunterstarren. Dann setzte wieder der Regen ein.[36]

Bei Tagesanbruch herrschte wieder strahlender Sonnenschein, und wir zogen vor dem ersten Licht Richtung Fluss. Je näher wir ihm kamen, desto dichter wurde der Dschungel, was ein noch mühsameres Vorankommen für Theodors Kavallerie bedeutete. Schließlich sahen wir die Sonne durch das Unterholz scheinen und kamen kurz darauf an einer sich weit erstreckenden Grasnarbe, die sich am Rande des Wassers entlang zog, aus dem Dschungel heraus. Der Fluss war ungefähr eine Viertelmeile breit und ich wage zu behaupten, der Traum eines jeden Impressionisten. Grau-Grün und schimmernd glitt er sanft zwischen den bewaldeten Inseln dahin. Das entfernte Ufer bestand aus üppigem Blattwerk, untermalt von grünen Gebirgsausläufern, die zu richtigen Bergen heranwuchsen, und zu unserer Rechten, eine Meile oder zwei flussabwärts, hing ein leichter Nebel über dem Fluss, über den sich ein perfekter Regenbogen spannte. Uliba klatschte in die Hände.

„Der Silberne Rauch! Bin ich nicht die Königin der Reiseführer, wie Ihr sagtet?"

Seit wir Tana verlassen hatten, konnte man zum ersten Mal Menschen entdecken. Fischer, die ein paar hundert Schritte flussabwärts an ihren heruntergekommenen Booten hantierten, wo die Grasnarbe endete und der Dschungel die Flussoberfläche überwucherte. Nicht weit von uns befanden sich zwei Mädchen, die Kleidung wuschen und sie an einer Leine in Ufernähe aufhängten, ihr kleines Korb-Boot hatten sie an Land gezogen. Sie richteten sich auf und musterten uns. Als uns eine winkte, hob auch Uliba die Hand. Während wir am Ufer entlang gingen, stieg meine Laune merklich. Die Vögel sangen ihre fröhlichen Lieder, die Luft duftete nach Fluss, wir waren nur noch wenige Meilen vom Ziel unserer Reise entfernt. Ich summte „Drink, Puppy, Drink", Lerchen und Schnecken waren auf ihre ureigene Art unterwegs, Gottes Gegenwart war spürbar in diesem Himmel auf Erden, und am Rande des Dschungels, keine 20 Meter entfernt, saß ein weißgewandeter behelmter Reiter und beobachtete alles.

Drei Herzschläge lang starrten wir einander einfach nur an, während ich mir einredete, dass dies unmöglich einer von der Truppe gewesen sein kann, die wir gestern gesehen hatten. So schnell konnten sie doch gar nicht hier sein – und dann weiteten sich seine Augen, wie bei einem Jäger, der sein Wild entdeckt hatte. Blitzschnell zog ich meinen Joslyn, worauf Uliba lauthals „Nein!" rief, meine Hand zur Seite schlug und an mir vorbei rannte, während sie ihr Messer zückte. Aus vollem Lauf warf sie es nach ihm, zielte auf seine Brust, gerade wie einen Pfeil, aber dieser Kerl kannte das Geschäft und zog seinen Schild, um die fliegende Klinge abzuwehren. Er brüllte triumphierend, als er sein Pferd Richtung Wald antrieb.

Sie hatte gewusst, dass ein Schuss den Rest seiner Bande auf uns aufmerksam gemacht hätte, aber ich war jetzt durchaus geneigt, solche Risiken einzugehen und visierte seinen Rücken an.

Aber sie war schneller, beugte sich nieder, ergriff einen Stein und stand einen Moment lang angriffsbereit da. Dann schleuderte sie ihm den Stein hinter. Mit einem dumpfen Knall erwischte sie ihn knapp unter dem Rand seines Helms, es klang wie eine Axt, die auf Holz trifft. Sein Pferd stieg auf die Hinterbeine, als er an den Zügeln riss, und dann fiel er aus dem Sattel – der Helm in die eine Richtung, die Lanze in die andere – und schlug mit dem Rücken am Boden auf. Ich verkniff mir einen Freudenschrei, aber das war unnötige Vorsicht. Bevor wir noch einen weiteren Schritt tun konnten, platzte ein halbes Dutzend Lanzenreiter aus dem Grün, erkannte die Szene augenblicklich und fegte auf uns zu.

Aus bloßem Instinkt feuerte ich auf den Anführer, da ich wohl nicht darauf hoffen konnte, sie alle zu erledigen. Es grenzte an Verrücktheit, die Zeit mit Herumballern zu verschwenden, wenn ich sie genauso gut hätte nutzen können, um mich aus dem Staub zu machen. Wie dem auch sei, ich verfehlte den Bastard, und er senkte die Spitze seiner Lanze und stürmte nun auf mich los. Uliba warf Steine, die verrückte Schlampe, und leistete heftigen Widerstand; sie erwischte den Anführer voll und er scherte mit seinem Pferd in den Weg eines Kameraden aus, so dass beide mit schlagenden Hufen zu Boden gingen. Sie schrie vor Begeisterung und ich dachte, viel Glück Mädel, du kannst die Kerle hier gerne in Schach halten, denn ich bleibe keinesfalls hier. Der Fluss war gute 50 Meter entfernt und ich rannte auf ihn zu wie ein gesengter Rennhund. Aus dem Augenwinkel konnte ich sehen, wie Uliba ein letztes Wurfgeschoss nach ihnen schleuderte und mir daraufhin in Windeseile folgte.

Mein Ziel waren die beiden Waschweiber, die ihr Boot an Land gezogen hatten. Mir blieb nicht viel Zeit, es ins Wasser zu schieben und reinzuspringen, bevor unsere Verfolger mich erreichten, aber es war meine einzige Hoffnung. Selbst als ich mich aus dem Staub machte, mit Uliba hinter mir, dachte ich darüber nach, dass ich so etwas schon einmal erlebt hatte, an den Ufern des Ohio, mit Cassy der Ausreißerin, die hinter mir die Beine in die Hand genommen hatte und den Sklavenjägern, die uns auf den Fersen waren. Dann schossen sie mir auf den Eisschollen in den Arsch und sie zog mich in Sicherheit – aye, aber dieses Mal gab es keinen Abe Lincoln an der fernen Küste, der unseren Verfolgern entgegentreten würde.

Hufe donnerten gefährlich nahe hinter uns und aus dem Augenwinkel sah ich, dass sich ein Lanzenreiter in vollem Galopp keine 20 Meter hinter mir befand, die Lanze auf mich gerichtet. Die Waschweiber schrien und liefen davon. Ich wusste, ich würde ihr Boot niemals rechtzeitig erreichen, und als ich stolperte und in den Kies fiel, scherte Uliba zur Seite aus und sprang wie ein Panther. Irgendwie schaffte sie es, seine Lanze knapp hinter der Spitze zu fassen, mit diesem scheußlichen Behang aus den Hoden von irgendeinem armen Tropf. Der glänzende Stahl wurde umgeleitet und stieß mit der Spitze voran in den Boden, dicht neben meiner Hüfte, während ich ausgestreckt und hilflos dalag. Der Lanzenreiter wurde unsanft aus dem Sattel geschleudert, und Uliba, die die Waffe weiterhin fest umschlossen hielt, rollte sich zur Seite, kam auf die Füße wie eine Akrobatin, wartete kurz auf den richtigen Moment und bohrte die Lanze in den Körper des gefallenen Mannes, der ein Geschrei vom Stapel ließ, das eine Banshee erstmal nachmachen muss.

Mir blieb keine Zeit für Danksagungen oder Glückwünsche: Ich rappelte mich auf und stürzte mich schnellstmöglich auf das Boot, während ich eine der Waschdirnen umstieß, den Bug fasste und es das Ufer runter ins Wasser schob. Es glich eher einem Kanu als ihren üblichen geflochtenen Schüsseln und kenterte beinahe, als ich mich hinein hievte, wild nach einem der abgeplatteten Stöcke greifend, die diese umnachteten Clowns als Paddel benutzten. Noch immer an Land, warf Uliba weiter Steine und johlte Beleidigungen; zu ihren Füßen zappelte der gestürzte Lanzenreiter wie ein Fisch auf Landgang, während er von seiner eigenen Waffe an den Boden geheftet wurde. Ein halbes Dutzend seiner Gefolgsleute befand sich in einem Radius von zehn Schritten, hielt aber argwöhnisch Sicherheitsabstand.

„Schweine! Schläger des Bazars! Feige Bastarde, die von Aussätzigen und Straßenhuren gezeugt wurden! Kann eine unbewaffnete Frau euch dazu bringen den Schwanz einzuziehen, Misthaufenkäfer, die ihr seid!“ Sie war kaum noch bei Stimme, doch nun legten zwei von ihnen ihre Lanzen an und zielten auf sie, und mit einer letzten heiseren Beleidigung drehte sie sich um, rannte los und machte einen Hechtsprung, was sie in Reichweite des Hecks brachte, obwohl ich bereits mit meinem behelfsmäßigen Ruder heftig ins Wasser schlug. Die Strömung trug uns schnell flussabwärts und außerhalb ihrer Reichweite. Unter brüllendem, blutrünstigem Gelächter kletterte sie hinein und belegte die Reiter mit allerlei obszönen Flüchen und Gesten, während diese nur tatenlos am Ufer stehen und zuschauen konnten.

„Zuhälter von Perversen! Nachkommen von kranken Affen! Sagt Theodor, wie Uliba-Wark, die Königin der Gallas, euch einhändig besiegt hat!“ Sie stand auf, um gegen sie zu wettern, was das Kanu besorgniserregend schwanken ließ.

„Ihr bringt uns noch zum Kentern, verdammt – setzt Euch hin und paddelt!“ Die Strömung war stark und wir mussten uns gehörig ins Zeug legen, um das entfernte Ufer zu erreichen, bevor sie uns zu den kleinen dicht bewachsenen Inseln trieb, wo sich die Wasseroberfläche augenscheinlich in Gischt verwandelte, was auf Felsen und Stromschnellen hinwies. Leider musste ich feststellen, dass es unmöglich sein würde. Das grüne Ufer war mindestens 400 Meter entfernt und mit diesen unnützen Paddeln kamen wir kaum voran.

Die nächstgelegenen Inseln waren vielleicht eine Meile entfernt. Mit viel Glück würde es uns gelingen, unseren Kurs so auszurichten, dass wir das ruhige Wasser dazwischen fänden.

Ich rief Uliba zu, synchron zu bleiben, aber das war auch schon alles, was wir versuchen konnten, um das kleine Boot gerade zu halten, während die Geschwindigkeit des Flusses zunahm. Ich wandte mich nach unseren Verfolgern um. Sie würden Schwierigkeiten haben, uns zu folgen, denn stromabwärts von der Uferstelle, von der aus wir geflüchtet waren, war der Fluss von dichtem Dschungel gesäumt. Aber es gab ja noch die Boote der Fischer und ich befürchtete, dass sie nicht davor zurückschreckten, uns damit zu folgen. Aber nein, sie stiegen ohne große Eile auf ihre Pferde und gaben die Verfolgung anscheinend auf.

Wir steuerten nun mit hoher Geschwindigkeit auf die Inseln zu. Die Strömung wurde immer stärker und ich sah, wie das Wasser förmlich zwischen ihnen hindurchschoss und dann abrupt abfiel. Ich rief dies Uliba zu, aber wir konnten nicht viel tun, um das Boot zu lenken. Sanft glitt es den aufgeschäumten Abhang hinab. Wir wurden in weißes Gischtgestöber getaucht, als es über die Steine sauste. Wenn wir das Kanu durch den großen Strudel am Fuße des Wasserfalls steuern könnten, ohne zu sinken, dann würde weiter hinten ruhiges Gewässer auf uns warten. Die Inseln zogen in rasantem Tempo an uns vorbei – und wieder einmal wurde ich von Erinnerungen eingeholt, als ich mir die braune Flut des Ganges vor Augen führte, unterhalb von Cawnpore, wo wir in größter Panik durch das Watt krabbeln mussten, mit Straßenräubern auf unseren Fersen.

So weit oben im Nil gibt es keine Krokodile, aber das wusste ich nicht, als ich so in unserem gebrechlichen Gefährt hing und entsetzt losbrüllte, als wir auf den Strudel trafen. Einen schrecklichen Augenblick wurden wir halb unter Wasser gedrückt. Dann waren wir durch und kurz darauf in ruhigerem Gewässer. Wir saßen bis zur Hüfte im Wasser, aber gingen wie durch ein Wunder nicht unter – Oberflächenspannung, glaube ich, obwohl ich es damals nicht als solche definierte. Der Fluss trug uns nun in mäßiger Geschwindigkeit voran, aber wir befanden uns in der mittleren Strömung und weiter weg vom Festland als jemals zuvor. Wir mussten auf eine Biegung warten und darauf, dass wir so vielleicht in der Lage wären, uns zum einen oder anderen Ufer hin zu manövrieren, egal welches, da unsere Verfolger nun wirklich sehr weit abgeschlagen sein mussten.

Ich rief dies über meine Schulter Uliba zu, und sie rief etwas zurück, aber ich konnte sie wegen der Flussgeräusche nicht verstehen, die offenbar immer lauter wurden. Ich fand das merkwürdig, da wir die rauschenden Stromschnellen bereits hinter uns gelassen hatten, aber dann stellte ich fest, dass die Geräusche von vorne kamen. Ein entferntes Poltern jenseits einer weiteren Ansammlung von Dschungelinseln, die sich quer über den Fluss wie an einer Perlenschnur aufreihten. In der Ferne stieg Nebel auf, erstreckte sich von Ufer zu Ufer. Das Poltern wurde zum einem Brausen, die Strömung wurde schneller, schaukelte uns von Seite zu Seite, und plötzlich krallte sich Uliba in meine Schulter, zeigte geradeaus und schrie:

„Der Silberne Rauch! Der große Silberne Rauch!"

Ich erinnere mich, wie ich laut rief: „Der was?" – und dann traf es mich wie ein Schlag: Das war der Ab-Name für die Wasserfälle des Blauen Nils, hinter denen Königin Masteeat ihr Lager aufgeschlagen hatte. Uliba hatte nichts von ihrer Größe erwähnt, aber dem wachsenden Lärm und der gesteigert auftretenden Gischt entlang der Inseln nach zu urteilen waren sie weitaus gefährlicher als die Stromschnellen, die wir bereits durchquert hatten. Nun wäre es ein schlauer Zug, unverzüglich *terra firma* unter die Füße zu bekommen. Hätte ich gewusst, dass sie der Größe der Niagarafälle entsprachen, wage ich zu behaupten, dass ich mich Ulibas hektischem Paddeln mit noch größerem Enthusiasmus angeschlossen hätte. Denn wie ich so auf das Wasser eindrosch, war es, als würde ich förmlich über die Sinnlosigkeit unserer Bemühungen lästern, das Kanu in zu einer der Inseln zu lenken. Sie rief irgendwas, aber das Tosen des Flusses war zu einem Donnern herangewachsen, das jedes andere Geräusch verschluckte, sogar mein Angstgebrüll.

Es war die größte Misere. Das Getöse war ohrenbetäubend, wir rasten in einem Affenzahn davon, aber das Wasser um uns herum war weich wie Öl. Genau in unserem Weg lag eine Reihe schwarzer Steine, große, abgerundete Brocken, die wie poliertes Marmor glänzten, und als unser Boot mit dem am nächsten gelegenen kollidierte, war ich ziemlich sicher, dass es in tausend Teile zerbersten würde. Schreiend umklammerte ich die Seitenwand, aber der Stein muss von glitschigem Flussschlamm bedeckt gewesen sein, da wir für eine unerträgliche Sekunde über seine Oberfläche glitten, bevor wir in den dahinter liegenden Strudel geschleudert wurden. Die Strömung wirbelte das Kanu erbarmungslos herum, Äste schlugen über meinem Kopf und

Schultern zusammen. In meiner Verzweiflung griff ich nach ihnen, riss mir die Hände an den dornigen Zweigen auf, hielt mich aber fest und fühlte, wie sich das Kanu unter mir drehte.

Ich bin stark, aber wie ich meinen Griff halten konnte, weiß nur der liebe Gott. Wir befanden uns an dem stromabwärts gelegenen Ende einer kleinen überwucherten Insel. Ein paar Meter weiter wurde das Wasser so aufgepeitscht, dass es sich in Schaum vor den zerklüfteten Zähnen einer felsigen Schwelle aufbauschte, und jenseits davon befand sich tobendes weißes Wasser, das sich in einen Dunst verflüchtigte, der dem dichten Nebel Londons Konkurrenz machte. Wir mussten fast am Rand des Wasserfalls sein, und es fühlte sich an, als würden meine Arme von der entsetzlichen Gewalt der Strömung, die unaufhörlich an dem Gewicht des Kanus und unseren beiden Körpern zog, aus den Gelenkpfannen gerissen.

Ich steckte halb im Kanu und halb draußen und merkte, wie es langsam unter mir wegzurutschen begann. Noch eine weitere Sekunde, und es wäre fortgespült und hätte mich zurückgelassen. In letzter Sekunde sprang Uliba aus dem überfluteten Boot auf mich zu, griff mein Bein und hielt sich mit der Kraft der Verzweiflung daran fest. Ich schrie vor Schmerz, als meine Handflächen die Weidenruten entlang rutschten. Sie brannten wie Feuer, und ich verlor fast meinen Halt. Das zusätzliche Gewicht lockerte meinen Griff und im nächsten Moment würden wir beide in den donnernden weißen Tod im Nebel gerissen.

Es gab nur noch eins, das ich tun konnte, also tat ich es. Ich zog mein freies Bein nach oben, und drückte meinen Fuß mit aller Kraft auf Ulibas Gesicht, die mich von unten mit offenem Mund anstarrte. Sie war schon halb unter Wasser, während sie sich an mein anderes Knie klammerte. Ich verfehlte ihr Gesicht, traf sie aber voll an der Schulter, stieß ihren Griff los, und weg war sie, Kanu und alles, und die Seitenwand scheuerte an meinen Beinen entlang, als es stromabwärts wirbelte. Mir blieb noch ein kurzer Blick auf das brodelnde Wasser, das über den langen schönen Beinen aufschäumte, und dann war sie gänzlich verschwunden. Ganz und gar erbärmlich, eine grobe Verschwendung von herrlicher Weiblichkeit, aber was hätten Sie an meiner Stelle getan? Besser einer starb als beide, und niemand kann doch seine Liebe besser beweisen, als sein Leben für jemand anderen zu geben.

Durch die Verringerung des Gewichts konnte ich mich leicht festhalten, und mit einem kräftigen Ruck zog ich mich in das Blätterdickicht, schnappte mir einen dickeren Ast und schwang ein Bein darüber – plötzlich ein entsetzliches Knacken, der Ast gab nach und ich fiel hinunter, in einem Netz aus Blättern und Weidenruten verheddert, hilflos im Griff der Strömung, die mich davonspülte. Ich kam wieder nach oben, halb ertrunken, in die aufbrausenden Stromschnellen, gegen Steine und Baumstümpfe geworfen, wie ein Korken hin- und her gewirbelt. Ich versuchte blind an etwas Halt zu finden, das nicht da war. Ich war noch nicht mal in der Lage, vor Angst zu brüllen, da ich ständig Wasser schluckte. Eine massive schwarze Form tauchte vor mir hoch, einer der großen Felsblöcke, die über die Jahrhunderte glatt geschliffen worden waren, und als ich mit vernichtender Kraft gegen ihn geschleudert wurde und mit ausgestreckten Gliedern halb aus dem Wasser hing, sah ich hinter ihm etwas, das mir seitdem immer wieder Stoff zum Grübeln gibt.

Keine zwei Meter entfernt steckte das Kanu im herabhängenden Blattwerk einer dieser Inseln fest, und aus dem Wrack kletterte niemand Geringeres als Uliba-Wark. Sie hielt sich an einer dicken Ranke fest und schwang sich wie eine Gymnastin zu einem freien Fleckchen soliden Grundes. Angesichts eines Moments der stillen Reflexion hätte ich vielleicht geschlussfolgert, wenn ich kein so feiges Schwein und egoistischer Hund gewesen wäre und sie nicht losgetreten hätte, würde ich mich nun sicher neben ihr befinden und sie fragen: „Nehmt Ihr Nüsse oder lieber eine Zigarre, Ma'am?“

Tatsächlich rutschte ich langsam von dem Felsblock ab. Seine Oberfläche war wie ein zugefrorener See, meine Hände fanden keinen Halt, als ich auf den Stein drosch und wie ein Affe kreischte. Doch während Uliba mich nicht gehört haben konnte, hat sie mich definitiv für den Bruchteil einer Sekunde gesehen, bevor ich aus ihrem Sichtfeld in den Fluten verschwand. Ich atmete einen bauchvoll Blauen Nils ein, während ich weiter flussabwärts trieb und augenblicklich 50 Meter absank, ganz ohne die Hilfe einer Kanalschleuse.

Einen der höchsten Wasserfälle der Erde hinunterzustürzen (soweit ich weiß sind nur die Viktoriafälle nennenswert höher) ist nicht mit dem Sturz über Bord eines Schiffs zu vergleichen (was mir auch schon passiert ist), oder aus jeder anderen trockenen Höhe. Ich sage bewusst „trocken", da durch das Gefühl, von Wasser umgeben zu sein, das einen zweifellos ertrinken lässt, das Erlebnis des Fallens deutlich gemindert wird. Es gibt keinen Schock des Eintauchens am Ende des aufgezwungenen Kopfsprungs – du sinkst immer tiefer, umhüllt von den Fluten wie in einem Kokon, und wirst in die Höllentiefen davongerissen, in einem Zustand völliger Verwirrtheit. Du kannst nichts sehen außer gleißendem Licht und auch nichts hören außer andauerndem Donner. Du weißt nicht, wo oben und unten ist, und erst an der äußersten Grenze deines Tauchgangs tritt der Hauch einer Ahnung über deine Situation in dein Bewusstsein, während du wieder nach oben treibst.

Aber auch dann bist du komplett hilflos, da deine Glieder von dem bloßen Schock des Einschlags wie gelähmt sind, so wie auch dein Wille. Ich hatte in verschiedenen Situationen erkannt, wie es sich anfühlt zu ertrinken. Die erinnerungswürdigsten waren wohl die am Skrang, mit dem Pfeil eines Blasrohrs zwischen den Rippen und kopfüber in diesem höllischen Abfluss unterhalb von Schloss Jotunberg, und auf dem Boden einer Badewanne in den verliebten Klauen der dementen Königin von Madagaskar. Aber hier, im Mahlstrom unter den Fällen des Blauen Nil, war ich noch nicht mal in der Lage, kraftlos zu strampeln. Ich trieb nach oben durch den silbrigen Glanz unter der Qual des Erstickens, die graduell in verträumte Apathie überging – und dann muss mein Kopf die Oberfläche durchbrochen haben, da ich ein paar schmerzhafte, tiefe Luftzüge nahm, würgte und zu schreien versuchte. Als der Sog mich wieder nach unten ziehen wollte, kehrte meine Vernunft zurück, die mir sagte, falls ich nun aufgab oder ohnmächtig wurde oder diese Dumpfheit mich erneut einschloss, würde es den Tod bedeuten.

Ob nun meine erbärmlichen Schwimmversuche, eine Laune der Strömung oder ein bloßes Wunder mich aus diesem Schlamassel rettete, kann ich nicht sagen. Ich erinnere mich nur noch an einen alles verschlingenden weißen Nebel und nach einer Weile an Kies unter Knien und Körper. Und wie ich auf einen nassen Stein krabbelte und überaus erschöpft im strömenden Regen lag – tatsächlich war es Sprühwasser von einer Millionen Tonnen Wasser, die über dieses kolossale natürliche Stauwehr in die riesige Lagune an ihrem Fußende schossen. Ich schaffte es, mich auf den Rücken zu rollen und starrte nach oben durch einen glitzernden regenbogenfarbenen Dunstschleier vor diesem gigantischen weißen Vorhang aus Wasser, der unter dem Getöse von tausenden Donnerwettern herunterprasselte, ungefähr zwei Achtelmeilen von dem Wasserfall selbst. Wie ich schon sagte, wie ich dort gelandet bin, weiß nur der liebe Gott.

Wenn ich ein einigermaßen anständiger Christ gewesen wäre, wage ich zu behaupten, hätte ich ein Stoßgebet in den Himmel geschickt. Oder vielleicht hätte ich mich auch über die Hilfe des Teufels gewundert, bei dem Schufte verschont wurden und rechtschaffene Männer ins Gras bissen. Aber nichts dergleichen kam mir in den Sinn und so war mein letzter Gedanke, als ich zu diesem Wasserfall hochsah und bevor ich das Bewusstsein verlor: „Ich frage mich, ob das schon mal jemand vor mir gemacht hat?“

Kapitel 10

Heute weiß ich, dass ich über die Mitte der Fälle gestürzt sein muss, wo die starke Strömung das Wasser weit über die Klippe schießen lässt, so, dass ich über die Gefahrenzone einer steinigen Landung hinauskatapultiert wurde und im tiefen Wasser landete. Wenn ich nahe der östlichen Kante abgestürzt wäre, wo die Strömung schwächer ist und das Wasser nur die Vorderseite des Felsens hinunterläuft, hätte ich mir auf den Steinen wohl alle Knochen gebrochen oder wäre im Strudel ertrunken. Aber trotz allem bin ich mindestens aus der Höhe der Nelsonsäule gefallen und man benötigt einen sehr aufmerksamen Schutzengel, um so etwas zu überleben.

Niemand konnte es glauben,[37] auch nicht der kleine Junge und seine Schwester, die mich völlig erschöpft am steinigen Ufer liegend fanden, und auch nicht ihre Eltern, Fischer, die mich durch einen Fieberanfall brachten. Malaria, so wie es sich anfühlte, dass mich schwach wie ein Baby werden ließ. Was den Unteroffizier angeht, der das Kommando über die Gruppe Galla-Soldaten hatte, die eingetroffen war, sobald das Wort von meiner Anwesenheit über die Grenzen des Dorfes hinaus die Runde gemacht hatte –, er lachte nur und strafte den bloßen Gedanken, dass jemand den Silbernen Rauch überlebt haben konnte mit Verachtung. Auch wenn der Betreffende ein Hindu-Ketzer war und daher zweifellos ein Hexenmeister, der in einer Liga mit dem Scheitan spielte.

„Was Euch betrifft, Ihr seid Khasim Tamwar, habe ich Recht?“, fragte dieser gut aussehende junge Wilde und lächelte höflich, als er neben meiner Pritsche in der Fischerhütte in die Hocke ging. „Pferdehändler aus Indien, der eine Audienz bei unserer überaus glorreichen Königin, Masteeat der Spiegelnden sucht?“

Und wie, zum Teufel, konnte er das wissen? Hatte ich im Fieber vor mich hingeplappert – oder könnte uns unser Ruf aus dem Kloster in Azez vorausgeeilt sein? Er lächelte ob meiner Verwunderung, der arrogante Untergeordnete, wie er leibt und lebt. All seine klassischen Gesichtszüge waren so schwarz wie meine Stiefel und sein geflochtenes Haar wurde mit Butter in Form gehalten, die auf seine nackten Schultern tropfte.

„Darüber Bescheid zu wissen, wer entlang des Abai kommt und geht ist unser Geschäft, und wenn es ein arabisch sprechender Ausländer aus dem Norden ist, der der erwartete Reisende aus … Hyderabad, oder so ähnlich, sein soll."

„Erwartet, sagt Ihr? Aber wie …?"

„Ihre Majestät wird es Euch erklären", antwortete er gleichgültig. „Und Ihr wäret gut beraten, sie nicht mit diesem Geschwätz über die Bezwingung von Wasserfällen zu beleidigen. Sie ist eine freundliche und liebevolle Regentin, aber sie hat eine niedrige Toleranzschwelle für Lügner … Seht Ihr euch imstande zu reisen?"

Das war ich, mehr oder weniger. Nachdem ich also den Fischern gedankt hatte und ihnen ein paar Taler hinblätterte, die den Sturz, zusammen mit meinem Joslyn, der in meiner Schärpe verstaut war, überlebt hatten, zogen wir los durch den dschungelartigen Wald, der den Abai unterhalb des Tisissat umschließt. Von einer Anhöhe aus, ungefähr eine Meile weiter südlich, war ich in der Lage, einen umfassenden Blick auf dieses außergewöhnliche Wunder der Natur zu werfen – auf all seine 600 Meter, von den felsigen Katarakten am westlichen Ende bis hin zu dem herrlichen Hufeisen im Osten. Aye, der Teufel achtet sicherlich auf seinesgleichen, dachte ich, während meine Galla-Begleiter spöttelten, sich gegenseitig anstießen und „Wanderer!" auf Amharisch murmelten.

Sie waren eine hervorragende Gruppe, genau die Art von Männern, die ich nach meiner Begegnung mit der Dame dieser Spezies erwartet hatte: Kräftig gebaut, fast alle jung, keiner unter 1,80 m, aufgeweckt wie Katzen, muskelbepackt wie Ringer, und das einzig afrikanische an ihnen war ihre Hautfarbe. Speedy hatte gesagt, dass von all den unzähligen Galla-Stämmen die Wollos die Elite waren, und es fiel mir leicht, das zu glauben. Gott sei Dank waren sie Theodors Todfeinde, denn wenn sie sich uns in den Weg gestellt hätten, hätte es kaum einer aus Napiers Armee wieder zurück bis zur Küste geschafft. Das Kriegertum wird ihnen in die Wiege gelegt. Sie sind kampferprobt, ausgezeichnete Reiter und schneiden lieber Kehlen durch als ein Stück Fleisch klein. Ein Glück für ihre Nachbarn, dass die 50 oder 60 Familien des Stammes niemals müde werden, sich gegenseitig zu bekriegen. Falls sie sich jemals zusammenschlössen, könnten sie Nordafrika vom Roten Meer bis zur Sahara dem Erdboden gleichmachen. Sie sind wohl das unabhängigste Volk auf Erden, sie erkennen kein Gesetz an und zahlen niemandem Steuern, und selbst die Wollos, die Masteeat als ihre Königin anerkannten, dienten freiwillig in ihrer Armee ohne jedwede Verpflichtung.

Mein Begleitschutz bestand aus einem Dutzend von ihnen, allesamt gut ausgerüstet und entsprechend gekleidet, mit Hosen nicht unähnlich den Pyjamas der Paschtunen, die sie unter ihren Roben tragen, aber barfuß und ohne Kopfschmuck. Sie waren mit Sichelschwertern bewaffnet und diesen widerwärtigen eierbehangenen Lanzen, aber ohne Musketen oder Pistolen. Ihr Leutnant, der Wedaju hieß, erklärte mir, während Abs generell sehr vertraut mit Feuerwaffen waren, die von den Portugiesen vor Jahrhunderten ins Land gebracht wurden, die Gallas dagegen verkrustete Traditionalisten waren, die den Nahkampf bevorzugten und sich neueren Waffen erst jetzt langsam annäherten. Unsere Unterhaltung kam durch sein neidvolles Interesse an meinem Joslyn auf. Er fragte, ob er sich ihn mal genauer ansehen durfte. Die Tatsache, dass er ihn nicht einfach an sich riss, implizierte, dass er mich eher als Gast denn als Gefangenen betrachtete, was mich wieder zu der Frage brachte, woher er eigentlich wusste, wer ich war. Aber ich hakte nicht nach: Ich würde es letztendlich herausfinden und für den Moment genügte es mir, dass man mich zivilisiert behandelte.

Meine Hauptsorge war, gelinde gesagt, Königin Masteeat und wie ich ihr Napiers Angebot unterbreiten sollte. Zumindest eine Komplikation war beseitigt: Ob Uliba-Wark noch immer auf der Flucht vor Theodors Kavallerie war oder mittlerweile von ihr geschnappt wurde, sie konnte nicht länger meine Mission gefährden, indem sie versuchte, am Thron ihrer Schwester zu sägen. Eine feine Frau auf ihre eigene Art, ein guter Jancada und eine herrlich einfache Mitfahrgelegenheit, aber sie hätte sich auch durchaus zu einem gewaltigen Störfaktor entwickeln können, und ich tat gut daran, sie los zu sein. Ich würde mein Verkaufsgespräch gegenüber Masteeat auf meine eigene Art gestalten, den Flashy-Charme und das Versprechen über 50.000 Maria Theresias einsetzen und abwarten, wie Ihre Majestät den Ball zurückspielte. Ob und wann die Wollo Gallas vorstießen, um Magdala zu belagern, ich würde es so einfädeln, dass meine sichere, strategische Distanz gewahrt bliebe.

Unser Weg führte durch einen Wald, der sich nach ein paar Meilen zu einem angenehmen baumreichen Flachland ausdünnte, mit niedrigen Hügeln an den Seiten, jeder mit einem Wachposten auf dem Gipfel. Bald kamen wir zu Feldwachen, die draußen in den Hainen campierten und uns höchst professionell abfertigten, mit Parole und allem, was das Soldatenherz erfreut. Jeder Mann war auf den Beinen und sofort auf Befehl seines Wachschutzkommandanten zur Stelle. Dann erreichten wir das Hauptlager, eine große Anzahl von Zelten und Hütten, nicht ungleich einem Indianerdorf, aber sauber und ordentlich, und obwohl es Frauen und Kinder zu Hunderten gab, herrschte weder Trubel noch Gestank. Überall waren Galla-Krieger, beritten und zu Fuß, entspannt, aber nicht rumlungernd oder faulenzend. Dies war ein disziplinierter Haufen, Tausende Mann stark und in keiner Weise durch ihre Familien behindert. Niemandem würde es gelingen, einen Überraschungsangriff auf diese Truppe zu verüben, und ich wusste nur durch ihren Anblick, dass sie innerhalb einer Stunde dazu in der Lage wären, die Zelte abzubrechen und loszuziehen. Meine Meinung über Königin Masteeat und ihre Gefolgschaft stieg rapide. Die eindrucksvollste Königin Afrikas seit Cleopatra, hatte Speedy gesagt, und wenn man ihr reisendes Quartier in die Beurteilung mit aufnahm, musste ich ihm durchaus zustimmen.[38]

Unsere Ankunft verursachte helle Aufregung. Weißgewandete, bewaffnete Männer kamen auf uns zu, und ein paar Diensthöhere in rotgefransten Shamas richteten ihr Wort an Wedaju, in einer Sprache, die ich nicht verstand. Mit mir hatte er Arabisch gesprochen, kein fließendes, aber was ich nun hörte, war die ureigene Sprache der Gallas, die nicht Amharisch ist oder so ähnlich klingt. Glücklicherweise sprechen die Galla-Aristokraten ein sehr gutes Arabisch. Einer der Ranghöheren, der Wedaju ins Kreuzverhör genommen hatte, rief mir zu:

„Wo sind Eure Pferde, Händler?“

Ich sagte, ich wäre hier um zu kaufen, nicht zu verkaufen, und er legte den ergrauten Kopf zur Seite und grinste, mit der Hand am Griff seines Schwerts.

„Und Ihr tragt Euer Gold durch Habesh in Zeiten des Kriegs? Ihr Reisende aus Hindustan seid wahrlich mutige Leute!“

Die, die es verstanden hatten, brüllten vor Lachen und warteten gespannt darauf, wozu ich diese Vorlage nutzte. Wedaju wollte sich schon einmischen, aber ich kam ihm zuvor.

„Ich trage oft genug Geld bei mir. Außerdem trage ich noch das …“, und ich zauberte den Joslyn hervor und ließ ihn um den Finger rotieren. Dann präsentierte ich ihn dem Älteren mit dem Kolben voran, und als er mit aufgerissenen Augen danach griff, wirbelte ich ihn erneut herum und zielte auf ihn. Die zuschauende Menge schrie überrascht auf und johlte dann laut. Der Diensthöhere klatschte vor Entzücken in die Hände und augenblicklich war ich von grinsenden schwarzen Gesichtern umgeben – wenn es eins gibt, was die Wollo Gallas mögen, dann Schlagfertigkeit und Unverschämtheit. Dieser alberne kleine Zwischenfall bescherte mir ein begeistertes Publikum, und ich tippe an meinen metaphorischen Hut, in Erinnerung an den lieben alten Lou Maxwell, der mir den Trick mit einem Revolver vor all den Jahren in Las Vegas beigebracht hatte.[39]

In der Mitte des Lagers, innerhalb eines Verteidigungszauns, stand eine Gruppe befestigter Gebäude. Typische Ab-Behausungen in verschiedenen Größen, dominiert von einem großen zweistöckigen Bauwerk mit einem kegelförmigen Strohdach und oberen und unteren Veranden, das ich als die königliche Residenz auszumachen glaubte. Wedaju führte mich zu einem der weniger auffälligen Gebäude, in dem ein ehrwürdiger alter Kerl in rotgesäumten Shama und Turban stand, der einen feinen weißen Bart und Speer mit rotem Schaft trug und mich mit kaltem Blick musterte. Sie sprachen auf Galla und zu guter Letzt machte der Kämmerer, für den ich ihn hielt, einen würdevollen Abgang, worauf Wedaju seine Hand ausstreckte und meinen Joslyn forderte.

„Die Königin wird Euch bald empfangen“, sagte er. „Habt keine Angst, ich behalte den solange für Euch, und Ihr bekommt ihn zurück, sobald Eure Unterredung mit der Königin vorbei ist.“ Er machte eine Pause und wog den Revolver in seiner Hand. „Die Finte, von der Ihr vorhin Gebrauch gemacht habt – würdet Ihr sie mir zeigen? Irgendwann kann ich so eine Waffe vielleicht auch einmal mein Eigen nennen, und es wäre nützlich zu wissen …“

Ich zeigte sie ihm, und er übte glucksend und hatte den Bogen in Windeseile raus. „Habt Dank, Freund!“, rief er, und ich beschloss, dass eine kalkuliert gute Tat nicht schaden konnte.

„Wenn mit der Königin alles gut läuft, werdet Ihr auch so einen Revolver bekommen“, sagte ich zu ihm, und er drückte immer noch seine Dankbarkeit aus, als der Kämmerer mit zwei turbantragenden Wachmännern zurückkam und Flashy hinausgeleitete. Die Wachmänner drängten die Menge zurück, die vor der Tür die Hälse reckte, um einen Blick auf den merkwürdigen Ausländer zu erhaschen. Mit Wedaju an meiner Seite gingen wir auf das zweistöckige Gebäude zu, wobei wir weitere Wachen passierten. Dann warteten wir in einem abgedunkelten Eingangsbereich, während der Kämmerer durch einen großen Perlenvorhang vorausging, der von den zwei liebreizendsten Mägden zur Seite gehalten wurde, die man sich nur vorstellen konnte. Wahre Galla-Mädchen mit abgeklärten Du-mich-auch-Gesichtsausdrücken und den entsprechenden Figuren. Die Stimme des Kämmerers ertönte aus dem Innern, Wedaju stupste mich nach vorn, und ich trat in die Gegenwart von Masteeat der Spiegelnden, Königin der Wollo Galla, und mit etwas Glück der Schutzengel Ihrer Britischen Majestät Armee in Abessinien.

Man weiß nie, was einen erwarten, wenn man auf Majestäten trifft. Ich habe sie schon splitterfasernackt bis auf Flügel aus Pfauenfedern gesehen (Kaiserin von China), betrunken kichernd in den Armen eines Ringers (Maharani der Panjabis), wollüstig in nasse Seide eingewickelt (Königin von Madagaskar), auf einer Schaukel hin und her schwebend (Rani von Jhansi) und umherstreifend wie eine arbeitslose Tagelöhnerin (unsere eigene graziöse Monarchin). Aber noch nie hatte ich so etwas wie den Hof der Königin von Galla gesehen.

Ihre Majestät war gerade bei Tisch. Sie aß umringt von Löwen. Vier riesige Viecher mit prächtigen Mähnen, die um die große Couch gruppiert waren, wo sie sich auf Kissen fläzte. Einem der Biester hatte sie einen Arm um den Hals gelegt, während sie sich mit ihrer freien Hand mit Leckereien von den Tabletts versorgte, die von zwei Bediensteten gereicht wurden. Ein weiterer Löwe schnüffelte von hinten an ihrer Schulter und die übrigen zwei lagen zu ihren Füßen, einer den Kopf an ihr Knie gelehnt – vier große Katzen, die nach Essenresten umher krochen, die sie von Zeit zu Zeit an sie verfütterte. Zierliche Finger, die kleine Leckereien in Kiefer warfen, denen ich mich nicht mal für mein Ruhegehalt genähert hätte.

Als wenn das nicht gereicht hätte, um mich wie am Boden angewurzelt stehen zu lassen, war da noch etwas: Auf einem niedrigen Hocker, unweit von der Couch entfernt, saß Uliba-Wark und betrachtete mich mit giftiger Abscheu.

Allerdings nur für den Bruchteil einer Sekunde. Dann erhob sie sich mit der Geschwindigkeit einer zubeißenden Schlange, zog das Messer aus ihrem Stiefel, und stürzte nach Rache brüllend auf mich zu. Beinahe wäre es zu Flashy, Ruhe in Frieden in Abessinien 1868 gekommen, wenn Wedaju mich nicht zur Seite gestoßen hätte. Er schnappte ihr Handgelenk, als das Messer heruntersauste, warf sie auf den Rücken und drückte sie zu Boden, alles in einer blitzschnellen Bewegung. Sie schrie Zeter und Mordio, als er sie entwaffnete, der alte Kämmerer brach in einem Anfall zusammen, der mich begleitende Wachschutz hastete nach vorne, um sich zwischen den Tumult und den Thron zu werfen, die gesamte Residenz schien voller kreischender Mägde zu sein … und Königin Masteeat tätschelte nur sanft das Maul eines Löwen, der durch den Zwischenfall aufgestanden war und zu grummeln begann. Darüber hinaus zuckte sie nicht einmal mit der Wimper, wartete bis Ulibas Gekreische abklang und wandte sich in der Zwischenzeit einer Hühnerkeule zu.

„Fett, hell und vierzig", so hatte sie Speedy beschrieben. Als junges Mädchen musste sie eine echte Augenweide gewesen sein, aber Trägheit und Völlerei hatten das wohlgestaltete Gesicht aufquellen lassen, und wenn „fett" auch einer leichten Übertreibung entsprach, machte es dennoch den Anschein, als bedurfte es zweier starker Männer, um ihr von ihrem gepolsterten Bett aufzuhelfen. Sie war in eine herrliche Robe aus schimmernder blauer Seide gehüllt, aus der ein fleischiger glänzender nackter Arm und eine Schulter ragte. Auch wenn sie massig war, schien alles am rechten Fleck zu sitzen und voll funktionstüchtig zu sein. Elspeth hätte sie wohl *ansehnlich* genannt, was prächtig und drall bedeutet. Wäre sie eine gewöhnliche Person, hätte man von einer stattlichen Figur für eine Frau gesprochen. Als königliche war sie ehrwürdig, majestätisch, imposant, standbildhaft oder entsprach jeder anderen schmeichlerischen Beschreibung, die Ihnen einfällt, und ein durchaus akzeptables Stück Matratze – vorausgesetzt sie hatte die Energie dazu.

Denn ich hatte selten eine lethargischere Frau gesehen. Das volle, wohlgenährte Gesicht, so hell wie Milchkaffee, zwischen den langen eingeölten Zöpfen, war friedlich, und die großen, leicht hervorstehenden Augen waren beinahe schläfrig, als sie mich betrachtete und die Mähne eines ihrer verdammten Menschenfresser kraulte. Sie so entspannt zwischen all ihren Kissen zu sehen, während sie sich überlegte, welche Speise sie sich als nächstes zu Gemüte führen sollte, führte bei mir zu der Erkenntnis, dass, wenn sie wirklich so gerissen und skrupellos war, sie das sehr gut zu verbergen wusste. Sogar ihre Stimme, als sie Uliba ansprach, war sanft und gelangweilt.

„Ist das der Mann? Der Pferdehändler aus Indien? Sag es mir, aber nenne nicht seinen Namen." Uliba schrie aus vollem Halse, das wäre ich, und nicht druckbare Ergänzungen folgten, während sie in Wedajus Griff hin und her zappelte. „Und ich werde den Bastard umbringen! Dieser verabscheuungswürdige Bösewicht hätte mich fast in den Tod gestürzt, mich, die ihn geführt und beschützt hat! Er soll sterben! So wahr ich eine Frau bin!"

„Und so wahr ich eine Königin bin, werde ich dich auspeitschen lassen bis du winselst, wenn du noch einmal deine Stimme in meiner Gegenwart erhebst", sagte Masteeat milde. „Es wäre nicht das erste Mal … erinnerst du dich?"

„Ich erinnere mich!", schnauzte Uliba und warf mir einen bösen Blick zu. „Genauso wie ich mich immer an diesen Hund erinnern werde! Und ich werde meinen Willen am Ende bekommen, liebe Schwester! Wenn die Zeit reif ist, wird dieser Schakal für seinen Verrat bezahlen!"

„So Gott will." Masteeat deutete auf den Hocker. „Setz dich, Kind, und sei still. Du, die anstrebt, den Thron zu besteigen, solltest dich auch wie eine Königin benehmen. Was er getan oder nicht getan hat, ist Thema eines anderen Tages. Wir haben nun Wichtigeres vor uns."

Etwa, welchen Leckerbissen man als nächstes vertilgen sollte, da sie sogar mit den Speisen beschäftigt war, während sie Uliba zurechtwies und dabei klang wie eine geduldige Lehrerin gegenüber ihrer ungezogenen Schülerin. Vermutlich war dies eine Szene, die sie oft in Ulibas Kindheit durchgespielt hatten und die sie wahnsinnig machte. Sie befreite sich von Wedaju, stand einen Moment ruhig da und stelzte dann zu ihrem Hocker zurück. Masteeat wählte etwas, das aussah wie ein großes halbrohes Steak, nahm einen herzhaften Bissen, kaute nachdenklich und hieß ihrer Magd ein Tablett zu mir zu bringen, mit der Bemerkung, dass ich mich bedienen sollte.

Damals wusste ich nicht, dass dies eine ausgesprochene Ehre in höfischen Ab-Kreisen bedeutete. Ich machte eine schnelle Bestandsaufnahme über das rohe Fleisch und die Braten, umringt von Kuchen und Desserts, wählte eine Art Fleisch am Spieß und verbeugte mich zivilisiert in Richtung Ihrer Majestät, aber sie war damit beschäftigt, sich ihr Steak einzuverleiben. Nachdem sie genüsslich gerülpst hatte, wischte sie sich den Mund mit dem Saum des wunderschönen Kleides ab, löffelte an einem Pudding und gab der Magd ein Zeichen, die laut klatschte, um die Aufmerksamkeit aller Anwesenden zu erlangen. Der alte Kämmerer, der mittlerweile wieder auf die Beine gekommen war, verbeugte sich und torkelte davon, gefolgt von den Wachen und Wedaju, der zu meiner großen Freude Ulibas Messer mit sich nahm.

Dann stellte Masteeat ihre leere Schüssel beiseite und schnalzte mit der Zunge. Daraufhin erhoben sich drei der Löwen mit widerwilliger Lethargie, die der ihrer Herrin in nichts nachstand, und trotteten von dannen, gefolgt von den sich verbeugenden Mägden und ließen den vierten Löwen, offensichtlich der königliche Liebling, blinzelnd zu den Füßen der Königin zurück, schnurrend wie eine Maschine.

Da waren wir also, Flashy und die königlichen Schwestern, und ich werde keine Zeit verschwenden, meine verwirrten Gedanken zu wiederholen. Eines schien sicher: Wenn Uliba einen Putsch versucht hatte, war er schiefgegangen, aber ihre Königin schien davon nicht aus der Fassung geraten zu sein und begegnete mir, ihrem Gast, mit zuvorkommender Höflichkeit.

„Ihr habt Euch ein Willkommen durch Eure Geduld verdient“, sagte sie, „aber erst muss ich Euren richtigen Namen erfahren.“

„Sir Harry Flashman, Ma'am“, antwortete ich, die Schultern zurück, das Kinn erhoben. „Colonel, Britische Armee, mit Nachricht von Sir Robert Napier, General und Kommandeur aller Soldaten Ihrer Britannischen Majestät in Abessinien.“

Sie nickte zustimmend und schaute zu Uliba. „Du hast also die Wahrheit gesagt. Du hast gut daran getan, sie mir nur ins Ohr zu flüstern.“

„Pah!“, schnauzte Uliba. „Nun glaubt Ihr mir also! Die Königin ist so gnädig!“

„Sei dankbar dafür“, entgegnete Masteeat. „Und für die Gnade der Königin.“

„Ich habe Euch nicht um Gnade gebeten!“ Uliba stand wieder auf ihren Füßen. „Das habe ich nie und werde ich nie!“

„Das musstest du auch nie“, sagte Masteeat, die Mähne ihres Löwen streichelnd. „Das Baby der Familie wird immer mit Nachsicht behandelt und entschuldigt, und es wird ihm immer vergeben, wie groß auch seine Schuld ist. Weil sie das Baby ist und sie genau weiß, wie sie diesen Rang einzusetzen hat.“

Uliba ließ einen Schrei ähnlich einer Dampfpfeife los, geballte Fäuste, stampfend. „Ihr lügt! Ich habe niemals Ausflüchte gesucht oder die Verwandtschaft vorgeschoben! Ich habe Größe bewiesen und für das gekämpft, was mir zusteht! Ich bin keine Heuchlerin wie Ihr, die von der Gnade der Königin spricht! Welche Gnade habt Ihr gegenüber meinen treuen Freunden gezeigt? Gegenüber Zaneh, Adilu und Abite, Ihr grausame herzlose Frau?“ Und ich hätte es nicht geglaubt, wenn ich es nicht gesehen hätte: Sie brach an Ort und Stelle in Tränen aus, stand da und rieb sich die Augen.

„Was hättest du getan, wenn sie Pläne gegen deinen Thron geschmiedet hätten? Ich war weniger grausam als du es gewesen wärst. Sie sind einen schnellen Tod gestorben – sogar Zaneh, der mir deine Verschwörung schon Wochen vorher verraten hat, in der Hoffnung auf Gnade. Er hätte als doppelter Verräter leiden sollen – und du hättest es besser wissen müssen, als einem ausrangierten Liebhaber zu vertrauen … Mädchen, denkst du, ich weiß gar nichts?“ Sie klang ermattet. „Vielleicht lasse ich dich nicht für Verrat bestrafen, aber ich könnte dir für Dummheit eine scheuern.“

Uliba heulte weiter, und Masteeat schaute mich mit finsterem Blick an, als würde ihr erst in diesem Moment klar, dass sie gerade ein Familiendrama vor Fremden offenbarte. Ich war fasziniert: Uliba erfüllt von Tränen der Reue oder Wut, man konnte es nicht genau sagen, ganz verlassen und bezaubernd aussehend in ihrer knappen Tunika, und die gelangweilte Oberin, wie sie sich auf ihren Kissen zurücklehnte, eine Studie in ermüdeter Ratlosigkeit. Letzten Endes seufzte sie, schob den Löwen zur Seite und streckte eine Hand nach Uliba aus.

„Ach, komm her, Kleines! Lass das alberne Geheule. Es gibt keinen Grund dafür!“ Uliba schluckte heftig, machte ein finsteres Gesicht und drehte den Kopf. „Komm, sage ich!“ Und Uliba ließ die Tränen laufen und ging mit holprigen Schritten zu der Couch hinüber. Masteeat nahm sie bei der Hand, zog sie sanft an ihre Knie und legte ihr einen Arm um die Schultern.

„Was soll ich bloß mit dir machen, Tochter des Trübsals, Schwester des Streits? Du bist zu groß geworden, um dich übers Knie zu legen … und wenn ich es täte, würdest du ausrasten und Dinge kaputt machen … und später den Kopf hängen lassen und um Vergebung betteln. Vielleicht würdest du mir sogar ein weiteres Geschenk zur Wiedergutmachung geben …?“

Sie zupfte die blaue Seidenrobe beiseite und entblößte damit ein massives aber wohlgeratenes Bein (es lag ganz eindeutig in der Familie), mit einer goldenen Sandale beschuht und mit zwei Fußketten versehen, die eine mit Silberglocken, die bei den Galla-Damen sehr beliebt sind, die andere aus billigen kleinen bunten Perlen.

Uliba starrte sie an und schniefte: „Ihr habt sie noch! All die Jahre …“

„Seit deinem sechsten Geburtstag, als du darüber in Zorn ausgebrochen bist, dass du kein Pony bekamst und Vater dich hat schlagen lassen, und du meinen Kristallbecher in einem Wutanfall zerstört hast“, sagte Masteeat. „Dann hast du reuevoll gejault und mir dieses Fußkettchen als Friedensangebot gebracht.“

„Ich hab es aus Perlen gemacht, die ich von Warkites Amtskleidern gestohlen hab … diese Schlampe!“, schniefte Uliba und fügte schmollend hinzu: „Ich wundere mich, dass Eure Majestät so ein geschmackloses Ding überhaupt trägt!“

Masteeat beugte sich vor, um das Fußkettchen zu berühren und sagte in einer müden, sanften Stimme: „Ich besitze kein Juwel so wertvoll wie dieses, das mir vor langer Zeit von einem traurigen, kleinen Mädchen gebracht wurde. Und auch wenn es versucht, meinen Thron einzunehmen, ist es immer noch dieses kleine Mädchen … und so werde ich es immer lieben.“

Uliba heulte auf, in einer Mischung aus Wut und Schuldgefühlen und vergrub ihr Gesicht, während ihre Schwester in dem gleichen sanft tadelnden Ton weiter sprach.

„Aber was soll mit ihr geschehen? Unser Vater Abushir hat sie aufgezogen wie sein eigenes Kind und sie zahlt es seinem toten Geist zurück, in dem sie mich zu stürzen versucht. Ihre eigene Schwester und die rechte Königin. Dies nicht einmal, sondern zweimal, und ihr wird vergeben. Dann finden wir ihr einen Ehegatten, den sie mit Liebhabern beschämt, und Gobayzy aus Lasta nimmt ihn gefangen und hofft, sie dazu zu bringen, sich selbst als Lösegeld für ihn zu bezahlen, die schöne Antilope … selber Schuld Gobayzy!“ Sie streichelte über Ulibas Zöpfe. „In der Zwischenzeit begehrt sie ein drittes Mal auf … und scheitert … und heult. Oh, welch trauriges Durcheinander …“

Während dieser schwesterlichen Ermahnung wurde ich vollkommen ignoriert, außer von dem Löwen, der gemütlich auf mich zu geschlichen war, um seinen riesigen Kopf an meinen Rippen zu reiben, bis Masteeat wieder mit der Zunge schnalzte, woraufhin er gehorsam hinaustrottete. In der Zwischenzeit streichelte sie immer noch ihre „schöne Antilope“, die mörderische Jungfrau, die versucht hatte sie zu entthronen und verhätschelt wurde wie eine Tochter … nein, ich kann Frauen nicht begreifen.

„Trotzdem würde Gobayzy vielleicht zu dir passen“, murmelte Masteeat. „Er ist ein Dickschädel, fürchtet mich und wäre hoch erfreut darüber, meine kleine Schwester seine Königin zu nennen –“

„Als eine seiner Haremshuren meint Ihr wohl!“, schluchzte Uliba. „Könige nehmen die Brut einer Konkubine nicht zur Gefährtin!“

Masteeat schlug ihr auf das Handgelenk. „Deine Mutter war eine gnädige und liebenswürdige Dame, die unser Vater zu seiner Königin gemacht hätte, wenn er gekonnt hätte. Du solltest stolz auf sie sein.“

„Ich bin stolz!“, sagte Uliba aufbrausend und fing erneut an zu plärren.

„Gut. Dann trockne deine Tränen, und wenn Gobayzy nicht deinem Geschmack entspricht, dann reden wir nicht mehr von ihm. Es gibt noch andere Panther im Wald, wer sollte das besser wissen als du.“ Ihr Blick fiel auf mich und sie flüsterte Uliba etwas mit hinterhältigem Lächeln zu, das verriet, dass sie sich nicht nach meiner Kragenweite erkundigte. Uliba schaute mich böse an und schnauzte eine Antwort auf Galla-Sprache, sehr zu Masteeats Gefallen.

„Und trotzdem wollt ihr Euch immer noch an ihm rächen? Perverse Halunkin!“

Die Gelegenheit schien günstig, meinen Frieden mit Uliba zu machen, aber ich bekam kaum ein schöntuerisches Grinsen zu Stande und fing an zu erklären, dass ich versucht hatte, sie zu retten, wirklich, als sie wieder aufgestanden war und schimpfte wie ein Rohrspatz.

„Er lügt, der scheußliche Mistkerl! Er hätte mich zum Sterben zurückgelassen, um seine eigene dreckige Haut zu retten! So wahr ich eine Frau bin, es stimmt!“

„Genug! Deine Geschichte mag wahr sein oder falsch … hüte deine Zunge, Kind! Und hör meinen königlichen Befehl. Du wirst nicht weiter nach Rache trachten. Wichtige Angelegenheiten werden nicht aufs Spiel gesetzt durch die Bitterkeit eines rücksichtslosen Mädchens – und einer Rebellin. Du wirst dich unterwerfen und dem Colonel Flashman Effendi die Ehre und den Respekt zollen, die einem Gast der Königin zustehen. Nun, gib ihm einen Kuss des Vertrauens, bevor du gehst.“

Ich hätte nie für möglich gehalten, dass die Uliba, die ich kannte, die Wilde, die sich hämisch über Yandos Tod freute, die Ruhe im Keller in Gondar bewahrte, die kämpfende Furie, die Theodors Reiter umgelegt hat, durch die strenge Autorität einer älteren Schwester in ein heulendes, verärgertes, reumütiges Kind verwandelt werden konnte. Aber ich hatte es selbst gesehen, mirabile dictu,* alles war möglich, und nun zögerte sie eine Sekunde lang, bevor sie sich kurz vor Masteeat verbeugte,

* Kaum zu glauben, unfassbar (Lat.).

auf mich zu marschierte und eiskalte Lippen auf meiner Wange platzierte. Es war wie der Kuss einer Kobra, mit einem entsprechenden begleitenden Zischen.

„Ich weiß, was ich weiß!" Dann ließ sie mich stehen, verschwand durch den Vorhang und Masteeat gluckste.

„Nicht die leidenschaftlichste Umarmung, die ihr je von ihr bekomme habt, wage ich zu behaupten … schaut hinter den Vorhang, Effendi … sie ist eine, die gerne lauscht. Nein? Gott sei Dank, endlich Ruhe! Kommt, reicht mir Eure Hand!"

Ich half ihr beim Aufstehen, was sie mit überraschender Leichtigkeit und Grazie vollbrachte. Von Angesicht zu Angesicht war sie knapp einen halben Kopf kleiner als ich, und mir wurde ihre körperliche Stärke bewusst, die ihrer Trägheit widersprach. Die nackte Schulter und der Arm waren von weichen Muskeln durchzogen und ihr Handgriff war fest. Für einen Moment musterten mich die feinen schwarzen Augen und auf das plumpe, fröhliche Gesicht legte sich ein Grinsen – erwartungsvoll, ich schwöre, und ich dachte nur bei mir, jetzt kommt's, und beugte mich über ihre Hand, küsste sie warm und ausführlich bis zum Ellenbogen – und sie brach in schallendes Gelächter aus. Das klassische Wiehern einer Barfrau, also sagte ich, „mit Erlaubnis Ihrer Majestät", trat näher an sie heran und drückte meinen Mund sanft auf ihren.

Risikobehaftete Diplomatie, werden Sie sagen, aber dieses wissende Lächeln hatte mir gezeigt, dass ich sie nicht erst lange überreden musste. Ihre vollen Lippen waren weit geöffnet und einladend, und für einen genussvollen Moment behandelte sie mich, als wäre ich ihr noch halbrohes Steak. Dann machte sie einen Schritt zurück, gab mir einen verspielten Schubs und ein weiteres schiefes Grinsen, und füllte ohne ein weiteres Wort zwei Kelche mit Tej. Wir tranken und sie stürzte sich auf Imbiss und Zuckerwerk, während sie mich mit vollem Mund dazu aufforderte, ihr Gesellschaft zu leisten. Also nahm ich mir auch eine Kleinigkeit und staunte nicht schlecht, weil sie schon wieder einen Teller voll rohen Fleischs wegputzte und eine große Schale gemischter Früchte hinterher. Sie wischte sich den Saft an ihrem

Kinn mit dem Ärmel ab, seufzte zufrieden und füllte erneut unsere Kelche auf. Dann fragte sie ohne weitere Umschweife:

„Habt ihr den kleinen Dummkopf wirklich über die Klippe des Silber-Rauches getreten? Ich würde es Euch nicht verdenken. Sie ist eine Qual und eine Höllenpest und eine große Lügnerin. Man kann niemals sicher sein. Was auch immer es ist." Sie stützte ihren ausladenden Rumpf auf das Buffet. „Warum hat Euer General sie ausgewählt, um Euch zu mir zu führen?"

Ich sagte, ich nähme an, dass Speedy sie vorgeschlagen hatte. Sie klatschte in die Hände vor Begeisterung. „Der Basha Fallaka! Oh, was für ein schöner Mann er ist! Ich hätte ihm Reichtum beschert, aber er wollte nicht gegen meinen Löwen kämpfen!" Sie seufzte und kicherte. „Oh, aber ich war jung und übermütig damals … und sehr betrunken! Wie geht es ihm, diesem Schelm? Hat er erraten, dass Uliba wieder versuchen würde, meinen Thron zu besteigen?"

Ich sagte vorsichtig, dass Napier ihre Ambitionen erwähnt habe, aber weder er noch Speedy sie allzu ernst genommen hatten.

„Nicht so wie die vernarrten Clowns in Galla, die ihren Körper und ihr vornehmes Gebaren bewundern", spottete Masteeat. „Sie hat diese Art mit Männern, wie Ihr wisst, und sie ist stark und mutig und rücksichtslos – oh, eine Heldin, meine kleine Schwester! Wenn ihr Urteilsvermögen über Männer nur etwas höher reichte als zu deren Lenden. Sie denkt, dass ein paar Liebhaber in hohen Ämtern eine Revolution aus dem Nichts herbeizaubern können, und ganz Galla sie unter Beifall inthronisieren wird!" Sie schüttelte den Kopf und nahm einen Schluck. „Ich wusste schon vor einem Monat, als Euer General sie nach Süden schickte, dass sie die Gelegenheit nutzen würde, um Zaneh und Abite ausfindig zu machen, die ihr Gefolgschaft schworen. Als sie dann zu dem Rendezvous kam, fand sie nicht die beiden vor, sondern Wedaju. Und nun muss ich mich mit einer dreimalig rebellierenden Schwester herumplagen, und Zaneh und Abite und ein paar andere bezahlten dafür mit ihren Leben."

Einen Moment lang wurde sie ernst, während sie ihren Kelch erneut füllte, dann hellte sich ihre Miene wieder auf.

„Trotzdem hat der Basha Fallaka eine weise Entscheidung getroffen. Sie hat Euch geführt und beschützt, und als ihr alberner Plan sich in Nichts aufgelöst hat, blieb sie Euch und Euren Leuten treu – aye, obwohl sie glaubte, Ihr hättet sie betrogen." Sie lächelte mit ernst gemeinter Bewunderung.

„Als Wedaju sie mir als Gefangene gebracht hat und sie herumstampfte und wütend war und ihre Verbündeten als Dummköpfe und Feiglinge verfluchte, da bat sie mich um eine private Audienz und erzählte mir alles von Eurer Mission. Aye, sie ist wahrlich eine Heldin, wenn sie nicht gerade die Idiotin spielt. Sie steht zu ihrem Wort – deshalb glaube ich ihr, wenn sie sagt, dass sie meinen Thron einnehmen wird." Sie warf den Kopf zur Seite, dass ihre Zöpfe herumwirbelten. „Ihr fragt Euch, warum ich sie toleriere, nicht wahr?"

Ich antwortete taktvoll, dass Ihre Majestät ein Wunder der Geduld sei und sie ihre Schwester wohl aufrichtig liebe. Masteeat zuckte mit den Achseln und füllte unsere Kelche.

„Das glaubt sie vielleicht. Oh, ich habe eine schwesterliche Zuneigung zu ihr – aber nicht ausreichend um sie zu den Würgern zu schicken, wenn es sein muss. Das erschüttert Euch? Ihr nehmt an, meine Zärtlichkeiten sind echt?" Sie lächelte kaltblütig über den Rand ihres Kelches hinweg. „Vielleicht ein bisschen … aber ihr wahrer Zweck ist es, auf ihre mädchenhaften Gefühle abzuzielen, da sie eine Romantikerin ist, unsere Uliba-Wark, mit einem weichen Herz für Kätzchen und kleine Vögelchen und die liebe Schwester, die ihr Gute-Nacht-Geschichten erzählte. Dieselbe Uliba, die sich diebisch über den Tod eines Feindes freut …" Ich dachte an Yando, wie er unter Todesangst in der Luft baumelte „… weint bittere Tränen darüber." Sie zog ihre Robe zur Seite, um das Fußkettchen aus Perlen zu zeigen. „Guter Gott, die Zeit, die meine Frauen gebraucht haben, um das alte Ding wieder zu finden! Aber es hat meinem Zweck gedient, genau wie meine Umarmungen. Solange ihre Scham- und Schuldgefühle bleiben, wird sie nicht wieder versuchen, auf meinen

Thron zu gelangen, glaubt mir." Aufgrund meines Gesichtsausdrucks brach sie in Gelächter aus, füllte unsere Kelche, stopfte eine Handvoll Süßigkeiten in den Mund, spülte sie mit einem großen Schluck hinunter, hickste, hob die Tej-Flasche und einen Teller Leckereien auf und ging leicht schwankend zur Couch. Sie entschuldigte mit einem eleganten Fingerwedeln, dass sie mich hatte stehen lassen, und bat mich auf Ulibas Hocker Platz zu nehmen.

Ich fragte mich, ob ich jemals jemanden ihresgleichen gesehen hatte. Jeder Zoll von ihr war königlich, mit den Tischmanieren eines ausgehungerten Tagelöhners. Tyrannisch bei den härtesten Wilden in Afrika und mit ihrer Wildkatzenschwester nachsichtig bis zur Idiotie. Löwen wie Schoßhunde behandelnd und schnell dazu bereit, sich an amouröser Ausgelassenheit mit einem Kerl zu erfreuen, den sie kaum mehr als fünf Minuten kennt; ungehemmt, heiter, gefräßig, gebieterisch, abwechselnd sentimental und zynisch – und so fern ich nicht völlig falsch lag, so scharfsinnig und eindrucksvoll wie jede gekrönte Frau, die ich je getroffen hatte. Sie lassen sich von niemandem etwas vormachen, diese königlichen Ladies. Wie sie beeindruckend bewies, als sie sich in ihren Kissen räkelte, mit genug Alkohol intus, um einen Kutter zum Sinken zu bringen.

„Aber genug von Uliba-Wark. Sie sagt mir, Euer Dedjaz* Napier strebt eine Allianz gegen Theodor an, aber sie wusste nichts über den Lohn. Nun, ich bin mir sicher, dass er eine Summe genannt hat und genauso sicher, dass er Euch dazu gedrängt hat, ein so billiges Geschäft wie möglich mit der dummen Frau abzuschließen." Sie nahm einen kräftigen Schluck, wobei sie mir einen neckischen Blick zuwarf, der mich irgendwie an einen samtenen Angelhaken erinnerte. „Aber am sichersten bin ich mir, dass Ihr ein zu galanter Gentleman seid, um eine arme afrikanische Lady auszunutzen."

Was blieb mir anderes übrig, als daraufhin zu lächeln und umgehend zu beschließen, ihr zu geben, was sie wollte, wie sie es von mir erwartete, das listige Flittchen. Sie kannte meine Art und ich kannte ihre, und es war sowieso nicht mein Geld.

* General, Abkürzung von *Dedjazmach*.

„Da Eure Majestät gnädiger Weise dazu geneigt ist, auf Sir Roberts Angebot einzugehen“, sagte ich, ganz wie ein Botschafter, „bin ich dazu bemächtigt, ihr 50.000 Taler in österreichischem Silber mit 1780er Prägung zu versprechen ...“ Es war eine Freude, das rundliche Gesicht voller Gier aufleuchten zu sehen „... vorausgesetzt, die Streitkräfte Ihrer Majestät belagern Magdala und verhindern die Flucht des Kaisers.“ Ich machte eine Verbeugung und setzte mich hin. „Ich habe die Ehre, die Antwort Euerer Majestät zu erwarten.“

„Und wann wird das Geld bezahlt?“

„Wenn Sir Robert die Ehre widerfährt, Eurer Majestät seinen Tribut höchstpersönlich zu zollen.“

Sie warf mir diesen eigentümlichen Blick zu. „Was bedeutet, wenn Theodor tot ist oder gefangen und nicht vorher.“

„Das Ma'am“, antwortete ich, „ist genau, was es bedeutet. Aber Ihr braucht Euch nicht zu sorgen. Sir Robert ist ein Mann, der zu seinem Wort steht. Und ich auch.“

„Oh, da bin ich mir sehr sicher. Nun gut, es ist versprochen. So sei es. Sie streckte ihre gebieterische Hand aus und wieder beeilte ich mich, ihr aufzuhelfen. Dieses Mal aber zog ich Ihre Plumpheit sanft an mich und war drauf und dran, ihren Hintern in den Klammergriff zu nehmen. Aber sie drehte ihr Gesicht von mir weg und schaute verschmitzt. „Und bis das Silber in meiner Schatzkammer ist, habe ich eine Geisel, oder nicht?“ Sie streifte ihre Lippen über meine. „Ihr müsst Euch mit meinen Kommandanten beraten.“

Kapitel 11

Jegliche Zweifel, die ich möglicherweise über den militärischen Bandobast der Wollo Gallas gehabt hatte, wurden in den folgenden Stunden vollständig eliminiert, als ich mich mit ihren Kommandanten beratschlagte. Sie waren genauso fachkundig und forsch wie ihre Königin in Verhandlungen war, verstanden Napiers Bedingungen sofort und wussten genau, wie sie sie umzusetzen hatten. Als wir unser Gespräch beendeten, war ich zuversichtlich; was auch immer die Risiken waren, Magdala zu besetzen, die Gallas würden ihren Teil buchstabengetreu erfüllen.

Es waren vier Gesellen in dem großen, luftigen Apartment, das Hauptmann Fasil als Hauptquartier nutzte. Der Hauptmann war ein Söldner des Amoro-Galla-Stamms, die berüchtigt für ihren Mut, ihre Wildheit und ihren Hass gegenüber Christen waren – und so sah er auch aus. Ein großgewachsener, ergrauter Veteran mit dem Profil eines Falken, das durch den abscheulichen Hieb eines Schwerts ruiniert worden war. Beide Wangen und der Nasenrücken waren gespalten. Sein Auftreten entsprach dem eines Hauptmanns der königlichen Wache, schneidend autoritär und sparsam mit Worten. Seine zwei Adjutanten waren überraschend jung, Kadavergehorsam war ihre Haupteigenschaft. Sie führten jeweils das Kommando über die Infanterie und die Kavallerie, voller Tatendrang und Selbstbewusstsein, was Fasil säuerlich tolerierte – kein schlechtes Zeichen. Ich habe ihre Namen vergessen. Der vierte Mann im Bunde war Masteeats Sohn, Ahmed, ein aufgeweckter, gutaussehender Grünschnabel, der das träge Lächeln seiner Mutter geerbt hatte, dabei aber nicht träge war, da er vor bombastischer Energie kaum stillsitzen konnte. Er schien Fasils Berater zu sein. Außerdem war noch ein halbes Dutzend Schriftgelehrte anwesend, die Notizen machten.

Was mich auf den ersten Blick beeindruckte, mehr noch als die Männer, war das groß skalierte Modell, zwei mal ein Meter, das den Raum dominierte. Es war eine exakte Darstellung Magdalas und seines Umlands und schlug jedes Tischmodell, das ich je gesehen hatte. Ich bezweifle, ob irgendeine Militärakademie in Europa oder Amerika mir ein besseres hätte zeigen können – und dies waren die primitiven Eingeborenen, die im *Punch* als Nigger-Musikanten dargestellt wurden.

Ich habe eine Zeichnung davon angefertigt, und wenn Sie sie studieren, begleitet von meinen Beschreibungen, werden Sie verstehen, warum ich es mit wachsender Besorgnis betrachtete. Mir wurde klar, wenn Theodor seine Amba so verteidigte, wie der professionelle Soldat, der er angeblich war, würde Napier vor einem Desaster stehen.

Bis jetzt stammte mein ganzes Wissen über Magdala von zweifelhaften Aufklärungsberichten: dass es unter fähiger Verteidigung unbezwingbar sei –, aber das hat man auch schon über das alte Jericho gesagt, und ich war nur zu bereit zu glauben, dass die Gerüchte falsch waren. Allerdings war ich nicht auf dieses Modell vorbereitet, wenn es denn genau war. Fasil schwor, dass es bis auf das kleinste Detail nachgebildet war. Es war erst vor ein paar Monaten von ihren besten Ingenieuren und Künstlern angefertigt worden, als Masteeat über einen Angriff auf Magdala nachzudenken begonnen hatte.

„Und sie hätte die Stadt auch eingenommen, bei den Hammeln, die es bewachen!“, rief der junge Ahmed. „Aber Menelek und Gobayzy schnappten nach unseren Knöcheln, wie die Hunde, die sie sind!“

„Ich könnte es sofort einnehmen, Prinz, wenn Eure Majestät es wünscht“, prahlte der Infanteristen-Wallah mit einem arroganten Grinsen in meine Richtung. „Warum sollen wir es den Briten überlassen, die es am Ende vielleicht gar nicht an Ihre Majestät aushändigen?“

„Seit wann seid Ihr ein Politiker?“, grummelte Fasil. „Kümmert Euch um Eure Belange und überlasst der Königin die ihren.“

„Oh, lasst ihn doch, Lord General!“, rief der Kavalleristen-Kerl.

„Sehen wir mal, wie er sein Können gegen Theodor unter Beweis stellt!“ Er wandte sich zu mir.

„Die Erlaubnis vorausgesetzt, würden meine Reiter das Gesindel des Kaisers in Stücke hauen, bevor es den Bechelo überquert!“

„Ruhe, ihr Schwachköpfe!“, zischte Fasil. „Wie könnt ihr es wagen, der Königin Vorhaltungen zu machen?“ Die Kerle protestierten, dass das nie ihre Absicht gewesen war, während ich eine Bestätigung der schlechten Nachrichten nachfragte.

„Theodor ist bereits in Magdala?“

„Er hat die Amba vor drei Tagen erreicht und sein Lager auf dem Islamgee aufgeschlagen, unterhalb von Magdala“, sagte Fasil. „Aber seine Kanonen sind noch nicht in Stellung. Sobald sie und sein großer Mörser gesichtet werden, machen unsere Späher umgehend Meldung, die wir dann an Euren Dedjaz Napier weitergeben. Dadurch wird er wissen, auf welcher Höhe Theodor verteidigt.“ Er lehnte sich nach vorne und tippte mit seinem Zeigestock auf drei Punkte. „Fala … Selassie … Magdala …“

Schauen Sie sich meine Karte an, dort sehen Sie sie: drei flache Gipfel, wie die Beine eines umgedrehten Stuhls, umgeben von Bergen und einer Wildnis aus Felsen und Schluchten, die Afghanistan ebenbürtig ist. Ein Pass, ungefähr zwei Meilen lang, verbindet Fala und Selassie, und weiter hinten liegt das flache Land des Islamgee und Theodors Armee. Ich lief um den Tisch herum, wog alle Möglichkeiten ab und stellte fest, dass es nur einen Weg für Napier gab, um vorzustoßen, nachdem er den Bechelo überquert hatte. Ich bin kein Schlaumeier – jeder Idiot hätte das gesehen.

Die Straße, die Theodor für seine Artillerie angelegt hatte, wand sich in einer großen Schlaufe vom Bechelo durch das Arogee-Plateau bis hin nach Magdala. Aber das war nicht günstig für Napier. Es war gefährlich nah am unwegsamen Land vor den Ufern des Warki, wo die Abs jeden Vorteil auf einen Hinterhalt oder Überraschungsangriff hätten. Ein Blick auf das Modell und die überhängenden Felsenzügen am Warki-Tal lösten Schauer in mir aus: Wenn man dich dort reinzieht, kommst du nie wieder raus.

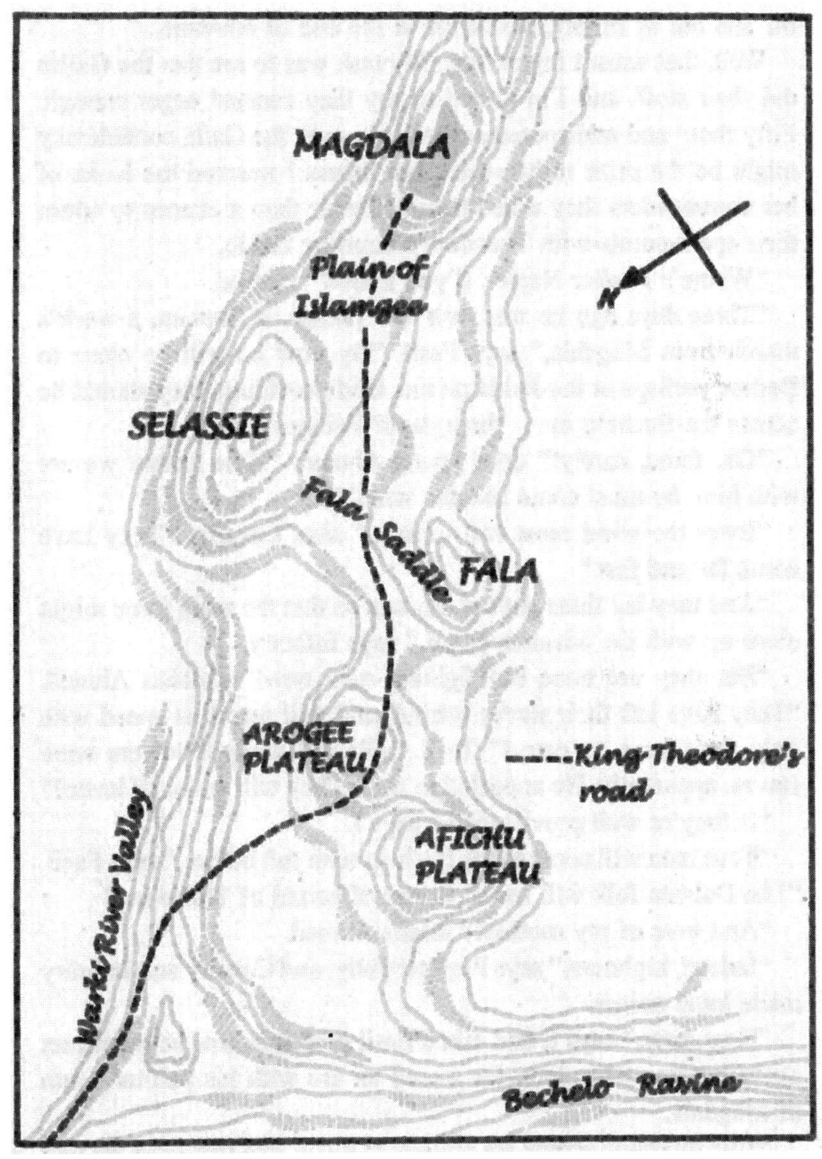

Der einzig sichere Weg war es, den Felsenzug schräg zu umgehen, durch das Afichu-Plateau zu ziehen, und über die Bergspitzen zum Arogee. Das hieß, eine anstrengende Kletterpartie lag vor unseren Truppen, aber für den Rest des Weges würden sie dann ziemlich offenes Gelände vor sich haben, was unserer Infanterie und unseren Kanonieren zugute käme, wenn Theodor blöd genug war, eine offene Feldschlacht zu riskieren.

Der Schlüssel zu dem ganzen Puzzle war Fala. Wenn Theodor dort Kanonen in Stellung brachte, könnte er unseren Vorstoß über das Arogee unter Beschuss nehmen, aber unsere Kanoniere konnten es ihm auch mit gleicher Münze heimzahlen. Sobald Fala eingenommen war, wären der Weg zum Islamgee-Flachland und Magdala frei. Und dann wäre alles „so gut wie erledigt" und dem Abhalten eines Dankesgottesdienst stände nichts mehr im Weg.

Vielleicht erinnern Sie sich an Bilder von Theodors großer Amba. Die Illustrierten waren '68 voll davon. Sie nannten es einen Vulkanpfropfen, einen bloßer Steinzylinder, über 100 Meter hoch, mit nur einem steilen Kamin nach oben, geschützt durch Tore und Befestigungsmauern. Wenn Theodor bereit war, bis zum bitteren Ende zu kämpfen und seine Kanoniere standhielten, würde Napier es vielleicht niemals bis in diese schrecklichen Höhen schaffen. Und seine Armee, die abgeschnitten wäre ohne ausreichenden Nachschub und Vorräte, würde am Arsch der Welt zugrunde gehen.

Nun, das war nicht mein Indaba. Meine Aufgabe bestand darin, zu regeln, dass die Gallas die Vereinbarung einhielten, und ich bin geneigt zu behaupten, dass sie mehr als willens waren, dies zu tun. 50.000 Taler und die unangefochtene Alleinherrschaft über das Galla-Bündnis mochte der Preis für Masteeat sein, aber wenn ich die Gesichtsausdrücke ihrer Kommandanten richtig interpretierte, wollten sie nichts so sehr, wie ihre Speerspitzen mit Theodors Kronjuwelen zu behängen.

„Wo ist Dedjaz Napier, wisst Ihr das?", fragte ich.

„Vor drei Tagen war er gerade über den Takazy, in Santara, ein Wochenmarsch von Magdala entfernt", sagte Fasil. „Mittlerweile wird er nah an Bethor sein, vielleicht an der Schlucht von Jedda. So Gott will, sollten sie über dem Bechelo in … drei Tagen sein? Vielleicht vier."

„Oh, sicherlich drei!", rief der junge Ahmed. „Wenn er weiß, dass wir auf seiner Seite sind, kommt er angerauscht wie der Wind!"

„Auch der Wind muss mal 'ne Pause machen, Prinz", sagte die Kavallerie. „Sie sind sehr schnell sehr weit gekommen."

„Und sie bleiben drei Tage in Santara, möglicherweise damit die Hauptstreitkräfte mit der Vorhut aufschließen können", ergänzte die Infanterie.

„Aber sie sind doch nichts als kämpfende Männer!", protestierte Ahmed. „Sie können ihre Sklaven zurücklassen und werden schneller marschieren, wenn sie nur ihre Handwaffen tragen!" Für einen Galla waren anscheinend alle Gefolgsleute einer Armee Sklaven. Der gefiel mir. „Werden sie so schnell machen, wie sie können?"

„Wenn sie mit ausreichend Lebensmitteln versorgt sind", antwortete ich.

„Eure Männer werden mit vollen Bäuchen zum Bechelo kommen", sagte Fasil. „Das Dalanta-Volk wird schon dafür sorgen. Allein aus Hass auf Theodor."

„Und aus Liebe zu meiner Mutter!", insistierte Ahmed.

„Selbstverständlich, Hohheit", sagte Fasil taktvoll, und Kavallerie und Infanterie machten grunzend loyale Bemerkungen.

„Hört! Hört!", sagte ich und fragte Fasil, wie er Theodor einkreisen wollte. Mit seinem Zeigestock zog er einen Bogen südlich von Magdala.

„2.000 Späher sind schon vor Ort und in Kürze werden wir einen Schutzschild mit Kavalleristen von Guna bis zum Haiksee haben. Wo auch immer er hingeht, es wird nicht gen Süden sein."

Das schien mir ein verdammt langer Bogen, mehr als 100 Meilen lang. „Eure Kavallerie wird dann ganz schön ausgedünnt sein."

„Aber nicht zu ausgedünnt", sagte er. „Wir haben 20.000 Reiter."

Wundert es Sie, dass ich ihn verblüfft anstarrte? Das mussten dreimal so viele Truppen sein, wie Theodor aufbringen konnte, und zehnmal so viele wie Napier brauchen würde, um Magdala zu stürmen. Kein Wunder, dass Kavallerie behauptet hatte, sie könnten Theodor in Streifen schneiden und Infanterie prahlte, dass sie die Amba auch mit den Fußsoldaten einnehmen könnte. Letzterer erhob nun seine Stimme und nickte mir selbstbewusst zu.

„Die Kavallerie dient nur der Reserve. Natürlich wird sie nicht gebraucht. Ich werde drei Regimenter Speerträger zwischen ihnen und der Amba aufstellen, falls Theodor ausbrechen will."

„Dann werdet Ihr die Möglichkeit haben, Eure Taktik an die Theodors anzupassen!", rief Kavallerie, während er mir zuzwinkerte. „Ein Kampf der Giganten! Aber habt keine Angst, Fußsoldat, wir werden da sein."

„Das werdet ihr", grinste Infanterie. „Hinter uns, in Sicherheit."

„Aber nah genug, um eure Hilfeschreie zu hören …"

Nicht gerade die Art, wie Befehlshaber in zivilisierten Armeen miteinander sprechen, besonders nicht vor ihrem General, aber unter diesen Experten spielten Förmlichkeiten eine untergeordnete Rolle. Die Gallas legten keinen Wert auf Etikette. Es lag keine Bitterkeit in der Rivalität der jungen Männer; sie lachten miteinander, Ahmed grinste, und Fasil besaß diese Art von Autorität, die nicht vom militärischen Verhaltenskodex abhängig ist. Ihnen zuzuhören genügte, um zu wissen, dass sie ihr Soll erfüllen würden. Nun lag es an Napier, seine Aufgaben zu erledigen, und dazu würde er die allerbeste Spionagearbeit benötigen, die ich ihm bieten konnte. Ich befragte Fasil und seine Leutnants zu allem en detail: Wo genau die Infanterie aufgestellt würde, ihre genaue Stärke (8.000 Mann, alles in allem), wie lang sie in der Lage wäre, im Feld zu bleiben, wie sie kommunizierten, welche Rückzugslinien es von Magdala gab – den ganzen Nebel des Krieges, und ich überlegte, wie ich es Napier am besten präsentieren konnte, um die größtmögliche Anerkennung zu erhalten.

Die Frage, ob ich meine Neuigkeiten persönlich Napier überbringen konnte, bestand nicht: Er erwartete von mir, die Gallas zur Belagerung von Magdala zu führen, Gott schütze ihn. Denn zu Theodors Wüstlingen, die die nördlichen Zugangswege blockierten, hätte ich mich selbst für die doppelte Pension nicht hinausgewagt. Also schrieb ich einen kurzen und entsprechend bescheidenen Bericht, um ihm mitzuteilen, dass ich Masteeats Hof erreicht hatte, sie eine vertrauenswürdige Verbündete war, die Wollos mit an Bord waren und man auch auf sie zählen konnte, Theodors südliches Schlupfloch abzuriegeln, dass er mit ungefähr 7.000 Kriegern auf dem Islamgee kampierte, und wir, solange seine Kanonen nicht aufgebaut waren, nicht sagen konnten, ob er Magdala verteidigen, sich dem offenen Kampf stellen oder die Flucht ergreifen würde. Fortsetzung folgt in meinem nächsten Bericht, das Wetter bleibt schön, und bitte lasst mir Antwort durch den Überbringer dieser Sendung zukommen – und macht ihm einen Revolver zum Geschenk.

Ich bat Fasil um Wedaju als Boten, da man darauf vertrauen konnte, dass er intelligente Antworten auf alle Fragen finden würde, die Napier ihm wohl stellte, und auch war er diese Art junger Held, der auf jeden Fall sein Ziel erreichte – koste es, was es wolle. Er wurde herbeigerufen und in der Anwesenheit von Fasil und Co. fügte ich noch die mündlichen Botschaften hinzu, die ich nicht aufschreiben konnte, für den Fall, dass sie in Theodors Hände fielen: Die Mannschaftsstärke und Stellung der Galla-Streitkräfte, Theodors Fluchtrouten, die Fasil für die wahrscheinlichsten hielt, und am allerwichtigsten, die Beschaffenheit des Geländes. Ich ließ Wedaju den Sandtisch studieren und mich überzeugen, dass er in der Lage war, für Napier eine Skizze aus der Erinnerung anzufertigen. Ich zeigte, was ich für die beste Route vom Bechelo zum Arogee hielt, die Fasil und seine Leute bestätigten. Manche Kommandanten interessieren sich nicht für Vorschläge aus den unteren Rängen, aber ich wusste, dass Bob Napier meine abwägen und ihnen folgen würde, außer es gab einen triftigen Grund, es nicht zu tun.

Schlussendlich und hauptsächlich wegen des jungen Ahmeds bat ich Wedaju, Napier zu versichern, dass die Königin von Wollo Galla ihre Verbundenheit unter den herzlichsten Bedingungen ausgedrückt und mir jedwede Form von Höflichkeit und Rücksicht entgegengebracht hatte. Wir konnten uns beglückwünschen, die Unterstützung solch einer erlauchten und aufgeklärten Herrscherin und ihrer feinen Soldateska akquiriert zu haben. Diplomatisches Geschleime, nicht mehr, aber Ahmed nahm es wohlwollend auf, umschloss meine Hand und beschwor, dass ich dies stehenden Fußes vor seiner Frau Mutter wiederholen müsse, damit sie dem britischen Dedjaz mit gleichwertigen Komplimenten und Grüßen antworten könne. Und es war nötig, Ihre Majestät zu unterrichten, dass die Einkesselung Theodors in vollem Gange sei, wir aber ihre Zustimmung bedürften, so wie man es von einer loyalen Ratsversammlung erwartete.

Ich konnte sehen, dass Fasil dachte, je weniger Gelegenheiten es für die Königin gab, sich einzumischen, desto besser, aber man diskutiert nicht mit einem Prinzen von Geblüt, selbst wenn er nur dein Meldereiter ist. Also machten wir fünf uns auf zu den Privatgemächern Ihrer Majestät, mit Wedaju im Schlepptau. Dort angekommen, wurden wir von ihrem tatterigen Kämmerer in Kenntnis gesetzt, dass Ihre Majestät sich derzeit außerstande sah, uns zu empfangen, da sie sich ausgeruht hatte und nun von ihren Dienerinnen für die abendliche Unterhaltung zurechtgemacht wurde (woraus ich schloss, dass der Tej ihr zu Kopf gestiegen war und sie wiederbelebt und aufgepäppelt wurde, damit man sie unbesorgt der Öffentlichkeit präsentieren konnte). Welche Unterhaltung, hakte Ahmed nach und erhielt die Erklärung – mit einem unterwürfigen Feixen in meine Richtung –, dass es einen großen Empfang und ein Festmahl zu Ehren des britischen Baldaraba* geben würde. Famos, entgegnete Ahmed, und nun geht mir aus dem Weg, und damit verschwand auch die Höflichkeit des Prinzen, da wir uns einen Augenblick später verbeugend in der Gegenwart Ihrer Majestät wiederfanden, während ihre Dienerinnen, die wir völlig überrumpelt hatten, spielerisch versuchten, den Zustand Ihrer Majestät zu verbergen. Wie ich

* Agenten, Repräsentanten

erwartet hatte, musste sie einfach den Armen von Bacchus entrissen werden, hatte sichtbar glasige Augen und saß wackelig auf ihrem Stuhl vor ihrer Frisierkommode, mit einem Dienstmädchen an jeder Seite, die sie unauffällig stützten. Ihre Oberdienstmagd versuchte ihr ein wenig Würde zu verleihen, indem sie einen silbernen Stab in die königlichen Patschehändchen gleiten ließ. Aber sie spielte gut mit. Ihr Kopf war königlich erhoben und sie grüßte uns mit bedächtiger Höflichkeit.

Ahmed wollte, dass ich den blumigen Teil meiner Nachricht an Napier noch einmal wiederholte, aber ich ließ mich nicht vor den Karren spannen, und so bestand ich darauf, dass Wedaju es tat, um sicherzugehen, dass er sich alles gemerkt hatte. Der Kerl war vor seiner Herrscherin erstaunlich nervös, bekam aber nach einigen Fehlstarts alles langsam und holprig zusammen. Masteeat lauschte ihm mit pathetischer Aufmerksamkeit, unterdrückte ein gelegentliches Gähnen, und einmal fiel ihr sogar ihr silberner Stab aus der schlaffen Hand, wurde aber von Infanterie aufgefangen, der damit noch eine Sekunde schneller war als Kavallerie. Ich hoffte nur, dass Wedaju mit seinem Vortrag fertig wurde, so lange sie noch geradeaus sehen und sitzen konnte. Als er fertig war, erstaunte sie mich, indem sie gebieterische eine Hand nach ihm ausstreckte und langsam aber deutlich sagte:

„Und sagt dem englischen Dedjaz auch, dass die Königin von Galla ihm und seinen mutigen Soldaten Gottes Segen wünscht, und sie bittet, vorsichtig zu sein, so dass sie sicher ihre Reise vollenden und in die Anwesenheit ihrer liebenden Freundin Masteeat gelangen, die sie im Herzen trägt." Sie und ihre 50.000 Taler, dachte ich, ganz der zynische Flashy, aber als sie Wedaju mit einem warmen und mütterlichen Lächeln bedachte und dabei hinzufügte, „und Ihr, galanter Krieger, gehabt Euch wohl in allen Gefahren und wisst, dass Ihr die Gebete einer dankbaren und liebenden Königin bei Euch tragt", war ich kein bisschen verwundert darüber, dass er auf die Knie fiel und ihre Hand auf seine Stirn und Lippen presste, während Infanterie und Kavallerie übereinander purzelten, um es ihm gleich zu tun. Ahmed verdrückte beinahe eine Träne frühkindlicher Rührung, und selbst der grauhaarige alte Fasil war ganz aufgeweicht und nobel.

Wäre sie eine Schönheit wie Yehonala oder Lakshmibai gewesen oder gar so gut aussehend wie Uliba-Wark, wäre ihre Bewunderung (es war Bewunderung, kein Zweifel) in Ordnung gewesen, aber sie war ein herzhaftes Stück mittelalten Fleisches, ohne sonderliche Anziehungskraft – dass sie mir zusagte, ist etwas anderes. Ich bin ein Connaisseur weiblicher Schönheit und überhaupt auf perverse Weise eingenommen von königlichem Geknatter. Und trotzdem hatte sie diese Qualität, die ich nicht beschreiben kann, die anziehender wirkt als perfekte Schönheiten, die im Vergleich nicht aufregender sind als Marmorstatuen.

Vermutlich war es ihr Charme, und sie versprühte ihn über ihre Soldaten wie den Zauber der Kirke. Ich nehme an, auch ich war ihrem Charme erlegen – und ich meine damit nicht nur, dass ich scharf auf sie war. Aye, das musste es gewesen sein, da noch heute immer wieder still lächelnd an sie zurückdenke, während die Erinnerung an Uliba langsam verblasst.

Ich kam aus der Audienz als erleichterter und dankbarer Mann und überaus froh, einen Moment der Ruhe und zum Nachdenken zu haben. Die Dinge hätten nicht besser laufen können, wie höllisch sie auch gewesen waren, seit ich vor Wochen Napiers Camp verlassen hatte. Meine schlimmsten Ängste waren unterwegs wahr geworden: Das Scharmützel mit Yandos Bande, die schreckliche Hängepartie in dem Stahlkäfig, die Flucht vor den sudanesischen Banditen in Gondar, der Zusammenstoß mit Theodors Reitern, mein Sprung über den abessinischen Niagara, der Schock über Ulibas Wiederauftauchen und ihren unangebrachten Angriff … Aber hier war ich nun, mit nichts Schlimmerem als ein oder zwei blaue Flecken. Meine Pflicht, die Galla-Allianz sicherzustellen, war erfüllt, und die frohe Botschaft an Napier entsendet. Es gab keine größeren Probleme, die ich zu befürchten hatte.

Natürlich musste ich die Dinge so lenken, dass ich die Galla-Operationen steuern konnte, während ich mich weitestgehend von ihren Gefahren fernhielt, aber das ist nicht sonderlich schwierig, wenn man jahrelange Übung darin hat. Wenn es darum geht, den Löwenherz zu spielen ohne auch nur einen Finger krumm zu machen (was der gute alte Tom Hughes „Geschrei von großen Taten“ nennt), bin ich eine erstklassige Besetzung. Ich würde mich hervorragend selbst beschäftigen in den Galla-Hauptquartieren, die Fäden in der Verwaltung ziehen, und mir einen Gesamtüberblick verschaffen, bis ich es für sicher genug erachtete, mich dem endgültigen Sieger anzuschließen.

Es gab wahrlich schlechtere Quartiere als den Hof Königin Masteeats. Vor Gefahren sicher, voll ausgestattet und möbliert, freundlich … es war selbstverständlich, dass ich meinen extradiplomatischen Pflichten gegenüber Ihrer Majestät nachkommen würde, aber das wäre kein Mühsal – und wenn Sie sich fragen, wie ich mir ihrer so sicher sein konnte, kann ich nur sagen, dass ich ihren Mund unter meinem gefühlt und die Nachricht in ihrem trägen Lächeln genau gelesen habe. Abgesehen davon, in der Ab-Gesellschaft, die wohl die unmoralischste der Welt ist (Cheltenham, du bist es nicht), gehört es fast zum guten Ton, die Gastgeberin zu besteigen, Teil der Etikette, so wie seine Visitenkarte zu übergeben. Kein bisschen abwegig in einem Land, in dem es als tödliche Beleidigung empfunden wird, die Keuschheit einer Frau zu preisen, da somit impliziert wird, sie sei nicht attraktiv genug, um geritten zu werden. Mehr muss dazu nicht gesagt werden.

Aber während ich genau wusste, dass es nur eine Frage der Zeit war, bevor Masteeat und ich uns miteinander vergnügten, erahnte ich nicht mal die Umstände, die das Schicksal für mich bereit gelegt hatte! Wäre ich vorgewarnt worden, hätte ich es wohl nicht geglaubt. Ich bin weder unerfahren noch prüde. Verkommenes Verhalten war mir nicht fremd und ich habe sogar schon gelegentlich an einer Orgie teilgenommen, aber ich kann einen Eid darauf abgelegen, dass ich die Sorte von Empfang und Festmahl, wie der alte Kämmerer das nannte, noch nicht erlebt hatte.

Er war es, der mich nichts ahnend zum Speisesaal der königlichen Residenz führte, in der sich die anderen Gäste, etwa ein

Dutzend, bereits versammelt hatten. Der lange niedrige Esstisch war umringt von gepolsterten Hockern, paarweise zusammengestellt, und am Kopfende lag ein Haufen ausgebreiteter Kissen für die Königin, die noch nicht erschienen war, und ihren Ehrengast. Fasil, Kavallerie und Infanterie waren bereits vor Ort, jeder von ihnen mit einer Schönheit im Schlepptau. Die zwei Kerle wurden von zwei Dienerinnern Masteeats begleitet und Fasil von einer ziemlich atemberaubenden Dame, die ungefähr in seinem Alter und höchstwahrscheinlich seine Frau war. Sie wies diese delikat-perfekten Züge auf, die man oft bei skandinavischen Frauen sieht – war jedoch pechschwarz. An die anderen drei Paare kann ich mich nicht erinnern, nur dass die Frauen typische Abs waren. Es gab keine Diener. Wir bedienten uns selbst an einer Anrichte mit Tej aus Flaschen, standen herum und tratschten wie bei einer Belgravia-Festivität.* Fasil und seine Untergeordneten fachsimpelten, wie Soldaten das immer so machen, und demonstrierten ein überraschendes Fachwissen über solch diverse Themen wie die Sepoy-Meuterei und den Krieg in Amerika, wurden aber augenblicklich von Fasils schwarzer Venus und den anderen Damen gestoppt. Und verdammt, ich wurde von ihnen in ein Kreuzverhör über die Londoner Mode, Frisuren und dergleichen verwickelt. Manche der Fragen hätten mich rot werden lassen, wenn ich nicht die Präsenz dieser drei hinreißenden Inquisitoren umgehend genossen hätte – sie hatten leuchtende Augen, waren kokett und dufteten wunderbar nach Parfüm.

Mir kam der Gedanke, dass Masteeat ungewöhnlich tolerant sein musste, wenn sie erlaubte, dass sie derartiger Konkurenz ausgesetzt war. Dann erinnerte ich mich daran, irgendwo gelesen zu haben, dass unsere alte Königin Bess sich auch nur mit den schönsten Untertaninnen umgeben hatte, ohne jeglichen Zweifel daran, dass es nur eine Frau geben würde, auf die sich alle Blicke richteten. Das war auch der Fall, als die Königin von Galla den Raum betrat, imposant, müde lächelnd, und irgendwie schaffte sie es, dass all die sich verbeugenden Schönheiten plötzlich in ihrem Schatten standen.

* Belgravia: Besonders reicher und damals lebenslustiger Bezirk in London

Und, verdammt, sie war immer noch nicht wieder nüchtern, ihrem schwankenden Gang, gedankenlosen Gesten und schallendem Lachen nach zu urteilen. Man hatte sie trotzdem in eine ordentliche Kostümierung gesteckt, mit einem goldenen Reif, der als eine Art Krone fungierte, und goldenem Faden, den sie in ihre Zöpfe eingearbeitet hatten. Sie trug goldene Ohrringe mit langen Ketten, die auf ihre breiten Schultern hingen, und ein goldenes Halsband, das sich um ihre Kehle schlang. Ihr Kleid war weiß und aus einem eng anliegenden Flor, der schlauerweise so geschneidert war, dass er ihre Hüften und ihren Bauch kaschierte, welche hervorquollen, und stattdessen den Fokus auf ihren Busen legte, der bewundernswerterweise genauso breit war wie ihre Schultern. Sie trug diesmal einen goldenen Stab mit sich, und die Wirkung ihrer Körperhaltung und ihr Gebaren war überwältigend, anders kann man es nicht beschreiben.

Als die Gesellschaft ihre Ehrerbietung beendet hatte, hielt sie mir den Arm hin und führte mich zum Kopf des Tisches, wo sie es sich in den Kissen gemütlich machte und andeutete, ich solle ihrem Beispiel folgen. Sie lehnte sich auf einen Ellenbogen, aber ich entschied mich zu sitzen, da ich es für angemessener hielt und es der Gesellschaft entsprach, die auf kleinen Hockern saß. Mehr Tej wurde eingeschenkt, Masteeat hieß dem Bankett auf mich, Queen Victoria, Napier und die Britische Armee anzustoßen – genau in dieser Reihenfolge. Jeder Toast bedurfte eines vollen Kelches Tej, keine kleinen Schlückchen. Wir werden wohl nicht so viel feste Nahrung zu uns nehmen, dachte ich; die werden alle viel zu besoffen sein, um sich noch am Buffet zu bedienen. Aber da lag ich völlig falsch.

Sie wissen ja, wie ich bisher gegessen hatte. Die meiste Zeit hatte ich nur spärlich gefuttert und auch nicht sonderlich formell, selbst in Ulibas Zitadelle und im Kloster nicht. Aber ich bin noch nie beim Bankett des Lord Mayors gewesen, wenn Sie wissen was ich meine, und das was wir vorgesetzt bekamen, war ganz im Stile Habeshs – nämlich ziemlich besorgniserregend.

Man sitzt da, stößt an, fragt sich, wann wohl die Suppe serviert wird, als plötzlich draußen vor der Tür der entsetzlichste

Lärm losbricht. Ein Brüllen aus tiefster Kehle, ein riesiger Körper, der in tödlichem Schmerz zu Boden fällt, begleitet von lauten Stimmen. Befehlsrufe und Verzweiflungsschreie, krachendes Mobiliar, das Brüllen zu einem Crescendo ansteigend – und die Gäste applaudieren und die Gastgeberin saugt eine weitere Pint Tej in sich hinein und schmatzt erwartungsvoll mit den Lippen.

Und dann platzen Diener herein, und vor dir liegt ein 12-Pfund-Rindersteak auf einem Teller, roh, rot und blutend, und so wahr wie ich hier stehe, noch dampfend, was vielleicht nicht verwunderlich war, da es vor 30 Sekunden noch zu einem lebenden Tier gehörte, welches draußen in Qualen brüllte. Ich hatte schon mal rohes Fleisch gegessen, in dünnen Scheiben, kalt und gar nicht so schlecht, aber als ich diesen dampfenden Horror genauer inspizierte, dachte ich mir, nein, zum Teufel mit der Etikette, dem Protokoll und den diplomatischen Gepflogenheiten. Das fasse ich nicht an, wie beleidigend es auch immer empfunden wird. An der unteren Tischhälfte stürzten sie sich auf das Fleisch wie verrückte Kannibalen, sogar die eleganten Schönheiten. Ihnen tröpfelte das Blut die liebreizenden Kinne herunter, das sie schnell mit zarten Fingern wegwischten. Ich traute mich gar nicht erst, Masteeat anzuschauen, aus Angst vor dem, was sich mir darbieten würde. Der bloße Klang ihres Kaugeräuschs ließ mich beinahe ohnmächtig werden.

„Ihr macht Euch nichts aus Brundo?“ Sie lachte, nahm einen herzhaften Schluck Tej und rief einen Diener herbei, den blutigen Klops vor mir zu entfernen und ihn durch ein gebratenes Hähnchen zu ersetzen. „Unser Freund Speedy, der große Basha Fallaka, zierte sich wie ein kleines Mädchen als das Tier angebunden und tranchiert wurde. Darum haben wir es heute draußen vorgenommen, damit Eure feinen Sinne nicht behelligt werden!“ Sie strich mir leicht über den Arm, hänselnd, so dass ich sie ansehen musste, aber entweder hatte sie sich den Mund abgewischt oder das Steak im Ganzen verschlungen, da ihr rundes lachendes Gesicht rein und sauber war. „Also, guten Appetit!“

Ich kann nicht behaupten, dass ich Appetit bekam, da das Tier immer noch jämmerlich brüllte und manche Gäste bereits einen Nachschlag forderten. Und danach, als gebratenes Fleisch, Huhn, Fisch, Eintöpfe und Curries serviert wurden, brachte mich die Gefräßigkeit der Gesellschaft bei jedem nachfolgenden Gang davon ab, Appetit zu entwickeln. Gott weiß, dass es gute Esser in meiner Generation gab, und ich war einer von ihnen, aber sie waren nicht darauf vorbereitet, in äthiopischer Gesellschaft zu speisen. Die waren wie Wölfe auf hemmungslosem Beutezug und diese exquisiten Damen, lehmfarbene Göttinnen in ihrer feinen Seide und Flor, langten genauso zu wie die Männer. Sie konnten wahrlich etwas vertragen, denn sie tranken auch noch ein Pint nach dem anderen und ließen sich offensichtlich von Ihrer Majestät inspirieren, die den Anschein machte, ihre Zecherei vom Nachmittag übertreffen zu wollen.

Wie Sie sich sicher vorstellen können, herrschte eine geräuschvoll schmatzende Geschäftigkeit, und als die Nachspeisen und Früchte gereicht wurden, nahm die Lautstärke zu wie auf einem Bauernhof zur Fütterungszeit. Aber das hielt sie nicht vom Reden ab: Der Lärm der Gespräche stieg mit der Zahl der Getränke und Masteeat fand sogar die Zeit, zwischen ihren gewaltigen Bissen und Schlucken freundschaftliche Flüche auf Uliba-Wark abzufeuern, die sich dem königlichen Befehl widersetzt hatte, der Feierlichkeit beizuwohnen und stattdessen in Rage davonstolziert war, als man sie dafür tadelte.

„Sie wird lästig", sagte Masteeat und gähnte genüsslich. Der Tej zeigte zu guter Letzt seine Wirkung, ihre Worte kamen langsam und lang gezogen. „Ich glaube fast, dass ich das, was ich halbwegs im Spaß gesagt habe, vielleicht in vollem Ernst umsetzen sollte … sie zu Gobayzy schicken." Sie leerte einen weiteren Kelch. „Eine Bußübung für sie beide."

Fasil, der direkt den ersten Platz an der langen Seite des Tisches eingenommen hatte, schüttelte den Kopf.

„Hätte Eure Majestät einen Moment Ruhe, wenn Ihre Halbschwester Gobayzys Königin wäre, mit seiner Armee unter ihrem Kommando?"

„Und einen erneuten Angriff gegen mich wagen würde?", lachte Masteeat. „Nicht doch, alter Soldat, Gobayzy würde das nicht zulassen. Er fürchtet die Gallas zu sehr … und vor allem die Galla-Königin." Was Kavallerie und Infanterie mit donnerndem Applaus quittierten und auf sie tranken. Der Rest stimmte ein.

„Und trotzdem", sagte Fasil, als der laute Jubel abgeklungen war, „hat Gobayzys Onkel den Dedjaz Napier in Santara besucht. Wofür, wenn nicht, um sich mit den Briten vor uns zu verschwören …?"

„Bei Gott, er sagt die Wahrheit!", rief Infanterie. „Habe ich nicht gesagt, dass man nicht weiß, was die Briten mit Magdala vorhaben, sobald es eingenommen ist!" Er warf mir einen finsteren, halb-trunkenen Blick zu. „Wenn Gobayzy es schafft, sich wie ein Wurm in ihr Bewusstsein zu graben, könnten sie es nicht vielleicht an ihn übergeben?" Darauf brach ein lauter Meinungsaustausch los, bis Masteeat das Wort ergriff und mit angetrunkenem Bedacht zu den Anwesenden sprach.

„Nein." Sie stellte ihren Kelch vorsichtig ab und befüllte ihn mit mehr oder weniger ruhiger Hand. „Nein. Gobayzy ist ein … ein Wurm, wie Ihr sagt … nun, was kann er den Briten schon bieten? Seine Armee aus … aus Würmern?" Sie gluckste. „Würmer, die beim Anblick unserer Speere davonkriechen! Nein. Der britische Dedjaz hat sich bereits entschieden …" Sie warf einen Arm um meine Schultern. „Bereits entschieden, sage ich! Hat er nicht?" Sie lehnte sich zu mir, und ich bereitete mich schon darauf vor, sie aufzufangen, aber sie konnte gerade noch die Balance halten. „Hat er nicht?", wiederholte sie, kicherte, und hüllte mich in Tej-Schwaden. Die großen schwarzen Augen waren halb geschlossen, die lächelnden Lippen waren feucht und leicht geöffnet, und ihre Zöpfe streiften mein Gesicht. „Hat er nicht?", fragte sie ein drittes Mal, ihre Stimme ein trübes Gemurmel. Ich schielte zu Fasil, aber er hatte sich seiner Nachbarin zugewandt, und auch sonst schenkte uns niemand Beachtung.

„Hat er nicht?", zum vierten Mal, voll wie eine Haubitze, aber noch nicht so weit weggetreten, um mich zu küssen und mit ihrer Zunge über meine Lippen zu fahren und zu flüstern: „Oh … Wunderschöner! Noch schöner als der Basha Fallaka … seid ihr alle so schön, ihr Engländer …?“

„Nur ein paar von uns, Ma'am“, antwortete ich wahrheitsgetreu und sie stieß eine Lachsalve aus und hievte ihre Massen von mir, stieß dabei ihren Kelch um, den ich galant rettete und mühsam erneut füllte, da ich mich schlapp fühlte, was mit zu viel Alkohol und dem steigenden Lärm und Lachen zu begründen war … Jetzt erst wurde die Feier lebendig und wenn Sie nicht glauben können, was ich Ihnen nun erzählen werde, kann ich auch nichts daran ändern.

Kavallerie und sein Weibsstück hatten offensichtlich genug an Fleisch und Getränken gehabt und fingen nun an, eine andere Art von Appetit zu entwickeln. Sie scharrten und fummelten mit wachsender Leidenschaft und rutschten von ihren Hockern auf eine Matratze, welche ein zuvorkommender Hausangestellter hinter ihren Plätzen drapiert haben musste. Gott sei gnädig, dachte ich, es bestand kein Zweifel: Sie machten sich ernsthaft daran, sich zu paaren. Fasil neben ihnen hatte zwischenzeitlich einen Teil seines Shamas losgewickelt und hielt es hoch, um die Darsteller vor den öffentlichen Blicken zu schützen, der verdammte Spielverderber – und ich dachte, mich tritt ein Pferd, als Kavalleries anderer Sitznachbar das gleiche tat und einen Rund-um-Sichtschutz herstellte!

Auch wenn die Sicht abgeschirmt war, die Geräusche konnten sie nicht abschirmen. Das betrunkene Gebrabbel wurde von Grunzen, Atmen und rhythmischen Stößen übertönt, gefolgt von einem ekstatischen Gejaule, das mich an das kleine Fräulein Dingsbums auf der Reise nach Triest erinnerte. Gut gemacht, Kavallerie, so sind die Berittenen, dachte ich mir. Mein Blick wanderte umher, diese formidable Gesellschaft begutachtend, und zu sehen, ob Masteeat immer noch bei Sinnen war und vielleicht ihre Empörung ausdrückte über solch unziemliches Verhalten – aber niemand schenkte dem Geschehnis auch nur ein Fünkchen Aufmerksamkeit, bis Fasil und der andere Kerl wieder ihre Shamas zurückzogen. Das glückliche Paar tauchte wieder auf: das Weib in leichter Unordnung und Kavallerie sah so aus, als wäre er gerade von der Schweren Brigade niedergeritten worden. Dann, und Gott ist mein Zeuge, erhob die ganze Gesellschaft ihre Gläser zum Toast auf die Liebenden, die auf ihre Hocker zurückkehrten.

Danach folgten abwechselnd die anderen Teilnehmer. Ob sie einer hierarchischen Reihenfolge nachgingen, wie Bischöfe, die vor Konteradmiralen zum Abendessen Platz nahmen, kann ich nicht sagen, da Fasil und seine Begleitung als nächste am Ball waren, und er war Kavallerie eigentlich übergeordnet. Ich war verwirrt, als Kavallerie sein Shama löste, um ihnen Privatsphäre zu verschaffen und in meine Richtung nickte und die Stirn runzelte – natürlich war ich der Kerl, der am nächsten saß, aber da ich kein Shama trug, konnte ich nur ein Kissen hochhalten, was nicht wirklich ausreichte. Ich wollte mich dafür bei Fasil entschuldigen, wandte den Blick aber schnell wieder ab. So eine Stellung hatte ich noch nie gesehen, aber *ex Africa semper aliquid novi*,* wie Charity Spring wohl gesagt hätte.

Dann waren Infanterie und seine Charmeuse dran und natürlich passierte das Unausweichliche: Die anderen wurden ungeduldig und tanzten aus der Reihe. Die gesamte Ordnung war aufgehoben. Nur noch halbherzige Versuche, um die heiteren Herzensbrecher abzuschirmen, und die Bude bebte wie ein Bordell in New Orleans während der Karwoche. Man kann die Abs gut an zwei Merkmalen ausmachen: sie sind die geräuschvollsten Esser und Hurenböcke auf Erden und ihre Königin steht ganz oben auf der Liste. Ich war zu sehr mit der ganzen Szenerie beschäftigt, als dass ich ihr viel Aufmerksamkeit schenkte, und nun, als ich einen Blick zu ihr hinüber warf, lehnte sie sich wieder auf einen Ellenbogen und beobachtete mich glasig über den Rand ihres Kelches. Ob sie mich wirklich sehen konnte? Ich war mir nicht sicher, bis sie eine Hand nach mir ausstreckte, um meine Wange zu streicheln und anfing (neben allen möglichen anderen Dingen), mir das Kinn zu kraulen. Unter gurgelndem Gelächter rückte sie näher.

---

* „In Afrika gibt es immer etwas neues“ – Plinius der Ältere

„Hat … er … nicht …?“, murmelte sie schläfrig. Beim Jupiter, jetzt wurde es wirklich ernst. Aber wissen Sie, es war eine komische Sache, je betrunkener sie wurde, desto attraktiver fand ich sie. Ich hatte gesagt, dass sie keine besondere Augenweide war, aber da war irgendwas verdammt Anziehendes an diesen plumpen polierten Bäckchen zwischen den glänzenden Zöpfen. Ihre feuchten Lippen bebten unter dem stumpfsinnigen Lächeln, die weiche Haut ihrer Arme und Schultern, die drallen Möpse, die sich quasi von selbst in meine Hände pressten, und die wilde Hingabe, mit der die plötzlich wieder zum Leben Erweckte ihren Mund auf meinen presste, die Arme um mich schlang, durchaus Willens, mit mir das Mobiliar zu verwüsten … Irgendwelche fürsorglichen Kerle mussten es bemerkt haben, da ich noch eine vage Erinnerung daran habe, wie mich plötzlich Shamas umgaben.

Ich hoffe zumindest, dass es so war, wie dem auch sei … nicht, dass uns irgendwer in dem umgebenden fröhlichen Tumult den Hauch einer Beachtung geschenkt hätte. Aber man darf schließlich nicht den guten Ruf des diplomatischen Corps vergessen, besonders nicht unter Eingeborenen, wie strapaziös das auch manchmal sein mag. Oder wie ich einst zu Speedicut sagte, der Diplomatie haftet etwas Höllisches an.

*

Für Elspeth ist eine der schönsten Sachen beim Beischlaf vollführen, wie sie es nennt, das süße Geplänkel danach. Wie es wohl mit Königin Masteeat von Galla gewesen wäre, kann ich nicht sagen, da sie nach Beendigung unseres kleinen Stelldicheins sofort einschlief und unsanft von ihren etwas weniger betrunkenen Dienerinnen zu Bett getragen werden musste. Dort schnarchte sie wie ein Bär. Guter Gott, aber sie war ein Nimmersatt und ich ein wohlig zerstörter Botschafter, als ich meinen Weg aus dem Trümmerfeld suchte, das einst der Speisesaal gewesen war. Können Sie glauben, dass Infanterie und Kavallerie immer noch bei der Sache waren, dann auch noch mit Fasils Frau, während der sich mit einer Portion Brundo von den lachenden Turteltauben seiner Untergebenen füttern ließ. Niemand wird mir das jemals glauben, dachte ich. Zum Teufel, Nero selbst hätte beim ersten Blick „Oh, lass das!“, gerufen, aber so ist die Ab-Gesellschaft nun mal. Andere Leute haben Dinner-Partys, in Habesh sind es Dinner-Orgien.[40]

Ich habe keine genaue Erinnerung mehr daran, wie ich meinen Weg zu dem für mich bereitgestellten Apartment im Palast gefunden habe, aber ich weiß noch, dass das Kopfkissen zu kreisen begann und ich über der Bettkante hing, mit dem Fußboden, der mir entgegenkam und sich wieder senkte, immer wieder, bis ich endlich zur Ruhe kam, in der Dunkelheit lag und mich fragte, wie viel von Königin Masteeat ich wohl stemmen konnte. Sie war keine kultivierte Liebhaberin. Stark wie ein Ochse, rattig wie ein Wiesel und der ruppigste Ritt seit Ranavalona aus Madagaskar, an den ich mich erinnern konnte – eine andere Schwarze Perle Afrikas, aber bevor ich einen philosophischen Rückblick über diese Gemeinsamkeit anstreben konnte, wurde meine Aufmerksamkeit von dem sanften Stechen einer scharfen Spitze unterhalb meines rechten Ohres abgelenkt, und einer sanften Stimme, die flüsterte:

„Bleib ruhig liegen, Freund, und preise dich glücklich … für den Moment. Sprich … und du wirst mit Scheitan sprechen.“

Kapitel 12

Ich habe schon an anderer Stelle berichtet, wie es ist, von tödlicher Gefahr wachgeschreckt zu werden, und von der eisigen Lähmung, die damit einhergeht. Es ist mir mehr als einmal widerfahren: In China wurde ich aus dem Bett gerissen und fand mich in einem mitternächtlichen Gerangel wieder und wurde vor dem wahnsinnigen Anführer der Taiping-Rebellion geschleppt, aber wenigstens war meine Panik in diesem Fall von kurzer Dauer, da meine Entführer sich als Freunde herausstellten. Dieses Glück blieb mir in Habesh verwehrt. Obwohl angetrunken, gab es keinen Zweifel an der Bedrohung durch die Messerspitze. Ein durch Lampenschein erleuchteter Albtraum: glühende Augen und weiße Zähne in schwarzen Gesichtern, die auf mich herunterblickten, ein Knebel wurde brutal in meinen Mund geschoben, zupackende Hände rissen mich auf die Füße. Über wackelige Treppen ging es nach unten und dann nach draußen in den strömenden Regen einer kalten Nacht. Personen in Roben mit Schwertern und Speeren standen um mich herum, dann streiften sie mir plötzlich eine Augenbinde über und ich wurde halb getragen, halb mitgeschleift, versuchte durch meinen Knebel um Hilfe zu schreien und verschluckte mich beinahe an dem Ding.

Doppelt beängstigend war die Lautlosigkeit, mit der alles ablief: Kein Befehl, kein Wort der Drohung folgte nach der hämischen Stimme, die mich geweckt hatte. Es schien sich um professionelle Entführer zu handeln, wahrscheinlich Attentäter auf Expertenlevel, die genau wussten, was sie zu tun hatten, wo sie mich hinbrachten und warum – obwohl das Warum und Weshalb sich mir nicht erschloss, benebelt von Angst und Alkohol wie ich war. Dann wurde ich auf eine Trage geworfen, eilig festgebunden und im Laufschritt davongetragen. Erst als ich feststellte, dass sie mich nicht direkt zu einer Hinrichtung brachten, fragte ich mich, wer hinter dieser Entführung stecken konnte.

Die Antwort erschien beängstigend logisch: Uliba-Wark, die nach Rache dürstete! Die Erinnerung daran, wie sie mit Yando umgegangen war, reichte aus, um mich in Todesangst zu versetzen. O Gott, und sie hatte diese widerwärtige Neigung, die Knochen ihrer Opfer, einen nach dem anderen, zu entfernen, damit sie monatelangen Qualen ausgesetzt waren! Da ich nicht schreien oder speien konnte, blieb mir nur übrig, verängstigt liegen zu bleiben und mich durchrüttelten zu lassen – Gott weiß, wie lange es dauerte. In solch einer Situation läuft man eher selten zu rechnerischen Höchstleistungen auf, mit getrübtem Verstand und dem Bauch voller Alkohol, aber ich glaube, sie konnten die Geschwindigkeit nicht länger als eine Stunde durchhalten, über fünf Meilen vielleicht, bevor sie eine Pause einlegten, um durchzuatmen und mich abzusetzen.

Die Augenbinde wurde weggezogen und ich blinzelte in den Schein einer Fackel in der Hand einer der umstehenden Männer. Insgesamt waren es sieben oder acht, Gallas in weißen Pyjamahosen und Roben mit Gürteln. Stramme Kerle, voll bewaffnet mit Speeren und Sichelschwertern, einer oder zwei mit Musketen und ihr Anführer mit großen Sattelpistolen im Gürtel. Er war einer dieser typischen Wollos, so schön wie Luzifer, und seine freundliche Art ließ sich leicht an seinem höhnischen Grinsen einschätzen. Als ich meine Augen in dumpfem Protest hin und her rollte, zog er mir den Knebel aus dem Mund.

Mein Mund war zu ausgetrocknet, um zu sprechen, aber da er hören wollte, was ich zu sagen hatte, gab er einem der Bande ein Zeichen, der mir darauf etwas Wasser gab. Um meinen Verdacht bestätigen zu lassen, krächzte ich: „Wo ist sie?“

„Die Königin Uliba-Wark?“, fragte er zurück. „Habt Geduld, ihr werdet sie bald sehen … und sie wird Euch für Eure Dienste belohnen.“ Es war dieselbe sanft-hämische Stimme, die mir mit dem Teufel gedroht hatte. Er gluckste zufrieden und seine Bande grinste wie ein Wolfsrudel vor einem Schaf. In Kauderwelsch gab ich zurück:

„Was, zum Teufel, meinst du? Weißt du, wer ich bin? Ein britischer Offizier, der Gesandte von Dedjaz Napier, und bei Gott, wenn du mich nicht augenblicklich los machst, wirst du höher hängen als Haman, du schwarzer Hurensohn! Königin Masteeat wird dafür Sorge tragen, und die Schlampe Uliba wird dich nicht beschützen können …"

Er schlug mir mit dem Handrücken auf den Mund. „Sprecht noch einmal unflätig über Königin Uliba-Wark und Ihr werdet nicht mehr in der Lage sein, mit Scheitan zu sprechen! Vor eurem Tod werde ich Euch die Zunge herausreißen!" Er schlug mich erneut und setzte seinen Spott fort. „Niemand wird wissen, was aus Euch geworden ist, Farangi Esel! Euer Dedjaz fragt sich vielleicht, was mit Euch passiert ist, und Königin Uliba-Wark wird etwas über Euer mysteriöses Verschwinden erzählen – oh, aye, bis dahin wird sie die fette Schlampe ersetzt haben! Wir werden kein zweites Mal scheitern. Vielleicht wird sie sogar mich, Goram, beauftragen, eine Suche nach Euch durchzuführen … Aber bis dahin wird von Eurem dreckigen Kadaver nicht mal mehr genug übrig sein, um einen Schakalwelpen zu ernähren!"

Also war er kein Söldner, wie ich für eine Sekunde zu hoffen gewagt hatte, sondern ein aufrichtiger Uliba-Wark-Anhänger. Einer dieser verrückten Verschwörer, die den gescheiterten Putschversuch überlebt hatten. Und dank Masteeats idiotischer Nachsicht konnte sie einen erneuten Versuch starten – und mich abschlachten.

„Sei kein Narr, Goram!", sagte ich ruhig und besonnen, da ich bemerkte, dass Gebrüll bei dem Kerl nicht zog. „Dedjaz Napier und der Basha Fallaka sind raffinierte Männer, die Uliba und ihre Pläne kennen, und sie werden euch aufspüren und verfolgen, selbst wenn ihr zum Rwenzori-Gebirge lauft. Aber lass mich frei, und du wirst belohnt werden – mehr Geld, als du je gesehen hast! Wir geben Masteeat 50.000 Taler, einfach als Geschenk!"

Er hielt mir mit einer Hand den Mund zu und stopfte mir wieder den Knebel zwischen die Zähne. Er mochte loyal gegenüber Uliba sein, aber er wollte nicht riskieren, dass seine Bande durch ein Vermögen in Silber in Versuchung geführt wurde. Ich versuchte den Knebel auszuspucken, aber er hatte ihn im Nu fest, und ich konnte nur noch würgen und die Augen verdrehen. Dann spuckte er mir ins Gesicht.

„Wenn Ihr ein Jahr lang gefoltert würdet, wäre das noch eine zu milde Strafe! Ihr hättet unsere königliche Lady umgebracht – sie, die Euch geliebt hat und auf Eurer Seite stand! Und Ihr denkt, Ihr könnt mich kaufen, ihren treuesten Krieger, der nur dafür lebt, sie auf ihrem rechtmäßigen Thron sitzen zu sehen!"

Er spuckte erneut und rief den anderen zu, mich hochzuheben. Also ging es weiter durch die Nacht. Der Regen hatte aufgehört, aber Donner grollte in der Ferne, gelegentlich zuckte ein Blitz am Nachthimmel.

Als wir zu einem steilen Anstieg kamen, wurde die Gruppe langsamer. Vor uns machte ich einen Lichtschein aus und Goram antwortete auf ein Signal von dort. Ich wurde zwischen Felsen hindurch in einen Felskessel getragen, wo ein großes Lagerfeuer brannte und sich ungefähr zehn weitere schwer bewaffnete Gallas ausruhten. Ohne große Umschweife ließ man mich vor einer sitzenden Person auf den Boden fallen. Sie trug einen Umhang mit Kapuze und mein angsterfüllter Blick wanderte über lange, wunderschöne Beine, die elegant übereinander geschlagen waren. Sie gehörten zu der geschmeidigen Figur von Uliba-Wark, deren hübsches Gesicht so kalt war wie das eines Basilisken.

Keine Spur der Wut, die sie bei unserem letzten Zusammentreffen an den Tag gelegt hatte. Einen langen Moment schaute sie auf mich herunter, mit solcher Ausdruckslosigkeit, dass mir ein Schauer über den Rücken lief. Dann erhob sie sich, zog sich den Umhang von den Schultern, und stellte sich neben Goram. Eine Hand in die Hüfte gestemmt, die andere spielte mit ihren Zöpfen. Sie sagte kein Wort und regte sich auch nicht, als Goram, der einer Wache eine Frage zugerufen hatte, die Stirn runzelte, mit den Achseln zuckte und ihr etwas ins Ohr brummelte. Ohne ihre Augen von mir zu nehmen, hielt sie ihre Hand auf, und Goram zog sein Messer und gab es ihr grinsend. Sie strich damit einmal langsam über ihre Handfläche und nickte. Auf Gorams Befehl erfassten mich drei seiner Wüstlinge. Zwei bei den Schultern und einer an den Knöcheln, um Widerstand gar nicht erst aufkommen zu lassen.

Sie gab Goram ein Zeichen, seinen Speer hinzuhalten, und zu meinem Entsetzen schnitt sie die abscheulichen Trophäen von dessen Spitze. Unter dem erfreuten Gemurmel der Zuschauer ging sie dabei ganz langsam vor. Dabei musterte sie mich aufmerksam und muss den Schrecken in meinen Augen gesehen haben, da sich zum ersten Mal ein Lächeln auf ihre geschwungenen Lippen legte, während Goram sich neben mich kniete und an meinem Hosenbund zerrte, um ihn aufzubekommen.

Der Schrecken dieses Moments steckt mir immer noch in den Knochen, und das wird auch immer so bleiben: der Ring aus grinsenden schwarzen Gesichtern, die näher rückten um besser sehen zu können, Gorams stinkender Atem in meiner Nase, das bestialische Grinsen des Schufts, der meine Knöchel fest umschlossen hielt, das Wissen über die quälende, unaussprechliche Abscheulichkeit, die Uliba-Wark mit dem Messer in der Hand an mir ausüben wollte …

… und hinter ihr, am äußeren Rand des Feuerscheins, erschien plötzlich eine Person, die nur ein Schutzengel sein konnte, vom Himmel gesandt, um den armen Flashy vor seinen Peinigern zu retten. Die Person war weiblich und wunderschön, mit wallendem Haar unter einem weißen kleinen Kopfschmuck wie ein Heiligenschein, nackt bis zur Hüfte, so wie eine Rachegöttin sein sollte, mit wurfbereitem Speer. Es war keine durch Angst hervorgerufene Halluzination oder Vision, da sie den Speer wirklich warf und der Mann an meinen Knöcheln sich unter einem markerschütternden Schrei aufbäumte. Mit aufgerissenen Augen umfassten seine Hände die blutige Spitze, die aus seiner Brust hervortrat. Dann kippte er nach vorne, spie Blut und fiel auf mich … was meinen Blick auf die heftige Auseinandersetzung einschränkte, die nun um mich herum losbrach.

Die Hände an meinen Schultern waren verschwunden, Goram zog nicht länger an meinen Hosen, Flüche und Schreie drangen an mein Ohr. Schüsse wurden abgefeuert und Stahl schlug auf Stahl, als ich versuchte, den Körper des sterbenden Mannes loszuwerden, der auf mir lag. Er rutschte zur Seite, erstickte an seinem eigenen Blut, während ich festgebunden und hilflos da lag und bei meiner unglaublichen Errettung zusah.

Einen hysterischen Augenblick lang fragte ich mich, ob meine Einbildung von göttlicher Hilfe vielleicht gar nicht stimmte – aber dann sah ich an die 20 Schutzengel im Schein des Feuers, halbnackte Frauen, die wie Harpyien kreischten und die Gallas links und rechts aufschlitzten. Das war wohl kaum göttliche Hilfe: Engel stoßen keine Schlachtrufe aus oder schreien vor Schmerz, wenn sie getroffen werden, noch schreien sie vor Freude, wenn zwei von ihnen einen Feind zu Boden drücken, während die Dritte ihn aufschlitzt. Meine Speerwerferin hatte ausgesehen wie eine Statue der Diana, aber manche ihrer Gefährtinnen waren genauso breit wie groß und hätten mit König Gezos Dahomey-Amazonen im Niedermetzeln wetteifern können. Sie kämpften mit abscheulicher Wildheit und die Gallas hielten ihnen nur unter größten Mühen Stand: Ein paar Minuten wogte der Kampf hin und her, und dann tauchten noch mehr Angreifer aus der Dunkelheit auf, die Gallas wurden zurückgedrängt, als die kleinen Schätzchen zu einem finalen Schlag ausholten. Haare flogen, Brüste bebten, und als zwei weitere meiner Entführer getötet wurden, wusste ich, dass dies hier nur auf eine Weise enden konnte.

Goram wusste das auch, dieses Schwein. Aber jetzt, wo ich an seiner Stelle Fersengeld gegeben hätte, war der bockige Brutalo treu bis in den Tod gegenüber seiner verdammten Uliba. Er erstach eine Frau, parierte dem Schlag einer anderen, sprang zurück, warf einen Blick aus purem Gift in meine Richtung, bellte einen Befehl und stürzte sich wieder in den Kampf. Und zu meinem Entsetzen brachen zwei seiner Grobiane aus dem Gemenge aus und schnappten sich meine Trage … Aber nicht, um mich aus der Gefahrenzone wegzubringen, nein. Ganz im Gegenteil. Sie warfen mich ins Feuer.

Wie Sie vielleicht wissen, hatte ich während meiner Dienstzeit im Panjab das Pech, auf einem Bratenrost über schwachem Feuer mit Fett übergossen zu werden, wodurch ich angesengt und angekokelt wurde, aber glücklicherweise nur halbgar. Ein offenes Feuer ist da etwas ganz anderes. Zwei oder drei Sekunden, und man kann in Flammen aufgehen, es sei denn, deine Trage ist aus dicker Ochsenhaut, aber selbst dann ist es nur eine Frage der Zeit, bevor du vor Hitze umkommst. Deine einzige Chance ist das Eintreffen der Feuerwehr, und zwar schnell.

Bei Gott, ich hatte Glück. Ich krachte mitten in die Flammen und es gab einen gewaltigen Funkenregen. Einen Herzschlag lang passierte nichts, dann züngelten die Flammen an meinen Füßen, die über die Trage hinausragten, und ich wäre schrecklich verstümmelt worden, wenn nicht einer der Engel (weil sie genau das war, auch wenn sie aussah wie ein weiblicher Gorilla) ihren Speer unter meine Trage gestoßen hätte und mich ins Freie hebelte, so dass ich mit versengtem Hintern und Rücken aufs Gesicht fiel, aber keine bleibenden Schäden davontrug.

Sie drehten mich um und eine von ihnen war so pfiffig, den Inhalt eines Wasserschlauchs über mir auszuschütten, da ich schmerzvoll glomm. Als sie den Knebel entfernten, brüllte ich Proteste gegen diese Form der Behandlung und auch Worte der Dankbarkeit. Aber hauptsächlich Proteste und Beschwerden, doch sie schnitten mich freundlicherweise von der Trage los, welche noch immer unangenehm heiß war. Gorilla Jane gab mir etwas zu trinken und sie setzen mich mit dem Rücken an einen kühlen Felsen, von wo aus ich eine Bestandsaufnahme der erstaunlichen Szenerie machen konnte.

Kein Galla stand mehr aufrecht. Der Ansturm dieser beeindruckenden Frauen hatte sie innerhalb von Minuten völlig überwältigt, und den erfreuten Rufen und abscheulichen Hackgeräuschen nach zu urteilen, wurden ihre Verwundeten vom Weltlichen erlöst, mit meiner speerwerfenden Diana als Aufseherin über das Gemetzel.

Ihre Gefährtinnen waren ein bunter Haufen, hauptsächlich jung und gut aussehend, so wie Ab-Frauen nun mal sind, nur ein oder zwei waren älter und ziemlich affenartig. Sie waren auf unterschiedliche Art wenig bekleidet, trotz der nächtlichen Kälte. Manche in Tuniken wie die von Uliba, andere in Röcken oder Hosen, und ein paar der jüngeren, eitleren Damen präsentierten sich wie Diana mit leichtem Kopfschmuck, Umhängen, und Lendenschürzen – überaus attraktive Kampfkleidung. Jede von ihnen war bis an die Zähne bewaffnet.

Amazonen, aber ganz anders als die Dahomeytruppe, die diszipliniert war und gedrillt wie die königlichen Wachgardisten. Diese hier waren Irreguläre und, im Gegensatz zu Gezos Gorgonen, benahmen sie sich wie Frauen. Die Hälfte von ihnen plapperte herum zwischen den eigenen Verwundeten, zeigte Besorgnis, spendete Trost. Ein sehr junges Mitglied der barbusigen Brigade weinte Sturzbäche und schüttete sich Staub auf den Kopf, während andere das Gesicht ihrer toten Gefährtin abdeckten – und plötzlich stand sie auf und tobte gellend, stieß ihren Speer ein ums andere Mal in den Leichnam eines Gallas – bis sie ein lebendiges Ziel in unmittelbarer Nähe entdeckte: Uliba-Wark!

Sie blutete aus vielen Wunden, wurde an Armen und Beinen festgehalten, während Diana sie befragte, als die hysterische Speerstecherin in die Unterredung platzte und ihren Speer in Ulibas Körper rammte. Innerhalb von Sekunden fiel auch der Rest über sie her, während die Angreiferin einfach nur da lag und weinte. Diana zuckte mit den Schultern, und wandte sich gelangweilt ab.

Mir wurde augenblicklich schlecht. Der Herr wusste, ich hatte Gründe, ihre schreckliche Rache zu verabscheuen und zu fürchten, die sie gerade an mir hatte vollstrecken wollen. Ich werde nicht so tun, als täte es mir Leid, dass sie neutralisiert wurde … Aber sie in Stücke geschlagen zu sehen, dieser wunderschöne Körper, den ich in meinen Armen gehalten und ekstatisch geliebt hatte, geschlachtet von diesen Kreaturen der Finsternis, war mehr als ich ertragen konnte. Für einen kurzen Moment hatte ich ein Bild von ihr im Kopf, glänzend nass und unbekleidet, lachend auf dem schwarzen Stein am Tanasee, und ich brach in Tränen und Wehklagen aus.

Oh, ich bin widerlich, ich weiß. Wir waren gut miteinander ausgekommen, bis ihr Tod notwendig wurde, um mein Überleben zu sichern. Ich hatte versucht, sie ohne jegliche Bedenken zu opfern. Wahrhaftige Drecksarbeit. Aber wäre es mir lieber, sie wäre noch am Leben und täte, was sie im Begriff gewesen war zu tun? Im Großen und Ganzen, nein. Aber dennoch hielt ich mir die Ohren zu aufgrund der schrecklichen Hackgeräusche und des unheimlichen Gelächters ihrer Scharfrichter.

Durch die Bekanntschaft mit Uliba hätte ich auf Ab-Kriegerinnen vorbereitet sein können, wage ich zu behaupten, aber keine Vorwarnung hätte mich diese Furcht einflößenden Schlampen erwarten lassen. Wer, zur Hölle, waren sie? Auf wessen Seite standen sie? Und worauf durfte ich hoffen? Sie hatten mich gerettet, wohl weil jeder, den ihre Feinde kastrieren und lebend rösten wollen, ein Verbündeter sein musste, aber das machte sie noch lange nicht zu meinen Busenfreundinnen.

Wo wir gerade davon sprechen, ich konnte mich einer gewissen Bewunderung für Diana nicht erwehren, als sie in meine Richtung stolzierte. Es entging mir nicht, wie sie die Schöße ihres Umhangs zurückwarf und posierte, eine Hand am Griff ihrer Pistole. Blaue Augen, bei Gott, leuchtend hell in einem lieblichen Gesicht, das nicht dunkler war als Lehm, stolz wie ein Pfau und keck dabei … Und nun kam ein noch größerer Schock. Sie drehte sich zur Seite, um Platz zu machen für zwei aus dem Schatten tretende – Männer. Ich hatte keinen von beiden während des Kampfes oder danach gesehen, aber von der Hochachtung, die Diana ihnen gegenüber an den Tag legte, musste zumindest einer von ihnen jemand Bedeutendes sein.

Er war klein, korpulent und schwarz wie Ihre Stiefel, bewegte sich auf Stummelbeinen fort und stellte sich vor mich, die Arme in die Seiten gestemmt, um mich zu begutachten. Er war glatzköpfig, mit einem Rand wollenen weißen Haars und trug den rotgefransten Shama der Mächtigen. Sein Begleiter schien ein Leibwächter, da er Stahl auf Brust und Rücken trug und Speer und Schwert mit sich führte. Er war groß gewachsen, adonisartig, mitteldunkel, mit den Bewegungen eines Tänzers und positionierte sich an Stummelchens Schulter. Alle drei betrachteten mich für einen Moment schweigsam, dann eröffnete Stummelchen das Palaver auf höchst beunruhigende Weise.

„Ich weiß, was Ihr seid, aber nicht, wer Ihr seid!“ Er sprach voller Autorität in Amharisch. „Also, nennt mir Euren Namen und was Ihr verbrochen habt, dass diese Galla-Wilden den Wunsch hegten, Euch zu töten.“

Ich antwortete in Arabisch, tat überrascht, aber nicht eingeschüchtert. „Ich bin Engländer. Mein Name ist Flashman. Ich bin ein Colonel … ein Ras, eine Führungsperson in der Britischen Armee, die auf dem Vormarsch nach Magdala ist. Darf ich fragen, wer Ihr seid?“

Von Diana und einigen der Frauen, die arabisch verstanden, war ein Schnauben zu vernehmen. Sie hatten die Aufgabe aufgeschoben, den verwundeten Feinden bei Stummelchens Ankunft restlos den Garaus zu machen, und versammelten sich, um zuzuhören. Diana fiel auf ein Knie, um mich genauer zu untersuchen – Gott, sie war eine kleine seidige Augenweide, und ich schenkte ihr mein höflichstes Lächeln, welches sie mit einem verwunderten Ausdruck aufnahm, gefolgt von einer herablassenden Kopfbewegung. Stummelchen war gleichsam unbeeindruckt.

„Ich weiß, was ein Colonel ist, und wer ich bin, kann warten!“, schnauzte er. „Also, wie gerät ein Britischer Offizier in die Fänge der Galla?“ Er stampfte ungeduldig auf. „Und warum wünschen sie Euren Tod?“

Ich befand mich auf gefährlichem Terrain und musste mich bedeckt halten, bis ich herausgefunden hatte, wer Stummelchen und diese schrecklichen Frauen waren. Ihrer Erscheinung nach, hätten Banditen sein können, wie die weiblichen Dacoit in Indien. Aber er war offensichtlich jemand von offizieller Bedeutung – konnte er ein Agent einer dieser unbedeutenden Regenten sein? Wie Menelek oder Gobayzy, von denen ich so viel gehört hatte – oder gar von Masteeats Rivalin, der verhassten Warkite? Ich wusste nur eines sicher, dass diese Frauen es genossen, Gallas zu töten, und wahrscheinlich würden sie nicht gänzlich anders mit jemandem umgehen, der deren Verbündeter war. Also gab ich meinen galant-pathetischen Gesichtsausdruck und fragte Diana, ob ich vielleicht einen wiederbelebenden Schluck Tej haben könne und etwas zu essen. Ein Häppchen würde genügen, um nach meinem Martyrium wieder zu Kräften zu kommen.

Stummelchen machte ein Ab-Geräusch, welches sich als „Pah!“ übersetzen ließe, aber Diana, das liebe Mädchen, schnippte mit den Fingern, und Gorilla Jane eilte mit einer Flasche Tej und einem Stück gebratenen Fleisches herbei. Meine Gedanken überschlugen sich, während ich trank und kaute. Ich entschied, Stummelchens Geduld besser nicht noch weiter auf die Probe zu stellen, indem ich ihn erneut fragte, wer er sei, und beschloss, da die Wahrheit nicht funktionieren würde, der goldenen Regel zu folgen, so nah an ihr dran zu bleiben wie möglich.

Ich hätte für Napiers Vorstoß spioniert, sagte ich, und wurde von diesen Leuten überfallen – Gallas, hatte er sie genannt? Aber, dem Himmel sei Dank, waren er und seine herrlichen Damen aufgetaucht, und wenn er die Güte besäße, mich zu meiner Armee zurückzubringen und zum Britischen Dedjaz, der bekannt ist für seine Großzügigkeit, dann würde er mit Talern und allen Arten von Gütern belohnt: Speise, Trank, Waffen … und natürlich Kleidung, Seide, Satin und Stickereien …

Die Frauen zeigten unverhohlenes Interesse, aber Stummelchen stampfte erneut wütend auf. „Sehe ich aus wie ein Narr? Ihr wagt es, mit mir über Silber und Seide zu sprechen, als wäre ich ein Bettler aus Fellaheen oder ein Bedawi und weicht meiner Frage aus!“ Er atmete scharf ein, und Diana überraschte mich, in dem sie unerwartet das Ruder an sich riss, mit einem Lächeln auf den gekräuselten Lippen.

„Würde die Großzügigkeit Eures Dedjaz auch für die Aushändigung Magdalas reichen?“ Ihre Frauen japsten aufgeregt, der Leibwächter brach in Gelächter aus, und bevor Stummelchen explodieren konnte, sagte ich, dass ich nicht für den Dedjaz antworten könne, aber was auch immer der Wert von Magdala wäre, sie könnte auf etwas gleichwertiges zählen, und in der Zwischenzeit, je schneller ich zu meiner Armee zurückgebracht würde …

„Vielleicht wird er es nicht schaffen, Magdala einzunehmen.“ Der Leibwächter sprach zum ersten Mal. „Es ist die stärkste Amba in Habesh.“

„Er nimmt sie ein, Soldat“, sagte ich. „Habt keinen Zweifel daran.“

„Mit der Hilfe der Galla-Kämpfer von Königin Masteeat“, grölte Stummelchen, womit er mich überraschte, obwohl ich verzweifelt versuchte, es zu überspielen.

„Galla-Kämpfer – diese Leute hier?“ Ich zeigte auf die Leichen. Ich verstehe nicht … warum sollten die Briten irgendjemandes Hilfe suchen? Das haben wir nicht nötig … und ich weiß nichts von dieser Königin –“

„Ihr lügt!“, rief Stummelchen. „Ganz Habesh weiß mittlerweile, dass die Briten eine Allianz mit Wollo Galla anstreben, und davon solltet ausgerechnet Ihr nichts gehört haben?“ Er zeigte mit einem fetten Finger auf mich. „Ihr wurdet von Eurem Dedjaz gesandt, um die Gallas mit Silber und einer Krone für Masteeat zu kaufen! Also warum sollten sie dann Euren Tod wünschen?“

Im Zweifelsfall muss man den fassungslos Verwirrten spielen. Dass ich an das hintere Ende des Jenseits befördert werden sollte, war offensichtlich … Uliba sollte Recht behalten: Yandos Bande hatte erraten, wer ich war und die frohe Kunde verbreitet. Aber ich würde garnichts zugeben, vor allem nicht gegenüber mir unbekannten Anklägern, in einem Land, wo jeder den Furz schon gerochen hatte, bevor er überhaupt gelassen wurde. Also schwafelte ich.

„Ich weiß nicht, was Ihr meint! Mein geschätzter Herr, woher sollte ich wissen, warum diese garstigen Unmenschen mich töten wollten? Und was das Kaufen mit Silber angeht …“ Ich nahm die Hände in die Luft. „Bitte, wenn Ihr mich nur zu meiner Armee bringen würdet, erhaltet Ihr eine großzügige Belohnung, das versichere ich Euch.“ Ich machte in dieser Manier weiter, während er da stand und mich anstarrte, und dann war da wieder Diana, die mich mit dem Blick einer arkadischen Nymphe beobachtete, misstrauisch gegenüber einem Satyr von zweifelhaftem Ruf, und mischte sich abermals ein.

„Wenn wir ihn ans Feuer verfüttern, Stück für Stück, wird er reden!“, sagte sie, aber Stummelchen schien unentschlossen, da er sich abwandte. Nach einer kurzen Unterredung mit seinem Leibwächter teilte er Diana kurz angebunden mit, dass sie die Frauen zusammenrufen und sich auf den Marsch vorbereiten solle. Sie grunzte enttäuscht und gab den Befehl anzutreten, nachdem sie damit fertig waren, die Toten zu plündern und zu verstümmeln. Sie können sicher erraten, was das bedeutete, und ich war froh, meine Augen von dem blutgetränktem Boden und den entweihten Körpern abzuwenden – Ulibas mitten unter ihnen! – und diese Barbarenschlampen, manche von ihnen bloß kleine schmächtige Mädchen, plapperten und lachten, als sie ihr grässliches Werk verrichteten.

„Geht's Euch nicht gut, Farrangi? Warum schaut ihr weg? Bereitet Euch der Anblick von Blut Unbehagen?“ Ich schaute hoch und sah den Leibwächter auf seinen Speer gestützt vor mir stehen. Stummelchen tollte irgendwo fröhlich herum. „Nein, gewiss nicht. Ihr habt Euer eigenes Blut aus einer Wunde austreten sehen.“ Er zeigte auf die sternförmige Narbe an meiner Hand. „Das war eine Kugel.“

„Eine saubere Wunde ist die eine Sache, Soldat“, sagte ich und nickte in Richtung der Damen des Kastrations-Zirkels. „Das hier ist eine andere.“

„Aye, wohl wahr“, antwortete er. „Trotzdem ist es das, was auch die Gallas mit Euch veranstaltet hätten – bei lebendigem Leib. Glauben die Briten demnach nicht an Vergeltung, Auge um Auge, Verbrennung um Verbrennung?“

Diana krähte vor Vergnügen. „Wir nehmen ihre Augen doch gar nicht!“ Sie fügte Übelkeit erregende Einzelheiten hinzu und ich fragte mich, ob ich jemals eine schöne Frau derartig verabscheuungswürdig fand.

„Wir glauben daran“, sagte ich dem Leibwächter. „Das bedeutet aber nicht, dass ich Euren widerwärtigen Schlampen dabei zuschauen muss!" Dieser Satz entwich mir als schrilles Fauchen. Die Auswirkung des Schreckens, den ich gesehen und erlebt hatte, gewann die Oberhand. Ich war kurz davor, mich zu übergeben.

„Vielleicht wird ihm kalt vor Angst beim Anblick kämpfender Frauen!", spottete Diana. „Wir können Männer sowohl vor dem Kampf als auch danach entmannen!" Sie setzte sich auf einen Stein, streckte die Beine aus und verschränkte die Arme vor der Brust. „Also fürchten sie uns, was auch der Grund dafür ist, dass unser Herr Téwodros uns ausgewählt und fortgeschickt hat, um zu plündern, zu überfallen und die Herzen seiner Feinde mit Angst und Schrecken zu erfüllen. Ist Euer Herz betroffen, Ras der Briten?"

Der Spott war geschenkt, nur ein Wort zählte. „Euer Herr Téwodros? Wer, zur Hölle, ist das denn?" Noch während ich sprach, kannte ich die Antwort bereits, und der Leibwächter gab mir die Bestätigung, indem er ob meiner Ignoranz den Kopf schüttelte.

„Nun, der Kaiser! Der König der Könige, Monarch von Habesh, und mit Gottes Kraft, der Eroberer von Ägypten und Jerusalem! Ihr kennt ihn als Theodor."

Mir blieb nichts anderes übrig, als sie bestürzt anzustarren. Theodors Leute – die letzten Menschen auf Gottes grüner Erde, denen ich begegnen wollte. Ich werde nicht oft völlig in Verlegenheit gebracht, aber in diesem Moment war ich es, da meine schlimmste Befürchtung, die mir seit Wochen durch den Kopf geisterte, wahr zu werden schien – in die Hände des wahnsinnigen Tyrannen zu fallen, der unaussprechliche Qualen über seine Opfer gebracht hat, der Missionare verprügeln und ihre Diener zu Tode peitschen ließ. Der den Konsul Cameron auf die Streckbank gelegt hatte … Und, mein Gott, wer konnte von meiner Mission wissen? Das ich die Gallas gegen Theodor verpflichten sollte? Stummelchen schien es zu wissen. Konnte er selbst Theodor sein? Nein, unmöglich, aber eine Nachfrage wert.

Diana schlug sich eine Hand vor den Mund und der Leibwächter lachte einfach lauthals drauflos.

„Wissen die Soldaten der englischen Königin so wenig über ihre Beute, dass sie denken, so ein kleines fettes Nilpferd wie Damash könnte der große Kaiser sein – der Löwe von Judah? Sieht er aus wie ein Kriegerkönig, ein Veteran von dreißigjährigem Dienst an der Waffe?“ Er warf einen Blick zu Diana. „Ja, Miriam, was würden Gobayzy oder Menelek zu Damash als Kaiser sagen?“

„Frag lieber, was Theodor zu einem Narr sagen würde, der Damash für den König der Könige hält“, entgegnete sie. „Wie würde er solch eine Beleidigung wohl ahnden?“

„Wer kennt schon den Verstand der Könige? Sie liegen weit außerhalb des Horizonts der einfachen Leute.“ Er legte den Kopf zur Seite und betrachtete mich. „Aber ich würde den hier nicht als Narr bezeichnen, so wie du. Hast du nicht seine Antwort an Damash gehört? Er redet viel, aber sagt wenig.“ Er lehnte sich zu mir vor, nestelte an seinem Speer, die Augen in meine. „Vielleicht hat Damash Recht, und er ist die Art von Mann, die Dedjaz Napier zu Masteeat schicken würde – ein Mann mit flinkem Verstand, der sich trefflich verstellen kann, einer, der niemals dahin zielt wo er hinschaut.“ Er lächelte. „Ihr seid dieser Mann, nicht wahr, Ras Flashman?“ Dann wurde er wieder feierlich. „Wenn Ihr vor Téwodros steht, versucht nicht, ihn reinzulegen. Er liebt die Wahrheit mehr als alles andere und belohnt die, die aufrichtig mit ihm sind.“

„Und nimmt denen, die lügen, ihre Hände und Füße, und verfüttert den Rest lebend an die Tiere“, stichelte Miriam-Diana.

„Ruhe, du Hyäne im Frauenkörper.“ Er nickte mir zu. „Ich gebe Euch diesen Rat als Freund, Engländer. Denkt an meine Worte.“ Dann drehte er sich um.

Mein Mund war staubtrocken, aber ich zwang meine Stimme zur Gleichgültigkeit.

„Ich wäre ein Narr, sie zu vergessen. Eure Majestät.“

Miriam-Diana warf schreiend ihren Kopf zurück und schlug sich heftig auf den Oberschenkel. „Er hat Euch erkannt! Beim allmächtigen Gott, er hat Euch erkannt!“ Sie grinste entzückt. „Sie sind wahrlich keine blinden Idioten, diese Engländer!“

Der Leibwächter, der über Abessinien regierte, hatte sich abrupt umgedreht, aber der würdevolle Ausdruck war verschwunden und seine Stimme plötzlich harsch.

„Wie habt Ihr mich erkannt? Was hat er gesehen?" Sein Blick wanderte von ihr zu mir, und er schlug wütend auf seine Brust. „Was ist es, das einen König kennzeichnet? Das ist ein einfacher Soldat!" Er schüttelte seinen Speer, schlug sich erneut gegen die Brust und machte zwei plötzliche Schritte auf mich zu. Ich schreckte zurück, da innerhalb eines Augenblicks seine ernste, beinahe freundliche Art wütendem Geschrei gewichen war. Es war, als ob ein anderer Mann in seiner Haut steckte, und Miriam sprang auf die Füße, als wollte sie dazwischen gehen.

„Wie habt Ihr mich erkannt?", befahl er, und gab mir einen Stoß mit dem Finger. „Passt auf! Versucht nicht so zu tun, als hättet ihr je Majestäten meines Aussehen oder meiner Sprache gesehen, so dass ihr den Nachkommen von Salomon und Saba, von Konstantin und Alexander erkennen könntet! Ich verabscheue diese Art der Lüge, diese höfische Schmeichelei! Beleidigt mich nicht damit!"

Da ich genau das vorgehabt hatte, war ich kurzzeitig ratlos. Ich hatte früh genug geschaltet, dass es sich hier um keinen gewöhnlicher Speerträger handelte. Abs mit gut aussehenden Gesichtern gibt es viele, Abs mit feinen gebogenen Nasen, die Arroganz ausdrücken, ebenfalls. Aber er sprach mit dieser ruhigen Sicherheit, die man nicht bei einem gemeinen Soldaten findet, und somit ordnete ich ihn als abessinischen Gentleman-Soldaten ein, sozusagen. Aber da war noch etwas anderes.

„Ihr bezeichnetet Euren Gefährten – Damash? – als ein fettes kleines Nilpferd. Einfache Männer sprechen so nicht über Vorgesetzte, die einen rotgefransten Shama tragen. Das machte mich stutzig." Ich stand auf. „Aber als Ihr rieft: ‚Ruhe, Hyäne!' zu einer Frau, die die Amazonen des Kaisers kommandiert und einen silbernen Schild an ihrem Arm trägt[41] … da wurde ich mehr als stutzig. Und ob Ihr höfische Schmeichelei verabscheut oder nicht, ich habe schon vor vielen Königen und Königinnen gestanden und erkenne sie am Blick. Vielleicht nicht sofort, aber nach einer Weile schon."

Es besteht kein Zweifel daran, ich bin gut im Umgang mit verrückten Wilden. Sie jagen mir eine Heidenangst ein und vielleicht beflügelt Schrecken meine Sinne, denn wenn ich daran denke, mit welchen Monstern ich mich unterhalten habe und trotzdem unversehrt blieb, mehr oder weniger ... Mangas Colorado, Ranavalona, General Sang-kol-in-sen, Crazy Horse, Dr. Arnold, Gott weiss, wen noch ... Nun, es bedurfte mehr als Glück, das kann ich Ihnen sagen. Man muss wissen, wann man kriechen und um Gnade winseln muss, aber auch, wie man sie aus der Fassung bringen kann, mit Unverschämtheit oder guten Argumenten oder bloßen Schwindeleien. Mich in der Gesellschaft des verrückten Königs Theodor wiederzufinden reichte schon aus, um meine Eingeweide starr werden zu lassen, aber seine Stimmungsschwankungen aus nächster Nähe zu betrachten und festzustellen, dass er weit über pari intelligent war, wie viele Verrückte, machte mir deutlich, dass Klartext und ein standhaftes Auftreten, die mein bebendes Inneres überdecken sollten, meine sicherste Bank waren ... Oh Gott, das hoffte ich zumindest und versuchte nicht zu zittern, während ich abwartete und ihn beobachtete.

Man kann nie wissen, wie sie reagieren, wenn du ihnen gelassen und mit festem Blick antwortest: manche lachen, manche wundern sich, manche fauchen, manche gehen dich an (dabei denke ich an Arnold) und wiederum manche, wie Theodor, beobachten dich in beunruhigender Stille. Dann:

„Du lagst falsch, siehst du, Miriam. Er ist kein Narr."

„Eure Majestät lag auch falsch", sagte sie vorlaut. „Er kannte Euch."

„Nicht, bis ich ihn genau betrachtet und erkannt habe, welche Art von Mann er ist. Damash hat sich verdient gemacht." Zu mir sagte er: „Wie erfolgreich wart Ihr bei Königin Masteeat? Oh, wir können ganz offen sein: Ich habe schon vor Wochen gewusst, dass ein Britischer Gesandter auf dem Weg war, ihre Hilfe zu suchen, und wir haben Euch beobachtet, seit Ihr gestern bei ihr eingetroffen seid. Ein Glück für Euch.“ Er zeigte auf die toten Gallas. „Seid Ihr nicht bei ihr vorangekommen?“

Wenn ich nein sagen würde und er hätte einen Späher an ihrem Hof, der ihm das Gegenteil erzählte oder meine Nachricht an Napier abgefangen hätte, wäre ich am Ende. Wenn ich ihm die Wahrheit sagte, dass die Gallas ihm den Weg abschneiden sollten, Gott weiß, was er dann täte. Ich hatte ja bereits gesehen, wie schnell seine Stimmung umschlagen konnte. Ich konnte es nicht riskieren. Ich sagte, es wäre nicht genug Zeit gewesen, um Napiers Ersuchen überhaupt zu verbalisieren … Ich wurde einem weiteren schweigenden Starren ausgesetzt.

„Keine Zeit zu reden?“, hakte er nach. „Aber Zeit für diese hier …“, er zeigte wieder auf die Leichen „… Euch hierher zu bringen und zu töten? Nein, das ist nicht Königin Masteeats Art.“

„Nicht mit einem so edlen großen Soldaten“, kicherte Miriam, die sich scheinbar kein bisschen vor ihm fürchtete. Er schenkte ihr keine Beachtung.

„Also, wer hat Euch verurteilt? Und warum?“

Ich sagte ihm die Wahrheit, da sie keinen Schaden anrichten konnte und er wahrscheinlich wusste, dass Uliba-Wark mich gen Süden geführt hatte. „Wir wurden von Euren Reitern am Silbernen Rauch getrennt. Sie meinte, ich hätte sie im Stich gelassen und diese toten Männer waren ihre Rächer, die mich töten sollten.“ Ich nickte in Richtung Felskessel. „Und da liegt sie nun.“

„Uliba-Wark? Tot?“ Theodor schaute ungläubig, drehte sich augenblicklich um und schritt zu der Gruppe um Ulibas Leiche. Sie flatterten auseinander wie Vögel. Miriam folgte ihm besorgt. „Ich hab gesehen, dass es eine Frau war, aber sie nicht erkannt, Negus, wirklich …“

„Es spielt keine Rolle“, sagte Theodor. Er schaute auf das, was noch von Uliba übrig war und zuckte mit den Schultern ohne angewidert zu sein. „Sie war eine stechende Viehbremse, ein Störenfried, ein Sämann des Zwiespalts, ein Ärgernis in Gottes Augen und denen der Männer. Sie begehrte den Thron ihrer Schwester, sagt man. Seht sie nun an.“

„Sie begehrte vor allem Männer, allen Aussagen zufolge", sagte Miriam und schenkte mir ein höhnisches Grinsen. „Wart Ihr ihr Liebhaber, Ras der Briten?"

Ich war nicht hier, um als Gentleman den Namen einer Lady preiszugeben, aber ihre Frage schien Theodor an einer empfindlichen Stelle zu treffen, da er ihr einen schneidenden Blick zuwarf. Sein Kopf zuckte zu mir, dann wieder zu ihr. Lächelnd krümmte er einen Finger und befahl:

„Hierher, Dirne", sagte er, und sie trat an seine Seite. Er legte einen Arm um ihre Hüfte und kraulte ihr Kinn, und sie schnurrte wie ein Kätzchen und hätschelte ihn. „Sprecht nicht von Liebe gegenüber edlen großen Soldaten", sagte er. Das erklärte den Freibrief, den sie genoss. Eine seiner Konkubinen offensichtlich, und ebenso Kommandantin seiner tötenden Weiber. Vielseitige Frau. Und Theodor von Abessinien war so eifersüchtig wie jeder gewöhnliche Kerl.

Nun kam Damash wieder angerollt, gefolgt von einem Burschen, der zwei Pferde führte. Hinter ihm hatten die Frauen ihren abstoßenden Dienst erledigt und versammelten sich, abgesehen von Gorilla Jane, die einen der Galla-Leichname hinter sich her zog. Dann merkte ich, dass es gar kein Leichnam war, sondern ein lebendiges Wesen, aus vielen Wunden blutend. Theodor, der immer noch seinen Arm um Miriam gelegt hatte, richtete das Wort an mich.

„Ras Flashman, auch wenn Ihr mit der Macht der englischen Königin gekommen seid, um mich zu zerstören, mich, der sich nichts als Frieden zwischen ihrem Thron und meinem gewünscht hatte und mit der Kraft Gottes gegen die Verderbtheit böser Menschen anging, hege ich trotzdem keinen Groll gegen Euch in meinem Herzen, oder gegen Euren Dedjaz Napier, der mir herzlich schreibt und ich ihm. Ich empfange Euch als meinen Gast in Magdala, wo wir einen Blick in das Herz des anderen werfen werden, in Liebe und Freundschaft."

Er schien eine Antwort zu erwarten, also sagte ich, „verbindlichster Dank, ah, Negus." Er gab Miriam einen Kuss und spielte einen Augenblick mit ihrer Hand. „Bringt den Ras nach

Islamgee“, sagte er und stieg auf sein Pferd. Damash wurde von dem Burschen in den Sattel gehievt und als sie gerade losreiten wollten, rief Gorilla Jane, dass der Gallahäuptling hier noch immer am Leben wäre, wenn auch nur noch bedingt, und was mit ihm geschehen solle. Zu ihren Füßen, mit ihren Gefolgsleuten zusammengekauert wie Aasgeier, war dieses entsetzliche Ding. Ich erkannte Goram, der sich noch bewegte.

Miriam hatte eine Idee. „Wir sollten ihn befragen, Negus.“

„Ein Gallakrieger wird dir nichts verraten“, sagte Theodor. Er stand in seinen Steigbügeln, eine Hand erhoben. „Gottes Segen über euch mutige Frauen. Und Segen auch über Euch, Ras Flashman, und Seine Gnade und Frieden.“ Er trieb sein Pferd an, als er Gorilla Jane und die zerschlagenen Überreste von Goram passierte und ergänzte: „Werft ihn ins Feuer.“ Und das taten sie.

Kapitel 13

Ich verbrachte eine Woche als „Gast“ von Kaiser Theodor. Gefühlt war es eine der längsten Wochen meines Lebens. Wie unsere Gefangenen, Cameron und Co., das zwei Jahre lang durchgehalten haben, ist mir ein Rätsel. Es mag wenig Schlimmeres geben, als in die Hände eines Todfeinds zu fallen, aber der Gnade eines Wahnsinnigen ausgeliefert zu sein, kommt dem schon gefährlich nahe. Man weiß nie, was er als nächstes tun wird – dich in Ketten legen oder mit Geschenken überhäufen, dir Peitschenhiebe androhen oder bei einem Glas Tej ewige Freundschaft schwören, die Ursachen des amerikanischen Bürgerkriegs diskutieren oder dich dazu einladen, ihn umzubringen, da ihm das Leben zur Last geworden sei – so war Theodor, der Irre, der unsere Leben in seinen Händen hielt, den Konsul unserer gnädigen Queen halbtot folterte und 21 Kanonensaluts zu ihrem Geburtstag abfeuerte. Nicht der schlechteste Gastgeber, bei dem ich je verweilt habe, aber mit Sicherheit der unberechenbarste.

Als sie mich vom Ort des Galla-Gemetzels wegbrachten, konnte ich nicht ahnen, dass diese sieben Tage der Angst und Hoffnung, einem Leben auf Messers Schneide, sich als letzter Akt des erstaunlichen Melodrams herausstellen würden, teils Tragödie, teils Farce, das man als Schlacht um Abessinien kennt. Für mich war es die letzte Meile auf dieser verrückten Reise, die vor ein paar Monaten in Triest begonnen hatte. Ich erzähle es Ihnen so wie es war. Alles entspricht der Wahrheit.

Es war stockdunkel und nieselte leicht, als wir uns auf den Weg machten. Miriam und ich und ein paar andere zu Pferde, der Rest dieser weiblichen Krokodile trottete hinter uns her. Bis Sonnenaufgang waren wir noch nicht weit gekommen, fünf Meilen vielleicht, und dann befanden wir uns in einer steinigen Einöde zwischen hohen Felswänden und steilen Schluchten.

Eine Anhöhe erhob sich zu unseren Rechten, dahinter ein Bergsattel, verbunden mit einem gewaltigen, abgeflachten Felsen, der ungefähr eine Meile weiter voraus lag. Als sich der Morgendunst lichtete und das Sonnenlicht ihn beschien, hatte man einen wundervollen Ausblick auf einen Berg, der in goldenem Schimmer erstrahlte. Ich erkundigte mich, wo wir waren.

„Selassie", sagte Miriam, zeigte mit dem Finger geradeaus und wedelte dann mit ihrem Daumen in Richtung des Felsens rechts neben uns. „Fala."

Das waren Namen, die ich erst gestern gehört hatte, in Fasils Zimmer in Masteeats Lager … gestern, lieber Gott, es schien eine Ewigkeit her zu sein. Ich stellte mir das Sandtisch-Modell vor und versuchte einzuordnen, was ich vor mir sah. Ja, dort unter uns lag die Straße, die Theodor für seine Artillerie angelegt hatte. Sie schlängelte sich zwischen Fala und Selassie, voller Menschen und Karren, die sich auf ihr fortbewegten und Gruppen, die aussahen wie Männer in Ketten. Soweit ich es beurteilen konnte, kamen wir aus südwestlicher Richtung, und wenn Sie sich meine Zeichnung anschauen, werden Sie einordnen können, was in mein Sichtfeld trat, als wir Fala umrundeten.

Hinter dem Bergsattel, am Fuß von Selassie, befand sich eine Ansammlung von Zelten – oder eher Pavillons, da sie größer waren; abseits des Camps standen kleinen Biwaks. Sie lagen am nördlichen Ende des lang gezogenen Flachlands, das Islamgee sein musste. Und am weit entfernten südlichen Ende des Flachlands, weniger als zwei Meilen von da, wo ich wie gelähmt saß, befand sich ein hoch aufragender Zylinder aus schwarzem Fels, der aus dem Flachland wie eine Säule herausstach, die irgendein riesenhafter Bildhauer dort platziert hatte. Ich wusste, was da vor uns lag, bevor Miriam den Namen nannte: „Magdala."

Da war es also, das Adlernest. Die Festung, in der der verrückte König Theodor eine Handvoll britische und deutsche Gefangene vier Jahre lang festgehalten hatte. Seine letzte Bastion. Er war umzingelt, ohne jede Möglichkeit zur Flucht. Ich hegte nicht den geringsten Zweifel, dass Masteeats Regimenter wahrscheinlich gerade in diesem Moment marschierten, um ihm den Weg in der bergigen Wildnis zu versperren. Und dort, unter mir auf dem Islamgee, war seine Armee – wie stark? 7.000 Mann? 10.000 Mann? Wartete er dort, um Napier in offener Feldschlacht zu begegnen, oder würde er sich nach Magdala zurückziehen und metaphorisch die Zugbrücke hochziehen? Gott, wenn er letzteres täte, dieser Felsen war ein schwer einzunehmender Brocken! Oder würde er womöglich Napier entgegeneilen, der mittlerweile gewiss in der Nähe war. Bei diesem Gedanken wandte ich den Blick nach Nordwesten und spähte über das felsige Flachland, das sich vom Arogee-Plateau direkt unter uns gut fünf Meilen bis zu einer fernen dunklen Linie erstreckte. Das musste die Schlucht des Bechelo sein. Von dort aus wand sich die Königsstraße entlang des hügeligen Landes bis Arogee und zwischen Fala und Selassie bis zum Fuße Magdalas.

Während ich das felsige Tal betrachtete, das von Hügeln und Steinrinnen eingerahmt war, kam mir der Gedanke, dass Theodor eine bessere Wahl als die dritte Möglichkeit hatte. Er konnte hinter dem Arogee vorstoßen und in der urwüchsigen Landschaft Hinterhalte vorbereiten. Lieber das, als in Magdala belagert zu werden oder im Flachland des Islamgee auf unsere Leute zu treffen, wo sie im offenen Kampf Hackfleisch aus ihm machen würden …

Miriam ließ einen Schrei aus, stellte sich in die Steigbügel, beschattete ihre Augen und deutete auf etwas. Und als ich ihrem Finger folgte, fühlte ich den selben wohligen Schauer, als Ungläubigkeit der Freude wich, die mich im Garten von Lucknow übermannt hatte, als wir in der Morgenluft ganz schwach die entfernten Geräusche vernahmen, die davon kündeten, dass Campbell auf dem Weg war. Denn da war es – durch den flimmernden Hitzedunst und die letzten Nebelschwaden am Rand des Plateaus hinter dem Bechelo gerade noch so auszumachen … Wie auf sein Stichwort erschien der letzte Schauspieler auf der Bühne, ohne Hufgeräusche oder Kanonendonner, nur durch die winzigen, nadelfeinen Lichtblitze angekündigt, die man in der staubigen Ferne kaum erkennen konnte. In diesem Moment hätte ich einen Tausender für ein Fernglas gegeben, obwohl ich sie schon zu oft gesehen hatte, um mich zu irren – Lanzenspitzen in der Morgensonne. Aber wessen? Bengalische Kavallerie? Scindees? Mein Instinkt sagte mir, dass sie zu uns gehörten, und nun erhielt ich die Bestätigung von Augen, die schärfer sahen und jünger waren als meine.

„Farangi!“, rief Miriam und fluchte lautstark. Auf Dalanta! Der Negus hatte Recht – dieses Pack von Dawunt und Dalanta hätte vernichtet werden sollen! Sie waren vor Euren Leuten! Aye, sie kommen! Seht ihr, sie kommen!“

„Woher wollt Ihr wissen, dass es meine Leute sind?“

Ich wusste zu diesem Zeitpunkt nicht, dass Theodor mit den Stämmen auf dem Dalanta-Plateau in Streit geraten war, das einen Steinwurf entfernt von Napiers Marschlinie, nördlich des Bechelo liegt, und dass diese pflichtbewussten Nigger den Weg für uns freigemacht hatten.[42] Aber ich erkannte die Zerknirschtheit in Miriams schönem Gesicht.

„Es kann niemand anderes sein! Man berichtete uns, dass sie vor drei Tagen den Jedda überquert haben. Jetzt sind sie am Rand des Bechelo, und wenn sie es erstmal durch die Schlucht geschafft haben …“ Sie zuckte angewidert mit den Schultern und spuckte aus. Ich blickte auf die Rettung in der Ferne und beschloss widerwillig, dass ich mich nicht traute, in ihre Richtung zu flüchten. Nicht auf einer erbärmlichen Ab-Mähre, die innerhalb der nächsten Meile zusammenklappen würde. Aber ich musste ja nur abwarten. Napier wai viel näher, als ich zu hoffen gewagt hatte, und trotz der Bechelo-Schlucht, die es noch zu durchqueren galt, und von der ich dank Fasils Modell wusste, dass sie eine dreiviertel Meile tief war, konnte er nicht mehr als ein, zwei Tagesmärsche entfernt sein. Ich klatschte vor Freude in die Hände und Miriam rief verächtlich:

„Ha! Ihr freut Euch über ihr Kommen? Aber was ist, wenn die Amhara sie wie Schafe zurück nach Ägypten treiben?“

Ich wusste, dass sie nicht wirklich daran glaubte, schon wegen ihres verdrießlichen Blickes. „Wenn die Amhara verrückt genug sind, dieses Wagnis einzugehen, werden sie schnell herausfinden, dass sie Wölfe sind“, erklärte ich ihr. „Sie werden diese Bauernarmee wie Schafe verschlingen. Nein, das werden sie gar nicht müssen, da ihre Gewehre euren Pöbel in seine Einzelteile zerlegen werden, und die Elefanten werden die Toten platt treten." Außer Theodor käme auf die Idee, sich auf diesen verdammten Felsen zurückzuziehen, hätte ich womöglich hinzufügen sollen, tat es aber nicht.

„Elefanten!" Sie schauderte. Sie haben eine unglaubliche Angst vor Jumbo, weil sie davon überzeugt sind, man könne ihn nicht zähmen. Sie blickte nachdenklich drein, und als wir weiter ritten, fragte sie sich wahrscheinlich, wie es für sie weiterging, wenn Theodor sich verstecken würde. Dann, nach einem Moment:

„Angenommen Eure Leute gewinnen … was würden sie mit Habesh veranstalten?"

„Mit einem schönen Mädchen wie dir, meinst du? Ich wüsste, was ich täte."

„Nein!", rief sie erbittert. „Ihr würdet mich beschützen!"

„Würde ich das nun? Aus Dankbarkeit, weil du mich ins Feuer werfen wolltest?"

„Da wart Ihr ein Gefangener!" Sie ritt näher an mich heran und sagte mit gedämpfter Stimme, „Wenn Eure Leute gewinnen, könntet Ihr mir helfen … und ich wäre dankbar." Sanft stieß sie mit ihrem Knie an meines.

„Meine Liebe, du bist ein Mädchen nach meinem Geschmack", sagte ich. „Aber was wäre, wenn deine Seite gewinnt? Das werden sie nicht, aber nur mal angenommen …"

„Dann würde ich Euch vor Theodors Zorn beschützen. So wie ich es sogar jetzt würde."

„Ich bezweifle, dass er jetzt zornig auf mich ist", sagte ich. „Nicht mit der britischen Armee an seiner Türschwelle."

Sie starrte mich an. „Ihr kennt ihn nicht! Oh, glaubt mir, Ras der Briten, Ihr kennt ihn kein bisschen!"

In Wirklichkeit lag sie damit falsch. Ich kannte ihn, sehr gut sogar –, aber das war mir entfallen, wissen Sie. Ich dachte an ihn, als diesen fanatischen Soldaten, den ich mit einem Leibwächter verwechselt hatte, der sich plötzlichen Gefühlsausbrüchen aufgrund von Lappalien hingab, und der einen Feind gnadenlos auf dem Feuer röstete – aber so ist der afrikanische Krieg nun mal. Ich hatte diesen Mann, der ein vernunftbegabtes Wesen zu sein schien allerdings nicht mit den grausigen Geschichten über die Abscheulichkeiten verknüpft, die ich gehört hatte. Von massakrierten Frauen und Kindern, von fürchterlichen Folterungen, die an unzähligen Opfern … Ich hatte Gondar vergessen und diesen schrecklichen Garten aus Gekreuzigten. Trotzdem war all dieser Schrecken das Werk des intelligenten, ernsten Mannes, der mich in ein lebhaftes Kreuzverhör genommen hatte, und lächelte und scherzte und seine Zeit mit dem prächtigen Weibsstück, das gerade neben mir ritt, vertrödelte. Es schien nicht zusammen zu gehören – bis wir den Falasattel verließen und zu dem Lager unterhalb von Selassie kamen. Dort wurde alles schrecklich offensichtlich.

Erste Andeutungen waren erkennbar, als wir an der King's Road anhalten mussten, während eine Prozession aus Ab-Gefangenen vorbeischlurfte. Es waren Hunderte, meist im allerschlimmsten Zustand. Ausgehungerte Skelette, praktisch nackt, viele von ihnen mit widerlichen Wunden. Jeder in Ketten, manche in Fesseln so schwer, dass sie sie kaum hinter sich herziehen konnten. Andere waren mit den Handgelenken an die Knöchel gefesselt, die Ketten so kurz, dass sie nicht aufrecht stehen konnten, und vorn übergebeugt gehen mussten. Der Gestank hätte einen ersticken können und um ihr Elend komplett zu machen, wurden sie von kräftigen Wachen vorwärts getrieben, die Girafs schwangen, Nilpferdpeitschen, die das Ab-Äquivalent der russischen Knuten sind.

„Wer, in Gottes Namen, sind die?“, fragte ich Miriam. „Rebellen?“

„Hah, Ihr werdet hier doch keine lebenden Rebellen finden!“, sagte sie. „Die sterben an Ort und Stelle.“

„Also sind das hier Verbrecher? Was, zum Teufel, haben sie denn angestellt?“

Ihre Antwort konnte ich kaum glauben, aber was sie leichthin mit einem Schulterzucken sagte, war so wahr wie das Evangelium, wie ich noch herausfinden sollte.

„Was sie getan haben? Gelächelt, als der König schlechte Laune hatte. Oder sie waren verdrossen, als er fröhlich war. Vielleicht haben sie ihm eine Mahlzeit serviert, die ihm nicht gemundet hat, haben Bandwurmmedizin erwähnt oder haben sich positiv über jemanden geäußert, den er nicht leiden kann. Vielleicht sind sie ihm auch über den Weg gelaufen, als er betrunken war." Sie lachte aufgrund meiner Skepsis. „Ihr glaubt mir nicht? Dann kennt Ihr ihn tatsächlich nicht!"

„Bei Gott, ich glaube dir nicht!"

„Das werdet Ihr noch." Sie beobachtete den Letzten aus dem bemitleidenswerten Sklavenzug, als er uns passierte. „Wohl wahr, nicht alle von ihnen haben diese Verbrechen begangen. Manche von ihnen hatten nur das Pech, mit solchen Übeltätern verwandt zu sein. O ja, das reicht schon aus."

„Aber … für Lächeln? Bandwurmmedizin? Und er lässt ganze Familien dafür bestrafen? Wie lange sind sie schon in Ketten, verdammt noch mal?"

„Manche seit Jahren. Warum er sie jetzt aus ihrem Gefängnis aus Magdala herunter bringt, wer weiß? Vielleicht um vor ihnen zu predigen. Vielleicht um sie zu töten, bevor Eure Armee eintrifft. Vielleicht um sie freizulassen. Wir werden sehen."

„Er muss absolut wahnsinnig sein!", rief ich. Nun, ich hatte die Leute es oft genug sagen hören, aber man weiß nicht, was es wirklich bedeutet, bis man die Wahrheit vor Augen hat. Und da war sein liebreizendes Mädel, das entspannt im Sonnenlicht dahinritt und in aller Seelenruhe von einem Monster sprach, das Caligula Konkurrenz machte. Sie muss die Fragen in meinen Augen gelesen haben, da sie nickte.

„Ja, er ist ein gefährlicher Herr, wie Euch seine Minister und Generäle sicher bestätigen können." Sie lächelte mit erhobenem Kinn. „Aber die, die ihn und seine Stimmungen kennen und wissen, wie man ihn zufrieden stellt, finden in ihm einen gottesfürchtigen, gütigen und liebenden Freund. Aber selbst sie müssen lernen, seine Wut umzulenken, da sie schrecklich sein kann. Wenn er einen Anfall hat, ist er von einem Tier kaum zu unterscheiden. Ist das wahnsinnig, Ras Flashman der Briten? Kommt!"

Sie führte uns über die Straße zu den nächstgelegenen Pavillons. Der erste war das große rote königliche Zelt, mit Teppichen, die auf dem Boden ringsherum ausgebreitet waren. Wachen und Diener befanden sich überall. Gruppen von wartetenden Männern in rot gefransten Shamas waren vor dem anderen großen Pavillon versammelt. Auf dem flachen Land hinter ihnen standen Biwaks und Zelte dicht an dicht, fast bis nach Magdala. Die Armee von Abessinien pausierte im Feldlager. Tausende Männer, die herumlümmelten, sich unterhielten und ihre Mahlzeiten zubereiteten, so wie bei Soldaten üblich, nur, dass diese schwarz waren. Statt Hemdsärmel und baumelnden Hosenträgern gab es hier weiße Shamas und enge Leggins, und neben den aufgestapelten Feuerwaffen waren da noch Speerstände und Gestelle mit Sichelklingenschwertern. Sie sahen so gesund aus wie die Gallas und vielleicht schon morgen würden sie ausziehen, um der großartigsten Armee der Welt unter einem ihrer besten Befehlshaber gegenüberzutreten. Und wie viele von ihnen kämen zur Schlafenszeit wieder wohlbehalten zurück? Und wie viele Scindees und King's Own und Dukes und Belutschen? Halt dich da raus, Flashy, dachte ich. Das ist nicht deine Sache. Halte dich bedeckt, sei ruhig, und vor allem, bleib am Leben.

Leichter gesagt als getan. Die Gruppen draußen vor den Zelten wurden ganz verkrampft vor Aufmerksamkeit, die Diener huschten außer Sichtweite und Miriam warf mir plötzlich eine Schlinge um den Hals und zog mich aus dem Sattel, während sie „Geht runter! Seid still!" brüllte. Vom Hügel kam eine äußerst eilige Prozession herab. An der Spitze ging Theodor mit einem Chico, der ein Regendach über seinen Kopf hielt, in seinem Schlepptau eine zusammengewürfelte Gruppe aus Wachen und Begleitern. Ich schwankte, blieb aber auf den Füßen und war gerade im Begriff zu protestieren, als Theodor, der ungestüm voranschritt und lauthals zwei dünne Kerle beschimpfte, die eilig neben ihm herliefen (Astrologen, wie ich später herausfand), mich erblickte und einen wütenden Schrei ausstieß.

„Ihr! Ihr habt mich betrogen! Ihr habt mich belogen!“ Er kam auf mich zu gerannt, die Fäuste geballt, und bei Gott, er trug nichts Tödlicheres als ein Teleskop bei sich, mit dem er vor meinem Gesicht herumfuchtelte. „Ihr habt geschworen, mit den Gallas nicht verhandelt zu haben – trotzdem sind sie marschiert, zu Tausenden. Nun sind sie unterhalb von Sangalat! Wie sind sie dahin gekommen? Durch Masteeats Befehl! Und wer hat sie dazu aufgefordert?“ Er streckte den Arm aus und zeigte auf mich. „Ihr! So Christus mein Zeuge ist, ich hatte nichts Böses gegen Euch in meinem Herzen. Judas! Judas!“, brüllte er und schwang das Teleskop, um mir den Schädel einzuschlagen.

Zwei Dinge haben mich gerettet. Zum einen Miriams Pferd; aufgeschreckt durch jemanden, der einen Schritt entfernt zeterte und herumhüpfte, stieg es auf die Hinterhand, und da Miriam das andere Ende meiner Schlinge festhielt, wurde ich gewaltsam von den Füßen gerissen, halb erwürgt zwar, aber vorerst gerettet. Mein anderer Retter war einer der Astrologen, der mit den Armen wedelnd vor Theodor herrannte und ihm lauthals etwas zurief, wohl eine Warnung, dass die Omen fürs Schädeleinschlagen nicht besonders gut stünden. In dem Fall hatte er absolut Recht, da Theodor ihm das Teleskop voll auf den Kopf donnerte, und letztendlich schien es doch eine tödliche Waffe zu sein, da es seinen Schädel einschlug wie eine Eierschale.

Alles geschah innerhalb von Sekunden. Ich erkannte, dass Miriam, die ihn wutbrausend vom Hügel hasten sah, schnell und klug reagiert hatte. Je gefangener und hilfloser ich aussah, desto besser. Daher die Schlinge – und keinen Augenblick später lag die Leiche des armen Propheten mit klaffender Kopfwunde neben mir. Theodor schleuderte das Teleskop zu Boden, starrte auf sein Opfer, vergrub plötzlich sein Gesicht in den Händen und lief heulend zu dem roten Pavillon. Im Lauf griff er sich von einer Wache einen Speer und fing an, unter fürchterlichen Flüchen auf den Teppich einzustechen. Dann warf er den Speer zur Seite, schüttelte die Fäuste und stürzte in das Innere des Pavillons. Und das versammelte Militär und die zivilen Würdenträger standen schweigend und gedankenverloren da, fest entschlossen, einander nicht anzusehen, wie eine Synode Geistlicher, wenn der Bischof unterwartet furzt. Sie hatten das Prozedere der Nichtbeachtung verinnerlicht, da sie solch einen königlichen Tobsuchtsanfall nicht zum ersten Mal erlebt hatten.

„Kommt!", fauchte Miriam und führte mich schnellen Schrittes hinter eines der nächstgelegenen Zelte, wo sie von ihrem Pferd stieg und mir die Schlinge abnahm.

„Setzt Euch auf den Boden und sagt nichts. Es kann noch alles gut ausgehen. Ich muss mit Damash sprechen." Weg war sie und ließ mich in meinem Unbehagen zurück, während ich gehorsam da saß, zitternd wie Espenlaub, ein weiteres Objekt des vorsätzlichen Desinteresses für die erwähnten Würdenträger. Sie verhielten sich so, als ob ich garnicht existierte, was mir sehr entgegen kam. Ich verspürte nicht das geringste Bedürfnis, beachtet zu werden, besonders nicht von dem tobenden Wahnsinnigen im roten Pavillon. Ich hatte seine blitzartigen Stimmungsschwankungen letzte Nacht erlebt, von milde zu wütend, und der Anblick von den elenden Gefangenen und Miriams Erklärung hatten mich endgültig überzeugt, dass er nicht alle Tassen im Schrank hatte. Aber nichts davon hatte mich auf die gerade erfahrene mörderische Rage vorbereitet, aber jetzt war alles klar. Er war ein mörderischer Irrer – und ich sein verhasster Gefangener.

Ich werde Sie nicht weiter mit der Schilderung meiner Gefühle langweilen, die ich in der Sonne wartend verspürte, oder mit meinem Schrecken, als kurz darauf eine Einheit kräftiger Grobiane in Ledertuniken eintraf, die Handfesseln bei sich hatten und mich von den Zelten zu einem niederen Palisadenzaun brachten, in dessen Mitte eine kleine strohbedachte Hütte mit wuchtiger Tür stand. Sie schubsten mich hinein, ignorierten meine Fragen nach Miriam und Damash (ich fragte lieber nicht nach Theodor), ketteten mich an und ließen mich im stickigen Halbdunkel zurück, wo ich über die Wandelbarkeit von zwischenmenschlichen Beziehungen nachdenken konnte. Vor der Tür standen ein paar Speerträger, die mich bewachten.

Einige Dinge waren jedoch mehr als offensichtlich – Masteeat und Fasil hatten umgehend reagiert. Die von Napier angeforderten Gallas waren in ihrer Stellung, und Theodor wusste es. Da er mit dem Teleskop auf dem Gipfel von Selassie gewesen war, würde er außerdem wissen, dass Napier in unmittelbarer Nähe war und das Spiel der Vergeltung begann – daher sein ungehaltener Umgang mit Ihrem höchst ehrenwerten Berichterstatter. Egal, ob er sich nun für den Kampf, die Flucht oder den Rückzug auf den Gipfel von Magdala entschied, die dringendste Frage blieb, was er mit seinen europäischen Gefangenen vorhatte – aus reiner Gehässigkeit unsere Kehlen durchschneiden oder uns in verhältnismäßig gutem Zustand aushändigen, wie ein vernünftiger Kerl – welcher er nicht war.

Unmöglich zu erraten. Einerseits lag ich hier in Ketten, was nichts Gutes bedeuten konnte, aber auch keine übereilte Exekution suggerierte, und Miriam hatte mir gesagt, dass immer noch alles gut ausgehen könne. Und da Theodor unsere Leute gefangenhielt, zeitweilig ebenfalls in Ketten, und das jahrelang, ohne sie zu töten (abgesehen von ein paar überflüssigen Ab-Dienern), standen die Chancen gar nicht so schlecht, dass er unsere Leben verschonte. Andererseits war der Mann völlig verrückt und man konnte nicht sagen, was er zu tun geneigt war, da er nun wirklich und wahrhaftig mit dem Rücken zur Wand stand.

Um meine Gedanken von deprimierenden Spekulationen abzuhalten, versuchte ich mich zu erinnern, wie oft ich schon in Ketten gelegen hatte. Vier- oder fünfmal vielleicht? Richtige Ketten, meine ich, nicht die Handschellen, die von der Ab-Division der Greifer gebraucht wird, um aufmüpfige Nachtschwärmer festzusetzen, sondern waschechte Fußfesseln. Da war Russland, als Ignatieff mich eingesperrt hatte, und das Gwalior-Verlies, und China, als man mich vor Peking festnahm, und Afghanistan, wo die Furcht einflößende Schlampe Narreeman mich für den Harem als Eunuch aufstellen wollte … An diesem Punkt dachte ich, dass meine momentane Situation, auch wenn sie überaus bestürzend war, sich als gar nicht so schlecht erwies im Vergleich mit diesen unschönen Erinnerungen. Ich hoffte nur, dass ich mit diesen Ketten nicht laufen musste, da sie die schwersten waren, die ich je getragen hatte. Die Handschellen waren wie doppelte Hufeisen, die Knöcheleisen so dick wie zwei Finger, und alles verbunden mit einer Kette, die einen Anker hätte lichten können. Cameron und Co. hatten sie über Monate tragen müssen! Nun, ich würde sie nicht länger als ein oder zwei Tage tragen, so oder so. Und mit diesem tröstlichen Gedanken fiel ich in den Schlaf – etwas, das mir seit mehr als 48 Stunden nicht mehr passiert war, wenn man von meiner kurzen betrunkenen Benommenheit absieht, die auf Masteeats Festmahl folgte.

Ein blendendes Licht und Tumult vor der Tür erweckten mich wieder zum Leben. Ich versuchte mich aufzurichten, scheiterte aber, dank dem Gewicht der höllisch schmerzenden Fesseln. Die Tür stand offen, jemand hängte eine Laterne an den Deckenbalken und verschwand wieder, und als die Tür unter einem lauten Krachen geschlossen wurde, bemerkte ich eine schwankende Person in der Mitte des Raumes. Ein Mann, dessen Shama von seinen Schultern gerutscht war, so dass er nackt bis zur Hüfte dastand. Er rülpste laut und kam schwankend auf mich zu, halb über einen Korb voller Flaschen und Essen stolpernd, den der Laternenanzünder auf den Boden gestellt hatte.

„Wie geht es Euch, wie geht es Euch, mein lieber Freund, mein allerbester Freund?“, rief die Erscheinung und brüllte vor Lachen. „Gott sei Dank geht es mir gut! Geht es Euch gut? Ah, mein guter Freund, mein Herz hüpft vor Freude, Euch zu sehen, da die Freundschaft, die ich für Euch empfinde, kein bisschen erloschen ist. Seid guter Dinge, obwohl ihr in Fesseln gelegt wurdet, wie Samson und Zedekia gefesselt wurden, sogar mit Fesseln aus Messing, doch … doch …“, seine Stimme wurde leiser, dann murmelte er: „… und … und, wer noch? Ja, Jehoiakim wurde auch gefesselt und Manasseh! Sie wurden alle gefesselt von Gottes Kraft! Und auch Josef, der als Diener verkauft wurde, dessen Füße sie mit Fesseln verletzten, und er lag in Eisen.“ Er ließ ein erneutes verrücktes Lachen erklingen und fiel beinahe vornüber. „Aber habt keine Angst. Die Stunde Eurer Erlösung steht bevor!“

Meine Augen hatten sich mittlerweile von dem grellen Laternenlicht erholt, aber ich konnte kaum glauben, dass der Neuankömmling Theodor, König von Abessinien war. Und er war stockbesoffen.

*

So wie Peacocks Mr. McQuedy,* der über Soßen zum Fischgericht diskutierte, sich keine bessere Würze als Hummersoße und Austernsoße vorstellen konnte, so konnte ich mir bei dem Thema bizarre Unterhaltungen nicht vorstellen, jemals auf einen verrückteren Gesprächspartner als Hung-Hsiu-Chuan zu treffen, Anführer der Taiping-Rebellion, der wirklich hoffnungslos verrückt war. Oder Mangas Colorado, Häuptling der Mimbreno Apachen, der ein hoffnungsloser Trunkenbold war. Ich fand in dieser Hütte unter dem Selassie heraus, dass ich damit völlig falsch gelegen hatte. König Theodor war sowohl hoffnungslos verrückt als auch ein hoffnungsloser Trunkenbold. Wenn Sie die Geduld dafür haben und meine früheren Schriftstücke kennen, können Sie den folgenden Bericht unserer Unterhaltung vergleichen, von dem Moment an, als er vor mir niederplumpste, mit Schluckauf und voller Begeisterung, und den Korb mit Essen und Trinken verschüttend.

Ich hatte zuvor keine Gelegenheit gehabt, ihn genauer unter die Lupe zu nehmen, da unser erstes Aufeinandertreffen in flimmerndem Feuerschein stattfand und sein Gesicht bei unserem zweiten Aufeinandertreffen wutverzerrt fast bis zur Unkenntlichkeit gewesen war. Mit seiner pechschwarzen Haut (er war schwärzer war als die meisten Abs), die schwitzend glänzte, den aufgerissenen blutunterlaufenen Augen und seinem Mund, auf dem ein lockeres Grinsen lag, war er wohl kaum ein ideales Modell für einen Portraitzeichner. Trotzdem meinte ich ihn gut genug einschätzen zu können. Was ich durch den Schleier von Alkohol und Verwirrtheit erkannte, war kein gewöhnlicher Mann.

---

* Thomas Love Peacock, englischer Romancier. Mr. McQuedy ist eine Figur in *Crotchet Castle*.

Er hatte Macht, kein anderes Wort würde es besser beschreiben. Eine aufgestaute Stärke, die sowohl von seinem Verstand als auch von seinem Körper ausging – und der Körper allein war schon beeindruckend. Er lag nicht über mittlerer Größe, hatte aber die Schultern und Arme eines Mittelschwergewicht-Ringers, eine Brust wie ein Fass, die auf einer schmalen Taille saß. Oberhalb des Hosenbunds war kein Gramm Fett an seinem Körper. Obwohl vom Alkohol angeschlagen, konnte er sich vermutlich trotzdem mit der Schnelligkeit einer zubeißenden Schlange bewegen, wenn er musste. Als er uns Becher mit Tej einschenkte, waren seine Hände geschickt und zitterten nicht.

Seine wahre Kraft lag allerdings in seinen Augen. Hell und stechend, abgesehen von den blutigen Äderchen und den gelegentlichen Tränen des Betrunkenen. Sie wiesen keine angetrunkene Leere auf, und das war das Schockierende daran, weil er eigentlich hätte schielen müssen, wie der letzte Süffel, der aus der Kantine kommt. Betrunken ja, aber es passte nicht zu ihm. Man spürte, dass er nichts damit anfangen konnte, abgefüllt zu sein. Es war, als sähe man Prince Consort oder Gladstone über das Pflaster flanieren und „One-eyed-Riley“ singen. Und er sah in jedem Fall besser aus als jeder von ihnen. Vergessen wir für einen Augenblick seine Tendenz zu sabbern und zu starren – er war ein teuflisch gut aussehender Kerl, fünfzig ungefähr, das gräuliche Haar in Zöpfen am Hinterkopf geflochten. Seine Hakennase trat deutlich hervor, seine Lippen waren dünn, wenn sein Mund geschlossen war, was in diesem Moment nicht zutraf. Aber sein normaler Ausdruck, wenn nüchtern, war angenehm und aufgeweckt. Wenn er durchdrehte, was jeden Moment möglich war, sah er aus wie eine Ausgeburt der Hölle.

Das ist also Kaiser Theodor, wie ich ihn für Sie darstellen kann. Eine letzte Sache noch, bevor ich zu unserer Unterhaltung komme: Ich hatte noch nie ein schwarzes Gesicht gesehen, das weniger afrikanisch aussah. Schmal, von feinem Knochenbau, wie ein dunkelhäutiger Herzog von Wellington. Oh, und er hatte eine merkwürdige Angewohnheit, nur gelegentlich, aber manchmal spuckte er nachdenklich, wenn er sprach. Nur ein seitliches ptt! von den Lippen, befremdlich, aber man gewöhnte sich daran.

THEODOR: [*herzlich, einen Becher Tej herüberreichend*]: Wir sollten die Auslese der Trauben von Ephraim trinken! Ah, mein Freund, ich wartete ungeduldig darauf, Euch zu sehen und Euch in der Gefängniseinrichtung zu trösten. So wie der Herr herunter blickte aus den Höhen seines Heiligtums, so hörte auch ich das Stöhnen des Gefangenen. Ein Toast! Benennt ihn, mein Freund!"

FLASHY: [*überrascht*]: „He? Ein Toast? Ich? Ah, nun, mal sehen … Auf Euch, Majestät!"

THEODOR: Lasst mich Eure Hand schütteln. Ah, Eure Ketten; scheuern sie schmerzhaft?

FLASHY: [*vorsichtig kriechend*]: Oh, nur ein bisschen … kein großes Ärgernis, wirklich …

THEODOR: Wisst Ihr, warum Ihr in Ketten liegt?

FLASHY: [*verhalten*]: Nun, ich kann mir vorstellen, es liegt daran, dass Eure Majestät etwas missverstanden hat … über meine … meine Belange mit den Gallas – völlig verständlicher Fehler, hätte jedem passieren können –

THEODOR: Was sind denn die Gallas für mich? Ihr seid derjenige, der etwas missverstanden hat, mein Freund, wenn Ihr denkt, dass ihr zur Bestrafung in Ketten liegt. Ich fesselte Euch, so wie ich Eure Landsleute fesseln ließ, weil die britische Regierung mich als feige und schwach erachtet. Aber nun habe ich meinen guten Freund Mr. Rassam und Lieutenant Prideaux entlassen und ich werde auch Euch entlassen, um zu zeigen, dass ich keine Angst habe. [*Ernsthaft*] Ich musste Euch anketten, um euch frei zu lassen. Wenn Ihr nicht in Ketten wärt, wie könntet ihr dann frei gelassen werden? [*Lacht herzlich und kippt sich einen Becher runter.*]

FLASHY: Fürwahr!

THEODOR: Ich legte sie außerdem in Ketten, weil ich wusste, dass sie mich zu einer britischen Armee führen würden. Trainiert und diszipliniert, eine Armee, die ich seit langem zu sehen gehofft habe. [*Seufzt*] Ich kann nur hoffen, Gott lässt sie mich noch sehen, bevor ich sterbe. [*Trinkt wieder.*]

FLASHY: Wird Eure Majestät demnach kämpfen?

THEODOR: So Gott es will. Meine Soldaten sind nichts im Vergleich zu Eurer disziplinierten Armee, wo Tausende gehorsam dem Befehl eines einzelnen folgen. Wenn sie in Liebe und Freundschaft kommen, werde ich so ergriffen sein, dass ich wohl nicht in der Lage wäre, mich ihnen zu widersetzen, aber wenn sie mit anderen Absichten auftauchen, weiß ich, dass sie mich nicht verschonen werden, also werde ich ein großes Blutbad anrichten und danach sterben. [*Stößt die Mutter aller Rülpser aus, schließt die Augen und scheint einzuschlafen.*]

Erleichterung breitete sich in mir aus, und nicht nur, weil er sich benahm wie ein berauschter Cheeryble* und mich zum Trinken nötigte. Es würde eine andere Geschichte, wenn Seine Majestät am Morgen mit einem Kopf wie ein zerbrochener Bienenstock aufwacht und dann Iwan den Schrecklichen spielt. Aber zumindest war er nicht im Begriff, mich zu töten, sprach von meiner Entlassung und schien so gut wie zu versprechen, sich kampflos zu ergeben, wenn Napier „in Liebe und Freundschaft" käme – was sich sicherlich arrangieren ließe. Andererseits hatte er so viele Schrauben locker, dass man sich dem, was er sagte,

* Figur aus *Nikolaus Nickleby* von Charles Dickens

nie ganz sicher sein konnte, besonders wenn er angesäuselt war. Es war von rein wissenschaftlichem Interesse, aber ich fragte mich, ob seine Aussage, dass er unsere Leute bewusst gefangen genommen hatte, um eine Invasion zu provozieren, vielleicht nicht ganz von der Hand zu weisen war, so irrsinnig wie sie auch war …

THEODOR: [*aufwachend unter mächtigem Gebrüll*]: Damokles! Bei meinem Tod, ich bin Damokles, mit einer vergifteten Klinge über meinem Kopf, die an einem Pferdehaar baumelt! [*Schaut nach oben*] Seht Ihr es nicht, sie fällt gleich? Bin ich nicht Damokles?

FLASHY: [*wieder mal überrascht*]: War das nicht der Kerl, der festgebunden war, so dass er nicht an seine Rationen kam … oder rollte irgendwas den Berg hoch … war er das vielleicht? Ein Aasfresser …?

THEODOR: Die britische Armee ist diese Klinge. Sie kommt, um mich aufzuspießen, und ich weiß nicht, was zu tun ist! Was wird passieren? Ich bin wie eine schwangere Frau. Ich weiß nicht, ob es ein Junge oder ein Mädchen oder ein Schwangerschaftsabbruch wird! [*Fängt an zu weinen und nimmt einen tiefen Schluck.*]

FLASHY:: Eure Majestät, darf ich einen Vorschlag machen? Vor einem Moment habt Ihr von Liebe und Freundschaft zwischen Euch und dem Dedjaz Napier gesprochen, und ich kann Euch versichern, er wird „Amen!“ dazu rufen mit Kantate und Jubilate. Nun, wenn Ihr mich zu ihm schicken würdet, könnte ich die Dinge in Windeseile regeln –

THEODOR: [*plötzlich erbittert*]: und Ihr werdet ihm die Stellung meiner Armee verraten und wo meine großen Kanonen aufgestellt sind und mein Mörser *Sewastopol*! Ah, mein Freund, Ihr täuscht mich nicht! Das wäre es, was Ihr regeln würdet! [*betrunken schwankend und vor Wut brüllend.*] War das eine Sache, die mit Masteeat und den Gallas geplant war? Solltet Ihr Euch Zutritt zu meinem Kopf verschaffen, so dass Ihr die Blöße des Landes ausspionieren könnt?

FLASHY: [*entsetzt*]: Guter Gott, nein!

THEODOR: Und soll ich Eure Kleider in der Mitte durchschneiden, bis zu eurem Hintern, wie die Ammoniten es mit den Dienern von König David getan haben, weil sie sie für Spione hielten? [*wild die Zähne bleckend*] Soll ich mehr als Eure Kleider aufschneiden … und werdet Ihr dann gestehen?

Er war mittlerweile in fortdauerndes Geschrei verfallen, diese fiebrige Schnapsdrossel, die mich vor Augenblicken noch seinen liebsten Freund genannt hatte und von Damokles und schwangeren Frauen brabbelte, und ich konnte nur verängstigt dasitzen, war noch nicht mal in der Lage, zurück zu kriechen, da meine Fesseln zu schwer waren, während er seine Fäuste schwang und sich in seinem Ärger vor und zurück warf. Er fing an zu bellen wie ein Hund, schlug sich an die Schläfen, vergrub dann das Gesicht in den Händen, wie nachdem er den Zeichendeuter umgebracht hatte und weinte bitterlich. Ich traute mich nicht ein Wort zu sagen. Ich wartete und betete zu Gott, dass er wieder eine seiner normalen Geisteshaltungen annehmen würde. Zu guter Letzt hob er den Kopf, füllte seinen Tej-Becher, trank den Inhalt in einem Zug (der Himmel wusste wieviel er bereits intus hatte, Gallonen hätten mich nicht überrascht) – und dann, so Gott mein Zeuge ist, bemerkte er, dass mein Becher leer war und eilte sich, auch diesen, unter gemurmelten Entschuldigungen, zu füllen. Seine Augen rollten hin und her und Tej tröpfelte von seinem Kinn auf seine nackte Brust, aber nach einem Moment fasste er sich wieder und betrachtete mich eulenhaft.

THEODOR: Wisst Ihr, dass es eine uralte Prophezeiung gibt, in der ein europäischer Regent einen Regenten von Habesh trifft, und ob sie eine Auseinandersetzung im Kampf haben oder nicht, danach ein König dieses Land regieren wird, größer als alle Könige zuvor? Diese Prophezeiung erfüllt sich gerade, aber werde ich dieser größte aller Könige sein? Ist das mein Schicksal?

FLASHY: [*mit Selbstvertrauen*]: Ich habe nicht den leisesten Zweifel daran. Wer sonst, außer Eurer Majestät, meine ich.

THEODOR: [*zweifelnd*]: Es könnte diese Frau sein, die ihre Soldaten geschickt hat.

FLASHY: Ihr meint doch nicht die Königin! Gute Güte, Eure Majestät, das steht doch gar nicht zur Debatte! Ich kann Euch versichern, Sir Robert Napier unterliegt strikten Befehlen zum Rückzug, sobald die Gefangenen befreit sind.

THEODOR: Wann hat der britische Löwe seine Beute jemals zurückgelassen, ohne sie zu probieren? Ihr habt die halbe Welt gefressen und Habesh soll verschont bleiben?

FLASHY: Natürlich wird es das, Euer Ehren.

THEODOR: [*düster*]: Wenn sie uns verschonen, liegt es daran, dass wir die Eroberung nicht wert sind. England lacht über mich und meine Armut. [*pausiert*] Verabscheuen sie mich, weil ich schwarz bin?

FLASHY: Gewiss nicht! Wir sind keine Yankees! Warum, weil mehr als die Hälfte der Armee, die auf dem Weg zu euch ist, aus Nig… ähhh … Indischen Truppen besteht … Verdammt kräftige Kerle, außerdem …

THEODOR: Aber wenige in Zahlen! Wie wenig sie mich schätzen, dass sie nur eine Handvoll der britischen Macht schicken … Wie viele? 12.000 kamen übers Meer, aber wie viele stehen nun oberhalb des Bechelo? 10.000? Nein. 5.000? … 2.000 …?

Seine Stimme leierte aufgrund des Trinkens, die dünnen Lippen hingen schlaff in dem verschwitztem schwarzen Gesicht, aber unter halbgeschlossenen Lidern erkannte ich das Glimmen eines wachsamen Auges … oder zumindest glaubte ich das.

FLASHY: Das kann ich nicht sagen, Eure Majestät. Genug, schätze ich.

THEODOR: Wenn Miriam Euch fragte, auf eine Weise, die zu abscheulich ist, als dass ich sie aussprechen könnte, würdet Ihr ihr sagen, wie viel „genug“ ist? Ganz egal. [*Schluckauf, trinkt ein weiteres Viertel Tej, legt sein Kinn auf die Brust, seufzt.*] Ihr seid mein lieber Freund. Ich werde nicht zulassen, dass Euch ein Haar gekrümmt wird. Lasst mich Euch umarmen. [*Holt aus sitzender Position nach vorne aus, wirft die Arme um F's Hals, stöhnt und rülpst, schläft ein.*][43]

Wie zuvor konnte ich nichts tun, außer zu sitzen und zu warten. Man weckt keinen wahnsinnigen Trunkenbold, selbst wenn er in dein Ohr schnarcht. Und du stößt ihn auch nicht von dir runter. Ich hätte so bis zum Morgen verharrt, kein Zweifel, aber irgendjemand muss gelauscht haben, und als die Unterhaltung abebbte, riskierte er einen Blick. Vorsichtig öffnete er die Tür und streckte den Kopf herein. Ein Frettchen-artiger kleiner Kerl mit wachem Auge und findigem Lächeln. Er hielt einen Finger an die Lippen, huschte herein, warf einen Blick auf Majestät Komatös, nickte und tippte ihm blitzschnell an die Schulter. Und verdammt, Theodors Kopf sauste hoch wie ein Kistenteufel, so voll und alles wie er war.

„Es wird Zeit, sich zurückzuziehen, Getow“,* sagte das Frettchen. „Ihr wünscht bei Morgengrauen aufzubrechen, erinnert Ihr Euch? Und Ihr werdet Euch nicht wünschen“, fügte er hinzu und warf einen Blick zu mir, „Euren Gast von seiner Nachtruhe abzuhalten.“

„Man abat?“,** rief Theodor verdattert. „Ah, du bist es, Samuel! Habe ich dich gerufen?“ Er schloss seine Augen, blies die Backen auf und schenkte mir ein breites Strahlen. „Oh, mein Freund, wir haben uns lange unterhalten und gut getrunken, nicht wahr? Und tatsächlich wird es Zeit, sich zu verabschieden, wenn nicht sogar zu schlafen. Ist meine Königin noch wach?“

Samuel zögerte. „Die königliche Lady Tooroo-Wark ist auf Magdala, Getow. Mit Eurem Sohn Alamayo. Aber Meshisha ist hier und wird vielleicht …“

„Ich habe nach meiner Königin gefragt – meiner neuen Königin!“, schnauzte Theodor plötzlich verärgert. „Nicht meine Bastarde! Ruft sie her, meine Lady Tamagno, damit ich sie meinem Freund vorstellen kann … Meinem Gast, wie du sagst … Geht!“

Samuel verschwand, und Theodor beruhigte sich hinreichend, um unsere Becher zu füllen. „Tamagno wird meine Königin“, sagte er. „Alamayo, welcher mein leiblicher Sohn und Erbe ist, werdet Ihr morgen treffen. Ich wünsche, dass er an einer guten englischen Schule unterrichtet wird, so wie die, von der ich gehört habe … Harrah?“

„Harrow? Gewiss nicht, Eure Majestät. Höhle von Bestien. Parvenus. Rugby ist der Ort für Euren Jungen … Meshisha, sagtet Ihr?“

„Meshisha ist ein Bastard, das Ergebnis einer üblen Stunde“, sagte er. „Ein Bastard, ein untätiger großer Narr, aber man muss seine Kinder beschäftigen, die falschen wie die richtigen. Ah, hier ist meine zukünftige Königin! Tamagno, dies ist mein Freund, der Ras Flashman, der uns Beschwichtigung von der Armee der weißen Königin Victoria bringt, wofür wir ihm die

---

* *Geta* bedeutet Gebieter, *Getow* – höchster Gebieter

** „Man abat?“ wortwörtlich „wer ist dein Vater?“ schien eine Abessinische Phrase zu sein, gebraucht als scherzhafte Begrüßung, nicht unähnlich „Was geht ab?“ oder „Was ist los?“

Ehre erweisen!“ Er wedelte wild mit der Hand hin und her zur Vorstellung, und die Lady und ich taxierten einander als sie eintrat, zusammen mit Samuel, der ihr unterwürfig die Tür aufhielt.

Mein erster Gedanke war, warum, zur Hölle, schaut sich Theodor so eine überhaupt an, wenn er Schönheiten wie Miriam zum Spielen hat? Madam Tamagno war fett, grob, und sah genau nach dem aus, was sie war: eine Hure, und obwohl Theodor davon sprach, sie zu seiner Königin zu machen, war sie tatsächlich nichts anderes als seine Hauptkonkubine. Ungleich der meisten Ab-Frauen war sie geschminkt; und während diese versuchen, ihren leidenschaftlichen Appetit mit prüdem Auftreten zu kaschieren, trug diese hier ihr Verlangen zur Schau in ihrem wollüstigen Gesichtsausdruck. Irgendjemand – ich habe vergessen wer – beschrieb sie als die laszivste Frau, die er jemals gesehen hatte, und wenn ich mir den hungrigen Blick in Erinnerung rufe, mit dem sie mich betrachtet hat, kann ich ihm nicht widersprechen. Sie war auch passend angezogen, in prunkhaftester Seide mit vielen Armreifen und Ketten. Sie war für die Arbeit zurechtgemacht, wie ihre ersten Worte zeigten. Als Theodor hochgriff, um ihre fette Pfote zu tätscheln und sie mit einem betrunkenen Kuss zu benetzen, zog sie mich in Gedanken aus, bis sie ihre Augen abwendete. Sie maßregelte ihn spielerisch, dass er sie vernachlässigt habe, weil er sich lieber mit fremdländischen Gefangenen austobte. „Und mich alleine lässt“, murmelte sie.

Kein Gefangener, sondern ein Gast, rief er und krabbelte auf die Füße, mit Hilfe seines Flittchen und Samuel, der ihn dabei stützte. Dann schien er mich plötzlich komplett vergessen zu haben, da er sie unter rührseligen Bezeichnungen umarmte, befummelte und hätschelte, und ich wage zu behaupten, dass er sie an Ort und Stelle bestiegen hätte, wenn sie ihn nicht hinausgeführt hätte. Dabei bedachte sie mich mit einem letzten Flittchenlächeln, bevor sie verschwand. Ich war froh, dass sie weg waren. Ich hatte schon genug Ärger und musste mich nicht zusätzlich mit einem eifersüchtigen Theodor herumschlagen, der Amok lief. Er war wie eine Mine, die kurz vor der Explosion stand, aber man konnte nicht wissen, wann.

Bitte beachten Sie: In kürzester Zeit, hatte er versucht, mir den Schädel einzuschlagen, mich mit Ketten beladen, nur um mir dann Alkohol und Erheiterung zu bringen wie ein lustiger Zechbruder. Er zitierte die Bibel wie ein schottischer Pastor, bezichtigte mich der Spionage und der Verschwörung, bedrohte mich mit Verstümmelung, brabbelte sinnloses Zeug, brach in Tränen aus, versuchte mich auszuhorchen, fragte sich, ob er mich foltern lassen solle, schwor mir ewige Freundschaft, brach in betrunkener Benommenheit zusammen und stellte mich seiner schwarzen Stute vor.

Exzentrisch, hm? Ich konnte nur zu Gott beten, dass Napier möglichst schnell hier eintraf.

Kapitel 14

Sie haben wahrscheinlich noch nie in Ketten gelegen und sind vielleicht erstaunt, dass sie deutlich einfacher anzulegen als abzunehmen sind. Die Abessinien-Variante besteht aus massiven Gliedern zwischen Fußringen, die von weichen eisernen Nieten gesichert werden. Wenn sie einmal festgeschlagen sind, müssen sie mit einem Keil wieder aufgebrochen werden, welcher wiederum mit einem Schmiedehammer bearbeitet werden muss. Es ist verdammt nervenaufreibend, einem grinsenden Mohr dabei zuzusehen, wie er mit voller Kraft darauf eindrischt und den Fußring aufbricht. Schlägt er daneben, wird man den betroffenen Fuß nie wieder benutzen können. Dann legen sie ein Lederband um den Fußring, und ein halbes Dutzend Männer zieht ihn weiter auf, so dass der Fuß gerade genug Platz hat, um hindurch zu rutschen. Es dauert eine halbe Stunde und tut höllisch weh.

Ich hatte meine Fesseln weniger als 24 Stunden getragen. Wie es wohl war, sie über Monate anzuhaben oder gar Jahre, erfuhr ich am nächsten Tag, als alle Gefangenen, nicht nur die Europäer, sondern auch die Ab-Rebellen und dergleichen von Magdala heruntergebracht wurden.

Nachdem ich von den Ketten befreit war und mir ein Frühstück aus Brot und Tej serviert wurde, setzte man mich unter Bewachung auf einen Haufen Steine nahe dem königlichen Zelt. Von dort aus beobachtete ich die Gefangenenprozession, die langsam über das flache Land des Islamgee ihren Weg nahm, durch die kleinen Dörfer aus Strohhütten bis zu den Zelten des Lagers. Sie waren noch ein gutes Stück entfernt, als hinter mir Unruhe ausbrach. Theodor kam den Hügel von Selassie herunter, mit seinen Astrologen und Höflingen und dem Frettchen Samuel. Als er mich entdeckte, brüllte er ein lautes Hallo, schritt mit ausgestreckten Armen auf mich zu und ergriff meine Hände, als wäre ich ein lang verloren geglaubter Bruder.

„Mein Freund, ich sehe, Ihr seid wohlauf!“, rief er. „Auch ich bin wohlauf und freue mich Euch in Freiheit zu sehen! Habt Ihr gut geschlafen? Seid ihr erfrischt? Lasst mich Euch erzählen, was ich gesehen habe! Eure Armee überquert den Bechelo und Elefanten steigen in die Schlucht hinab. Was hat das zu bedeuten, Ras Flashman?“

Ich sagte ihm, dass es schwere Kanonen bedeutete, worauf er seine Gefolgsleute versammelte.

„Hört ihr das? Habe ich's euch nicht gesagt, aber ihr habt es angezweifelt? Ihr wisst gar nichts! Aber die Stunde rückt näher, in der ihr dazulernen werdet! Geht nun, versammelt die Anführer der Regimenter, alle Offiziere und Unteroffiziere! Ich werde in Kürze das Wort an sie richten. Nun, mein Freund, setzen wir uns doch – seht, Eure Leute kommen von der Amba und werden bald zu uns stoßen. Lasst uns auf Eure Erklärung trinken!“

Für einen Mann, der vor ein paar Stunden noch reif für die Gosse gewesen wäre, war er ungewöhnlich agil und in vollem Ornat – eine Jacke aus Goldstoff, verziert mit verschiedenfarbiger Seide und den außergewöhnlichsten Beinkleidern, die aussahen als wären sie aus Rauschgold. Er war in solch fröhlicher Verfassung, dass ich mich fragte, ob er Haschisch konsumiert hatte. Wie ich später erfuhr, hatte er nichts für derlei Leichtsinn übrig, zweifellos, weil Saufen und Vögeln den Großteil seiner Freizeit völlig vereinnahmten. Man hatte nicht das Gefühl, dass er kurz davor stand, möglicherweise entthront und von einer einfallenden Armee umgebracht zu werden, da er überaus herzlich war, mit Tej auf mich anstieß und allerlei einflussreiche Persönlichkeiten seines Militärs einberief, um mir einen nach dem anderen vorzustellen – Hasani, Kommandant von Magdala, asketisch und ernst; der korpulente Damash, den ich bereits kannte; Gabrie, Feldmarschall der Armee; Engedda, sein erster Minister und einige andere, deren Namen mir entfallen sind. Dann musste ich mir seine Artillerie anschauen und besonders seinen mächtigen Mörser *Sewastopol*. Ein gigantischer Klumpen Metall, der 70 Tonnen wog und auf einem Karren mit Ketten befestigt war. Es bedurfte der Zugkraft von 500 Männern, um das Ding fortzubewegen, erklärte er mir stolz. Hatte ich schon jemals etwas Vergleichbares gesehen? Um ehrlich zu sein, das hatte ich nicht, was ich ihm auch mit Bewunderung in der Stimme sagte. Im Stillen dachte ich mir jedoch, dass niemand bei gesundem Verstand je so ein Monster gebaut hätte, da es bei dieser Größe auf keinen Fall präzise sein konnte, und was nützt eine Kanone, die einen ganzen Tag lang in Position gebracht werden muss? Ich vermutete, seine deutschen Arbeiter hatten einfach ausgeführt, worum er sie gebeten hatte, und ihre weiteren Gedanken für sich behalten.

„Ihr könnt Euch nicht vorstellen, unter welchem Aufwand wir dieses Wunder zu meiner Amba gebracht haben!“, rief er. „Ihr habt meine Straße gesehen, aber, o mein Freund, wenn Ihr Zeuge unserer Mühen gewesen wäret, durch Regen und Sturm und Schlamm, über Flüsse und Ebenen, Berge und Wüsten, und meine treuen Leute am Rande der Erschöpfung. Ich selbst habe mich an den Seilen verausgabt, als wir unsere großen Kanonen weiter und weiter zogen. Niemals zuvor gab es ähnliches – nein, nicht einmal Napoleon hätte so etwas vollbracht!“

Ja, ja, erzähl du nur, dachte ich – aber wissen Sie, wenn ich an diese Batterien denke, wirklich große, und dieses monströse Biest von einem Mörser, muss ich eines zugeben: wahnsinnig oder nicht, er war ein verdammt guter Pionier und Kanonier. Hunderte Meilen durch höllisches Land, monatelang unterwegs mit Soldaten, die ihre Kinnriemen kauten, ohne Nahrung und Futtermittel. Ihre Stärke nimmt mit jedem Tag ab, trotzdem konnte er sie durch Angst und Willen und gutem Beispiel zum Weitergehen bewegen. Durch Feindesland, mit Menelek und Gobayzy und Masteeats Gallas auf der Lauer und Napier auf dem Vormarsch, hatte Theodor nicht einen Verbündeten auf dem höllischen Marsch von Debra Tabor.

„Wir mussten auf unserem Weg plündern“, erklärte er mir und schlug mit der flachen Hand stolz auf seinen Mörser, wie ein Kutscher, der seine neue Droschke vorführt. „Wir wären beinahe verhungert und die Bauernschakale aus den Dörfern, die mir in den Zeiten meiner Macht die Füße geküsst haben, hingen an den Fersen meiner Armee, stachen zu wie Moskitos, wenn sie sich trauten, und durschnitten die Kehlen von Nachzüglern. Also, wenn wir Gefangene nahmen", sagte er zufrieden, „verbrannten wir sie bei lebendigem Leib. Aye, ein langer und langsamer Marsch … Nun, sagt mir, warum aber marschiert Eure Armee so langsam, und warum kommen sie über die Salztonebene?"

Ich erklärte ihm, dass Napier nichts dem Zufall überließ und Zeit, Entfernung und Vorräte peinlich genau berechnete. Seine Geschwindigkeit passte er entsprechend an. Was seine Route durch ein Gebiet anging, das Theodor Salztonebene nannte, so war es der kürzeste Weg nach Magdala. Ich bedachte jedes Wort genau, davon können Sie ausgehen. So freundlich er gerade auch war, der kleinste Anlass konnte ihn wieder in einen mörderischen Irren verwandeln. Angesichts seines Lächelns und der fröhlichen Unterhaltung musste ich mich zu diesem Gedanken geradezu zwingen. Da saß er, völlig entspannt, in seinem Harlekinmantel und glitzernden Hosen auf einer Lafette, lachte, trank von seinem Tej und sprach gesellig über jedes erdenkliche Thema – die Reichweite unserer Kanonen, unsere Standgerichte, ob die Queen jemals ihre Truppen inspizierte, meine Meinung über das preußische Zündnadelgewehr, die voraussichtlichen Kosten für die Ausbildung seines Sohnes an einer englischen Schule, welche Schwierigkeiten er dort als dunkelhäutiger Ausländer haben könnte, und ob es wahrscheinlich war, dass er etwas mit einem englischen Mädchen anfangen würde …

Es war alles so angenehm und normal, zum Teufel, dass ich mich fragte, ob es möglich sein konnte, dass alles zu einem friedlichen Ende führte – eine Kapitulation vielleicht? Ich wagte nicht, es wirklich zu hoffen. Bei diesem dementen Mistkerl konnte man sich nie sicher sein.

Und während er sprach, erschien seine Armee auf der großen Ebene des Islamgee, Reihe um Reihe, Speerträger und Schwertkämpfer und Schützen und Kavallerie zu Tausenden. Kämpfer in weißen Roben, die ihre Banner vor sich hertrugen, den Staub zu treibenden Wolken aufwirbelten, durch die jetzt die Gefangenen aus Magdala auftauchten, erschöpft in Richtung der Zelte trottend.

Die Europäer gingen an der Spitze. Sie waren ein kläglicher Haufen, wie Landstreicher auf der Suche nach einem Hühnerstall. Wenn Sie diese Burschen an ihrer Gartentür gesehen hätten, hätten Sie die Hunde auf sie gehetzt. Es waren ungefähr ein Dutzend, alles Fremde für mich, aber ich vermutete, dass die zwei in den roten Jacken Prideaux von der Bombay Armee und Cameron, der Konsul, sein mussten, dessen Gefangennahme die ganze Sache überhaupt erst losgetreten hatte. Prideaux war der klassische Offiziere: groß, hellhäutig, mit Schnurrbart und Koteletten. Cameron war kräftig, trug einen schwarzen Bart und eine Krücke unter den Arm geklemmt. Sie, und zwei oder drei der anderen, liefen auf merkwürdigste Weise, indem sie ihre Füße bei jedem Schritt besonders hoch hoben, als ob sie durch Schlamm oder Heidekraut wateten. Das, wie ich herausfand, war durch das Tragen der schweren Eisen über Monate hinweg verursacht. Ihre Fesseln waren ihnen erst vor ein paar Tagen abgenommen worden.

Angeführt wurde die Gruppe von einem putzmunteren kleinen Dago, mit einem borstigen Haarschopf und dem dazu passenden Schnurrbart. An seiner Seite befand sich ein schwergewichtiger Kerl, der fast nur aus Bart und Tränensäcken bestand. Das waren Rassam und Blanc, die Kerle, die, gemeinsam mit Prideaux vor zwei Jahren, die erste Bitte um Camerons Freilassung an Theodor überbracht hatten und daraufhin prompt selbst im Gefängnis landeten. Wer die anderen in der Gruppe waren, weiß ich nicht, und es spielt auch keine Rolle, da diese vier diejenigen waren, die Theodor ausgewählt hatte, um sie mir vorzustellen. Er rief Rassam, fragte überschwänglich nach seinem Gesundheitszustand, Wohlbefinden und ob er gut geschlafen hätte. Dann erstaunte er sie, indem er mich mit den blumigsten Ausschmückungen vorstellte. Sie alle kannten mich selbstverständlich dem Namen und Ruf nach und gaben mir nacheinander die Hand, mit unterschiedlichen Abstufungen von Enthusiasmus, was ich überaus interessant fand.

Rassam mochte mich nicht – oder eher, er mochte meine Anwesenheit nicht. Sie verstehen, er war der Rudelführer, wegen irgendeinem politischen Job in Aden, und war ihr Sprecher gegenüber Theodor, dem er sehr nahe stand. Ich sage nicht, dass er angekrochen kam (und ich hätte es ihm nicht übelgenommen, bei einer Kreatur wie Theodor), aber er gab sich sehr wichtig – eben eine Vertrauensperson des Kaisers –, und ich glaube, er hatte Angst, dass ihm der gefeierte Flashy den Rang ablaufen könnte. Falls das komisch wirkt, nun, Gefangenschaft lässt komische Gedanken in den Köpfen der Menschen sprießen. Rivalitäten und Feindschaften gedeihen und die nebensächlichsten Dinge plustern sich ungeheuer auf. Natürlich war er eine Art levantinischer Türke oder Beduinen-chi-chi, also erwartete man von ihm auch nicht, dass er sich wie die britischen Gefangenen verhielt.

Prideaux war der Jüngste von ihnen, um die 30, kühl wie eine Forelle mit einem affektiert desinteressierten Blick, welcher offenbar einen scharfen Verstand verdeckte und ein ganz schön dickes Fell. Wie er Theodor anschaute, ließ darauf schließen, dass ihn die Gefangenschaft nicht gebrochen hatte. Auch Camerons Geist hatte sie nicht zugesetzt, wohl aber seinem Körper. Man hatte ihn gestreckt und sogar schlimmer gepeitscht als den Rest und er war ein kranker Mann, hatte aber alles schweigend ertragen. Eine Haltung, die von allen bewundert wird, aber besonders von frommen Christen. Nicht meine Art, aber wohl ein nützlicher Begleiter im Unglück. Blanc war ein Knochensäger im medizinischen Dienste Bombays, schwer und zäh, und wurde von den obersten Männern der Amba für seine Fähigkeit respektiert, sie und ihre Familien ärztlich zu behandeln.

Rassam, wie ich bereits erwähnte, war nicht erfreut, mich zu sehen. Prideaux schon und er zeigte es auch. Blanc war es ebenfalls, zeigte es aber nicht, da Zurschaustellung der Gefühle nicht seinem Stil entsprach. Cameron war zu aufgezehrt, um mehr zu tun als mich wahrzunehmen, und natürlich fragten sich alle vier, was meine Ankunft zu bedeuten hatte, welche Neuigkeiten ich über Napiers Vormarsch mitbrachte und was, vor allem, Theodor zu tun beabsichtigte.

Die letzte Frage blieb ein Rätsel. Er ließ uns fünf vor seinem Zelt Platz nehmen und fing an, sich über alles Mögliche zu unterhalten – dass seine schicken Kleider aus französischer Seide gefertigt waren und er Damash hatte tadeln müssen, weil er unsere Armee schlecht gemacht hatte. Dann folgte eine gewaltige Ansprache darüber, wie jemand vor Monaten eine Waffe aus dem königlichen Zelt gestohlen hatte und der arme Damash eine Expedition führen musste, um sie wiederzubeschaffen, und von den Gallas verwundet wurde. Daraufhin wechselte er zum Thema Krimkrieg und dem amerikanischen Krieg. Cameron, Blanc und Prideaux hatten zu diesen Themen nichts zu sagen. Rassam hingegen antwortete wieselflink, wiederholte Theodors Aussagen und fürchtete augenscheinlich, dass ich ihn in den Schatten stellen könnte, da ich an beiden Kriegen teilgenommen hatte. Ich hielt mich zurück, bis Theodor seinen kleinen Sohn Alamayo herbeirief, ein schlauer Knirps von sechs Jahren. Ich redete mit ihm über das Rugbyspiel, während uns Rassam mit einem gequälten Lächeln zuhörte. Kein Wort wurde jedoch über Napier verloren oder Theodors Absichten, und ich konnte beinah spüren, wie Prideaux vor Ungeduld schier platzte.

Zum Schluss erklärte Theodor, dass wir uns in ein Zelt zurückziehen durften, welches extra für uns bereitgestellt worden war. Also zogen wir uns zurück, bis auf Rassam, der erklärte, dass er über ein persönliches Gespräch mit dem König froh wäre.

„Zweifellos um ein paar wohlgewählte Komplimente zu machen“, sagte Prideaux. „Könnt Ihr glauben, dass er Theodor einen Brief geschrieben hat, in dem er ihm gratulierte, all seine Artillerie nach Magdala geschafft zu haben? Als nächstes wird er ihm anbieten, sein Essen vorzukosten.“[44]

„Strategie“, sagte Blanc achselzuckend. „Theodor mag ihn, und wenn er das ausnutzt, profitieren wir nicht alle davon?“

„Ich wünschte nur, er würde nicht den Anschein erwecken, Theodor so gern zu haben“, sagte Prideaux. „Ich wäre mir gerne sicher, dass unser Sprecher auf unserer Seite ist. Aber das spielt keine Rolle“, fügte er hinzu und drehte sich aufgeregt zu mir.

„Sir, wie seid Ihr in seine Fänge geraten, und welche Neuigkeiten habt Ihr? Wird Napier angreifen?“

Ich hatte mich dazu entschlossen, ihnen nichts über meine Mission und Masteeat zu verraten – zu viel Gerede lässt alte Wunden nur schwer heilen. Außerdem war ich Rassam gegenüber misstrauisch. Also erzählte ich, dass ich auf einem langen Erkundungsritt in einen Hinterhalt geraten wäre. Napier, glaubte ich, sei nicht mehr als einen Tagesmarsch entfernt. Aber würde Theodor gegen ihn ins Feld ziehen, das war doch die entscheidende Frage, also erkundigte ich mich, ob sie irgendeine Ahnung hätten.

„Wir wissen nur, dass er wahnsinnig ist“, sagte Blanc, „und völlig unberechenbar. Er hat einen Brief mit einem Ultimatum von Sir Robert Napier erhalten, und Rassam drängt ihn, eine Antwort zu verfassen, aber es ist schon gefährlich, auch nur anzudeuten, dass er gut damit beraten wäre, um Frieden zu bitten.“

„Theodor wird kämpfen“, sagte Cameron und klang dabei hundemüde. „Er kann jetzt keinen Rückzieher mehr machen.“

„Dann möge Gott uns beistehen“, sagte Blanc. „Aber ich glaube, Ihr habt Recht, Konsul. Auch wenn er vor einer sicheren Niederlage steht, wird er kämpfen, allein aus Stolz und Aberglaube. Oh, er wird von seinen Astrologen gelenkt und seinem verrückten Fatalismus! Ihr habt ihn ja gerade gehört, wie er über seine verlorene Waffe lamentierte. Er hat sie als Talisman betrachtet und ist sich sicher, dass eine Katastrophe passiert, wenn sie nicht wieder auftaucht! Darum ist er in Magdala – nichts als Aberglaube.“ In Anbetracht meines Gesichtsausdrucks fing er an zu lachen und erklärte es mir.

„Magdala ist ein weiterer Talisman oder Fetisch. Er glaubt, so lange er die Festung hält, kann er nicht verlieren. Erst letzte Woche verkündete er, obwohl er ganz Abessinien verloren hat, besitze er immer noch Magdala. Und wenn er Magdala hielte, würde er wieder als Eroberer aufsteigen. Er glaubt wirklich daran!“

„Das kann er nicht ernsthaft glauben!“ Automatisch fügte ich hinzu: „Er muss …“

„Verrückt sein?", fragte Prideaux. „Das habt ihr bemerkt, Sir? Ja, Seine Majestät ist ein wenig sprunghaft."

„Wir können Gott dafür danken", sagte Cameron. „Wenn er diesen Fels nicht als Siegessymbol betrachten würde, wäre er nicht wild dazu entschlossen, ihn um jeden Preis zu halten – und Gott weiß, wo sie uns dann hingeschleppt hätten. Wenigstens sind wir, wo Napier uns finden kann."

Dann wurden sie still, und ich wusste, sie dachten: „Wenn wir überleben."

Zumindest waren sie schlau genug, nichts anderes zu tun als abzuwarten. Kein abstruses Gerede von Ausbruchsversuchen oder das Pulverlager in die Luft jagen, das nur einige Schritte von unserem Zelt entfernt neben der Artilleriestellung lag. Die Gefangenschaft hatte sie Geduld gelehrt. Das wurde offensichtlich, als sie mir über die Fluchtpläne erzählten, über die man nachgedacht, aber wieder verworfen hatte. Von Plänen, mit den Rebellen die Amba in Theodors Abwesenheit zu stürmen, und von den schrecklichen Konsequenzen der Verschwörungen, die fehlgeschlagen waren, mit Schuldigen, die verstümmelt wurden und über Klippen geworfen, und ein Mädchen von gerade mal 16 Jahren, das zu Tode gepeitscht wurde. Versuche, ihre Gefängniswärter zu bestechen, hatten zu nichts geführt, obwohl manchmal sogar führende Männer der Amba hilfreich und freundlich waren, trotz des Risikos, Theodors Unmut zu erregen.

Daher hatte es zwischen unseren Politikern in Ägypten und Aden und den Gefangenen eine stete Korrespondenz gegeben, mit Briefen, die in die Kleidung von Ab-Kurieren eingenäht waren, und umgekehrt Geld und anderes für die Gefangenen. Sie können ausführlich darüber in den Memoiren von Blanc und Rassam lesen, wenn Ihnen der Sinn danach steht. Eine merkwürdige Lektüre, wenn man seine eigene Erfahrung mit Theodor in Miniaturausgabe wiedergegeben sieht. Manchmal wurden sie wie ehrbare Gäste behandelt, manchmal geschlagen und gefoltert, mal ausreichend gefüttert mit luxuriösen Festmähler von sieben Gängen und dann in Ketten gelegt; mal wohl gebettet mit dem Zugeständnis, sich frei bewegen zu können, um ihre

Gärten zu pflegen, und frühe Freilassung versprochen, dann von einem Gefängnis zum nächsten gezerrt. Es gab einfach kein Muster. Kein Wunder, dass meine Gefährten angsterfüllte Blicke austauschten, als das Frettchen Samuel kam, um uns in die königliche Audienz zu berufen. „Was jetzt?“, fragte Prideaux. „Zuckerbrot oder Peitsche?“

Tatsächlich sollte uns eine beunruhigende Beschwichtigung zuteilwerden. Beschwichtigend, weil Theodor in geistig „normalem“ Zustand versprach, uns im Falle der Gefahr an einen sicheren Ort bringen zu lassen, zusammen mit seiner Familie; beunruhigend, weil es suggerierte, dass die Schlacht kurz bevorstand.

Und das war nicht nur meine Befürchtung. Unter der großen Ansammlung an Priestern, Generälen, Höflingen, Astrologen und Dienern, die vor dem roten Pavillon versammelt waren, um die Verkündigungen Seiner Majestät zu hören, waren auch einige seiner Frauen, mit der aufgedunsenen „Königin“ Tamagno an vorderster Stelle. Sie saß mit ihren Bediensteten nahe beim König, man fächelte ihr Luft mit Straußenfedern zu, und wieder einmal wurde mir bewusst, dass sie mich wie einen Preisbullen im Ring bewertend betrachtete. Prideaux neben mir murmelte:

„Vorsichtig mit der da, Sir. Sie ist ein Haymarket-Husar,* und insgesamt ziemlich verzweifelt.“ Woraus ich ableitete, dass auch er den Geschmack der Lady getroffen hatte und ihr zum eigenen Besten aus dem Weg ging.

„Haymarket oder Grant Road?“, fragte ich, und er sagte, dass er das nicht als Scherz gemeint hatte und Theodor ein wirklich verrückter Geizhals war, was seine Frauen anging. „Ein Kerl auf Wachdienst im Harem schnorrte einen Becher Tej von einer der Konkubinen und wurde daraufhin zu Brei geschlagen. Am besten ist es, zusammen zu bleiben, wenn Madam Tamagno auf der Jagd ist. Zu mehreren ist man sicherer, oder?“

„Außer, sie nimmt sich gerne ganzer Korporalschaften an“, sagte ich, worauf er „Ach was!“ rief. In diesem Moment erklärte Theodor, dass es nun Zeit für ihn war, das Wort an die Trup-

* Haymarket-Husar: Eine Lebedame der höheren Klassen. Grant Road war das Prostituiertenviertel in Bombay.

pen zu richten, welche seit mehr als einer Stunde geduldig in der brütenden Sonne warteten. Also wurden wir von Damash eingewiesen und liefen gehorsam hinter dem König durch das Camp zu der flachen Ebene, wo sich die Krone des Militärs von Habesh aufgestellt hatte und aufmerksam in geordneter Stille wartete. Als ich einen Blick auf das riesige Aufgebot unter den seidenen Bannern warf, hoffte ich insgeheim, dass Napier die offene Feldschlacht wählte.

Die Ansprache war Theodor war so, wie er leibte und lebte. Eine begeisterte Rede, die sich zum Ende hin widersprach. Er fing an, indem er auf einem Hengst vor seinen Männern hin und her ritt, dann stieg er ab und kletterte auf einen Felsblock, präsentierte sich in seinem Regenbogenanzug und lieferte eine großartige Tirade gegen die ins Land eingefallen Invasoren. „Versteht", brüllte er, „dass ihr heute oder morgen verpflichtet seid, der besten Armee der Welt – außerhalb Afrikas – gegenüberzutreten. Männer, die euch an Stärke und Waffen weitaus überlegen sind, deren Uniformen mit Gold versetzt sind – um nicht ihre Schätze zu erwähnen, die nur von Elefanten getragen werden können!" Das wird sie ermutigen, dachte ich, aber dann fuhr er fort, mit weit ausgestreckten Armen.

„Seid ihr bereit zu kämpfen?", bellte er. „Zu kämpfen und euch an den Schätzen dieser weißen Sklaven zu bereichern? Werdet ihr siegen oder lasst ihr mich im Stich? Denkt an meine bisherigen großen Taten, an meine Eroberungen, an große Schlachten, in denen ihr über meine Feinde triumphiert habt! Ihr habt eure Waffen mit ihren Waffen geschmückt, ha-ha! [Anhaltender Jubel.] Wenn diese weißen Kaffer sich euch nähern, was werdet ihr tun? Ihr werdet warten, bis sie auf euch feuern, und bevor sie nachladen können, werdet ihr sie mit euren Speeren attackieren! [Abebbender Jubel.] Eure Tapferkeit wird belohnt werden, und ihr werdet reiche Beute machen, neben der dieses teure Kleid, das ich trage, wie schäbige Lumpen aussehen wird." [Aufeinanderschlagen von Speeren und Schwertern.]

Das waren aufwühlende Worte und ich bemerkte zu Prideaux, wie er erst auf netteste Weise unsere Armee pries, dann den Kurs wechselte und uns als Lämmer auf dem Weg zur Schlachtbank darstellte, als ein uralter Kauz aus einem der Infanterieregimenter nach vorne trat, seinen Speer schwang und rief:

„Oh, wartet nur, großer König, bis diese fremden Ärsche hier sind! Wir werden sie in Stücke reißen und diejenigen, die glücklich entkommen können, werden eine traurige Geschichte in England zu erzählen haben!"

Worauf jeder intelligente Anführer wohl mit einem herzlichen Grinsen und einer geballten Faust geantwortet hätte. Was tat Theodor? Er wartete bis der Jubel abklang und rief:

„Wovon sprichst du, alter Narr? Hast du jemals einen britischen Soldaten gesehen? Weißt du, welche Waffen er trägt? Nein, denn bevor du ihn richtig siehst, hat er dir den Bauch voll mit Kugeln gepumpt! Diese Leute haben Kanonen, Elefanten, unzählige Gewehre! Wir können sie nicht bekämpfen! Du denkst, unsere Musketen taugen irgendwas? Wenn dem so wäre, hätten sie sie uns nicht verkauft!" Und während ihn seine Armee in stillem Erstaunen anstarrte, wandte er sich den Priestern, Generälen und Höflingen zu. „Es ist eure Schuld, ihr Menschen von Magdala! Ihr hättet mich besser beraten sollen!"

Eine Sekunde lang dachte ich, er mache einen schlechten Scherz. Aber das tat er nicht. Innerhalb von Sekunden hatte ihn seine düstere Stimmung übermannt, und er sprach die Wahrheit. Warum, weiß nur der Himmel. Er hatte seinen Truppen Jingoismus* geboten und sie angeheizt, und nun schritt er zu seinem Zelt, mit einem Gesicht wie sieben Tage Regenwetter und ließ sie geschockt zurück, jeder Funken Kampfgeist verbal aus ihnen herausgeprügelt. Übrigens, wenn Sie meine Geschichte anzweifeln, schauen Sie bei Rassam und Blanc nach.

Nach seiner Vorführung schwang er sich auf den Rücken eines Maultiers und ritt den Selassie hoch, um Napiers Bewegungen auszuspionieren. Ihm konnte nicht gefallen haben, was er dort sah, da er in schlechtester Verfassung zurückkam. Wir aßen gerade in unserem Zelt, aber hörten ihn Flüche brüllen, und kurz darauf wurden Salven abgefeuert, die aus Richtung des Falasattels zu kommen schienen. Ein paar Schüsse ertön-

* Hurra-Patriotrismus, Kriegseuphorie

ten einen Augenblick später, und Rassam beauftragte einen der Diener herauszufinden, was da draußen im Gange war. Aber die Wachen unseres Zelts ließen ihn nicht passieren.

Also warteten wir unsicher und dann erreichte uns ein Bericht: Theodor hatte sich daran erinnert, dass einige Monate zuvor einer seiner Lagerarbeiter desertiert war und Zuflucht bei den Gallas gefunden hatte. Die Erinnerung hatte ihn jetzt in blanke Raserei versetzt. Er befahl die Frau des Lagerarbeiters und dessen Kind zu sich, die seit seiner Desertion im Gefängnis gesessen hatten. Sie und fünf weitere seiner Ab-Gefangenen wurden zum nächsten Abhang gebracht, von einem Exekutionskommando erschossen und ihre Leichen die Klippe hinuntergeworfen. Die späteren vereinzelten Schüsse, galten denen, die nach dem Sturz noch am Leben waren.

„Auch das Kind?“, fragte Cameron, und Samuel, der uns die Neuigkeiten überbracht hatte, sagte, ja, auch das Kind. Er flehte uns an, Theodor keine Vorhaltungen zu machen, da er sich auf ein weiteres Zechgelage eingelassen hatte und immer noch unentschlossen war, was er mit Napier tun sollte, dessen Truppen wahrscheinlich am nächsten Morgen den Bechelo überqueren würden.

Nachdem Samuel wieder gegangen war, herrschte betretenes Schweigen, das von Prideaux unterbrochen wurde.

„Napier wird übermorgen hier sein.“

Wieder Schweigen, dann sagte Rassam: „Wir dürfen nichts tun, was den König … aufregt. Am Morgen werde ich ihn darum bitten, mit Napier in Kontakt zu treten.“

Niemand sagte aye oder nein dazu. Niemand wollte ein Wort äußern, das Rassam beeinflussen konnte, der wiederum Theodor beeinflussen konnte, was schreckliche Konsequenzen haben könnte. Es hing alles in der Schwebe – Napiers Vormarsch, Theodors Wahnsinn, alles schien vom Zufall abhängig. Blanc murmelte etwas auf Lateinisch und ich fragte, was es bedeutete.

„Ein Zitat, das ich irgendwo aufgeschnappt habe“, sagte er. „Bei der Gnade des Tiberius.“

Kapitel 15

Daten und Zahlen liegen mir nicht so, aber ich weiß, dass der nächste Tag der 9. April war, weil Rassam das Datum laut aussprach, als er einen Eintrag in seinem Tagebuch verfasste und er sich in mein Gedächtnis[45] als der Tag eingebrannt hat, an dem ich Zeuge eines der schlimmsten Verbrechen wurde, das ich je gesehen habe. Wie Sie wissen, sind mir die menschlichen Unarten, Grausamkeit und Tod nicht unbekannt. Vom Gemetzel während einer Schlacht mal ganz abgesehen, habe ich schon Massenskalpierungen und das Verprügeln eines russischen Bauern mit einer Knute gesehen. Ich habe die Foltergruben von Madagaskar gesehen und was von den Bewohnern einer mexikanischen Hacienda übrigblieb, nachdem die Mimbreno-Apachen eingefallen waren. Was aber am Abend des Karfreitags auf der Hochebene von Islamgee geschah, war eine Abscheulichkeit sondergleichen. Ich kann nicht verstehen warum – es geschah so unerwartet und ohne Sinn oder Anlass, und das nicht durch einen primitiven Wilden, sondern von einem Mann, der nur wenige Augenblicke zuvor ernsthaft über die christliche Ethik und Probleme zwischen Kirche und Staat nachgedacht hatte. Blinden Zorn kann ich verstehen und Grausamkeit um der Grausamkeit Willen, aber Wahnsinn unterliegt wohl seinen eigenen Gesetzen. Aber weder Wut noch sadistische Blutrünstigkeit oder gar Verrücktheit erschienen mir je als ausreichende Erklärung für das, was an diesem Tag auf dem Islamgee geschah.

Alles begann ganz unmerklich nach einer friedlichen Nacht, die wir fünf ungestört in unserem feinen Seidenzelt zubrachten, gemeinsam mit den anderen Europäern und den deutschen Arbeitern in kleineren Zelten neben unserem. Niemand verlor ein Wort über die Morde der letzten Nacht. Wir saßen beim Frühstück, als uns ein Bote mit Komplimenten des Königs an Rassam erreichte, was ihn in helle Freude versetzte. Weiterhin gab es einen Befehl an mich, mich umgehend beim König einzufinden, was ihn wiederum nicht erfreute. Ich war selbst nicht besonders begeistert darüber, auserwählt zu sein, aber da mir nichts anderes übrig blieb, ging ich.

Sowohl im Lager draußen als auch am Nordende der Islamge, wo sich die Ebene zum Falasaberg erhob, herrschte großer Trubel. Eine riesige Gruppe Gefangener war von den Truppen zusammengetrieben worden. Es mussten einige hundert gewesen sein, angekettet und stinkend schmutzig, die im Staub hockten. Als ich mir den Mob des vorherigen Tages in Erinnerung rief, fragte ich mich, wie Magdala diese Massen beherbergen konnte, da sie definitiv von dort kamen. Mich dünkte, dass Theodor die halbe lokale Bevölkerung eingesperrt haben musste – Rebellen, Kriminelle, Leute, deren Gesichter ihm nicht passten. Aber nun schien es, als hätte es eine große Gefängnisräumung gegeben, da die Waffenmeister an ihnen vorbeiliefen mit Hämmern und Lederriemen, Sie wurden von ihren Ketten befreit, wie große rostige Haufen zeigten, während ihre ehemaligen Träger verwirrt und verloren aussehend umherwanderten. Noch immer deutete ich dies als gutes Zeichen; vielleicht war Seine verrückte Majestät ja letztendlich zur Vernunft gekommen.

Meine Hoffnungen wurden aber schon sehr bald enttäuscht. Vielleicht trug er seine barmherzigen Socken, aber er hatte Reitstiefel darüber gezogen. Hinter den versammelten Gefangenen am Hang zum Falaberg wimmelte es von Truppen, die ihre Artillerie zum Gipfel zogen, entlang einer neu angelegten Straße, auf der sich der Morgentau langsam verflüchtigte. Mir wurde schwer ums Herz, denn die Falahöhe dominierte die Arogee-Ebene, die Napiers Einheiten gerade überquerten. Wenn die Ab-Kanoniere etwas von ihrem Handwerk verstanden, konnte eine richtig positionierte Batterie Tod und Verderben für unseren Vorstoß bedeuten.

Mein Kurier und ich waren zwar beritten, kamen aber nur langsam voran. Den Hang hinauf mussten wir uns den Weg durch Soldatenhorden bahnen und die schmale Straße war aufgeweicht und von den Regenfällen schlammig. Die mit schweren Kanonen beladenen Karren steckten bis zu den Achsen im roten Lehm. Der große Mörser *Sewastopol* war fest auf seiner enormen Lafette gekettet, mit Hunderten von Männern, die an seinen Seilen zerrten und durch den Matsch rutschten und pflügten. Theodor selbst saß auf dem Karren und rief Befehle und Ermutigungen. Regen setzte ein und platzte wie Schrotkugeln in den Schlamm und die Ausdünstungen der Arbeiter verdampften sichtbar. Wir waren in kürzester Zeit völlig durchnässt, selbst unseren Tieren lief das Wasser über die Flanken.

Theodor winkte und brüllte mir zu, ich solle mich zu ihm auf den Karren setzen, was ich gerne tat, da Samuel und eine Gruppe von Dienern ihm ein großes Regendach über den Kopf hielten. Trotzdem war auch er nass, riss sich augenblicklich das Hemd vom Leib und stand mit nacktem Oberkörper da. Er lachte und rieb sich das Wasser über Brust und Arme, ganz als ob er ein Bad nähme. Er schien in bester Verfassung, frohlockend über den Schaden, den sein Mörser anrichten würde, „da es noch nie eine solche Waffe auf der Welt gegeben hat, und wie werden Eure Soldaten ihr bloß standhalten können? Allein ihr Donner wird die Mutigsten das Fürchten lehren; sie werden herumlaufen wie aufgescheuchte Hühner!"

Ich erwiderte, er habe noch nie britische und indische Soldaten gesehen, und sie würden nicht aufgescheucht herumlaufen, da von Geräuschen allein noch keiner gestorben ist. Daraufhin schaute er etwas niedergeschlagen drein, also fragte ich ihn todesmutig, ob er sich zum Kampf entschieden hatte.

„Wenn ich muss!", rief er. „Ich möchte keinen Krieg, aber wer ist diese Frau, die ihre Kämpfer auf einen König hetzt? Mit welchem Recht kommt sie, um mein Land zu stehlen?"

Ich war nicht zum Streiten hier, und er fuhr damit fort, wie sehr er doch beleidigt wurde und dass das nicht einfach so hinzunehmen sei. Er hatte ihr in gutem Willen und in Freundschaft geschrieben, von Monarch zu Monarchin, und wurde ignoriert (was leider stimmte), und er hätte unsere Leute niemals angerührt, wenn Cameron sich nicht mit seinen Feinden, den Ägyptern, verschworen hätte, und selbst darüber hätte er hinweg gesehen, wenn er nur mit dem für seinen Rang entsprechenden Respekt behandelt worden wäre. Aber es war offensichtlich, dass die britische Regierung auf afrikanische Könige herabsah, als unbedeutende Regenten ohne Wert. Also, was sollte er sonst tun, als denen zu trotzen, die ihn verabscheuten und beleidigten, selbst wenn er dafür sterben musste?

Wie er mich so durch den Regenguss anbrüllte, wurde er von Minute zu Minute wütender. Der arme Samuel, der mit dem Regendach gegen den Wind kämpfte, flehte mich mit seinen Augen an, irgendetwas zu sagen. Um den aufkommenden Zorn abzuwenden, rief ich, dass Theodor völlig Recht hatte. Man war ihm unredlich gegenübergetreten, keine Frage, und es war eine Schande, dass so viele feine Männer, Briten und Abs, sterben sollten, weil unser Außenministerium keine verdammten Manieren besaß. Sobald ich es ausgesprochen hatte, merkte ich, dass dies eine gutes Argument war, also erweiterte ich es noch um Arroganz, Dummheit und regelrechte Faulheit unserer zivilen Dienstleister, aber was konnte man schon von Leuten erwarten, die in widerlichen Lasterhöhlen voller Ignoranz wie Harrow und Eton ausgebildet wurden, und habe er weiter darüber nachgedacht, diesen herrlichen kleinen Kerl zur Rugby Capital School zu schicken, ich war ja selbst dort gewesen …

Es mag sein, dass man am besten mit einem Verrückten reden kann, wenn man auf die gleiche Weise faselt wie er, besonders, wenn man ihn nicht zu Wort kommen lässt. Mein sinnloses Geschwätz verwirrte ihn ganz schön und glücklicherweise verlor die große Karre plötzlich ein Rad. Wir mussten in Sicherheit springen, und *Sewastopol*, mit dem Schildzapfen im Schlamm steckend, war erstmal erledigt. Es dauerte einige Stunden, ihn wieder aufzurichten, und eine weitere Stunde bis man den Gipfel von Fala erreicht hatte. Mittlerweile hatte der Regen aufgehört und die Sonne brach durch die dunkle Wolkendecke – und da, quer über der Arogee-Ebene, ragte das Dalantaplateau über dem Bechelo, schwarz voller kleinen Konturen von Männern und Tieren. Beeil dich, beeil dich, alter Bob, dachte ich, du bist fast da.

Gabrie, der Ab-Feldmarschall, wurde beauftragt, die Kanonen in Stellung zu bringen, und machte dabei eine viel zu gute Arbeit für meinen Geschmack, während Theodor am Rand der Klippe stand wie Napoleon, die Arme verschränkt, und finster auf die aufmarschierende Armee in der Ferne blickte, die gekommen war, um ihn zu zerstören. Er schien nicht beunruhigt, merkte an, dass es höchst erfreulich sei, einen europäischen General seine Truppen disponieren zu sehen, und ob es stimmte, dass Napier der beste Kommandant seiner Zeit sei? Ich sagte, er wäre der Beste, den wir hatten, vorsichtig und beständig, aber energisch, vielleicht nicht so inspiriert wie Wolseley* oder der Amerikaner Lee, aber unerschütterlicher als beide und weniger verschwenderisch mit den Leben seiner Soldaten als Grant.

Er nickte. „Denkt Ihr, er wird mich vernichten?", fragte er und ich sah, was ich als Chance wahrzunehmen hoffte.

„Nicht, wenn Ihr ihm in Liebe und Freundschaft begegnet, Getow. Das waren die Worte, die Ihr mir gesagt habt, wenn Ihr Euch erinnert."

„Ich sagte, wenn *er* in Liebe und Freundschaft käme!" Er deutete auf den Bechelo. „Seht Ihr sie? Sie sind die Eindringlinge, ich bin der Belagerte! Erwartet Ihr von mir, mich den Dieben hinzugeben, die gekommen sind, um mich meines Thrones zu berauben? Meines Landes?" Er fing nun an zu brüllen, marschierte auf und ab, wirbelte mit den Armen und warf mir wütende Blicke zu. „Das ist der Rat von Feiglingen wie Damash und Dasta und dem Narren Samuel! Wo ist er? Wo ist Samuel?" Er blickte sich um, stampfte mit dem Fuß, aber Samuel, gut für ihn, war nicht zur Stelle. Theodor stand einen Moment lang knurrend da, schnauzte einen seiner Bediensteten an, ihm gefälligst einen Shama zu bringen, und sobald er sich den um die Schultern gewickelt hatte, kam er brummend auf mich zu.

„Sie würden sich ergeben, Damash und die anderen. Sie hassen mich, alle, und würden davonlaufen, wenn sie den Schneid dazu hätten. Warum töten sie mich nicht, he? Weil sie Angst vor mir haben, Todesangst. Sie trauen sich nicht zuzuschlagen!" Er fing wieder an zu schäumen, und der Wahnsinn glänzte in sei-

* Garnet Wolseley, britischer Feldmarschall und Oberbefehlshaber.

nen Augen. „Sie sollten mich besser umbringen, denn wenn sie es nicht tun, werde ich sie alle töten lassen, mit der Macht Gottes, einen nach dem anderen!“ Plötzlich packte er mich beim Hemd, presste sein Gesicht gegen meines und flüsterte aufgebracht:

„Ihr wisst, dass ich mit geladenen Pistolen unter dem Kopfkissen schlafen muss? Sie wissen es auch und haben Angst davor, mich in meinem Bett zu töten! Sie würden mich vergiften, aber meine Speisen und Getränke werden vorgekostet! Ich habe keine Angst!“

Er lockerte seinen Griff, schloss die Augen und murmelte vor sich hin, als ob er ein Gebet sprach. Dann schaute er nach oben zum sich verdunkelnden Himmel, und seine Stimme bebte. „Wenn Er, der über uns thront, mich nicht umbringt, so wird es niemand. Wenn Er sagt, dass ich sterben muss, kann mich niemand retten!“

Der letzte Satz kam heraus wie ein Schrei und ich schaute mich um, wie Gabrie und seine Mannschaft darauf reagierten – aber sie schenkten ihm gar keine Beachtung und beschäftigten sich noch eifriger damit, die Kanone an ihrem Platz auszurichten. Sie wussten, dass er völlig verrückt war, aber sie hatten zu große Angst, um etwas dagegen zu unternehmen. Und es war nicht nur Angst; sie waren seine Leibeigenen, unterworfen der bloßen Macht seines Willens und Geistes. Auch ich fühlte es, auch ich hatte Angst vor ihm. Er strahlte diese Macht aus, die ich schon bei anderen gesehen hatte – wie etwa Brooke aus Sarawak und der alte John Brown. Man kann sich diesen Leuten nicht widersetzen oder argumentieren, nur nach Möglichkeit aus dem Weg gehen – das konnte ich bei Theodor allerdings nicht.

Und einen Moment später war die krankhafte Rage wieder verschwunden. Er schritt auf die in Stellung gebrachten Kanonen zu, befahl, kritisierte und lachte sogar. Ich sah, wie er einem Ab-Kanonier auf die Schulter klopfte und etwas zu ihm sagte, das ihn zum Grölen brachte. Dann war er in eine Unterhaltung mit einem seiner Deutschen vertieft, kletterte auf *Sewastopol*, um den Zündmechanismus zu untersuchen. Er gluckste immer noch, als er zurückkam, und mir eine Hand auf die Schulter legte, wie einem Verbündeten.

„Sie sind leicht zu unterhalten, oder? Macht Ihr das mit Euren Soldaten nicht auch so? Kommt, wir sollten runtergehen und einen Tej zusammen trinken.“ Er schien zu Fuß gehen zu wollen, nickte den Kanonieren zu und versicherte ihnen, wenn sie die Kanonen laden und feuern müssten, er zur Stelle sein würde, um ihnen die Richtung zu weisen. Sie jubelten und klopften auf die Kanonen, als wir den Hang hinunterschritten.

„Ihr habt mich gestern zu ihnen sprechen hören, mein Freund. Habe ich sie für die Schlacht angespornt? Habe ich sie inspiriert? Oh, mein guter Freund, ich habe nur so getan,* nichts weiter. Aber sie glauben es, weil sie einfache Kerle sind und mich lieben.“ Es kam ihm nicht in den Sinn, dass sie vielleicht genauso so einfach glaubten, was er dem alten General zugerufen hatte, nämlich, dass sie dem Untergang geweiht waren. „Wenn ich sage, ‚Kämpft, meine Kinder!‘, werden sie kämpfen, auch wenn es den Tod bedeutet. Aber sind Eure Soldaten da anders, Ras Flashman? Warum tun sie es, mein Freund?“

Ich sagte ihm, sie täten es für die Schillinge, die Sepoys, für ihr Salz. Er sagte, das wäre ein großes Rätsel und er wurde philosophisch über die Geisteshaltungen und Beweggründe von Männern im Kampf – eine normale, vernünftige Unterhaltung, so wie man sie bei Zivilisten hören würde, wenn nicht sogar bei Soldaten. Der Punkt ist aber, wenn Sie ihn in diesem Moment gesehen oder gehört hätten, hätten Sie gesagt, dass er ein intelligenter, humorvoller, völlig normaler Mann mit großer Autorität sei, von dem nicht der Hauch der Bedrohung ausging.

Ganz recht.

Wir erreichten die Ebene genau in dem Moment, als es wieder zu nieseln begann. Wolken zogen sich über unseren Köpfen zusammen und das Licht wurde schwächer. Es war ungefähr vier Uhr am Nachmittag und die Waffenmeister, die die ganze Zeit über Gefangene entkettet hatten, packten ihre Eisen zusammen. Sie geleiteten die, die noch immer ihre Fesseln trugen, zu irgendwelchen alten heruntergekommenen Ställen auf der Südseite der Islamgee-Ebene, keine Achtelmeile von Theodors und unserem Zelt entfernt. Sie sollten dort übernachten und am nächsten Tag

* Eine prahlerische Formulierung, die er häufig verwendete.

befreit werden, die letzten der insgesamt 600, die Miriam und ich sahen, als sie vor zwei Tagen von Magdala heruntergebracht wurden. Ungefähr 200 waren gestern befreit worden, aber heute nur ungefähr die Hälfte vom Rest. Das Gros der Waffenmeister wurde zur Arbeit auf Fala eingeteilt. Die, die noch immer in Ketten lagen und zu den Ställen gebracht wurden, waren etwa 200.

Ich bin so genau, damit Sie einen Eindruck bekommen, wie die Dinge an diesem stickigen schwülen Nachmittag standen, als ich mit Theodor und seinen Bediensteten zu seinem Zelt ging und dabei eine gewisse Unruhe der Gefangenen bemerkte, die zu den Ställen gebracht wurden. Ich wusste natürlich nicht, dass sie seit Magdala nichts zu essen bekommen hatten und nur so viel Wasser, wie sie von den Soldaten erbetteln konnten. Noch wusste ich, dass die meisten von ihnen „politische" Gefangene waren, die beleidigt hatten, meistens auf die belangloseste Art und Weise – wie Miriam sagte, indem sie lachten, wenn der König schlecht gelaunt war und anders herum.

Ungeduldig, da sie immer noch ihre Eisen trugen und mit einer weiteren Hungernacht vor ihnen, waren sie nicht in der Stimmung, stillschweigend zu den Ställen zu gehen, daher der Tumult, aber niemand schenkte ihnen wirklich Beachtung, am wenigsten Theodor. In der Regel fing er um drei Uhr an zu trinken und da wir nun eine Stunde zu spät dran waren, verlor er keine weitere Zeit und ließ sich umgehend auf ein bezauberndes Saufgelage in seinem Zelt ein. Der Tej floss wie Buttermilch und er erwartete, dass ich Schüssel um Schüssel mit ihm mithalten musste, aber das konnte ich nicht. Die Menge, die er innerhalb der ersten Stunde in sich hineinschüttete, hätte mich umgehauen, und er zog mich damit auf, ein Schwächling zu sein und berief seine „Königin" Tamagno ein, um uns Gesellschaft zu leisten, und schwor, dass sie mir beibringen würde, wie man trinkt.

Und ich bin durchaus geneigt zu sagen, dass sie das tat. Sie platzierte ihre behäbige Masse neben ihm und schlug zu wie ein verdurstender Seemann. Theodor applaudierte und stellte sicher, dass ihr Kelch immer bis zum Rand gefüllt war, küsste und hätschelte sie zwischen seinen eigenen herzhaften Schlucken, murmelte kleine Belanglosigkeiten wie ein liebestoller Bauernbursche, was an sich schon abstoßend genug war. Aber dass sie dabei ihre Augen nicht von mir nahm, ging mir wirklich auf die Nerven. Ich redete mir ein, dass er ihr Interesse bemerkt hatte, da er nach einer Weile davon abließ, mit ihr zu kuscheln und sie bat, uns wieder zu verlassen. Also hievte sie ihren gewaltigen Wackelpeter von Körper hoch und verschwand, während sie mir einen letzten intensiven Blick über ihre fette Schulter zuwarf. Wieder mal war ich verdammt froh, dass sie sich absentierte.

Als sie weg war, trank er eine Weile still vor sich hin, ziemlich schlecht gelaunt, beobachtete mich auf höchst unangenehme Weise, so als stünde er jeden Moment vor einem erneuten Wutausbruch, Aber was dann tatsächlich stattfand, hatte ich nicht erwartet. Er seufzte schwer, trank noch mehr Tej und rief:

„Mein lieber Freund, schätzt mich nicht falsch ein. Ich liebe Euch wahrlich, nicht nur Euch, sondern auch meinen guten Freund Mr. Rassam, und auch Mr. Prideaux, auch wenn es schwierig ist, Konsul Cameron zu lieben, der mich an die Ägypter verraten hat. Aber ich versuche es." Eine langanhaltende Pause, in der er an die Decke des Zelts starrte. „Ich liebe auch Dr. Blanc, der viele meiner Leute geheilt hat. Aber Euch liebe ich am meisten von allen, da ihr mir gegenüber keine Angst gezeigt habt." Dann bin ich wohl ein besserer Schauspieler, als ich gedacht habe, stellte ich fest. „Ich habe mich Euch gegenüber schlecht verhalten, lieber Freund." Er machte wieder eine Pause, blickte schwermütig drein, und dann folgte die erstaunlichste Erklärung, die ich jemals von diesem erstaunlichen Mann gehört hatte.

„Ich habe niemals geglaubt, dass ich verrückt bin", sagte er, und Tränen liefen ihm über die Wangen. „Die Leute sagten zwar, ich sei verrückt, aber ich habe es nicht geglaubt. Aber nach der Art, wie ich mit Euch umgegangen bin, indem ich meine Hand erhob, um Euch niederzuschlagen, Euch in Ketten zu legen, glaube ich, dass ich verrückt bin." Er machte einen tiefen würgenden Seufzer und wischte sich die Wangen ab. „Aber Ihr werdet mir vergeben. Als Christen sind wir dazu verpflichtet, einander zu vergeben."

Blitzschnell rief ich Amen, versicherte ihm, dass es nichts zu vergeben gäbe, dass er sich wie ein perfekter Gentleman benommen hatte, und wenn alle Könige so geradlinig wären wie er, man die Welt einen besseren Ort nennen könnte … das war zumindest irgendwie die Kernaussage.

„Ich versuche, ein guter Christ zu sein", sagte er, „obwohl manche der Priester meine Hingabe bezweifeln. Es ist der Fluch des Monarchenlebens in allen Religionen und Ländern, dass seine Priester ewig danach trachten, Oberhand über ihn zu gewinnen. Wie ich gehört habe, war es mit einigen Eurer englischen Könige auch so. Meine Priester behaupten in ihrer Unverfrorenheit, dass ich drei Matabs* trage – einen christlichen, einen muslimischen und einen fränkischen. Was für ein Unsinn! Ich sagte zu ihnen: ‚Ihr tut so, als wünschte ich meine Religion zu ändern, aber das ist eine Lüge! Ich würde eher meine eigene Kehle durschneiden!'", und damit hörte er auf, trank und hob seinen Kopf um zu lauschen.

Mir war seit einigen Augenblicken ein weiteres Geräusch, aufgefallen, abgesehen von dem schwachen Gemurmel des Lagers, aber erst jetzt, als er mit verzogener Miene den Kopf aufrichtete, konnte ich es identifizieren: ein entfernter Singsang, ein sich ständig wiederholendes Wort: „Abiet! Abiet", was „Herr, Meister" auf Amharisch bedeutet. Damit einhergehend ertönte ein weitentferntes Kettenrasseln, was Theodor ungeduldig dazu verleitete, eine umgehende Erklärung zu verlangen. Samuel kam hastig herbeigelaufen und meldete, dass die angeketteten Gefangenen nach Wasser und Brot verlangten. Da ich Seine unberechenbare Majestät nun einigermaßen kannte, hätte es mich nicht überrascht, wenn Theodor ihm aufgetragen hätte, sie zum Schweigen zu bringen, oder ihnen ein herzhaftes Abendessen zu servieren.

Er tat weder dies noch das. Einen Moment lang saß er einfach nur ruhig da, dann stand er langsam auf, starrte Samuel an, dann mich. Sein Gesichtsausdruck änderte sich auf unheimliche

* Zeichen des Glaubens.

Weise langsam von ausdruckslos zu verwundert, zu missmutig, zu wachsender Wut. Und dann bekam er einen Blick, der so viel dämonische Niedertracht in sich barg, dass mir ein Schauer über den Rücken lief. Er stieß einen Wutschrei aus, kletterte über sein Sofa zum Tisch, schnappte seinen Säbel und zog ihn aus der Scheide.

„Schweine! Dreck! Heimtückisches Ungeziefer! Ich werde ihnen eine Lehre erteilen, mit Gottes Kraft!" Er machte einen Schritt auf mich zu, griff meinen Arm und zog mich hinter sich her. „Kommt! Oh, kommt und seht, wie ich ihnen beibringen werde, nach Essen zu schreien, während meine mutigen Soldaten hungern!" Es war mir neu, dass sie hungerten, aber das erwähnte ich nicht. Er rief nach seinen Wachen, schleifte mich aus dem Pavillon, stieß Samuel aus dem Weg und stürmte mir erhobenem Säbel weiter. Ich hatte keine andere Wahl, als mit ihm zu laufen, da sein Griff wie ein Schraubstock um meinen Arm lag und ich nicht den Wunsch hegte, mich ihm zu widersetzen, so dass er mich enthauptete.

„Wachen! Wachen!", rief er pausenlos. „Folgt mir! Zu den Ställen!" Sie kamen aus dem Dunst der Zelte gelaufen, und hinter mir hörte ich Rassam, der wissen wollte, was hier vor sich ging, und Samuel, der ihn anflehte, wieder ins Zelt gehen und mit seinen Freunden Deckung zu suchen. Ich hätte eine Pension bezahlt, um mich ihnen anzuschließen, aber Theodor drängte mich weiter und schwor Rache an den Verbrechern, die es wagten, seine Freizeit zu stören Ein plötzlicher Platzregen ging nieder, gerade als wir die Stallungen erreichten, die nahe am Rand der Islamgeeklippe lagen – über unseren Köpfen Donnergrollen.

„Bringt sie nach draußen!", schnauzte Theodor. „Lasst uns diese verwöhnten Tiere sehen! Bringt sie raus, sage ich!" Er ließ endlich von meinem Arm ab und brüllte mich aus einem Gesicht an, dem alle menschlichen Züge abhandengekommen waren. Er war wieder der verrückte Affe, der Spucke versprühte und mir wirres Zeug erzählte.

„Ihr werdet schon sehen! Ihr werdet schon sehen!"

Eine Wache zog den Balken aus seinen Halterungen und riss die Doppeltüren auf. Eine angekettete Frau stolperte vornüber gebeugt nach draußen. Theodor stürzte Flüche ausstoßend nach vorne und zog mit dem Säbel nach unten durch. Er traf zwischen Hals und Schulter und trennte ihr fast den Arm ab. Die Frau fiel schreiend zu Boden, Blut spritzte wie eine Fontäne, und als ein weiterer Gefangener nach draußen stolperte, spaltete Theodor ihm den Schädel. Die Waffe zerbrach unter der Kraft des Schlages, und der Kerl sank tot zu Boden, die blutige Klinge über der Augenbraue im Schädel, der Griff des Schwerts in Theodors Hand. Er starrte ihn an, redete zusammenhangslos und erhob den es Schwertgriff, um sein nächstes Opfer zur Strecke zu bringen: Ein nackter Junge von ungefähr fünf Jahren, der heulend nach draußen gelaufen kam, die Fäuste vor die Augen gepresst.

Gelähmt vor Entsetzen, hoffte ich, dass er jetzt wieder klar werden würde, der bestialische Wahnsinnige, und tatsächlich warf er den blutigen Schwertgriff weg, schrie aber der nächsten Wache einen Befehl zu, und dieser Unmensch griff sich das Kind und warf es sogleich über den Rand der Klippe.

So begann der Horror im Zwielicht am Islamgee, aber es wurde noch schlimmer. Mit der abscheulichen Kindstötung schien sich sein verrückter Zorn etwas zu legen, und ich dachte abermals, dass es damit vorbei wäre, aber wieder lag ich falsch. Er setzte seine höllische Vernichtung der Gefangenen fort, mit ruhiger Überlegung, die unendlich viel schlimmer war als seine mörderische Rage. Im Blutrausch zu töten, kann man irgendwie noch nachvollziehen, aber was kann man über jemanden sagen, der in gleichmäßigem Tonfall einen armen Teufel nach seinem Namen und Vergehen ausfragt, und mit Erhalt der Antwort, beinahe gelangweilt veranlasst, dass der Schuldige in den Tod geschleudert wird? Das genau tat Theodor mit den 200 Gefangenen innerhalb der nächsten zwei Stunden. Und zwar so:

„Was ist dein Name, dein Land, und warum bist du hier?“

„Maryahm, großer Abiet, aus Magdala! Ich habe nur mit meinem Zadui gelacht, Eurem Knappen –“

„Weg mit ihm!“

Also wurde Maryahm 180 Meter tief die Klippe hinunter geworfen. Kurz darauf folgte Zaudi, verurteilt, weil er Theodor eine Muskete gereicht hatte, die fehlzündete.

Sie denken vielleicht, ich erfinde Schreckensgeschichten, um Ihr Blut zum Gefrieren zu bringen, aber schauen Sie in Blanc und Rassams Unterlagen, und sie werden sehen, dass es die einfache Wahrheit ist. Er saß auf einem Stein, wie der Vorsitzende der Gouverneure bei einer Preisverleihung, verrückt wie eine Scheißhausratte, und jedes Mal, wenn ein Unglücklicher heraus gezerrt wurde, fand dasselbe Ritual aus Frage, Antwort und Hinrichtung statt. Später schickte er noch Musketiere die Klippe hinunter, um möglichen Überlebenden den Gnadenstoß zu geben. Manche flehten und schrien, manche zeigten Missachtung, als man sie herunterwarf, andere ließen es ohne Protest wie Schafe über sich ergehen. Zwei junge Kerle, erinnere ich mich, wurden über die Klippe geworfen, weil ihr Vater sich Freiheiten mit einer der königlichen Konkubinen herausgenommen hatte, aber als der Mann selbst nach draußen gebracht wurde, ließ Theodor seine Ketten entfernen und ihn gehen. Das war der Irrsinn des Ganzen. Es gab keinen Sinn, keine Logik, keine Anlässe und der lausige Bastard hatte noch nicht einmal Spaß daran oder zeigte überhaupt irgendeine Form von Interesse. Er tötete sie einfach und ich sah dabei zu und hoffte, dass Arnold Recht behalten würde, und es irgendwo eine Hölle für ihn gab.

Blanc sagte, dass 307 von ihnen die Klippe hinuntergeworfen wurden; 91, allesamt Rebellenführer und seine Todfeinde, wurden für ein tödliches Gemetzel am nächsten Tag reserviert. Rassam kam auf eine Summe von 197 Toten, von denen nur 35 ein Verbrechen begangen hatten, der Rest hatte Becher zerbrochen, ein Gewehr verloren oder gelacht, so wie Maryahm, oder sie waren die Söhne eines notgeilen Vaters. Ich halte Rassams Zahlen für wahrscheinlicher, aber ich war zu geschockt, um selbst nachzuzählen. Ich weiß nicht einmal, warum er überhaupt aufgehört hat. Wahrscheinlich weil er gelangweilt war oder es dunkel wurde.[46]

Auf dem Weg zu seinem Zelt war er ganz still und bestand darauf, dass ich ihm während des Abendessens Gesellschaft leistete. Ich konnte mich allerdings nicht zum Essen durchringen und saß schweigend da, während er sich mit großem Appetit vollfraß und sich um den Verstand soff, nachdem er eine allgewaltige Prosa über seine Vorfahren gehalten hatte, und wie er bis zum Tod kämpfen und sie damit stolz machen würde. „Ihr werdet meinen Körper sehen", sagte er, besabbert und mit trüben Augen, „und sagen, dass es einen schlechten Mann gab, der mich verletzt hat. Aber Ihr werdet mich auf christlichem Boden beerdigen, weil Ihr ein Freund seid." Dann fiel er vom Sofa.

Besserwisser versichern mir, dass ihn seine Schuldgefühle folterten oder ein gequälter Verstand. Nichts dergleichen. Er war ein betrunkener Säufer und ein Monster obendrein. Das ist die ganze Wahrheit.

Ich ließ ihn grunzend wie eine Berkshire-Sau zurück und machte mich auf den Weg durch Dunkelheit und prasselnden Regen zu unserem feinen Seidenzelt, aber keine Seele war da. Ich fragte den Wachposten, wo sich alle befänden, und er antwortete mir mit verschlagenem Grinsen, dass sie laut Befehl versetzt worden waren, in eines der kleineren Zelte. Ich fragte, auf wessen Befehl, und er grinste noch verschlagener und sagte, dass ich das Zelt möglicherweise für mich allein hätte. Ich war aufgewühlt und noch immer zutiefst bestürzt von der Hölle, die ich gesehen hatte, also ging ich hinein, blies die Laterne aus brach auf meinem Charpoy zusammen.

Und ich träumte einen wunderbaren Traum: Ich war auf einer sonnigen Wiese am Clyde, zusammen mit Elspeth, und wir unterhielten uns über Nichtigkeiten, küssten uns und spielten herum, aber plötzlich veränderte sie sich und färbte sich schwarz und wurde zu Mrs. Popplewell aus Harpers Ferry und rief, dass ich ihr Baby sei. Dann nahm sie sich beängstigend delikate Freiheiten heraus, warf sich rittlings auf mich und legte sich ins Zeug wie ein Derbysieger … dann war ich wach in dem dunklen Zelt auf dem Islamgee, und es war nicht Mrs. Popplewell, sondern ein elefantenartiger Sukkubus, der mich unter Bergen aus Fett zu ersticken versuchte, und ich wusste im Handumdrehen, dass es „Königin“ Tamagno war, die geile Schlampe, die den Wachposten bestochen hatte, damit sie in mein Zelt kriechen und ihre Niederträchtigkeit an mir ausleben konnte. Ich überlegte in meiner Verwirrung, ob ich „Lasst mich los!“ schreien sollte, oder sie gewähren ließe, als eine entfernte Stimme laut rief. Ich erkannte, dass dies kein Schrei meines Gewissens war, sondern der stockbesoffene Theodor, der an die Oberfläche eines Meeres aus Tej auftauchte. Eine schreckliche Vision offenbarte sich mir: vom Schicksal derer, die das Pech hatten, mit Leuten verwandt zu sein, die den königlichen Konkubinen Avancen gemacht hatten. Also drückte ich sie panisch und mit aller Kraft von mir und schickte all ihre 107 Kilo zu Boden, indem ich sie vom Charpoy stieß. Sie landete mit einem Angst einflößenden Klatschgeräusch, und bevor sie noch einen Ton quäken konnte, war ich schon durch den Schlitz des Zelts nach draußen verschwunden wie ein aufgeschrecktes Reh. Ich griff den Wachposten am Hals und forderte eine Wegbeschreibung. Er schnappte nach Luft und deutete in die entsprechende Richtung, als Theodors Stimme erneut nach seiner Bettgesellin rief, dieses Mal lauter. Ich hoffte inständig, dass sie ihn hörte und ihren Pflichten nachkam, wie eine gute kleine Konkubine. Aber da war ich schon unterm Zelttuch, stolperte über Schlafende und vergrub mich unter einem Haufen aus Decken.

Ich schlief ein und am nächsten Morgen war es so, als wäre nichts von alledem passiert. Nicht der Schrecken von ermordeten Gefangenen oder meine Flucht aus den Armen dieses weiblichen Nilpferds – unaussprechliche Tragödie gefolgt von beängstigender Farce. Aber es war passiert, und ich wage zu behaupten, dass mich der Schock noch länger beschäftigt hätte, wenn nicht andere große Ereignisse meine Aufmerksamkeit auf sich gezogen hätten. Denn nun war es der 10. April, Karfreitag, der Tag, an dem der Schürzenjäger seine tödliche Flasche entkorkte.

Kapitel 16

Es gibt Tage, an denen man aufsteht und es liegt der Geruch des Todes in der Luft. Karfreitag war so ein Tag. Es war ein grauer, schwüler Morgen mit hässlichen Wolken, die einen möglichen Sturm ankündigten. Und mit der Erinnerung an die Schrecken der letzten Nacht aufzuwachen ließ meine Laune in den Keller sinken. Ich erzählte den anderen, was ich gesehen hatte, und es versetzte sie in absolute Sprachlosigkeit, bis einer von ihnen, ich habe vergessen wer, auf die Knie fiel und das Vaterunser anstimmte. Sie waren alle der Ansicht, dass sie die nächsten wären, und als Theodor wieder auf der Bildfläche erschien, äußert schlecht gelaunt, und jeden nach Magdala zurückbefahl außer mir, schüttelte Prideaux meine Hand, wohl mit dem Hintergedanken, dass dies unser letzter Abschied gewesen sein könnte. Ich teilte diesen Gedanken nicht. Ich vermutete, dass Theodor zu seinem Wort stand und sie alle an einen sichereren Ort bringen ließ, und Sie können davon ausgehen, dass ich darum gebeten habe, sie begleiten zu dürfen, aber er war meiner Bitte nicht nachgekommen.

„Ihr seid ein Soldat!“, rief er. „Ihr sollt mein Zeuge sein. Wenn Blut vergossen wird, ist es nicht mein Wunsch gewesen! Ich habe Nachricht erhalten, dass Eure Armee den Bechelo überquert hat und gegen mich auf dem Vormarsch ist. Nun, wir werden sehen! Wir werden sehen!“ Rassam flehte ihn an, eine Nachricht an Napier zu überbringen, aber er schwor, dass er nichts dergleichen zu tun geneigt war. „Du verlangst von mir, dass ich diesem Mann schreibe, aber ich weigere mich, mit einem Mann zu verhandeln, der von einer Frau geschickt wird!“ Das war etwas Neues, wenn Sie so wollen, aber tatsächlich, als ein Brief von Napier an Rassam eintraf, hörte sich Theodor nichts daraus an und schwor, falls Rassam auf den Brief antwortete, dies das Ende ihrer Freundschaft bedeutete. Also zogen sie los nach Magdala.

Rassam steckte mir den Brief zu und flehte, dass ich Theodor dazu bringen sollte, ihn zu lesen. Rassam war kein Narr. Kaum waren er und die anderen außer Sicht, befahl mir Theodor, die Notiz an Samuel zu übergeben, der sie ihm vorlesen sollte. Es war eine höfliche Bitte, die Gefangenen freizulassen, und für eine lange Minute hielt ich mich an einer unwirklichen Hoffnung fest, da er mit verzerrter Miene dastand und offensichtlich darüber nachdachte. Dann hob er jedoch den Kopf und ich sah wieder das verrückte Glänzen in seinen Augen.

„Es nützt nichts! Ich weiß, was ich zu tun habe!" Er wandte sich mir zu. „Habe ich nicht die letzte Nacht mit Beten verbracht und weiß ich nicht, dass die Würfel bereits gefallen sind?" Da er sich die halbe Nacht mit maßlosem Besäufnis vertrieben hatte und später nach seiner Hure gebrüllt hatte, wagte ich zu bezweifeln, dass seine Entscheidung tatsächlich von Gebeten gelenkt worden war. Vielmehr dachte ich, dass die Auswirkungen seines Massakers immer noch in ihm arbeiteten, aber ich bin kein Gedankenleser. Nur eines zählte: Die letzte Chance auf einen friedlichen Ausgang war somit vertan. Jetzt galt für alle anständigen Männer die Maxime, bei erster Gelegenheit wegzurennen.

Diese Gelegenheit ergab sich nicht. Er behielt mich den ganzen Tag an seiner Seite und da er niemals ohne seine Leibwächter irgendwo hin ging, von den Bediensteten und seinen Generälen, die kamen und gingen, ganz zu schweigen, konnte ich nur dasitzen und zusehen, während sich meine Hoffnungen zusehends verflüchtigten. Der Angriff würde stattfinden und die Frage blieb, falls er letztendlich in blutiger Niederlage unterginge, würde er seine Gefangenen mitnehmen? Die Angst sagte ja, der gesunde Menschenverstand nein, wo läge der Sinn darin? Aber wer konnte das bei einem Wahnsinnigen schon so genau wissen?

Gegen Mittag gab es einen gewaltigen Donner und kurz darauf wurde der Himmel für eine Weile klar, und die Hitze stieg in Wellen vom Boden auf. Man konnte kaum atmen, so erdrückend war sie. Selbst als sich die Wolken wieder verdichteten und der Regen in dicken Tropfen fiel, kühlte es nicht ab. Fünf Meilen entfernt, auch wenn ich davon nichts wusste, durchwateten Napiers Bataillone barfuß den Bechelo und kletterten in glühender Hitze aus der tiefen Schlucht. Ihre Wasservorräte waren knapp, da man das Flusswasser nicht trinken konnte. Sie trotzten dem langen Bergsporn, der sie zum Afichu-Plateau führte, das ich auf Fasils Sandtisch markiert hatte, und kamen völlig entkräftet am Rand der Arogee-Ebene an. Das war die Haupteinheit. Die zweite Einheit kam über die King's Road, welche ich Napier zu vermeiden geraten hatte. Und um ein Haar hätte er einen sehr hohen Preis dafür bezahlt, meinen Ratschlag missachtet zu haben. Läufer überbrachten Theodor die Nachricht von der Annäherung unserer Armee und am frühen Nachmittag setzte sich die Ab-Armee, 7.000 Mann stark, von der Islamgee-Ebene zu den tiefer gelegenen Hängen wie Fala und Selassie in Bewegung. Theodor selbst, zusammen mit seinen Generälen, Bediensteten und Ihrem widerwilligen Korrespondenten, machte sich auf den Weg, den matschigen Hang hinauf zu den Geschützstellungen auf dem Falagipfel. Von dort oben hatte ich einen guten Ausblick auf das, was Napier gegenüberstehen würde: Reihen über Reihen von gewandeten schwarzen Speerträgern, Schwertkämpfern und Musketieren, diszipliniert und sachlich mit wehenden Bannern und ihren Feldherren in roten Roben, 500 Berittene, die sie zur perfekten Ausrichtung anwiesen. Ich wusste nicht, wie stark Napiers Artillerie und Infanterie war, vermutlich nicht viel mehr als 2.000 Mann – und ich sollte Recht behalten. Die Chancen standen eins zu drei, aber das zählte nicht gegen britische und indische Truppen … außer etwas ging schief, was beinahe tatsächlich passierte.

Vom Falagipfel aus erhaschten wir einen ersten Blick auf die herankommenden Einheiten, ungefähr drei Meilen über der großen Fläche aus Stein und Gestrüpp, auf der langen Seite des Arogee. Theodor benahm sich wie ein Kind in einem Spielzeugladen mit seinem Fernglas, drehte sich in heller Aufregung zu mir und bat mich, auch mal hindurch zu sehen und ihm zu sagen, um wen es sich im Einzelnen handelte und was man von ihnen erwarten konnte. Mittlerweile regnete es in Strömen, mit

Blitzen, die hell zwischen den dunklen Wolken aufzuckten und einem starken Wind, der über den Gipfel fegte. Das Licht aber war gut, Theodors Fernglas ein erstklassiges Exemplar, und als ich es an die Augen hielt, ließ ich es vor Überraschung beinahe fallen. Ich hatte überraschenderweise Napier selbst im Blickfeld.

Man konnte ihn nicht verwechseln, da er sich wie der alte Paddy Gough in einem weißen Mantel präsentierte, eine kleine Gestalt, die mit ihrem Pony auf einem Grashügel stand, ungefähr zwei Meilen entfernt, umringt von seinem Stab. Nichts lag zwischen uns, nur ein paar Bombay- und Madras-Sappeure, die als Plänkler den Vormarsch sichern sollten. Kein Ort für einen General. Meine Beunruhigung wuchs, als ich das Fernglas weiterschwenkte und einen noch größeren Schock erlitt. Der trottelige alte Schürzenjäger beschwor da völlig unwissentlich eine Katastrophe herauf – und ich war nicht der einzige, der dies bemerkte.

Seine eigene Stellung mit der ersten Einheit, die immer noch ein gutes Stück hinter ihm lag, war schon gefährlich exponiert, aber von rechts, die King's Road entlang, kam die zweite Einheit und wurde von einem Maultierkonvoi ohne nennenswerten Begleitschutz angeführt. Der Titel „Nachschubkolonne" war förmlich auf ihr Banner geschrieben – Rationen, Munition, Ausrüstung, das ganze Lager des Quartiermasters der Brigade lag regelrecht auf dem Präsentierteller für irgendeinen geschäftstüchtigen Plünderer … und da war er auch schon an Theodors Seite, hüpfend vor Freude, ob der vom Himmel gewährten Chance. Kein anderer als der alte Gabrie, der Ab-Feldmarschall, kam vom Falasattel heraufgepoltert, wo er ursprünglich die Aufstellung seiner Armee überwacht hatte, schwang sich von seinem Pferd und grölte:

„Seht, seht, Téwodros, wir haben sie in der Hand!" Er war ein alter Weggefährte Theodors und ließ nun jede Förmlichkeit vermissen. „Lasst uns gehen, in Gottes Namen! Wir haben sie, wir haben sie!" Wenn Theodor ein so schlauer Soldat gewesen wäre wie Gabrie … nun, vielleicht hätten wir ein Desaster vergleichbar mit Isandhlwana und Maiwand verzeichnen müssen, aber er zögerte, Gott sei Dank, und die gute Gelegenheit war weg. Und da alles so rasend schnell ging und so viele Faktoren zusammentrafen, nehme ich mir besser Zeit für meine Erklärung: Der Marsch über den Bergsporn und über das Afichuplateau zum Arogee hatte länger gedauert als erwartet, dank der brütenden Hitze, dem steilen Anstieg und der Tatsache, dass sie nicht davon ausgingen, direkt in die Schlacht zu laufen, sondern eher zu Standorten, um ein Lager aufzuschlagen. Napier ging nicht von einem Ab-Angriff aus und war zu weit nach vorne vorgedrungen (meiner Meinung nach). Der Lastenkonvoi kam leichter auf der King's Road voran und befand sich daher ebenfalls zu früh in gefährdeter Stellung. Phayre wurde die Schuld dafür zugesprochen, ob zu Recht oder nicht, kann ich nicht sagen. Wenn Theodor Gabrie umgehend die Angriffserlaubnis erteilt hätte, der Nachschubkonvoi wäre verloren gewesen, und das hätte womöglich ein Desaster nach sich gezogen. Ich sage *womöglich*, da Napier ein alter Hase war, wenn es um Improvisation ging. Und dieses Können würde er schon bald unter Beweis stellen.

Nun, Theodor ging mit Gabrie, der volle Handlungsfreiheit wünschte, zunächst kein Risiko ein. Er zögerte nicht lang, aber in meinen Augen zu lang, bevor er rief, „Dann geh!" Gabrie zog wie von der Leine gelassen los, winkte mit seinem Schal, damit die Armee sich in Bewegung setzte und Theodor befahl den Kanonieren, das Feuer zu eröffnen. Die deutschen Arbeiter hatten die Pulverladung abgemessen, aber bemannt wurden die Kanonen von den Abs, und die erste Salve traf beinahe Napier höchstpersönlich. Es war eine Kettenkugel, die nur ein paar Meter hinter ihm einschlug. Ein unangenehmer Auftakt, der noch unangenehmer wurde, als der ganze Kamm von Fala nach Selassie zum Leben erwachte. Die 7.000 Mann starke Ab-Infanterie wogte wie eine schwarzweiße Flut zum Arogee hinunter. Sie sang ihre Kriegslieder und machte den Anschein, die Sappeure wegfegen zu wollen, die Napiers Grashügel abschirmten und nur die Brown Bess Vorderlader hatten, um sich der Flut entgegenzustellen. Auf der Rechten war noch immer der Lastenkonvoi. Auf offenem Feld und kaum bewacht würde er wohl den wilden Legionen zum Opfer fallen, die auf ihn zuhielten.

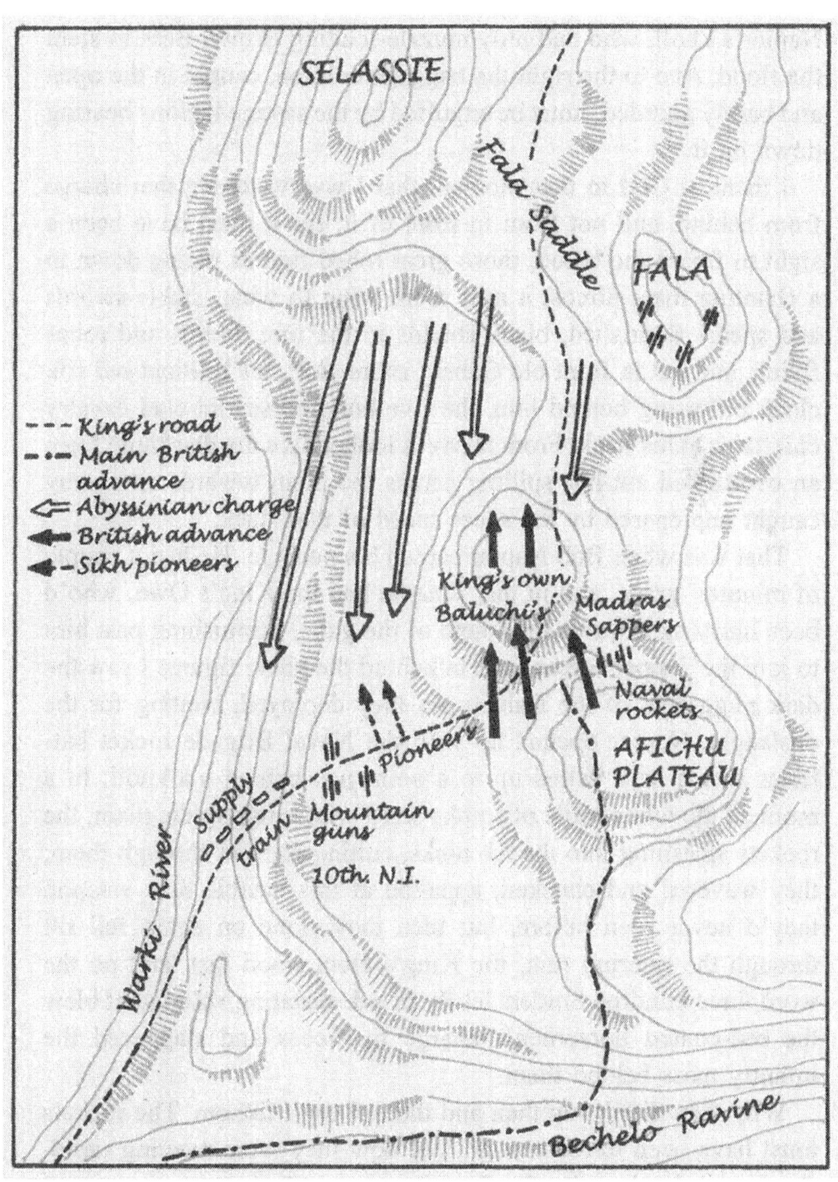
SELASSIE
Fala Saddle
FALA
King's road
Main British advance
Abyssinian charge
British advance
Sikh pioneers
King's own Baluchi's
Madras Sappers
Naval rockets
AFICHU PLATEAU
Pioneers
Supply train
Mountain guns
10th. N.I.
Warki River
Bechelo Ravine

In diesem Moment dankte ich Gott, dass der Angriff von mir wegführte und nicht auf mich zu, da es ein Anblick gewesen sein musste, der einem das Blut in den Adern gefrieren ließ. Die brüllende Masse großer Gestalten, die auf einer Breite von fast einer Meile den Hang hinunterstürmte, die Sichelschwerter und Speere schwenkend, schwarze Schilde vor sich haltend, fliegende Zöpfe und Roben, und vorne weg der alte Gabrie mit erhobenem Säbel. Sein leuchtend roter Seidenumhang schlug Wogen hinter ihm, und die 500 rot gekleideten Kavallerie-Stammesführer folgten in seinem Windschatten. Von oben sah es aus wie ein ausgeschütteter Ameisenhaufen, der sich über die Ebene ergoss und auf einen Gegner zulief, der völlig unerwartet von der bloßen Schnelligkeit des Angriffs getroffen wurde. In diesem Moment verdiente sich Bob Napier seinen Adelsstand. Meine Güte, ihm blieben nur ein paar Minuten, aber in dieser Zeit ließ er die King's Own, die aufgrund des Kanonendonners herbeigeeilt waren, an ihm vorbeiziehen, um den Schutzschirm aus Sappeuren zu verstärken. Im Rücken der Khaki-Gestalten erkannte ich die dunklen Puggarees der Belutschen. Als sie sich verteilten, um dem Angriff zu begegnen, eröffnete Napier mit der Raketenbatterie der Naval Brigade, die er hinter seiner Hügelkuppe positioniert hatte, das Feuer. Augenblicklich zogen weiße Rauchfahnen in einem Zickzackmuster über die Ebene. Raketen schlugen in die Ab-Reihen ein und ließen tiefe Furchen zurück. Die Abs hielten inne, entsetzt von dieser neuartigen Waffe, die sie noch nie zuvor gesehen hatten. Doch dann kamen sie wieder mit voller Geschwindigkeit durch den strömenden Regen. Die King's Own blieben aber standhaft und auf einen kurzen Befehl wurden 300 Sniders in einer markerschütternden Salve abgefeuert, die die Reiter in den roten Jacken in Stücke rissen und die Infanteriemasse hinter ihnen ins Wanken brachte.

Warum sie in diesem Moment nicht schon weggelaufen sind, kann ich nicht begreifen. Die Raketen mussten Schreck genug gewesen sein, aber nun trafen sie auch noch zum ersten Mal auf Schnellfeuer-Hinterlader. Trotzdem stürmten sie weiter vor, bis die Sniders und die Enfields der Belutschen sie zum völligen

Stillstand brachten und sie zurückweichen mussten. Während sie liefen, feuerten sie ihre doppelläufigen Musketen ab, wurden aber erschossen, als sie Schutz zwischen Steinen und Gestrüpp suchten. Die King's Own schritten gleichmäßig voran, ein Reiter, offensichtlich ihr Colonel, befehligte sie. Auch wenn die Abs sich zurückzogen und starben … sind sie niemals weggerannt, und ich schätze, meine Zeit dort muss mich zu einem alten abessinischen Urgestein gemacht haben, da ich mich in ihrem Namen, „*Bayete, Habesh*!“ schreibend, wiederfinde. Da, es ist ausgeschrieben.

Hätte ich in ihren Schuhen gesteckt, wäre ich ohne Halt bis Magdala gerannt.

Während all dies vor sich ging, schlug Theodor mit seiner Fala-Batterie zurück, die, wie ich feststellte, wahrscheinlich niemandem ernsthaften Schaden zufügte (der Kettenschuss, der beinahe Napier getroffen hatte, muss ein unheimlicher Zufall gewesen sein), aber auf der Rechten war der Lastenkonvoi der zweiten Brigade immer noch in Todesgefahr. Der rechte Flügel des Ab-Ansturms donnerte darauf zu, die Speerträger sangen wie Waliser, unbekümmert ob der Granaten, die über ihren Köpfen explodierten, von den Kanonen des Mountain Train abgeschossen, die vor dem Lastenkonvoi auf die King's Road ausgerichtet waren. Unsere Kanonen wurden von dem Panjabi Pioneers flankiert, kräftige Sikhs in braunen Puggarees und weißen Reithosen, und als die Abs den Hang zu ihrer Stellung hinauf stürmten und ihre Speere fliegen ließen, wurde ihnen mit zwei schmetternden Salven Einhalt geboten – und dann griffen die Sikhs sie an. Bajonette gegen Ab-Speere und Schwerter. Sie schlugen in ihre Reihen ein wie eine Stahlfaust. Zahlenmäßig unterlegen, drängten sie die Stammeskrieger dennoch zurück, und wie ich neben Theodor auf Fala stand, musste ich die Kiefer fest zusammenbeißen, um nicht zu schreien, da ich mich an ihre Väter und Onkel in Sobraon erinnerte. Innerlich rief ich: „*Khalsa-ji! Sat-sree-akal!*“ Es gibt keinen besseren Nahkämpfer auf der Welt als einen Sikh mit seinem aufgesteckten Bajonett. Sie zerstreuten die Speerträger wie Spreu im Wind und stießen unablässig nach. Ich entdeckte die schicken roten Puggarees der 10th Native Infantry unter ihnen, als sie den Feind in die Schluchten drängten – dieselben Schluchten, die ich auf Fasils Tisch als Todesfalle markiert hatte, wenn wir in sie hineinstolpern sollten.

Eine Anzahl Abs versuchte nun, den Lastenkonvoi zu umgehen, aber die Sikhs und Native Infantry schossen auf sie zwischen den Felsen, und die wenigen der King's Own, die den Konvoi bewachten, hielten diejenigen auf, die in gefährliche Nähe kamen. Dieser Teil der Geschehnisse war jedoch zu weit weg, als dass ich ihn genau hätte sehen können – die Ereignisse auf Fala forderten meine Aufmerksamkeit.

Theodors halbes Dutzend Kanonen hatten mit keinem brauchbaren Ergebnis geschossen. Zum einen, weil seine Ab-Kanoniere unfähig waren, zum anderen, weil die deutschen Ladeschützen wohl dafür gesorgt hatten, dass all die Schüsse fehlschlugen. Warum eine Kettenkugel benutzt wurde, ist jenseits meines Begriffsvermögens, denn es handelt sich dabei ja um ein Marinegeschoss, aber so ist Theodors Armee eben: mutig wie die Löwen aber ziemlich exzentrisch. Doch selbst wenn seine Kanoniere zur Royal Artillery gehört hätten, sie hätten einen höllischen Job gehabt, da von erhöhter Position nach unten schießen – und treffen – eine echte Kunst ist.

Genauso wie das Zusammenbauen, Laden und Abfeuern eines Mörsers. Theodors liebstes Spielzeug, *Sewastopol*, mochte das größte Geschütz in der Geschichte der Kriegsführung gewesen sein, aber die deutschen Handwerker, die es gegossen und niemals zuvor eine Kanone hergestellt hatten, verpfuschten es entweder versehentlich oder mit Absicht, da es bei seinem ersten Schuss derart laut in die Luft flog, dass man den Knall selbst noch in Poona gehört haben muss. Wahrscheinlich handelte sich um vorsätzliche Beschädigung[47] aufgrund der Tatsache, dass nicht eine *Kartoffel** zugegen war, als er abgefeuert wurde und nur die Ab-Kanoniere die Druckwelle zu spüren bekamen, die drei oder vier von ihnen tötete und genauso viele verletzte. Fast hätte es auch Theodor selbst erwischt, aber zu seinem großen

* Abwertende Bezeichnung für Deutsche (neben „Krauts").

Glück hatte er einen unwissenden Schutzengel an seiner Seite, der ihn davor bewahrte.

Ich sehe es ganz deutlich, sogar noch heute: die Kanoniere, die auf den Mörser klettern, der Haufen an Bediensteten und Arbeitern, die aus respektvoller Entfernung dabei zuschauen, die Kanoniere an den anderen Kanonen, die ihr Feuer zwischenzeitlich einstellen, der Regen, der auf das schlammige Plateau prasselt, Theodor auf seinem Maultier mit seinem Schirm vor der Brust … und ich, der gerade der ganzen Szenerie den Rücken zugewandt hatte, um ein Handtuch von einem Diener entgegenzunehmen, damit ich mein Gesicht abtrocknen konnte. Auf einmal ertönte ein gewaltiger Donnerschlag, der aus dem Boden herauszubrechen schien. Die Erde bebte, und Körper, Metallteile und Gallonen von Schlamm flogen durch die Luft. Ich war keine fünf Meter entfernt, aber durch irgendein Wunder, für das es keine Erklärung gibt, verfehlte mich die Druckwelle. Ich taumelte nicht einmal und war dadurch in der Lage, mich flink bewegen zu können, als 70 Tonnen massiven Eisens, von der kolossalen Explosion aus den Lagern der Schildzapfen losgerissen, in bedenklicher Weise in meine Richtung stürzten.

Was wiederum ein unglaubliches Glück für Seine abessinische Majestät gewesen war, der von seinem aufgeschreckten Maultier abgeworfen wurde und genau in meinem Weg landete, als ich in Sicherheit hechtete. Sie können jeden Mann fragen, der schon einmal volle Breitseite von einem flüchtenden Flashy getroffen wurde, 88 Kilogramm panische Muskeln und Knochen, und er wird Ihnen bestätigen können, dass es eine nachhaltige Erfahrung ist. Theodor flog mit Schirm und allem durch die Gegend und ich prallte gegen ihn, während sich der riesige Mörser unter starkem Ausstoß von Rauch genau an der Stelle, an der Theodor versucht hatte, seine Balance zu halten, langsam zum Stillstand kam.

Seine Worte, als wir völlig mit Schlamm bedeckt auf die Beine kamen, waren überaus interessant: „Ihr habt mich gerettet!“, rief er und ergänzte: „Warum?“

Manche Fragen sind unmöglich zu beantworten: „Verzeiht, das war nicht meine Absicht“, es wäre die Wahrheit gewesen, aber unpassend. Doch ich hatte wohl irgendeine Art von Geräusch gemacht, da er mich ziemlich verdattert anstarrte und sich dann zu dem Überrest des Mörsers drehte. Er heulte merkwürdig auf, vergrub den Kopf in den Händen und sank in den Pfützen auf die Knie. Im Gegensatz zu mir zitterte er nicht vor Angst aufgrund unseres Entkommens, auch war er nicht vor Dankbarkeit überwältigt. Ich nehme an, es hatte eher etwas damit zu tun, dass *Sewastopol* ihn eine Heidenarbeit gekostet hatte, indem er ihn durch halb Äthiopien schleifte, und da war er nun, verarscht von seiner eigenen Petarde. Das geschah dem selbstsüchtigen Bastard ganz recht.

Seine Trauer über seinen nutzlosen Eisenklumpen wurde jäh unterbrochen, als eine Congreve über unsere Köpfe hinwegsauste und eine weitere zweifellos in eine der Kanonen einschlug. Feuerregen und Schrapnells überall und der Ab-Kanonenführer wurde tödlich verletzt. Die Naval-Kanoniere hatte unsere Schießanlage entdeckt und mehr Raketen zogen über uns hinweg, in wilden Bahnen, da sie kein Stück treffsicherer waren als all die Jahre zuvor, als ich sie auf die Ruski-Pulverschiffe unter Fort Raim abgefeuert hatte.

Eine kam uns ein wenig zu nah, jagte zwischen den Kanonen hindurch und tötete ein Pferd. Zum ersten Mal sah ich Theodor in Angst, und er war kein Mann, der sich schnell fürchtete. Er hielt seinen Schild vor sich und brüllte: „Was für Waffen sind das? Wer kann solch schrecklichen Dingern trotzen?“ Aber den Gipfel zu verlassen kam ihm nicht in den Sinn, obwohl er den Kanonieren augenblicklich befahl, das Feuer einzustellen. „Sie fürchten sich nicht vor meinem Beschuss!“, rief er und fing an bitterlich zu weinen. Dann rannte er über den Gipfel, blieb letztendlich an der Vorderkante stehen und schaute ergriffen auf den Rückzug seiner Armee, da es nun so gut wie vorbei war, gute eineinhalb Stunden, nachdem er den Kampf mit seinem ersten Kanonenschuss begonnen hatte.

Die Ebene war mit toten und sterbenden Abs bedeckt. Die besiegten Überlebenden kletterten zurück über die steinigen Hänge von Fala und Selassie, drehten sich ab und zu um und feuerten ihre nutzlosen Glattrohr-Musketen ab. Dabei brüllten sie der King's Own und den Belutschen ihre Missachtung entgegen, die stetig vordrangen, ihre Ziele auswählten und nachluden, ohne ihre Geschwindigkeit zu vermindern. Die Sonne lugte hinter den wässrigen Wolken hervor und brach dann durch. Als der Regen nachließ, schickte sie ihre Strahlen über das Schlachtfeld, und ein herrlicher Regenbogen erschien weit hinter dem Bechelo. Es war verdammt unheimlich, das komische goldene Zwielicht mit den Raketen, die auf unsicherer Bahn über das Feld zischten, um auf dem Falasattel zu explodieren, begleitet vom dumpfen Krachen der Geschütze der Mountain Battery. Als die Abendsonne den Arogee beschien, war der rote Glanz ihrer Abschüsse deutlich auszumachen.

Seit dem ersten Angriff galoppierten Kuriere den Hügel hinauf, zunächst hauptsächlich fürs Hurrah, aber nun erreichte uns die Nachricht, dass der alte Gabrie gefallen war und die meisten dieser rotbekleideten Kavalleristen mit ihm untergangen waren. Theodor warf sich sein *Shama* über den Kopf, weinte bitterlich und setzte sich mit dem Rücken an eine Lafette. Nun, er schaute nicht auf das Blutbad unter uns oder auf die Überreste seiner Armee, die entkräftet zurück über den Falasattel zum Islamgee taumelten, aber wenigstens ließ er die Kanoniere gehen und behielt nur Samuel, mich und seine Knappen bei sich. Als es dunkel wurde, strömten Ab-Rettungseinheiten mit Laternen aus, um ihre Verwundeten zu finden, deren Stöhnen einen makabren Chor in der Dunkelheit bildete. Speedy erzählte mir später, dass unsere Sanitäter, die Napier ausgesandt hatte, um verwundete Feinde in unsere Feldlazarette zu bringen, im Dunkeln auf Ab-Sucher getroffen waren, und sie ohne großes Wenn und Aber zusammengearbeitet haben. Unsere Medicos flickten einige von Theodors Leuten wieder zusammen, was, wie Speedy beobachtet hatte, einem deutlich macht, wie ausgesprochen bescheuert Krieg sein kann.

Dann wiederum war es kein richtiger Krieg und Arogee keine richtige Schlacht. So wie Little Big Horn war es eher ein hässliches Gemetzel, und so wie Big Horn erlangte es eine Bedeutung, die weit über seine Größe hinausreichte.

Oberflächlich betrachtet gab es für die *Gazette* nicht viel zu berichten. Keine Toten auf unserer Seite, obwohl einige unserer 30 Verletzten später starben, und nur 700 Tote bei den Abessiniern. Ich sage *nur*, Sie verstehen, denn wenn sie Picketts Angriff gesehen haben und den Sutlej überschwemmt von tausenden Leichen, ist Arogee ein Fliegenschiss dagegen (vorausgesetzt natürlich, sie sind nicht einer der 700). Für unsere Leute war es ein Tag, den sie mit Schießen zubrachten, für die Abs aber war es Waterloo. Sie wurden plattgemacht, massakriert, wenn Sie so wollen, von den Herren Snider und Enfield, galante Wilde, dezimiert von modernen Waffen … aber wenigstens einmal können die Liberalen nicht fromm darüber die Nase rümpfen, da selbst im Nahkampf, Stahl gegen Stahl, Ab-Schwerter und Speere sich nicht mit den Sikh-Bajonetten messen konnten. Für die Abs war es ein peinliches Desaster und für Theodor war es das Ende.[48]

Für unsere Seite war es etwas, das man noch nie gehört hatte. Ein Sieg ohne Verluste am Ende eines Feldzugs, der eigentlich in einer Katastrophe hätte enden sollen. Aber Speedy erzählte mir, dass in unserem Lager keine Freude aufkam, nur Mitleid und Bewunderung für einen Gegner, der nicht gut genug gewesen war, und eine perverse Irritation, da man all die Mühen und den Aufwand als wertlos erachtete.

T. Atkins und J. Sepoy hatten eine echte Schlacht erwartet. Ein Inkerman oder Balaklava, ein Mudki oder Ferozeshah, gegen einen Feind, bei dem sie sich zum Gruß an den Hut tippen konnten. Doch Arogee war ein Ausverkauf. Die Abs boten überhaupt keinen Widerstand – oh, sie haben es versucht und entlarvten sich als gewaltige Enttäuschung. Ich kann Ihnen versichern, das war es, was meine Landsleute so darüber dachten. Der Sieg war so einfach, dass sie sich betrogen fühlten. Wundern Sie sich, dass ich bei so etwas nur den Kopf schütteln kann?[49]

Erst lange nach Einbruch der Dunkelheit raffte sich Theodor schließlich auf. Er hatte gut zwei Stunden wie gelähmt dagesessen und nicht den Anschein gemacht, die Rufe der Verwundeten unterhalb von Falla zu hören oder die plötzlichen abscheulichen Schreie, die uns sagten, dass nun die Schakale und Hyänen am Werk waren. Zum Schluss rief er Samuel zu sich und diktierte ihm einen Brief an Rassam, in dem er ihn bat, Frieden mit Napier zu machen. Ich kann ihn exakt wiedergeben, da mir Samuel später eine Kopie als Beweis dafür aushändigte, dass er seinen Beitrag dazu geleistet hatte, für einen Waffenstillstand zu sorgen. Es war ein echter Theodor-Erguss:

Mein lieber Freund, wie habt Ihr den Tag verlebt? Dank Gott, geht es mir gut. Als König konnte ich fremden Menschen nicht erlauben, hierher zu kommen und zu kämpfen, ohne sie vorher anzugreifen. Das habe ich getan, und meine Truppen wurden besiegt. Ich dachte, Eure Leute wären Frauen, aber ich stelle fest, es sind alles Männer. Sie haben sehr mutig gekämpft. In Anbetracht der Tatsache, dass ich Ihnen nicht standhalten kann, muss ich Euch bitten, mich mit Ihnen zusammenzuführen.

Er überreichte ihn an ein paar Deutsche, die auf ihrem Weg nach Magdala waren, und dann stiegen wir hinab zum Islamgee, durch ein laternenerleuchtetes Fegefeuer aus Toten, die vom Schlachtfeld zusammengetragen wurden, und Verwundeten, die von ihren Kameraden versorgt wurden. Es regnete wieder und das flackernde Licht schien auf Reihen von verhüllten Leichen. In Unterständen und Zelten waren die Ärzte der Abs bei der Arbeit. Unter einem langen Baldachin waren die rotbekleideten Körper von einigen der 500 Stammesfürsten ausgebreitet, die den Angriff angeführt hatten und von den King's Own und den Belutschen vernichtet worden waren. Letztere waren zweifellos davon ausgegangen, dass einer von ihnen Theodor gewesen sein musste.

Er stand eine Weile schweigend da, schaute sie an und bewegte sich dann langsam fort, hielt hier und da an, um eine Hand zu halten oder mit seiner Stirn eine andere zu berühren, bevor er sich wegdrehte. Jemand lenkte seine Aufmerksamkeit auf einen anderen Körper in einem benachbarten Zelt und als sie die Abdeckung wegzogen, kam Miriam zum Vorschein: ganz blass und wunderschön und klein. Ich war wie vom Donner gerührt. Bei dem ganzen Tumult der letzten Tage hatte ich sie glatt vergessen und sie jetzt leblos zu sehen, versetzte mich in einen Schock, den ich nur schwerlich beschreiben kann. Ich meine, ich verabscheue heimtückische Schlampen, die mich verbrennen lassen wollen, aber sie war ein lieblicher Pfirsich gewesen, und ich hätte ihr wahnsinnig gerne das Kama Sutra per Demonstration erklärt. Ich kann nicht sagen, dass ich von Trauer ergriffen oder gar bewegt war, aber ich bedauerte, ein schönes Ornament zerbrochen zu sehen und war irritiert von der Verschwendung.

Einige ihrer Leute standen um sie herum und hielten, wie ich annahm, Totenklage, und ich fragte die hässliche kleine Kröte, die ich zuvor Gorilla Jane getauft hatte, wie es passiert war. Miriam war nicht in der Schlacht gewesen, aber schaute gemeinsam mit den anderen vom Falasattel aus zu, als ein kreischender Feuerteufel direkt neben ihr explodierte: eine Rakete. Die anderen konnten sich verletzt retten, also war die hübsche kleine Miriam wahrscheinlich das einzige weibliche Todesopfer des Arogee. Nun, zumindest schenkte ich ihr einen Moment der Andacht, was mehr war, als Theodor für sie übrighatte. Er warf ihr nur einen kurzen Blick zu, während er auf sein Zelt zuschritt. Die Dankbarkeit von Prinzen, was?

*

Sie haben jetzt wahrscheinlich gedacht, dass nun alles endlich vorüber war, oder nicht? Seine Armee wurde vom Schlachtfeld geprügelt worden. Unter bitteren Tränen gestand er, dass man solcherlei Waffen nicht standhalten konnte, und er hatte Rassam darum gebeten, in seinem Namen Frieden zu schließen. Über Nacht änderte er seine Meinung wieder. Er verbrachte seine Zeit mit Trinken, wobei seine Wut anschwoll und er schließlich schwor, dass er verflucht sein solle, wenn er Napier um Frieden bat. Doch bei Sonnenaufgang kam er wieder zur Besinnung (gelegentlich) und ich wurde mit der Ansicht von Prideaux verwöhnt, der in vollem Ornat von Magdala herabhumpelte, um seinen Marschbefehl vom Kaiser zu erhalten: Er und einer der deutschen Gefangenen, ein Prediger namens Flad, wurden gemeinsam mit einem von Theodors Schwiegersöhnen, einem aufgeregten Hänfling namens Alamee, entsandt, um die Verhandlungen mit Napier zu eröffnen.

Seine Majestät erfreute sich mittlerweile bester Laune, erkundigte sich nach Prideauxs Gesundheitszustand, nötigte ihn zum Trinken und machte ihm Komplimente über sein Aussehen. An dieser Stelle blieb mir nichts anderes übrig, als lächelnd zuzustimmen, da sich unser fescher Offizier ganz klar und deutlich fein herausgeputzt hatte. Seine alte rote Jacke war abgetupft und gebügelt, seine Koteletten glänzten vor Pomade, sein Käppi saß auf seinen drei Haaren, genau wie sein Gehstock unterm Arm und sein Monokel im Auge. „Rule Britannia“, dachte ich und schlug die Hacken zusammen, als Antwort auf das *barra salaam*,* das er mir zuwarf, als er und seine Gefolgschaft zu Napiers Hauptquartier hinter dem Arogee ritten. Theodor beobachtete ihr Vorankommen durch sein Fernglas vom Gipfel des Selassie und war überaus befriedigt, als einer seiner Späher angehechelt kam und berichtete, dass der kleine Trupp unter Jubel und fliegenden Hüten empfangen wurde.

Wenn er gedacht hatte, dass die natürliche Freude darüber, zwei Gefangene endlich in Freiheit zu sehen ein gutes Omen gewesen war, wurde er schnell wieder auf den Boden der Tatsachen zurückgeholt, als sie am Nachmittag mit Napiers Antwort zurückkehrten. Seine Laune hatte sich bis dahin wieder verschlechtert, dank seiner Stammesführer, die en masse zum Selassiegipfel gekommen waren, um darauf aufmerksam zu machen, dass noch immer knapp neun Zehntel seiner Armee intakt waren. Wenn man Napier bei Nacht überfiele, dann, wenn Artillerie und Raketen nicht eingesetzt werden konnten, würde man ihn bereuen lassen, jemals den Bechelo überquert zu haben. Ob

* Große Begrüßung

Theodor ihnen Glauben schenkte oder nicht, er sah verdammt grimmig aus, als Prideaux, Flad und Alamee zurückkehrten, um ihn zu informieren, dass Napiers Konditionen an bedingungslose Kapitulation geknüpft waren. Die Gefangenen sollten befreit werden und Theodor dazu bereit sein, sich der „Königin von England zu ergeben". Dafür sollte er eine ehrenhafte Behandlung erfahren.

Ziemlich vernünftig angesichts des Ärgers und der Ausgaben, die wir gehabt hatten, und seinem barbarischen Benehmen, würden Sie nicht auch sagen? Aber Sie sind nicht der Nachfahre von Salomon und Saba mit Tendenzen zu kaiserlichem Größenwahn, der nicht einmal in der Lage ist, darüber nachzudenken, seine heilige Person dem Vertreter einer minderwertigen Frau zu unterwerfen, die Schaden auf Beleidigung folgen ließ, indem sie nicht nur Euren Brief ignorierte, sondern auch noch in Euer Land einfiel. Das nur, um Ihnen verständlich zu machen, wie weit er davon entfernt war, uns zu folgen. Seine erste Frage lautete: bedeutete ehrenhafte Behandlung, dass wir ihn gegen seine Feinde unterstützten, und würden wir uns um seine Familie kümmern – Ehefrauen, Konkubinen, zahlreichen Nachwuchs, etc.?

Flad, der übersetzte, richtete seine Worte an Prideaux. Der, ganz aufrichtiger englischer Bursche aus gutem Hause, der er war, antwortete, dass wir das täten, was wir für angemessen hielten – ach du lieber Himmel! Flad erklärte die Anwort auf höchst diplomatische Weise, als Alamee, der nervös herumgehüpft war, während sich Theodors Blick verfinstert hatte, den Arm Seiner Majestät griff, ihn außer Hörweite zog und wie ein Wasserfall losplapperte.

„Hoffentlich bringt er ihn zur Vernunft", sagte Prideaux zu mir. „Ändert der Kerl seine Meinung? Seine Armee sieht mir nicht nach Kapitulation aus, muss ich sagen!" Das taten seine Männer wahrlich nicht, wie sie schweigend zu Tausenden auf den tieferen Hängen des Selassie unter uns und auf Fala auf der gegenüberliegenden Seite aufgereiht waren. „Ich habe noch nie so viele finster dreinblickende Gesichter gesehen! Nun, er sollte die Konditionen schlucken, weil es die Besten sind, die er kriegen wird – so, wie er sich benommen hat: uns zwei Jahre anzuketten, den armen Cameron zu foltern und sein eigenes Volk im Vorbeigehen abzuschlachten! Der Mann ist ein verdammter Attila! Und wenn er erwartet, dass Napier einfach sagt, ‚Machs gut, alter Freund!' und seine Sachen packt, dann irrt er sich gewaltig!"

„Er ist verrückt, vergesst das nicht", entgegnete ich – und was dann geschah, bekräftigte meine Aussage, da Theodor zu Wüten und Stampfen begann, während Alamee ihn anflehte. „Bitte, Vater, es besteht keine Hoffnung!", rief er. „Wir haben die Wahl zwischen Kapitulation und Tod! Der englische Dedjaz schwört, wenn den Europäern auch nur ein Haar gekrümmt wird, wird er hier fünf Jahre verweilen, wenn es sein muss, um die Mörder zu bestrafen – seine Worte, Vater, nicht meine!"

„Sei still, Schwachkopf!", schnauzte Theodor und setzte sich an Ort und Stelle auf einen Stein und diktierte lauthals eine Antwort an Napier, während wir, seine Stammesführer und Günstlinge ungläubig zuhörten. So etwas haben Sie noch nicht gehört, beginnend mit einer theodorischen Ansprache über den Vater, den Sohn und den Heiligen Geist, gefolgt von einer gewaltigen Tirade – *nicht an Napier adressiert*, sondern an die Menschen von Abessinnien. Wie sie vor dem Feind geflohen waren und sich von ihm abwendeten und ihn hassten, und das alles, obwohl er ihre Massen gefüttert, die Mägde beschützt, die Frauen zu Witwen am Arogee gemacht hatte, und gealterte Eltern ohne Kinder … faszinierendes Gesabbel, während er zum Himmel hinaufblickte und sein bewundernder Hof ehrfüchtig aufschrie.

„Dem ist nicht mehr zu helfen", murmelte Prideaux. „Gott beschütze uns!"

Doch dann schien Theodor sich wieder daran zu erinnern, wem er eigentlich schreiben wollte, da er sich darüber beschwerte, dass Napier durch militärische Disziplin die Oberhand behalten hatte, unter der Andeutung, dass es nicht fair zugegangen sei „und meine Anhänger, die mich geliebt haben, waren schon durch die erste Kugel verängstigt und flohen trotz meiner Befehle. Als Ihr sie besiegt habt, war ich nicht unter den Flüchtenden. So wie ich an mich als großen Herrscher glaube, habe ich Euch eine Schlacht geliefert, aber aufgrund der Nutzlosigkeit meiner Artillerie waren alle meine Anstrengungen vergebens …"

Vielleicht denken Sie, ich übertreibe, wenn ich sage, dass niemals jemand solch einen Unsinn verzapft hat, aber es ist schriftlich überliefert, und ich habe es auch schon hoch droben auf dem Selassie gehört: Seine undankbaren Leute hätten ihn verschmäht, indem sie behaupteten, er wäre zum Islam konvertiert, was nicht stimmte, und dass er beabsichtigte, mit Gottes Hilfe die ganze Welt zu erobern und zu sterben, wenn er dieses Vorhaben nicht erfüllen konnte. Er hatte gehofft, nach der Niederwerfung Abessiniens seine Armee gegen Jerusalem zu führen und die Türken zu vertreiben. Und wenn es dunkel am Arogee gewesen wäre, hätte er uns wohl in die Pfanne gehauen. Seit dem Tag seiner Geburt hätte sich niemand getraut, Hand an ihn zu legen, und schließlich würde ein Krieger, der starke Männer schaukelte wie Babys, sich niemals unterwerfen, um von anderen geschaukelt zu werden.

Also, da haben Sie's. Als er fertig diktiert hatte, ließ er den Schriftgelehrten noch einmal alles wiederholen, was Prideaux die Möglichkeit gab, mir mitzuteilen, dass Napier seine Glückwünsche schickte, die Gallas die südlichen Zugangswege abgesichert hätten und er einen weiteren Agenten zu Masteeat sandte, um sicherzugehen, dass meine gute Arbeit fortgesetzt würde.

„Sir Robert war zunächst ganz schön verblüfft, dass ihr Theodor in die Hände gefallen seid, und Hauptmann Speedy – was für ein bemerkenswerter Kerl das ist! – fragte sich, ob Ihr vielleicht absichtlich geschnappt werden wolltet." Prideaux betrachtete mich mit diesem Blick von argwöhnischem Respekt, den mein heroischer Ruf ausnahmslos bei den Jüngeren auslöst. „Sir Robert sagte, warum solltet Ihr jemals so etwas tun, und Hauptmann Speedy sagte, dass es möglicherweise alles zu seinem Besten wäre, denn wenn es zur Sache ginge, wüsstet Ihr genau, was zu tun ist. Sir Robert fragte darauf, was er damit meinte, aber Hauptmann Speedy blieb ihm eine Antwort schuldig." Prideaux räusperte sich und fixierte mich mit ernst dreinblickenden Augen. „Ich sage euch dies, Sir Harry, denn nach einem Moment des Insichgehens bat mich Sir Robert, Euch diesen Befehl zu überbringen: Was auch immer geschehen möge, Ihr sollt an der Seite Kaiser Theodors bleiben und nach bestem Wissen und Gewissen entscheiden." Er räusperte sich erneut. „Ich bin mir nicht sicher, was genau er damit gemeint hat, Sir, aber ich bin mir sicher, dass Ihr es wisst."

Ich wusste genau, dass die Schicksalspforten krachend hinter mir zufielen. Was auch immer geschehen möge, ich würde nach bestem Wissen und Gewissen entscheiden, dass der Kaiser von Abessinien Magdala nicht lebend verließ.

Kapitel 17

Eine politische Entscheidung, ganz klar. Theodor durfte nicht frei und ungestraft davonkommen, das würde unser Land nicht verkraften. Auf der anderen Seite wäre er ein höchst peinlicher Gefangener, wenn er zur Rechenschaft gezogen wurde. Es wäre besser für alle Betroffenen, wenn er einfach von der Bildfläche verschwände, und wer wäre besser geeignet, ihn vom Wagenheck zu stoßen, als der gute alte Flashy? Beliebtester Rüpel des Außenministeriums, von Palmerston empfohlen, praktisch zum *Attentäter Extraordinaire* Ihrer Majestät berufen, Hinscheidungen werden diskret arrangiert, angemessene Konditionen … wäre ich ein sensibler Mann gewesen (und kein bisschen geschmeichelt, dass man mich als unheilvollste Nemesis seit Jack Ketch* betrachtete), ich wäre wohl ein wenig beleidigt gewesen. Es war nicht das erste Mal. '59 wurde ich darauf angesetzt, den alten John Brown umzubringen, wie Sie wissen, aber ich drückte mich davor, so dass die Yankees es selbst erledigen mussten – zu weltweitem Entsetzen –, aber das geschah ihnen ganz recht.

Nachdem er sich seinen eigenen Brief noch einmal angehört und nickend abgesegnet hatte, musste Theodor einen weiteren Schwall leidenschaftlich bewegten Flüsterns von Alamee über sich ergehen lassen, der befürchtete, dass dieser Brief Napiers Zorn auf unser aller Köpfe heraufbeschwören könnte. Prideaux erklärte mir, dass unsere Leute, Speedy im Besonderen, Alamee gegenüber keinen Zweifel hatten aufkommen lassen, was passieren würde, wenn der Krieg fortgeführt würde, und ängstigen ihn fast zu Tode, indem sie ihm unsere Kanonen und Raketen zeigten. Speedy hatte außerdem angedeutet, falls sich Alamee und die anderen Stammesführer Theodor nicht widersetzten, käme es noch schlimmer für sie. Doch welche Warnungen auch immer Alamee in das königliche Ohr flüsterte, sie schienen

* Englischer Henker, bekannt für seine brutalen Hinrichtungen.

nichts zu bewirken. Er solle seine Zunge im Zaum halten, befahl ihm der Kaiser. Prideaux und Flad wurden mit dem Brief losgeschickt und als Prideaux um etwas Wasser vor der Reise bat, entgegnete man ihm bestimmt, dass dafür die Zeit nicht reiche.

Ich konnte mir nicht vorstellen, wie Napier diese wahnwitzige Nachricht aufnehmen würde, aber eine Sache war klar: Er durfte keine Handlung wagen, die das Leben der Gefangenen in Gefahr brachte. Man konnte nicht voraussagen, was Theodor zu tun geneigt wäre. Als er den Brief losschickte, war er voller Kampfeslust, genau wie seine Untergebenen, aber eine Stunde später schien er es sich noch einmal überlegt zu haben. Er berief seine Stammesführer zur Beratung ein, bestand darauf, dass ich und seine deutschen Handwerker ebenfalls teilnahmen und setzte mich sogar auf einen Hocker direkt neben seinem. Dann, mit den Stammesführern, die einen Halbkreis um ihn gebildet hatten – ein Dutzend schwarzer Bösewichte mit ihren Speeren und Schwertern auf den Knien, die mir und den *Kartoffeln* finstere Blicke zuwarfen –, fing er an, sie lauthals zu beschimpfen, wobei er der Argumentation in dem Brief an Napier folgte: Sie hätten ihn betrogen, als er ihnen den Rücken zugedreht hatte, sie verhielten sich wie Schafe, wenn er nicht zugegen war, um sie zu inspirieren, sie wären eine Generation von Heiden, die er genährt und beschützt hatte in einem heidnischen Land, aber nun wäre er hier, um sie zu führen und zu ermutigen, und aus dem Bösen, das er vollbracht hatte, würde sicherlich Gutes wachsen. Dann ließ er sie sprechen: Was musste getan werden?

Sie hegten keinerlei Zweifel. Ich sehe sie heute noch vor mir, die dunklen Gesichter mit gebleckten Zähnen, die geballten Fäuste, mit denen sie sich auf die Knie klopften. Einer nach dem anderen plädierte dafür, die Gefangenen umzubringen und bis in den Tod zu kämpfen. Ras Engedda, der Ministerpräsident, machte sogar die Andeutung, dass Theodor allgemein zu sanft gewesen sei. Man sollte die Gefangenen in einer Hütte zusammentreiben und bei lebendigem Leibe verbrennen, wenn Napier angriff. Dieser Vorschlag wurde, von allen, bis auf zwei, mit großem Beifall bedacht; die zwei waren Alamee und ein anderer und ich befürchtete das Schlimmste, bis ich bemerkte, dass Theodors Blick mit jeder folgenden Stimme aus der Kriegspartei immer saurer wurde und er plötzlich explodierte.

„Seid ihr blind? Die Engländer wollen doch nur die Gefangenen! Lasst sie gehen, und wir werden in Frieden leben, werden sie aber verletzt, wird keiner von uns überleben! Ihr drängt mich zum Krieg und bezichtigt mich der Schwäche, also tötet mich, wenn ihr wollt, aber verunglimpft mich nicht!" Er schäumte ziemlich, rammte seinen Speer wiederholt in den Teppich, worauf die Stammesführer fluchtartig das Zelt verließen. Alle, bis auf Ras Engedda, Alamee und einen anderen, den er schnurstracks losschickte, um die Gefangenen von Magdala herunterzubringen. Dann beruhigte er sich wieder und schenkte mir sein vernünftigstes, heiterstes Lächeln.

„Seid guten Mutes, mein bester Freund!", sagte er, und zu den Deutschen: „Und auch ihr, gute Freunde und Diener, die ihr so gute Arbeit für mich geleistet habt. Bald werdet ihr mit euren Rettern vereint sein."

Damit heiterte er sie unheimlich auf und sie verschwanden unter Segenswünschen und militärischem Gruß – und waren schneller durch den Zeltschlitz verschwunden, als er seine Pistole aus dem Gürtel ziehen, sie zwischen seine Zähne schieben und den Abzug betätigen konnte – und sie zündete fehl. Aber er war aus hartem Holz, dieser Theodor. Bevor ich noch denken konnte „Das passiert nur Euresgleichen, alter Mann!", zog er den zweiten Abzug zurück, und wenn Engedda keinen Hechtsprung gemacht hätte, der störende Arsch, und ihm das Teil aus der Hand geschlagen hätte, hätte die Zeltplane definitiv einen Waschgang gebraucht, da dieser Lauf vortrefflich abfeuerte und ein Loch in die Zeltstange blies. Theodor stöhnte, seufzte, zog sich sein Shama über das Gesicht, legte sich hin und schlief ein.

Neugierig, wie ich war, hob ich die Pistole auf und nahm die Zündhütchen von dem Lauf, der nicht gezündet hatte. Es sah tadellos aus, also tippte ich es schlauerweise mit dem Pistolengriff an und es zerbrach unter dem Ausstoß einer kleinen Rauchwolke. Warum es nicht gezündet hatte, weiß nur der Himmel. Vielleicht haben verrückte Monarchen besondere Schutzengel.

Dr. Blanc erzählte mir später, dass sie sicher waren, sie würden sterben, als sie zu Theodor gerufen wurden. Die Abs, die sie bewacht hatten, waren voll des Kummers und der Tränen und wünschten ihnen Lebewohl. Und als sie den Pfad vom Kobet Bar Tor von Magdala herunterkamen und das Islamgee in Richtung des Falasattels überquerten, wartete tatsächlich ein Erschießungskommando auf sie. Ihr Korrespondent bekam einen hysterischen Anfall, als er die kleine Gruppe auf sich zutrotten sah, denn als ein Bote Theodor von ihrem Kommen unterrichtete, erhob er sich plötzlich und bat mich scharfzüngig darum, ihn zu begleiten. Dann schritt er nach draußen auf die Islamgee-Ebene und rief nach einer Gruppe Musketiere.

An Rand des Abgrunds blieb er stehen, nur wenige hundert Meter von der Stelle, an der er die Gefangenen massakriert hatte (deren Leichen, Sie werden begeistert sein es zu erfahren, immer noch haufenweise auf den Steinen lagen, direkt in unserem Blickfeld) und befahl den Musketieren, vor der Felswand anzutreten, die hinter uns emporragte. Die Straße, auf der wir standen, war nicht mehr als ein schmaler Sims zwischen Felswand und Abhang. Theodor winkte mich an seine Seite und als die Gefangenen nach einer Straßenbiegung in Sicht kamen, schickte er seinen Burschen Gabr, um Rassam mitzuteilen, dass er sich allein nähern sollte. Engedda, der mit grimmiger Miene hinter uns her gestelzt war, wollte nun wissen, was zu tun sei.

„Werdet Ihr sie etwa frei lassen?“, brüllte er. „Werdet Ihr diese Kreatur etwa bauchpinseln – Ihr, ein König, und er, ein weißer Köter?“ Man könnte von der Höhle des Löwen sprechen, aber Theodor winkte seine Einwände nur ab und ging Rassam entgegen, schüttelte seine Hand, erkundigte sich ausführlich nach dessen Gesundheit, ließ ihn auf einem Stein Platz nehmen und fragte, ob er direkt zu Napier gehen wolle oder bis zum nächsten Tag warten möchte, da es bald dunkel würde. Rassam entgegnete, dass er täte, was immer Seiner Majestät am meisten zusagte, und Theodor fing an zu weinen und schrie: „Dann geht jetzt und der

Friede Gottes sei mit euch! Ihr und ich sind immer Freunde gewesen und wenn Ihr jemals darüber nachdenken solltet, unsere Freundschaft zu beenden, werde ich mich umbringen!“

Wäre ich Rassam gewesen, ich wäre gegangen, so schnell mich meine Beine trugen, da Theodors Laune nie lange anhielt. Aber er war ein mannhafter Kerl, schaute auf die anderen und wartete. Dann blickte er Theodor fragend an, der rief: „Oder vielleicht werde ich ein Mönch!“ Rassam fragte, was mit den anderen sei, und Theodor brüllte: „Ihr geht besser! Ja, geht nun!“ Er gestikulierte wütend, als Rassam sich zögernd abwandte. „Geht, sage ich! Verschwindet, in Gottes Namen!“

Aber Rassam ging nur ein paar Schritte, dann hielt er an. Theodor griff sich ein Gewehr vom nächstbesten Musketier und legte an. Engedda stieß einen Jubelschrei aus und ich dachte nur: Jesus Christus, hier endet es nun. Selbst wenn er Rassam verschonte, der sein Liebling war, würde er das nicht mit dem Rest von uns tun … denn er wandte sich von Rassam ab und richtete seinen Blick auf die übrigen Gefangenen. Er brabbelte und heulte und präsentierte seine Muskete. Dann gingen sie auf uns zu.

Es waren nicht mehr als ein Dutzend. Die meisten von ihnen kannte ich gar nicht, aber der Kerl an der Spitze rettete allen anderen das Leben, zweifellos auch meins. Es war Henry Blanc, der Bombay Medico, schroff, kräftig und mit Nerven wie Drahtseile, da er sicher davon ausging, dass seine Zeit gekommen war, er aber in gleichmäßigem Schritt weiterlief. Mit erhobenem Kopf und borstigem Bart rief er: „Guten Tag, Eure Majestät!“, während Theodor ihn tränenerfüllt mit dem Finger am Abzug anblickte. Die forsche Begrüßung hatte ihn völlig aus dem Konzept gebracht. Er ließ seine Knarre sinken und fragte Blanc in aller Ernsthaftigkeit, wie es ihm ginge und wünschte ihm Lebewohl, als er an ihm vorbeiging, um sich Rassam anzuschließen. Ich habe schon einige Situationen auf Messers Schneide erlebt, daher kann ich behaupten, hätte Blanc Angst gezeigt oder auch nur gezögert, die abessinische Expedition wäre wohl mit einem blutigen Fehlschlag geendet, da der Wahnsinnige und seine Musketiere die Gefangenen wohl niedergeschossen hätten. Nun,

Blanc zuckte oder zögerte nicht und daher ist es ihm zu verdanken, dass ich hier bin, um diese Memoiren niederzuschreiben. Ein dreifaches Hoch auf Henry Blanc, Doktor der Medizin und Assistenzarzt der Bombay-Armee Ihrer Majestät. Salute![50]

Danach ging alles ziemlich glatt über die Bühne, da Theodors wilder Anfall abgeklungen war, er die Muskete beiseite legte und den anderen gute Wünsche zum Abschied zurief als sie ihn, einer nach dem anderen, auf der schmalen Straße passierten. Alle lächelten vor Erleichterung, bis auf Cameron, der auf seinen Stock gestützt humpelte. Als Theodor zu ihm sagte, er hoffe, sie würden als Freunde auseinander gehen, antwortete Cameron lediglich mit „adieu", begleitet von einem knappen Nicken, und ging weiter.

Und so liefen die berühmten Gefangenen von Magdala den Falapfad hinunter in die Freiheit – nicht alle von ihnen, natürlich, da es noch ungefähr 40 weitere gab, die sich noch immer in der Amba befanden, Frauen, Kinder und Mitläufer, aber Camerons kleine Gruppe waren die Hauptakteure, diejenigen, die den ganzen Ärger überhaupt ausgelöst hatten.[51] Als der letzte von ihnen vorbeigegangen war, starrte Theodor ihnen hinterher, als wären sie seine abreisende Familie, und, verdammt noch mal will ich sein, wenn er nicht schon wieder anfing zu flennen und auf einem Stein zusammensank mit dem Kopf in den Händen. Das war zu viel für Engedda.

„Seid Ihr eine Frau, dass Ihr weint?", brüllte er. „Lasst sie uns zurückbringen, diese weißen Männer, sie töten und weglaufen! Oder lasst uns kämpfen und sterben!"

Theodor stand innerhalb einer Sekunde wieder auf den Füßen und loderte: „Idiot! Hund! Esel! Habe ich nicht genug Menschen getötet in den letzten zwei Tagen? Wollt Ihr, dass ich diese auch noch töte und ganz Habesh in Blut tauche?"

Ich habe noch nie einen Mann gesehen, der die direkte Konfontration mit Theodor gesucht hat, und wenn er Engedda an Ort und Stelle erschossen hätte, wäre ich nicht überrascht gewesen, aber er starrte ihn einfach nur an, und Engedda knurrte voll Abscheu und machte auf den Fersen kehrt. Theodor legte sich eine Hand über die Augen und gestikulierte den abreisenden Gefangenen hinterher. „Wünscht Ihr nicht, mit Euren Freunden zu gehen, Ras Flashman? Es ist vorbei. Ihr seid frei."

Ironisch, da werden Sie mir zustimmen. Ein paar Stunden zuvor hätte ich mich mit einem Kratzfuß auf und davon gemacht … aber in der Zwischenzeit hatte Prideaux Napiers Befehle überbracht und diese durfte ich nicht missachten, zumindest nicht, wenn ich mein Ansehen behalten wollte. Nun, es spielte jetzt keine große Rolle. Theodor war ein heulender Onkel, der Bote der Queen war zurück, und alles was noch blieb, war die Besetzung Magdalas durch unsere Truppen – und die Beseitigung seines Regenten, was auch immer es nach sich zog. Ich musste meine Pflicht erfüllen und bleiben, also stand ich gewissermaßen stramm.

„Dank Euch, Eure Majestät, aber mit Eurer Erlaubnis würde ich gerne noch etwas bleiben. Vielleicht kann ich Eurer Majestät zu Diensten sein."

Er verzog das Gesicht, fassungslos, dann sammelten sich wieder Tränen in seinen Augen und liefen die schwarzen Wangen hinunter, als er meine Hand fest umschloss und mich eulenhaft betrachtete.

„O mein Freund, mein lieber Freund! Meine Soldaten betrügen mich, meine Leute wenden sich von mir ab, meine Generäle beschimpfen mich … und aus den Reihen meiner Feinde kommt ein Freund, um an meiner Seite zu stehen!" Er bediente meine Flosse wie einen Pumpenschwengel. „Ah, ihr komischen Briten! Ich kannte euch bis jetzt nicht! Auf der ganzen Welt gibt es keine Leute so wie euch! Keine, keine, sage ich!"

„O, da wäre ich mir nicht so sicher", entgegnete ich, aber er beschwor in eresticktem Ton, dass es so war. Dann setzte er sich wieder auf seinen Stein, heulte vor Ergriffenheit und wischte sich das Gesicht ab. Danach hielt er ein schnelles Gebet, beteuerte, dass er sein Herz über die Jahre abgehärtet hatte, aber Gott es nun wieder erweicht, mit geringfügiger Unterstützung meiner Wenigkeit, und Satan an ihm gearbeitet habe, aber nun vertrieben wurde, und er die Unhöflichkeit seines Briefes an Napier bereute und dies nun berichtigen müsse.

„Da nun Ostern ist und wir alle Christen und Freunde sind", fügte er hinzu, „Ihr seid mein bester Freund von allen und ich werde Euch mein Herz öffnen und all Euren Leuten!"

Was er auch am nächsten Tag sogleich tat, indem er eine zivilisierte Nachricht an Napier übermitteln ließ und ein Geschenk, das aus einer Herde von 1.000 Rindern und ein paar hundert Schafen bestand.[52] Er war vielleicht auf Versöhnung aus, aber er war auch kein Narr. Er wusste, wenn Napier das Geschenk akzeptierte, dass dies gleichbedeutend mit einer Waffenruhe war und vielleicht sogar als Vereinbarung betrachtet wurde, da er die Gefangengen freigelassen hatte, was bekanntlich alles war, was die Gegenseite forderte. Listiger alter Theodor – aber genauso listig war der alte Napier, da er das Geschenk ablehnte, aber mit einer angemessen Geste antwortete und den Körper des alten Gabrie überführte, den unsere Sanitäter auf dem Schlachtfeld des Arogee aufgesammelt hatten.

Flad brachte ihn zurück und Theodor war sehr bewegt, weil er durch ein Missverständnis der Übersetzer noch nicht wusste, dass Napier sein Vieh zurückgewiesen hatte. Er war voller Freude und Humor, bat Flad auf heitere Weise, nach Magdala hochzugehen und Mrs. Flad einzusammeln und alle anderen Gefangenen, „und Gott möge euch ein frohes Wiedersehen bescheren." Also ging Flad, und eine merkwürdigere Prozession, als Sie sich jemals vorstellen können, tauchte augenblicklich vom Kobet Bar auf. An der Stelle, wo ich 40 Europäer erwartet hatte, war plötzlich eine Karawane aus mehr als 200 Menschen, hauptsächlich Schwarze und chi-chi, da es sich bei den meisten um Bedienstete handelte, untermischt mit ein paar Ab-Ehefrauen und Chicos der Gefangenen. Des Weiteren müssen dort um die 300 Tiere, beladen mit Gepäck, gewesen sein. Es sah aus wie der Auszug aus Ägypten, als sie den Staub aufwirbelten, während sie den gewundenen Pfad vom Magdalafels herunterkamen, durch die leerstehenden Markstände an seinem Fuß und weiter auf die verlassenen Ebene des Islamgee. Ab-Soldaten waren nicht zu sehen, da sie ihr Zelte abgebrochen und sich nach Selassie und Fala zurückgezogen hatten.

Theodor sah ihnen beim Vorbeigehen von seinem Pavillon aus zu. Er schickte nach seiner Königin – der echten, Tooroo-Wark, ein liebreizendes schmächtiges Mädel – und ihrem Sohn, dem kleinen Alamayo. Auf ihren Wunsch hin wurde eine Krankenschwester zu der Frau eines der Gefangenen geschickt, einer Mrs. Morris, die kurz vor der Niederkunft stand. Am nächsten Tag kam das Kind im britischen Lager zur Welt und sie nannten es Theodor, als Zeichen ihrer Wertschätzung. Mrs. Morris hatte einen Palki; Mrs. Flad und die anderen Ehefrauen ritten auf Maultieren, und kurz darauf verschwanden sie auf der Straße nach Arogee. Männer, Frauen, manche von ihnen mit Babies auf den Armen, Tiere, Träger, Taschen und Gepäck – und das war, wie Theodor dachte, das Ende von allem.

Wie falsch er damit gelegen hatte, fand er am sonnigen Abend des Ostersonntags heraus, als sich herumsprach, dass Napier sein Vieh abgelehnt hatte und auf bedingungslose Kapitulation bestand. Dies musste bedeuten, was er die gesamte Zeit über schon befürchtet hatte: Die Auslieferung seiner königlichen Person an eine fremdländische Armee. Vielleicht hatte er diese Angst im Kopf, als er seine Artillerie vom Falagipfel zum entfernten Ende der Islamgee-Ebene bringen ließ, entweder um Napier von seinen friedlichen Absichten zu überzeugen, oder um eine letzte Verteidigung von Magdala vorzubereiten. Ich weiß nicht, was es war, aber ich weiß, dass sich seine gute Stimmung, als die Gefangenen verschwunden waren, stündlich verschlechterte und ein gutes Wort von Napier vergeblich auf sich warten ließ.

„Was können sie noch wollen? O mein Freund, habe ich nicht all das getan, worum sie mich gebeten haben? Sie haben meine Armee geschlagen und meine Macht gebrochen. Es muss Frieden herrschen, mein Freund, sagt mir, dass Frieden herrscht!"

Wie er es einmal sagte, so sagte er es dutzende Male, aber ich konnte ihm keine Versicherung geben. Das attraktive Gesicht schien im Laternenlicht des Pavillons müde und abgespannt zu sein. Er war in diesen wenigen Tagen um Jahre gealtert und ich schwöre, selbst seine Haare waren grauer geworden. Merkwürdig, da war gar nichts Verrücktes an ihm in diesem Moment, nur die nüchterne Sicherheit in seinen Worten, als Meshisha, sein Scharfrichter, der dafür verantwortlich gewesen war, das Vieh zu unseren Linien zu treiben, nach Einbruch der Dunkelheit zurückkehrte, um zu berichten, dass sie von Speedy abgewiesen worden waren. Die Erwähnung dieses Namens traf Theodor wie ein Schlag.

„Der Basha Fallaka! Mein Feind, mein ewiger Feind! Also nun, nachdem sie alles bekommen haben, werden diese Leute mich auch noch töten wollen!“ Er stand da, die Fäuste geballt, ein Bild der Verzweiflung. „Hier gibt es nichts mehr für mich. Es wird Zeit, eine neue Heimat zu suchen, an dem Ort, wo ich vor langer Zeit aufgewachsen bin. Dort, mit Gottes Kraft, werde ich endlich Frieden finden.“

*

Man kann erkennen, wenn sich etwas dem Ende nähert. Sie wissen schon, man kann am Gang der Ereignisse ablesen, dass es nicht mehr länger dauern kann, aber man denkt, es lägen noch ein paar Tage oder Wochen vor einem … und dann kommt der Moment, wenn es plötzlich mit einem Knall, den man nicht erwartet hatte, zu Ende geht. Das gilt für das ganze Leben, wenn ich es mir recht überlege, oder so kommt es mir zumindest im Alter von 90 Jahren vor –, aber ich erwarte nicht, dass es noch vor dem Tee passiert. Trotzdem werden an einem dieser Tage die Muffins kalt und das Teegebäck wird hart, während sie die Typen aus dem unteren Stockwerk herbeirufen, um den alten Kadaver nach oben ins beste Schlafzimmer zu bringen. Und wenn ich noch einen Moment habe, bevor das Licht schwindet, werde ich laut rufen: „Sold, Starnberg und Ignatieff und Iron Eyes und Gul Shah und Charity Spring und der ganze Rest von euch Bastarden, die dem alten Flashy an den Kragen wollten, ihr verdammten Vögel habt das Nachsehen, denn der alte Flashy geht allein!“

Diese heitere Überlegung wurde durch die Erinnerungen an diese Nacht am Ostersonntag hervorgerufen, als ich wusste, dass der letzte Vorhang für Magdala fallen würde, vielleicht in ein oder zwei Tagen … und tatsächlich, noch vor Sonnenuntergang am Montagabend wurde alles quittiert und zu den Akten gelegt. Es ging alles so schnell, dass ich mich nur an die entscheidenden Momente erinnern kann; die Stunden dazwischen sind verblichen. (Immerhin ist ein Granatsplitter im Bein keine Hilfe beim Versuch geruhsamer Beobachtung, dazu kommen wir in Kürze.)

Aber ich kann mich noch genau an den allmächtigen Aufruhr erinnern, der losbrach, als Theodor seine Stammesführer einberief, um ihnen mitzuteilen, dass es Zeit wäre, die Flinte ins Korn zu werfen, dass sie vor Sonnenaufgang verschwunden sein mussten und sich auf den Weg Richtung Tanasee machen sollten, wo Napier ihnen nicht folgen konnte. Sie protestierten lautstark und versicherten ihm, dass sie niemals in so kurzer Zeit ihre Familien und ihre Sachen zusammenbekämen und verlangten nun, dass er Frieden schlösse. Er beschimpfte sie als illoyale Feiglinge, woraufhin sie ihm wiederum Vorwürfe machten.

„Wenn Ihr die Gefangenen nicht freigelassen hättet, hätten wir mit den Farrangis verhandeln können!“, rief einer.

„Und wenn sie sich geweigert hätten, hätten wir den weißen Hunden die Kehlen durchschneiden können und ihren Landsleuten eine Lehre erteilt!“

„Aye, wenigstens hätten wir gerächt werden können! So wie es aussieht, haben wir keine Wahl, außer Frieden zu schließen!“

„Wir sind Eure Männer bis zum Ende, aber nur wenn Ihr die richtigen Bedingungen schafft. Wenn Ihr das nicht tut, werdet Ihr allein sein.“

Vielleicht hatte er das Ende seiner Herrschaft in den finsteren Blicken auf ihren Gesichtern gelesen, aber er war immer noch nicht bereit, sich zu ergeben. Er befahl Damash, die Kanonen und Mörser vom Islamgee den steinigen Pfad hoch nach Magdala befördern zu lassen, und Engedda, der Hitzkopf, dachte, dies hätte einen letzten Widerstand zu bedeuten und schwor, ihm zur Seite zu stehen. Der Rest jedoch zerstreute sich in missmutigem Schweigen und damit nahmen die Auflösungserscheinungen ihren Anfang. Viele der Krieger und ihre Familien verließen ihre Posten auf Selassie und Fala, und nur wenige hundert waren bereit, Damash beim Transport der Kanonen zu helfen, während Theodor seine Zelte unterhalb des Selassie abbrach. Danach mussten wir uns alle in fortschreitender Dunkelheit über die Islamgee-Ebene zurückziehen, Flashy auf dem Rücken eines Maultiers, das Herz in die Hose gerutscht, da ich wie Engedda vermutete, Seine wankelmütige Majestät hätte zur Abwechslung wieder seine Meinung geändert und war fest entschlossen, es nun auszufechten. Damit lag ich falsch, aber bevor ich dazu komme, muss ich Ihnen noch die Beschaffenheit der Umgebung zum Schlussakt unseres abessinischen Dramas erklären.

Hinter dem verlassenen Markplatz im Dorf am entfernten Ende des Islamgee-Flachlands ragte der Magdala-Felsen 100 Meter empor, mit nur einem Weg, der nach oben führte: ein schmaler Pfad, der wirklich nicht mehr war als ein Sims, der sich steil an der Vorderseite des Felsens entlangzog. Kurz vor der Spitze machte er eine scharfe Rechtskurve auf Magdalas erstes Tor zu, dem Kobet Bar, das von einer hohen Wand und einem Palisadenzaun, verstärkt durch Dornenbüsche, umrandet war. Das Tor war massiv, mit stützenden Türmen und einem Schrägdach, ähnlich einem überdachten Friedhofstor. 50 Meter dahinter lag ein weiteres Tor und wiederum dahinter erstreckte sich das Magdalaplateau mit seiner kleinen Ansiedlung aus Häusern und Kirchen und dem Palast, große strohbedachte Gebäude von typischer Ab-Bauweise.

Eine Sache war offensichtlich: Mit ein paar ordentlichen Kanonen hätte sogar die Heilsarmee Magdala gegen jedermann verteidigen können, Napier eingeschlossen. Wenn Theodor seine Kanonen oben auf dem schmalen Pfad in Stellung brachte, gab es nichts an ihm zu rütteln, so lange, bis ihm das Wasser ausging. Aber das tat er nicht, Gott sei Dank. Als er und ich und seine unmittelbaren Gefolgsleute erst einmal den Weg nach oben hinter uns gebracht hatten – die Kanoniere weiter hinter uns schwitzten und fluchten gotteslästerlich in der Dunkelheit

– und das Kobet Bar Tor erreichten, bemerkte er, dass die Situation ausweglos war: Es gab nur zwei Möglichkeiten, nämlich Flucht oder Kapitulation.

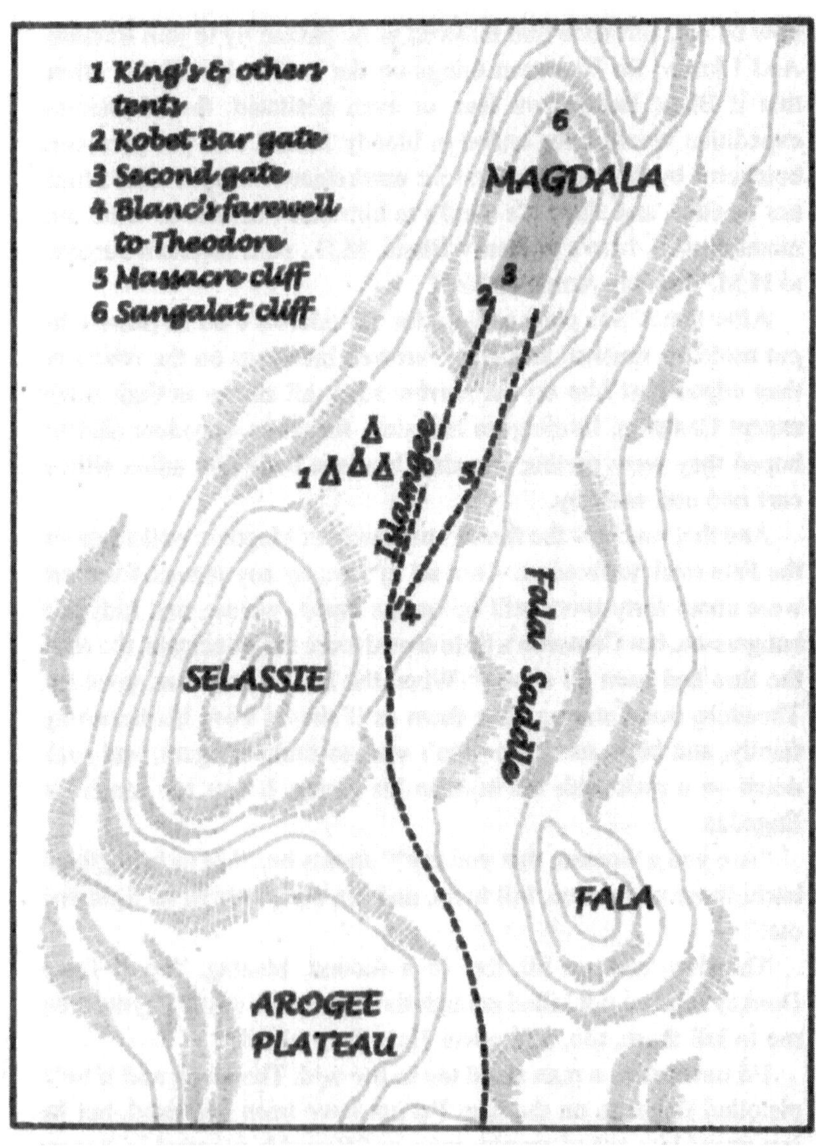

Wir mussten ungefähr mit zwanzig Leuten in dem kleinen Wachturm gewesen sein, der das Tor flankierte, und warteten außer Atem auf die nächste Anweisung der abgespannten Gestalt, die mit gesenktem Kopf gedankenversunken da stand. Ich erinnere mich an einen grimmigen Engedda und den kleinen stummeligen Damash, der völlig erschöpft war nach seiner kanonenziehenden Verausgabung; Hasani, der Kommandant von Magdala, Wald Gabr, der Kammerdiener, und andere, deren verängstigte schwarze Gesichter ich noch immer vor mir sehe im flackernden Licht der Fackeln, aber deren Namen ich niemals erfahren habe. Schließlich hob Theodor den Kopf und man sah wieder das altbekannte verrückte Leuchten in seinen Augen.

„Krieger, die ihr mich liebt, wappnet euch!", rief er und schüttelte seinen Speer. „Lasst alles zurück bis auf eure Waffen und folgt mir! Hasani, versammelt alle, die sich als wahrhaftig erweisen, am oberen Tor! Hinfort!" Und als sie loszogen, drehte er sich zu mir. „Lieber Freund, unsere Wege trennen sich hier. Ihr könnt mir nicht länger dienen. Ich werde mich nun außerhalb der Reichweite Eurer Armee begeben, und wir werden uns niemals wiedersehen!" Er umschloss meine Hand mit seinen Händen. „Lebt wohl, britischer Soldat! Behaltet Theodor, der Euer Freund ist, in guter Erinnerung! Falls Ihr von meinem Tod unter den Händen meiner Feinde hören solltet, seid nicht traurig. Mein Schicksal ist mein Schicksal!"

Er schritt davon mit einer überschwänglichen Geste, die eines Macbeth würdig gewesen wäre, und ich hörte, wie er Befehle an Hasani bellte. Ich wurde zurückgelassen, ziemlich erleichtert und ganz schön ausgezehrt, mit ein paar Männern der Ab-Artillerie als Gesellschaft. Der Rest lag völlig entkräftet auf dem Pfad neben ihren verlassenen Kanonen: Für mich machte es keinen Sinn, diesen Ort zu verlassen. Der Islamgee war voller verwirrter und wütender Krieger, die einem streunenden Farrangi womöglich nicht freundlich gesinnt waren. Besser war es, geduldig auf Napiers Ankunft zu warten. Also verordnete ich mir selbst ein Nickerchen und dankte Gott, dass ich endlich diesen königlichen Schurken losgeworden war.

Aber das war ich natürlich nicht. Im Morgengrauen war er schon wieder zurück, gefolgt von seinen verdrossenen Anhängern, einige hundert von ihnen. Sie hatten versucht, durch die Hintertür aus Magdala auszubrechen, was wohl einen beängstigenden Abstieg über die Sangalat-Klippen in völliger Dunkelheit bedeutet hätte, wenn sie dazu verrückt genug gewesen wären. Sie wurden durch die Anwesenheit von Gallas entmutigt, die am Fuße des Abgrunds auf sie warteten und sangen, „Kommt runter, Geliebte, oh, kommt runter!“ Ich muss sagen, dass mir der Gallastil gefiel.

Mit seinem abgeschnittenen Fluchtweg und dem Großteil seiner Armee in wildem Durcheinander auf dem Islamgee, nur auf eine Gelegenheit wartend, sich zu ergeben, war ich sicher, dass er nun den Kehraus machen würde. Aber selbst im Angesicht dieser Situation konnte er sich nicht unterwerfen. Er sagte zu seiner kleinen loyalen Bande, dass es ihnen und allen anderen auf dem Plateau freistünde zu gehen, und falls ihn die daraus resultierende Stampede Richtung Islamgee entmutigt haben sollte, so hat er sich nichts davon anmerken lassen. Mit den wenigen Übrigen, die blieben, wagte er einen letzten hoffnungslosen Versuch, die Kanonen und die Mörser den Pfad hochzubringen, und als dieser fehlschlug, ließ er sie Steine hinter den Flügeln des Kobet Bar Tor aufstapeln, packte sogar selbst mit an und rief Ermutigungen aus.

Es wäre nicht besonders taktvoll gewesen, tatenlos daneben zu stehen, während sich die anderen abrackerten, also wartete ich, bis sich der Torturm leerte, entwendete Theodors Teleskop, das er zusammen mit seinem Gepäck zurückgelassen hatte, und zog mich entlang der Innenseite der Mauer zurück an einen Platz, von dem aus ich eine Bestandsaufnahme der Islamgee-Ebene machen konnte. Einige Wenige befanden sich auf dem Markplatz am Fuße des Pfades, Kindern spielten auf den Kanonen, die von Damashs Einheit zurückgelassen worden waren, aber weiter hinten auf der Ebene waren große Mengen von Abs jedweder Sorte, Zivilisten und Militär, die sich auf verwirrende Weise bewegten, aber nirgendwo hingingen – tatsächlich warteten sie auf die Ankunft der Invasoren. Diese lagen in Massen am Hang von Selassie, nur eine Meile von meinem Hochsitz entfernt, und in noch weiterer Ferne konnte ich sie auf Fala entdecken. Es mussten um die 20- oder 30.000 gewesen sein.

Wie lange ich da saß und sie beobachtet habe, kann ich nicht genau sagen, aber die Sonne stand sehr hoch und verschwand kurze Zeit später hinter dunklen Regenwolken, als ich ein schwaches entferntes Geräusch vernahm, das mich umgehend auf die Füße riss und dem Schanzen am Tor ein jähes Ende bereitete – das Wispern eines Signalhorns weit hinter Fala, und nun bewegten sich die Menschenmassen auf dem Islamgee in die Richtung, aus der das Geräusch gekommen war, und strömten den Selassiehang hinunter, zu der Lücke, die nach Arogee führte. Es herrschte plötzlich Bewegung am Kobet Bar. Männer, die den Pfad hinunter zu den Kanonen liefen, die Damash halbwegs den Hang hinauf bugsieren hatte. Ich sah Theodor, wie er sie herumkommandierte, wie sie zogen und schoben und versuchten, die schweren Geschütze den steilen Anstieg hochzuhieven, aber dabei keine gute Figur machten. Ein gewaltiges Raunen ging von dem sich bewegenden Gedränge auf der Ebene aus und wurde dann von einem weiteren weitentfernten Geräusch übertönt, aufwühlend und schrill. Und ich summte leise mit: „O, o, the dandy, o!“, denn ich kannte sie gut, die Musik der Sherwood Foresters. Sie konnten nicht mehr als ein paar Meilen entfernt sein, hinter dem Falasattel, da sie jede Minute lauter wurde. Nun wurde die Bewegung der Menge zu einer Flut und verdammt, wenn ich nicht selbst einen Theodor zum Besten gab, mir die Tränen von den Wangen wischte und „about the young May moon a-beaming love, the glow-worm's lamp a-gleaming love“, murmelte und sogar lauthals ausrief, „Gut für dich, alter Schürzenjäger, so sind Euresgleichen!“, denn da war er nun, Pferde-, Fußtruppen und Kanonen, am Ende des unmöglichen Marsches am Ende der Welt, von dem die Besserwisser behauptet hatten, er könne niemals vollbracht werden.

Seine Armee war so, wie er sie angekündigt hatte. Völlig ermattet und um jede der letzten Meilen kämpfend, dreckig und ausgedörrt, vom Regen durchweicht und noch immer unsicher darüber, was sie eigentlich erwartete. Gerüchten zufolge konnte Theodor mit 10.000 Kriegern aufwarten und als er zu den Höhen von Fala und Selassie an jeder Seite hochblickte, muss Napier bei dem Gedanken geschaudert haben, dass seine Streitkräfte in Fetzen geschossen werden konnten, von einem Feind mit schweren Geschützen, der entschlossen war, den Vormarsch zu stoppen. Als ich das Teleskop auf dem Wall stabilisierte, tauchten die grünen Jacken der Belutschen in der gläsernen Linse auf, ihre Enfields geschultert, als sie in Plänkler-Formation herankamen, und hinter ihnen die Legion des Teufels, die 10th Native Infantry, Sikhs und Paschtunen und Panjabis in allen Regenbogenfarben. Entlang des Falasattels konnte ich die roten Jacken und Helme der Sappeure mit ihren Sturmleitern ausmachen und khakifarbene Jäger schwärmten die Hänge des Selassie hinauf. Ob es sich dabei um Sherwoods, King's Own oder Dukes handelte, konnte ich nicht sagen.

Es kam nicht zu einer Schlacht, da die Abs nur Kapitulation im Kopf hatten. Tausende von ihnen legten die Waffen nieder und marschierten weiter zum Arogee, während unsere Leute damit zu kämpfen hatten, die Berggeschütze auf den Selassiegipfel zu schaffen, um sie auf Magdala zu richten, falls es zum Äußersten käme. Dies wäre nicht zwingend erforderlich, dachte ich. Nicht mit Theodor, dessen Streitkraft auf seine letzten hundert Männer zusammengeschmolzen war, und seine Kanonen, die auf halber Strecke am Berg festhingen. Und wie als Widerspruch zu diesem Gedanken erschien er plötzlich, der Wahnsinnige, und ritt schnell wie der Blitz auf seinem Pferd den Pfad hinab Richtung Marktplatz, mit einer Gruppe Reiter, die ihm folgte, darunter Engedda und Hasani. Eine Trompete ertönte, und über der Islamgee-Ebene erkannte ich das Glänzen von Säbeln, wo eine Schwadron bärtiger Sowars auf sie wartete – Bombay Lights, wurde mir gesagt, und gerade die richtigen Jungs, die Theodors Hausaufgaben für ihn erledigten, wenn er zauderte.

Und er zauderte, obwohl er in seinen Steigelbügeln stand, seinen Säbel schwang und Beleidigungen brüllte. Ich war zu weit entfernt, um seine Worte zu verstehen, aber laut Loch, der die Lights kommandierte, forderte er sie heraus, jeden einzelnen, der es wagte, ihm im Zweikampf zu begegnen, verunglimpfte sie als Weiber, rühmte sich mit seinen Fähigkeiten – „Theodors Sternstunde“, laut irgendeinem romantischen Idiot, aber seine Philippika hielt nicht lange an, da ihm niemand auch nur ein Fünkchen Beachtung schenkte. Hinter den Lights rückten die Dukes an, in geöffneter Ordnung, den Reihen nach feuernd, und Seine Majestät und seine Freunde sahen sich genötigt, Fersengeld zu geben. Ich beobachtete sie, wie sie zurück zum Kobet Bar Tor kletterten. Einer von ihnen hielt sich den blutenden Arm und Theodor, der letzte Mann, der durch das Tor trat, schwenkte noch immer lauthals krakeelend seinen Säbel.

Jetzt war die Zeit gekommen, um ihm etwas Verstand einzuprügeln. Daher verließ ich meinen Aussichtspunkt und kam herunter zum Tor, wo die Mitglieder seines Ausfalls absattelten und nach Luft schnappten. Theodor warf Wald Gabr seine Zügel zu und beorderte alle zu den Wällen. Abgesehen von seinen Reitern waren es vielleicht noch 50 oder 60 Krieger, bewaffnet mit Musketen – und sie waren darauf vorbereitet, ihre Festung gegen drei britische und zwei indischen Bataillone, zwei Kavallerieabteilungen, vier Artilleriebatterien, plus Sappeure und Mineure, der Naval Brigade und diesen Sikh-Pionieren, die ihnen ihre Bajonetts am Arogee vorgeführt hatten, zu verteidigen. 60 gegen die dreieinhalbtausend, die Napier im Begriff war, auf Magdala loszulassen.

Ich wusste damals nicht, wie groß die Chancen standen, aber es war offensichtlich, dass er alle Karten auf einen frontalen Angriff mit der Auslese seiner Armee setzte. Islamgee verwandelte sich in einen Paradeplatz der Britischen Infanterie, mindestens sechs Kompanien von Dukes an der Spitze, mit den Royal Engineers und den Madras Sappeuren und Mineuren ganz vorne – das Sturmkommando, dessen Aufgabe es war, das Tor zu verminen und aufzusprengen – und hinter ihnen waren die Sherwoods aufgereiht, und dann die Reservebataillone, und weit am Ende konnte ich die Armstrongs und Stahlkanonen sehen, die sich unterhalb des Selassie formierten und selbst Elefanten mit Mörsern traten nun in Erscheinung.

Aber es war nicht die Zeit für Zermonien. Theodor entledigte sich seiner kitschigen Clownsrobe, so dass er mit nacktem Oberkörper dastand, bis Wald Gabr ihm einen einfachen Shama über die Schultern warf. Ich marschierte auf ihn zu und überreichte ihm sein Teleskop.

„Ihr müsst die weiße Flagge hissen", sagte ich. „Es gibt keine andere Möglichkeit. Macht Euch selbst ein Bild von der Mauer aus."

Er nahm das Teleskop schweigend entgegen, bedeutete mir, ihm zu folgen und drehte sich, um behände auf den Wall zu springen, auf dem seine Musketiere bereits den Laufweg säumten. Ich stellte mich neben ihn, als er den Angriff begutachtete, immer noch entfernt, aber unaufhaltsam, Reihe für Khaki-Reihe, mit den roten Sappeuren davor, die Duke's Colours flatterten im Wind, und die Foresters-Kapelle wechselte von „Young May Moon" zu „British Grenadiers". Theodor senkte das Teleskop und lächelte, während er es im Takt der Musik hin und her wiegte.

„Was für ein Anblick!", rief er. „Es ist eine wahre Augenweide! Ah, mein Freund, sie erweisen mir eine große Ehre! Ich sollte mir ein prächtiges Ende bereiten!"

Ich bewahrte Ruhe und zügelte mein Temperament. „Es ist nicht nötig, ein Ende zu bereiten, Eure Majestät! Sie kommen nicht, um zu töten oder zu erobern! Sie haben bereits, wofür sie gekommen sind!"

„Aber es ist nicht genug", entgegnete er leise, und sie haben wohl nie einen ruhigeren, vernünftigeren Mann in ihrem Leben gesehen. „Sie wollen mich wohl auch haben, für ihren Stolz und für die Ehre ihres Landes. Sie hatten einen langen Marsch."

Er legte seine Hand auf meine Schulter, noch immer lächelnd, gleichgültig und ein wenig erschöpft. „Kommt, mein Freund. Es sollen keine falschen Worte zwischen uns fallen, kein Verdrehen der Wahrheit, keine Vortäuschungen. Sie wollen mich zum Gefangenen. Ihr wisst es, und ich weiß es. Ist es nicht so?"

„Sie werden Euch gut behandeln … ehrenhaft. Ich kenne Dedjaz Napier mein ganzes Leben lang – er ist ein anständiger Mann und Ihr wisst, dass er Euch als mutigen Soldaten respektiert. Er wird Euch wie einen König behandeln, nicht wie einen Gefangenen.“

Zu diesem Zeitpunkt glaubte ich es, später war ich mir nicht mehr so sicher. Selbst während wir sprachen, scharwenzelte unsere Kavallerie herum, um die Westflanke von Magdala abzusichern, und waren entsetzt wegen der verwesenden, stinkenden Leichen der 300 Gefangenen, die Theodor über die Klippe des Islamgee geworfen hatte. Aye, dies hätte wahrlich den Glanz seiner Kapitulation getrübt, wenn er eine verkündet hätte … was er natürlich nicht vorhatte, wie er in einem der kuriostesten Lebewohls, das ich je gehört habe, deutlich machte. Er rief zu Engedda und manchen anderen, die die steinige Barriere hinter dem Tor verstärkten, und gab ihnen die Anweisung, sich den Verteidigern auf dem Wall anzuschließen, dann wandte er sich mir zu.

„Nun, mein guter Freund, mein Freund von nur kurzer Dauer, aber deswegen nicht weniger wertvoll, Ihr müsst hinauf in die Stadt gehen.“ Er zeigte auf das zweite Tor und die strohbedachten Gebäude auf dem Plateau dahinter. „Dort werdet Ihr in Sicherheit sein, bis Eure Leute kommen.“ Ich fing an zu protestieren, aber er hob eine Hand, um mir Schweigen zu bedeuten.

„Ich werde kämpfen. Das ist alles, was bleibt. Danach werdet Ihr womöglich meinen Körper sehen und sagen, ‚Dort liegt ein Mann, der mich und Meinesgleichen verletzt hat.‘ Vielleicht werdet Ihr nicht den Wunsch hegen, mir ein christliches Begräbnis zu ermöglichen?“ Er hielt inne und schaute mich mit verzerrter Miene an. „Werdet Ihr gut zu dem sein, der Euch boshaft benutzt hat, ihm vergeben durch die Macht Gottes?“

Ich muss irgendetwas gesagt haben, der Himmel weiß was, da er weiterredete – und so hilf mir, dies waren seine Worte, mit dem Feind an seiner Türschwelle, seiner erbärmlichen Bagage, die zurückfeuerte und dem Regen, der in Strömen herunterkam.

„Es gibt einen Brauch, von dem ich mir wünsche, dass er berücksichtigt wird. Das Umwickeln meines Körpers in einem gewachsten Tuch – meine Königin wird wissen, wie man es vorbereitet. Wenn dies vollbracht ist und der Körper der Sonne ausgesetzt wird, sorgt die Hitze dafür, dass das Tuch am Körper klebt und somit eine unempfindliche Hülle formt, die dabei hilft, den Körper zu erhalten. Werdet Ihr dafür Sorge tragen, mein Freund?"

Die einzige Antwort unter diesen Umständen wäre ein verwirrtes „ja" gewesen, wenn ich die Zeit gehabt hätte, es auszusprechen. Aber in diesem Momet ließ Millward, der die Berggeschütze und Raketen am Fuße von Selassie kommandierte, ein gewaltiges und vortrefflich genaues Trommelfeuer los. Mit einem Mal bebte die Erde durch die vielen Explosionen, Raketen krachten in die Mauer, und Theodor und ich wurden durch die Druckwelle von einer der Granaten umgerissen, die genau im Toreingang landete. Steine und Dreck rieselten auf uns herab, als wir taub und durchgeschüttelt wieder auf die Beine krabbelten. Das Tor war hinter einer Rauchwolke verschwunden und aus ihr heraus taumelte Engedda, Brust und Schulter blutverschmiert. Sein Mund stand weit offen in einem stummen Schrei. Theodor rannte auf ihn zu, als zwei weitere Granaten nur wenige Schritte entfernt explodierten, Dreck wirbelte auf und die Luft war mit dem Heulen von Schrapnells erfüllt. Ich sah, wie Theodor schwankte, aber weiterlief, und dachte, viel Glück Eure Majestät, es ist Euer Kampf, nicht meiner, als ich um mein liebes Leben lief, die steinige Rinne zum zweiten Tor hinauf. Gesunder Menschenverstand sagte mir, dass Napier nicht das Ab-Dorf mit Zivilisten bombardieren würde, und tatsächlich, Millward hatte diesbezüglich strikte Befehle. Seine Kanoniere zielten lediglich auf das Haupttor und die Mauer – aber Raketen gehorchten ihren eigenen Gesetzen, und es war genau eine von denen, die mich aus dem Verkehr zog.

Ich hörte noch das kreischende Zischen und die ohrenbetäubende Explosion und war von erstickendem weißem Rauch umgeben. Ich fühlte einen gewaltigen Druck auf meiner linken Wade, nicht schmerzhaft, aber betäubend, so, als ob man einen Sandsack darauf abgelegt hätte. Ich ging runter wie ein angeschossener Hase, riss mir den Ellenbogen an einem Stein auf, aber hievte mich in aller Windeseile wieder auf, als eine weitere Rakete mit lautem Kreischen an mir vorbeizog und nahe dem zweiten Tor explodierte. Wie ein Idiot versuchte ich zu rennen, mein verletztes Bein gab unter mir nach, und ich knallte mit dem Kopf gegen einen großen Felsblock am Wegesrand und verlor damit jegliches Interesse an den Geschehnissen.

Kapitel 18

Angeblich hat es von der ersten Kanonade bis zur endgültigen Erstürmung des Haupttors drei Stunden gedauert, aber für mich hätten es auch drei Tage oder drei Sekunden sein können. Wie lange ich bewusstlos war, kann ich nicht sagen, aber als ich wieder zu mir kam und das erste Schwindelgefühl verflogen war, setzte man mich auf einem Felsblock neben dem zweiten Tor. Theodor stand ein paar Schritte entfernt, ein Gewehr in der Hand. Sein Kammerdiener Wald Gabr stützte mich mit einem Arm um die Schultern und murmelte Anweisungen, für die ich noch zu benommen war, um sie zu verstehen. Schmerz durchzuckte mein linkes Bein, das vom Knie bis zum Knöchel mit einem blutgetränkten Tuch verbunden war. Blut sickerte auf meinen Stiefel und es drang allmählich in mein benebeltes Bewusstsein, dass ich verletzt war. Die Luft knisterte unter dem Feuer kleinkalibriger Waffen und über unseren Köpfen grollte der Donner. Der Regen prasselte härter auf uns nieder als je zuvor. Theodor drehte sich um, nachdem er den Hügel hinuntergeschaut hatte, und warf, ohne ein Wort zu sagen, sein Gewehr in den Eingang des zweiten Tores. Jetzt wagte auch ich einen Blick den Hügel hinab und bekam eine Ansicht geboten, die ich noch heute, 40 Jahre später, sonnenklar vor mir sehe.

Nur einen Steinwurf unter uns wurden die Musketiere aus ihren Stellungen auf der Mauer und der Barrikade zurückgedrängt und über dem Wall flatterte eine Fahne im heftigen Wind. Zuerst dachte ich, es sei eines der Banner von Theodor, aber dann entdeckte ich auch noch Helme und Khaki, deren Träger just in diesem Moment die Mauer erkletterten. Die Flagge wurde hin und her geschwenkt, als der Kerl, der sie trug, von seinen Kameraden hochgeschoben wurde, damit er die Spitze bildete. In diesem Moment erkannte ich, dass es sich um britische Regimentsfarben handelte. Kurz darauf folgte eine regelrechte Flut von Schützen, die brüllend und jubelnd die zurückweichenden Ab-Musketiere attackierten.[53]

Die Khakituniken und weißen Roben hatten am Tor ganz schön zu kämpfen, Bajonetts gegen Speere und Gewehrkolben auf beiden Seiten. Khaki schien zu gewinnen und als die Abs weiter zurückgedrängt wurden, räumten unsere Jungs die aufgetürmten Steine von den Toren, die danach weit aufgerissen wurden, um einer Menge aus jubelnden Angreifern Einlass zu gewähren. Sappeure und Pioniere und ein großer Mob der Irish of the Dukes. Sie jagten die Abs die Mauer entlang, und Speere, Schwerter und Musketen flogen durch die Luft, als ihre Träger die Arme hochrissen, um sich zu ergeben. Einige der härteren Vögel kamen den steinigen Pfad zu uns hoch gelaufen, wandten sich zu einem letzten Schuss um und erhielten eine ganze Salve im Gegenzug. Kugeln jagten über unsere Köpfe hinweg und zersplitterten die umliegenden Steine. Wald Gabr floh von meiner Seite, schnappte sich Theodors am Boden liegendes Gewehr und klemmte dessen Griff unter meinen Arm.

„Tenisu, dedjaz, tenisu! Auf, auf, es geht um unsere Leben!"

Vernünftige Auffassung, und wenn Sie denken, dass es eine Höllenqual ist, mit einem Stahlsplitter, der sich in den Wadenmuskel eingegraben hat, hüpfend zu rennen, dann haben Sie verdammt recht. Dennoch ist es erstaunlich, was man zu leisten imstande ist, wenn einem Snider-Flintenmunition um die Ohren fliegt. Ich wusste es besser, als dass ich inmitten der Schlacht versuchte, meine Identität zu zeigen. Mit meiner improvisierten Krücke und Wald Gabr, der mich auf der anderen Seite stützte, torkelte ich durch das Tor und schrie bei jedem Schritt vor Schmerz. Vor uns liefen Ab-Zivilisten wild durcheinander den Hang hinauf. Mütter mit Chicos, alte Leute und Grünschnäbel, alle versuchten in Panik dem mörderischen Treiben hinter uns zu entgehen.

Zehn Meter weiter lag ein großer mit Schnüren zusammengebundener Futterballen, fast zwei Meter Kantenlänge, hervorragend geeignet, um dahinter in Deckung zu gehen, da mein Bein nun endgültig kapitulierte. Das Blut lief wie aus einem Wasserhahn, meine improvisierte Krücke glitt mir aus der Hand und ich machte einen Satz auf den Ballen zu und packte ihn, um mich davor zu bewahren kopfüber aufzuschlagen. Ich wollte mich an den Schnüren um den Ballen herumziehen, aber ich verlor meinen Halt und landete geräuschvoll auf allen vieren. Wald Gabr streckte sich neben mir, dann griffen mich starke Hände und zogen mich hoch. Es war Theodor, der mich unter den Achseln packte und mich vorsichtig in eine sitzende Position brachte, mit dem Rücken gegen den Ballen.

„Seid still!“, er atmete schwer. „Geh, guter und getreuer Diener!“, sagte er zu Wald Gabr. „Gott sei mit dir … und möge dich beschützen!“

Der Kerl zögerte, worauf Theodor lachte und ihm einen Klaps auf den Arm gab. „Geh, sage ich! Begib dich wieder nach Tigre! Akzeptiert den Dank eines Königs … und seinen Segen! Gehab dich wohl, Kanonenträger!“

Wald Gabr drehte sich um und lief fort. Theodor blickte ihm nach, bis er zwischen den Hütten verschwunden war. Dann schaute er, noch immer außer Atem, auf das zweite Tor und wischte sich den Regen vom Gesicht. Der einfache Shama auf seinen Schultern war völlig durchnässt und klebte an seinem Körper. Das Feuer hinter uns hatte nachgelassen, aber man konnte entfernte Befehlsrufe vernehmen, gefolgt von gelegentlichem Jubel. Er schloss einen Moment die Augen und seufzte schwer, bevor er zu sprechen begann. Dies waren seine und meine Worte an diesem regnerischen Nachmittag auf der Höhe von Magdala:

THEODOR: Ich werde nun niemals nach Jerusalem gehen. Es wird keinen Zehnten Kreuzzug geben. [*Zieht seine Pistole, hält sie mir mit dem Griff nach vorne hin.*] Selbstmord ist ein Gräuel in Gottes Augen, eine nicht zu vergebende Sünde. Oh, Freund, werdet Ihr Eurem Freund einen letzten Dienst tun?

FLASHY: Seid kein verdammter Arsch! Werft das Ding weg, Mann! Sie kommen nicht, um Euch zu töten – nehmt die Hände hoch und gebt auf. Es ist alles vorbei, verdammt!

THEODOR: Das werdet Ihr nicht für mich tun? Verlange ich demnach zu viel? So sei es. Vielleicht wird Gott, der den Fall von bescheidenen Spatzen und stolzen Königen gleichermaßen behandelt, sogar das vergeben in Seiner unermesslichen Güte …

FLASHY: Gott interessiert das alles einen feuchten Kehricht! Gebt mir die Waffe, Ihr verrückter Bastard!

Aber er entsicherte sie, steckte sich augenblicklich den Lauf in den Mund, zog den Abzug und blies sich den schwarzen Schädel weg. Die Explosion warf ihn zurück, riss ihn von den Füßen, aber durch irgendeine merkwürdige Erschütterung seiner Hand flog die Pistole durch die Luft und landete direkt neben meinem verwundeten Bein. Sein Körper zuckte für ein paar Sekunden, sackte in sich zusammen und war plötzlich ganz still. Der Kopf war zur Seite gedreht und eine Blutlache bereitete sich darunter aus. Ich konnte sein Gesicht sehen: ungerührt, unbekümmert. Die Augen geschlossen, als würde er schlafen.

Wissen Sie, dass ich nicht mal geschockt war von der Plötzlichkeit, mit der alles passierte? Es schien mir irgendwie passend, und ich dachte damals, was ich auch heute noch darüber denke. Dieser Schlussakkord war beinahe vorherbestimmt, er hatte sein ganzes Leben darauf hingearbeitet. Und im Großen und Ganzen war es auch die einfachste Lösung und ersparte allen noch größeren Ärger.

Ich kniff unter einem schmerzhaften Krampf meine Augen zusammen, und als ich sie wieder öffnete, fiel mein Blick auf die Pistole und auf das silberne Plättchen auf ihrem Griff. Ich hob sie auf und lachte laut, aber nicht aus Heiterkeit. Auf das Plättchen war eingraviert:

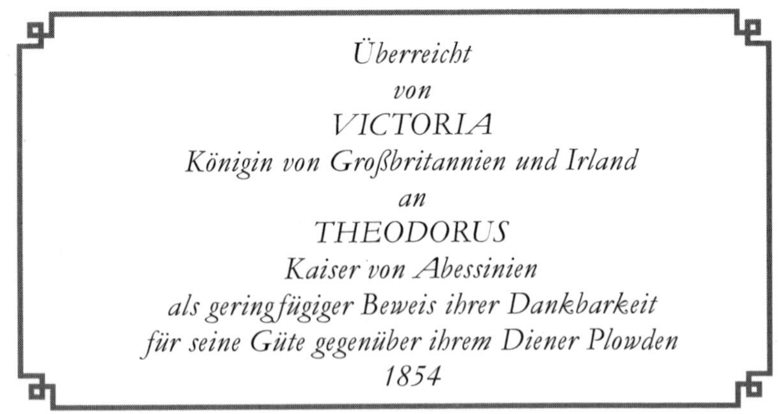

Überreicht
von
VICTORIA
Königin von Großbritannien und Irland
an
THEODORUS
Kaiser von Abessinien
als geringfügiger Beweis ihrer Dankbarkeit
für seine Güte gegenüber ihrem Diener Plowden
1854

Ironisch, da werden Sie zustimmen. Nun vernahm ich schnelle Schritte, und zwei Khaki-Wüstlinge tauchten in meinem rechten Sichtfeld auf, die Helme verrutscht, schmutzige bärtige Gesichter, erleuchtet von Teufelei. Der Nähere der beiden richtete seine Waffe auf mich.

„Jesus, 'n Weißer!", rief er. „Wer, zur Hölle, bist du denn, und was gibt's zu lachen?"

„Nimm das Ding weg und stillgestanden, du Bengel!" Ich habe oft genug Fußsoldaten getroffen, um zu sie die Hacken zusammenschlagen zu lassen, auch wenn sie vor Kampfeslust schier platzten. „Ich bin Colonel Sir Harry Flashman, Seventeenth Lancers! Bringt mir einen Sanitäter!"

„In Gottes Namen!", rief Paddy. „Seid Ihr es denn wirklich, Sir Harry? Er ist es, Mick, der Flash-Kerl – bitte um Verzeihung, Sir Harry …"

„Bist du sicher?", fragte Mick voller Misstrauen. „Für mich sieht er wie ein verdammter Buddoo aus."

„Buddoo? Hört Ihr das? Hab' ich nicht gesehen, wie Ould Slowcoach ihm das Kreuz angesteckt hat in Allahabad – und dabei um Verzeihung bat, Sir Colin, hätte ich wohl sagen müssen – aber Mann, Sir Harry, ich glaub', Ihr seid verwundet."

„Wer ist der Nigger?", forderte Mick unter Begutachtung von Theodors Leichnam und zweifelte offensichtlich immer noch an mir.

„Der König von Abessinien“, sagte ich. „Lasst ihn in Ruhe – holt mir einen Sanitäter und eine Trage!“

„Sofort, sofort!“, rief Paddy. “Lauf, Mick, und mach schnell! Ihr bleibt schön liegen, Colonel Sir Harry, Entschuldigung, und versucht Euch zu entspannen.“

„Es gibt keine Seventeenth Lancers in unserem Trupp“, sagte Mick. „Und selbst wenn es sie gäbe, was macht er dann hier, noch vor allen Einheiten? Erklärt mir das, Shaughnessy!“

Shaughnessy erklärte es ihm im reinsten Edinburgher Schottisch, aber ich schenkte ihm keinerlei Beachtung, da unter lauten Hurrahs und Hallos weitere Fußsoldaten eintrafen, einen Moment lang innehielten und mich und dann Theodors Leiche anglotzten. Mittlerweile waren auch Abs zur Stelle, die sich an den Ärmeln zupften und auf sie zeigten – „Téwodros! Téwodros!“[54] Kurze Zeit später kehrte Mick mit einem Sanitäter zurück, der sich direkt ans Werk machte, meine verletzte Wade zu behandeln. Ich schrie wütend auf, als er reinen Alkohol in meine Wunde träufelte und zog Beifallsbekundungen und Anteilnahme der Umstehenden auf mich, als er ein glänzendes, zwei Zoll großes Schrapnell hochhielt, welches er aus meinem Fleisch entfernt hatte.

„So scheen wie Hogans Knapsack!“, rief einer. „Ein lieblicher kleiner Splitter, mit Kompliment von Colonel Penn!“, ein anderer. Sie lachten herzlich und ließen gute Ratschläge folgen. „Nehmt es leicht, Sir Harry. In Balaklava damals misst Ihr's viel härtr getroffn ham, is dat nich so, eh, Madigan?“ Glücklicherweise tauchte in diesem Augenblick ein Sergeant auf, der sie alle zum Antreten befahl. Also verdünnisierten sie sich, bis auf den Sanitäter und den Soldaten Pat Shaughnessy, mein selbsternannter Gönner und Beschützer … Und plötzlich fühlte ich mich gar nicht mehr so schlecht, trotz des pochenden Schmerzes in meinem Bein und meinem hämmernden Schädel, wie ich so mit dem Rücken an den Ballen gelehnt im sanften Nieselregeln saß.

Mir war schon ähnliches passiert: verwundet und gegen ein Kanonenrad gelehnt in Gwalior vor zehn Jahren, am Ende der großen Meuterei – mit demselben müden, überwältigten Gefühl von Erleichterung, da es endlich vorbei war. Und hier war ich auch nicht schlechter dran, schaute zufrieden, wie die Duke of Wellington's Irish einfielen und ein junger Kerl unter donnerndem Jubel und geschwenkten Helmen die Fahne aufpflanzte, bevor alle zum „God Save the Queen" stillstanden, gefolgt von „Rule, Britannia". Der Sanitäter bat Shaughnessy, mir eine Trage zu organisieren, und eine riesige Gestalt mit breitem schwarzem Bart beugte sich über mich, ließ ein Röhren als Begrüßung verlauten und umschloss meine Hand mit seiner riesigen Tatze.

„Gute Güte!", rief Speedy. „Sir Harry!"

„Da habt'er Recht, Eier Hochwohlgeborn!", pflichtete Shaughnessy bei, der gerade im Begriff war zu gehen. „Er höchstpersönlich, so ist es, und keen annerer!"

„Ihr seid verletzt!", rief Speedy. „Aber es geht euch gut, ja? Oh, das ist ja ein Ding! Das wird Sir Robert den Tag verschönern! Wir hatten Euch schon aufgegeben, nachdem Prideaux uns mitteilte, dass Theodor Euch nicht freilässt!" Er drückte meine Hand mit einem Leuchten im Gesicht. „Und da seid Ihr – und was für hervorragende Arbeit Ihr bei den Gallas geleistet habt! Diese Amba so sicher versiegelt wie eine Geldkassette – oh, aye, wir wissen, wie er versucht hat, davonzulaufen! Aber wer hätte gedacht, dass Magdala so schnell und einfach fallen würde? Dank Euch, Sir! Alles dank Euch!"

Das war natürlich Musik in meinen Ohren. Dann sah er sich um, weil ein Ab „Téwodros! Téwodros" rief und Theodors Körper beflissen für ein paar Offiziere identifizierte, die gerade zu uns gestoßen waren.

Was darauf folgte, hatte für mich zunächst keinerlei Bedeutung, eine Stunde später allerdings schon, wie ich Ihnen jetzt berichten werde. Sie sind keine große Angelegenheit, aber sie verschaffen einem einen interessanten Einblick in die Natur des Menschen und zeigen auf, wie Menschen glauben, was sie glauben wollen und ehrenhafte Männer schwören, dass alles eine verdammte Lüge ist, und niemals realisieren, dass es sich eigentlich um die Wahrheit handelt.

Speedy hörte den Ab, warf mir einen knappen, verwunderten Blick zu und schritt zum Leichnam hinüber. Er beugte sich über ihn, rief „Puh!“ und kam erstaunt wieder zurück. Dann schien er etwas zu bemerken, und ich sah, dass er auf meine linke Hand sah, die zu meiner Überraschung auf Theodors Pistole ruhte. Sein Blick wanderte zurück zur Leiche, dann zu mir, und mit einem Anflug von Erkenntnis in den Augen nahm er blitzschnell die Waffe auf und ließ sie unter seiner Tunika verschwinden.

„Wir werden Euch gleich in Sicherheit bringen – raus aus dem Regen!“, rief er, und als Shaughnessy mit der Trage zurückkam, brachten er und der Sanitäter mich in eine der strohbedachten Hütten in der Nähe. Speedy schickte die beiden weg, aber Shaughnessy befahl mir noch, dass ich auf mich aufpassen solle, Sir Harry, Mann. Draußen spielte die Kapelle „Hail the Conquering Hero Comes“ und wurde nahezu von einem weiteren Jubelsturm übertönt. Es war Napier, niemals weit von der Infanterie entfernt, der, wie üblich, gekommen war, um die Früchte seiner Arbeit zu ernten. Speedy stand ganz nervös im Türrahmen und ich hörte, wie er einen Soldaten zu sich rief und ihm befahl, die Tür zu bewachen, also niemanden rein oder raus zu lassen.

Außer uns waren noch einige ängstlich blickende Ab-Frauen in der Hütte und Speedy blätterte ihnen ein paar Taler hin, damit sie mich mit einer Flasche Tej bewirteten und allem, was auch immer ich bräuchte. Dann verschwand er mit dem Versprechen, bald zurückzukehren, und nach ungefähr einer Stunde stellte ich fest, dass das Gehen mir nur noch etwas Unbehagen bereitete. Die Frauen brachten mir Humbasha* und ich saß da und lauschte den Musikern und der Betriebsamkeit. Dann hörte ich, wie Speedy wieder zurückkam – mit Napier im Schlepptau. Dessen Stimme war wütend und laut, was keineswegs seiner Art entsprach.

„Bringt ihn augenblicklich weg in sichere Verwahrung!“, bellte er. „Guter Gott, hat es jemals etwas Beschämenderes gegeben? Bringt ihn sofort in eine vernünftige Unterkunft und macht sie ordentlich zurecht. Wurde die Königin bereits informiert? Ah, Rassam spricht mit ihr, sehr gut.“ Ich erfuhr bald darauf, dass

* Ein großer flacher Laib grobkörnigen Brots

seine Ansprache Theodors Leiche galt, die noch immer draußen im Regen lag. Einige Kerle waren auf Trophäen aus und hatten sie fast völlig entkleidet. Speedy sagte etwas, das ich nicht verstand, und Napier antwortete: „Um sicher zu gehen, müssen die Ärzte seinen Körper morgen obduzieren und einen Bericht an die Untersuchungskommission übermitteln … Nun, wo ist unser *Botschafter extraordinaire*?“

Kaum hatte er dies ausgesprochen, erschien er auch schon im Türrahmen, den Helm in der Hand, mit Speedy an seiner Seite, der murmelte, je weniger gesagt würde, desto besser, da die Presse um jeden Preis außen vor gelassen werden sollte …

„Sir Harry!“ Napier griff meine Hand, und seine Augen leuchteten in dem müden alten Gesicht. „Nein, nein, bleibt ruhig sitzen, mein lieber Freund! Keine zu schmerzhafte Verletzung, hoffe ich? Ah, das sind gute Neuigkeiten!“ Dann wiederholte er Speedys vorherige Glückwünsche, bedankte sich bei mir für „eine vortrefflich erfüllte Aufgabe, die nur Ihr so vortrefflich hattet erfüllen können“, und ohne die der ganze Feldzug womöglich fehlgeschlagen wäre und so weiter. „Es war ein Tiefschlag, als wir erfuhren, dass ihr gefangengenommen wurdet, das kann ich Euch versichern. Aber davon werden wir sicherlich bald alle Einzelheiten erfahren, genau wie von Euren restlichen Abenteuern. Für den Moment reicht es schon, dass ihr lebt!“ Er strahlte, machte eine Pause, setzte sich hin und zwirbelte seinen Schnurrbart.

„Also … Die Arbeit ist getan, durch die Gnade der Vorsehung“, sagte er. „Und der König ist tot. Ein trauriges Ende, aber nicht unpassend. Wie ist es passiert?“

Ich antwortete ihm gerade heraus: Selbstmord. Er schaute rüber zu Speedy und nickte.

„Selbstmord“, sagte er. „Ich verstehe.“

Der Unterton in seiner Stimme brachte mich dazu, es zu wiederholen. „So ist es, Sir. Er steckte sich die Waffe in den Mund und drückte ab.“

Ein weiteres gedankenvolles Nicken. „War außer Euch selbst noch eine weitere Person anwesend?“

„Nein, Sir. Niemand."

„Sehr gut." Er sah ausgesprochen zufrieden aus. „Sehr gut. Dr. Blanc wird Eure Aussage bestätigen, wenn er den Körper morgen untersucht hat."

„Johnson wird die Untersuchungskommission einberufen. Dann machen sie es offiziell", erklärte Speedy. „Den Selbstmord, meine ich."

Es folgte eine kurze Schweigepause, in der ich keine Miene verzog. Plötzlich wurde mir klar, dass sie unter der unglaublichen Vorstellungen litten, ich hätte Theodor erschossen, aber sie sprachen es nicht aus, was recht unterhaltsam war. Natürlich war es genau das, was sie gewollt und mich durch Prideaux hatten wissen lassen. Speedy, der die Pistole in meiner Hand und den reglosen Theodor gesehen hatte, schloss daraus, dass ich die schmutzige Tat vollbracht hatte, um *Her Majestys General* vor der schmerzvollen Peinlichkeit zu bewahren, den schwarzen Mistkerl aufzuhängen.

(„Aber niemand darf jemals davon erfahren, Sir Robert … Kontroverse … Zwangsrekrutierer, Schurke Stanley … Fragen im Oberhaus … Aufruhr … Königsmord, scandalum magnatum … Die Ehre der Armee …")

Was erklärte, warum der Oberkommandierende, eine Stunde nachdem der letzte Schuss des Krieges abgefeuert worden war und eigentlich hundert wichtige militärische Angelegenheiten seiner Entscheidung bedurft hätten, hier war, um eine Verschwörung des Schweigens zu schmieden. Er ließ keinen Zweifel daran, dass ich für meine gute Tat nicht leiden sollte. Speedy schloss sich dem an und betrachtete mich mit ehrfürchtigem Respekt, der deutlicher als Worte sagte, verdammt, Ihr seid ein skrupelloser Hurensohn, Gott sei Dank.

Vielleicht hätte ich meine Unschuld beteuert, aber ich bekam gar nicht die Gelegenheit dazu. Napier sprach mit mir in seiner sanftesten Stimmlage, untermalt von seinem altbekannten Schürzenjägerlächeln.

„Harry", fing er an. Also war ich jetzt „Harry", ohne jegliche formelle Höflichkeitsform, so, so. „Harry, wir kennen uns schon seit ewigen Zeiten. Ja, seit Ihr diesen gesegneten Diamanten vom alten Hardinge entwendet habt … Hier, fangt!“ Er lachte in sich hinein. „Ihr hättet ihre Gesichter sehen sollen, Speedy! Wie dem auch sei, das nur am Rande.“ Er wurde ernst. „Seitdem habe ich keinen Offizier getroffen, der mehr Sonderaufgaben oder größere Berühmtheit erlangt hat, als Euch … Nein, nein, es ist wahr.“ Er unterbrach mein bescheidenes Räuspern mit erhobener Hand. „Nun, welchen Aufgaben Ihr auch immer in der Vergangenheit nachgekommen seid, keine soll dankbarer honoriert werden, als die, die ihr in Abessinien geleistet habt. Damit beziehe ich mich nicht nur auf die Mission zur Königin von Galla, die mit großer Expertise ausgeführt wurde, sondern auf den … den anderen Dienst, den Ihr uns heute erwiesen habt.“

Er machte eine Pause, wählte seine Worte genau, und als er weiter sprach, schaute er mich nicht direkt an. „Ich weiß, dass es nicht einfach für Euch gewesen sein muss. Für einige unserer alten Kameraden, diese strengen Männer mit ihrem eisernen Pflichtbewusstsein, Männer wie Havelock und Hope Grant und Hodson (Gott hab sie selig), wäre es wohl nicht sonderlich abwegig gewesen … Aber für Euch schon, denke ich. Da ich glaube, dass ihr jemand seid, bei dem die Pflicht auch immer von Menschlichkeit gemäßigt wird, ja, und von Ritterlichkeit …“ Er ließ seinen Satz ausklingen und schaute mir in die Augen, „… ist für den gutherzigen Harry Flashman auch wichtig.“ Er stand auf und schüttelte mir erneut die Hand. „Dank Euch, alter Freund. Und damit werden wir auch nichts weiter dazu sagen.“

Wenn ich stumm blinzelnd da gesessen hatte, lag es nicht daran, dass ich peinlich berührt war, sondern am Erstaunen über seine bemerkenswerte Fehlinterpretation meiner Persönlichkeit. Mein ganzes Leben lang haben mich die Leute kritiklos hingenommen, davon ausgehend, dass solch ein großer, schroffer, tollkühn aussehender Kerl heldenhaft sein musste, aber hier gestaltete sich eine neue und verwunderliche Fehlvorstellung. Nur weil ich ihn vor Jahren durch meine Unverschämtheit gegenüber Hardinge zum Lachen gebracht hatte und der leutselige Flash Harry war, mit der Gabe zur Beliebtheit (wie Thomas Hughes beobachtet hatte), musste ich demnach also auch „gutherzig“ sein … Sogar menschenfreundlich und ritterlich, Gott hilf uns, also die Art anständiger Christ, dessen Gewissen in Fetzen gerissen wurde, weil er sich dazu verpflichtet fühlte, seinen Leuten zuliebe den unbequemen Nigger aus dem Weg zu räumen.

Darum hatte Napier wie ein harmloser Vikar gepredigt, in ziemlicher Unwissenheit darüber, dass ich niemals die leisesten Skrupel hätte, üble Bastarde wie Theodor ins Gras beißen zu lassen – aber nur dann, wenn es mir in die Hände spielte. Sie werden übrigens feststellen, dass mein Augenzeugenbericht diesmal mit einem akzeptierten historischen Fakt konform geht. Die ganze Welt (Napier und Speedy ausgenommen) glaubt, dass König Theodor sich das Leben genommen hat, und die ganze Welt hat Recht damit.

An diesem Abend aß ich in Napiers Zelt, zusammen mit Speedy und Merewether und ein paar Stabsoffizieren und Henty und Austin von der *Times*, den einzigen Korrespondenten. Henty war gespannt darauf zu erfahren, wie es mir ergangen war, aber Napier bewies seine hilfreiche Gabe der diplomatischen Ablenkung, und ein oder zwei frostige Blicke von Austin zeigte Henty, was er von geschmackloser Neugier hielt.

„Wir müssen uns hüten“, sagte Speedy später, als er mit Napier und mir allein war. „Stanley ist ein verdammtes Frettchen und sein Herausgeber verabscheut uns wie Gift.[55] Je weniger sie von Sir Harrys Aktivitäten wissen, desto besser.“

Für mich spielte es keine Rolle, aber Napier stimmte ihm zu. „Ihr solltet nicht zum Objekt ihres Interesses werden. Tatsächlich denke ich, dass es am besten wäre, wenn Eure Rolle im ganzen Feldzug geheim bleibt. Wenn es herauskäme, dass Ihr unser geheimer Abgesandter an Königin Masteeats Hof wart, würde dies die Korrespondenten sicherlich in helle Aufregung versetzen. Und wenn sie herausfinden, dass Ihr mit Theodor alleine wart, als er verstarb, würde es vielleicht zu … unnötigen Spekulationen führen.“ Speedy nickte wie eine mechanische Ente. „Als Prideaux die Neuigkeit überbrachte, dass Ihr in Theodors Hände gefallen seid, war ich glücklicherweise in der Lage, einen weiteren Agenten zu Königin Masteeat zu entsenden, um die Arbeit fortzusetzen, die Ihr so fachmännisch begonnen habt. Es macht Euch doch nichts aus", sagte er und zeigte sein Schürzenjägerlächeln, „wenn ich eher seinen Namen als Euren in meinen Depeschen erwähne?[56] Aus Sicherheitsgründen, Ihr versteht. Habt keine Angst, Euer Verdienst wird bei den Richtigen Gehör finden – und was bedeutet schon ein Blatt mehr oder weniger in einem Lorbeerkranz wie Eurem?"

Dazu gab es nichts zu sagen und mir war es sowieso nicht besonders wichtig, also ließ ich mich eben von Napiers Charme einnehmen.

„Das bedeutet, Euch wird die Arbeit eines schriftlichen Berichts erspart!", rief er heiter. „Ihr könnt es hier erledigen, wortwörtlich! Gebt ihm einen Eurer Stumpen, Speedy. Nun dann, Harry, schießt los!"

Also erzählte ich ihnen die Geschichte, im Großen und Ganzen genauso wie ich sie Ihnen erzählt habe, ließ allerdings sensible Passagen wie Uliba und Masteeat und die Dirne in Ulibas Amba außen vor, deren Name mir entfallen ist … Nein, Malee, so lautete er … Und der Anschlag auf meine Tugendhaftigkeit durch Theodors fette Konkubine. Auch erzählte ich ihnen nichts von meinem Tauchgang am Silbernen Rauch. Warum? Weil sie mir eh nicht geglaubt hätten. Aber den Schrecken von Yandos mit dem baumelnden Käfig, die Abscheulichkeiten von Gondar und meine Qualen in den Händen der Entführer, die Uliba damit beauftragt hatte, mich zu verschleppen, so dass sie auf widerlichste Weise meinen Tod herbeiführen konnte, und wie ich gerettet wurde von Theodors Kämpferinnen, die Uliba ins Jenseits beförderten – all dies erzählte ich auf meine überaus prägnante Flashy-Art. Speedy standen dabei ein ums andere Mal die Haare zu Berge – ein unschöner Anblick.

„Unmöglich! Ich kann es nicht glauben!" Er war ganz ergriffen. „Ihr sagtet, dass Uliba Euch umzubringen versuchte? Dass sie Euch von abtrünnigen Gallas verschleppen ließ, um Euch … um Euch zu ermorden? Nein, nein, Sir Harry, das kann nicht sein."

„Es tut mir Leid, Speedy, aber es ist wahr." Ich war nun bewusst sehr ernst. „Ich hätte es wohl auch nicht geglaubt, wenn ich es nicht erlebt hätte. Ich weiß, dass Ihr sie in höchstem Maße geschätzt habt – gerade für ihre Loyalität. Und das tat ich auch. Aber ich weiß was sie getan hat, und …"

„Aber warum?", brüllte er. „Warum sollte sie Euch Schlechtes zufügen?" Er hatte sich in einen großen Wutanfall hineingesteigert und grollte durch seinen Bart wie ein Menschenaffe im Dickicht. Misstrauen vermischte sich mit seinem Unglauben. „So war sie nicht, das sage ich Euch! Oh, ich weiß, dass sie ein Schlingel war und überaus grausam zu ihren Feinden. Sie hätte wohl auch den Thron ihrer Schwester an sich gerissen – aber das war aufrichtiger Ehrgeiz! Sie war ihr Geld wert und ehrlich gegenüber ihren Freunden."

„Einen Moment, Speedy", sagte Napier. „Vielleicht habt ihr sie bestärkt, in ihren Planungen zur Erlangung des Gallathrons. Hat sie", er drehte sich zu mir, „versucht Eure Hilfe bei ihrem Coup zu erhalten? Denn wenn sie das getan hätte und zurückgewiesen wurde, hätte sie nicht vielleicht aus gekränktem Stolz …"

Er wurde von Speedys aufgeregtem Protest unterbrochen. Offensichtlich hatte Uliba mehr als bloße professionelle Bewunderung in seiner gewaltigen Brust entfacht und er konnte einfach nicht glauben, dass sie zu mörderischem Verrat imstande gewesen wäre … Aber hier war der gefürchtete Flashman, der darauf schwor, also musste es stimmen. Aber WARUM? Zum Glück weilte sie nicht länger unter den Lebenden, um zu erzählen, warum ich versucht hatte, sie in ein nasses Grab zu treten (nicht, dass auch nur irgendjemand ihr geglaubt hätte; nicht mal Masteeat tat das nach allem, was passiert war). Trotzdem wäre es am besten, wenn irgendeine bestrickende Erklärung für ihren plötzlichen Hass auf mich gefunden würde. Eine Erklärung, die Speedy über jeden Zweifel hinaus überzeugen würde. Napiers Erklärung überzeugte ihn nicht, aber ich hatte eine, die ihn kalt erwischen würde. Also wartete ich, bis sein entrüstetes Gezeter abgeklungen war und warf schnell ein:

„Ich befürchte, die Antwort wird nicht genügen, Sir Robert. Oh, sie hätte unsere Hilfe bei der Ergreifung der Krone ihrer Schwester sicherlich begrüßt, aber sie hat mich nie offen darum gebeten. Ich wage zu behaupten, dass sie es vielleicht getan hätte, aber, wie ich euch bereits gesagt habe, wurden wir von Theodors Reitern verfolgt, wurden dann getrennt, und als ich Masteeats Hof erreichte, hatte Uliba ihren Putsch bereits durchgeführt. Der schlug fehl, und sie wurde verhaftet."

„Bei allem Respekt, Sir Harry", schnauzte Speedy und zeigte dabei überhaupt keinen Respekt – nun gut, „das wissen wir! Aber es beantwortet nicht die Frage, warum sie Euch tot sehen wollte! Pah, das ist Wahnsinn! Ich weigere mich, das zu glauben!" Und dann gab er mir das Stichwort, auf das ich gewartet hatte. „Welchen Anlass hättet Ihr geben können, um bei ihr solch … solch eine Bösartigkeit zu provozieren?"

Ich saß für einen langen Moment mit verzogener Miene da, die Lippen zusammengepresst, nahm einen Schluck aus meinem Glas, seufzte und antwortete: „Die größte Beleidigung von allen."

Napiers Augenbrauen gingen nach oben, aber Speedy stierte fassungslos. „Was zum … Was meint Ihr damit, Sir Harry?"

Ich zögerte, holte tief Luft und sprach leise und ermattet, während ich überall hinschaute nur nicht zu ihm. „Wenn Ihr es unbedingt wissen müsst, Speedy … Ja, Euer Schützling Uliba-Wark war eine erstklassige Kriegerin, eine mutige, resolute Kameradin, eine hervorragende Späherin und Führerin … Und eine eitle, stolze, leidenschaftliche, ungezügelte, promiskuitive junge Wilde!" Was ich auf seinem Gesicht durch den Stechginster erkennen konnte, war völlige Bestürzung. Stumm wiederholte er „Promiskuitiv?", also machte ich ein Geräusch, das meine Ungeduld zum Ausdruck bringen sollte und ergänzte schnell:

„Oh, zum Teufel, sie machte mir Avancen, ich habe sie zurückgewiesen, und ich wage zu behaupten, dass Ihr schon einmal von der Rage einer verschmähten Frau gehört habt! Aye, seht Uliba, wie sie war: eine Barbarin, ein grausamer Schlingel, so wie ihr selbst gesagt habt … und verschmäht!“ Nun schaute ich ihm direkt in die Augen. „Reicht das als Antwort?“

Unter uns gesagt, ich bin mir nicht sicher, ob es mir als Antwort gereicht hätte, aber ich bin ein zynischer Schuft. Für anständige Leute ist der Anblick vom schroffen, geradlinigen, männlichen alten Flashy (gutherzig, Sie erinnern sich), der dazu gedrängt wird, über Dinge zu sprechen, über die man nicht sprechen sollte, und auch noch den guten Namen einer Frau zu beschmutzen, einer toten noch dazu … Das ist kein angenehmer Anblick. Denn dieser Mann, der grundehrliche Flashman, war so mürrisch und verdrießlich, dass man seine Gefühle einfach respektieren musste. Man würde nicht mal im Traum daran denken, seine Worte anzuzweifeln.

Speedy machte merkwürdige Geräusche und Napier antwortete an seiner Stelle. „Ich bin mir sicher, dass es reicht.“

„Mein … Mein geschätzter Sir Harry!“ Speedy klang, als hätte man ihn in seine empfindlichste Stelle getreten. „Ich … Ich … Oh, ich weiß nicht mehr weiter! Ich … Ich weiß nicht, was ich sagen soll!“ Das wusste er tatsächlich nicht, daher murmelte er verwirrt. „Uliba … So getreu … Oh, wild, ganz gewiss … Aber verkommen? Eine Verräterin? Und Euer Leben anzugehen … Verletzte Eitelkeit …“ Er machte vage Gesten. „Ich kann mich nur bei Euch entschuldigen, Ich habe Euren Bericht nicht einen Moment lang bezweifelt, das versichere ich!“ Verdammter Lügner. „Aber es schien so undenkbar … Ich konnte es nicht verstehen …“

An dieser Stelle verstummte er. Dann richtete er sich auf, das bärtige Kinn erhoben, schüttelte seinen großen Kopf, während er meine Hand festhielt. Und ich dachte über die erstaunliche Leichtigkeit nach, mit der starke Männer aus dem viktorianischen Zeitalter genarrt werden konnten durch eine peinliche Erwähnung von weiblicher Schwäche. Das musste etwas mit der Erziehung durch eine Public School zu tun haben, glaube ich.

„Mein lieber Begleiter!“ Ich gab ihm einen kameradschaftlichen Klaps auf den Arm. Es war, als würde ich das Bein eines Elefanten streicheln. „Es tut mir Leid, glaubt mir. Wirklich leid.“

Seufz. „Ich kann mir gut vorstellen, was Ihr fühlt … Enttäuschung, hauptsächlich, nicht wahr? Wenn Euch jemand im Stich lässt … Nun, dann ist es am besten sich einen Drink zu genehmigen und zu vergessen, oder?“

Kapitel 19

Die Untersuchungskommission saß am nächsten Tag zusammen und entschied, dass Theodor sich selbst gerichtet hatte. Eine vernünftige Schlussfolgerung, angesichts der Tatsache, dass Blanc Pulverrückstände in der Mundhöhle bestätigt hatte und der gesamte Hinterkopf fehlte, aber da der Bericht diese unwesentlichen Details nicht beinhaltete und das Urteil dem entsprach, was Napier und Speedy gewollt hatten, wage ich zu behaupten, dass sie weiterhin glaubten, der Schuss wäre durch meine Hand abgefeuert worden.

Theodor wurde am darauf folgenden Tag auf Wunsch seiner traurigen, schönen kleinen Königin Tooroo-Wark in der baufälligen strohbedachten Amba-Kirche begraben. Auch ich lungerte dort herum, aber aus bloßem Interesse und nicht aus Respekt. Es waren nur einige wenige Teilnehmer: Die Königin, der Junge Alamayo, eine Wache der Duke's Irish (es gab aber keine Salve zum Salut) und der kleine fette Damash, der seine Wunde pflegte und völlig verängstigt war, dass er dafür gehängt werden würde, unserem Angriff getrotzt zu haben. Ich versicherte ihm, dass dies nicht geschehen würde, worauf er herzhaft schniefte.

„Und nun verlasst Ihr uns ohne einen König! Wir wurden in Gefangenschaft geboren und müssen als Sklaven sterben. Warum bleibt Ihr nicht hier, um uns zu regieren?“

Ich erklärte ihm, dass wir das nicht wollten und es nun ihre eigene Angelegenheit sei, wer regiert.

„Ihr meint, wir müssen einander die Kehlen durchschneiden“, grummelte er. „Das hier ist Afrika.“ Ich erinnerte ihn an seine Manieren und nicht den prähistorischen Tattergreis von Priester zu unterbrechen, der den Gottesdienst abhielt. Der Leichnam war ordentlich eingewickelt worden, von Samuel, wie ich glaube. Sie verbuddelten ihn in einem flachen Grab, und das war das Ende des Erben von Salomon und Saba und Prester John.

Es heißt, dass er verrückt war, so als wäre dies sein Freifahrtschein, aber ich hatte ihn sowohl vernünftig als auch verrückt erlebt, und er war ein niederträchtiger, grausamer Bastard. So widerlich wie Caligula oder Attila, und er bekam zu wenig von dem, was er eigentlich verdient hätte. Ich erinnere mich da an Gondar und das Gemetzel am Islamgee, und wenn jemals jemand die Hölle verdient hat, dann er.

Inzwischen war der Feldzug beendet, die Gefangenen frei und Magdala von Tausenden Ab-Flüchtlingen überlaufen, um die sich gekümmert werden musste. Man trieb sie auf der Ebene zusammen, um sie vor den Gallas zu beschützen, die aus nicht ganz unverständlichen Gründen auch ein Stück vom erbeuteten Amba-Kuchen abhaben wollten. Sie waren enttäuscht, da die britischen Artilleristen und Pioniere zuerst ihren Fuß hineinsetzten. Die Gallas wurden mit Gewehrfeuer auseinandergetrieben, was ich ein bisschen übertrieben fand, da ihre Blockade für unseren Erfolg wesentlich gewesen war. Was die Beute betrifft, so habe ich gehört, dass ein großer Teil des wertvollen Zeugs abgeholt, aber das meiste davon vom Prisenmeister aufgekauft und mit den Elefanten zum Arogee geschickt wurde.[57]

Zum ersten Mal – und zum einzigen Mal in meinem sechzigjährigen Soldatenleben in weiß Gott wie vielen Feldzügen – gab es keine Schlachtstatistik. Beim Sturm auf Magdala hatten wir nicht einen Mann verloren, nur siebzehn Verletzte und mit nur zwei Toten am Arogee und einem fahrlässigen Kerl, der sich auf dem Marsch hier hoch versehentlich selbst erschoss,[58] bezweifle ich, dass wir mehr als ein halbes Dutzend Todesopfer im gesamten Feldzug zu verzeichnen hatten, Todesfälle durch Krankheit eingeschlossen. Wenn es nichts anderes gäbe, das Napiers Genialität beweist, diese Verlustmeldung hätte wohl ausgereicht. Jedenfalls hatte ich noch nie von etwas Vergleichbarem im Krieg gehört.[59]

Ich verbrachte lediglich eine Nacht in der Amba von Magdala, da dieser Ort wie ein Misthaufen stank und zu einem fröhlichem Durcheinander wurde, als die Plünderer ein geheimes Lager voll Tej im königlichen Keller entdeckten. Soldat Shaughnessy und seine Kumpanen kamen lauthals herbei, da sie ihren Respekt bekunden und sich nach meinem Wohlergehen erkundigen wollten, Sir Harry, Mann, – beim Gesindel beliebt zu sein ist die Hölle. Nachdem ich also zugesehen hatte, wie sie Theodor unter die Erde brachten, nahm ich mir ein Maultier und ritt hinunter zu Napiers Stützpunkt auf dem Arogee und fand eine Unterkunft bei Charlie Fraser, der die Besatzung kommandierte und Colonel in meinem alten Regiment, der 11th Cherrypickers, war. Dort ging es nicht ruhiger zu, denn dort hielten sich über 30.000 Abs auf, sowohl Krieger als auch Zivilisten, die aus Magdala geflohen waren. Unter ihnen waren auch die zwei Königinnen, Tooroo-Wark und Tamagno, ihr jeweiliges Gefolge und beinahe 300 von Theodors politischen Gefangenen, Prinzen und Stammesführer, die noch in den Gefängnissen der Amba gesteckt hatten. Manche von ihnen waren seit 15 oder 20 Jahren in Gefangenschaft gewesen und einer sogar mehr als 30.

Ich hatte Glück gehabt. Der große Tyrann hatte mich weniger als eine Woche festgehalten. Nun war alles vorbei, die Hauptmänner und die Königinnen würden bald abreisen,[60] und ich konnte mich zu guter Letzt zufrieden zurücklehnen – allerdings mit einem leichten Schmerz in der Wade – und mich nach all den Gefahren und Elend entspannen, bevor ich mich resignierend der Unbequemlichkeit der Rückreise zur Küste hingeben würde, gefolgt von einer beschaulichen Überfahrt nach Hause auf die Kosten von *Her Majestys General*. Du hast es mal wieder geschafft, alter Freund, dachte ich. Keine öffentliche Anerkennung, vielleicht, aber Napier hatte Recht, du leidest in diesem Bereich nicht gerade unter Mangel. Eine halbe Million in Silber, die dir durch die Hände flossen, aber nicht ein Penny, den du dir selber zustecken konntest, aber was soll's? Elspeth und ich hatten genug an uns … Der bloße Gedanke an ihren Namen brachte mich zu der wunderbaren Feststellung, dass ich in ein paar kurzen Wochen wieder mit all dieser herrlichen milchig-weißen Liebenswürdigkeit vereint sein würde, die die ganze Zeit über brachgelegen hatte (hoffte ich zumindest, aber bei ihr konnte man das nie so genau sagen), während ich meine Zeit mit mexikanischen Schlampen verschwendete und talgigen Fräuleins und schwarzen Barbarinnen. Ich konnte meine Augen schließen und sie vor mir sehen, ihre Lippen schmecken und den Duft ihrer blonden Locken einatmen … Oh, zur Hölle mit dem weltweiten Liebeleien, ich käme dieses Mal endgültig nach Hause, und je früher Napier das Lager abbrach und gen Norden marschieren ließ, desto besser.

Was das anging, konnte er jedoch nicht einfach zur Tagesordnung übergehen. Mit dem toten Theodor war Abessinien ohne Herrscher und während Napier unerbittlich dabei blieb, dass dessen Neubesetzung nicht unser Problem sei, fühlte er sich doch dazu verpflichtet, den Besitz Magdalas zu regeln und die Unversehrtheit seiner Bewohner zu gewährleisten – das, und darauf bestand er, war eine Frage der nationalen Ehre. Aber Magdala war nur ein Teil seines Dilemmas. Das Hauptproblem lag im Galla-Territorium begründet. Theodor hatte es vor zehn Jahren eingenommen und bis jetzt gehalten, als Bollwerk gegen die Übergriffe der Muslime auf das christliche Abessinien, und Napier wollte dies auch nicht geändert sehen. Also wurde entschieden, dass man diese Amba dem Gobayzy aus Lasta anbot, dem nächst verfügbaren christlichen Monarchen. Nach allem, was ich gehört habe, war er eine traurige Teesemmel, aber das war nicht mein Problem, obwohl ich Masteeat den Ort überlassen hätte, verdammt noch mal. Sie war derselben Auffassung, aber auch Warkite, ihre ältere Schwester und Rivalin im Kampf um die Alleinherrschaft über alle Galla-Stämme. Da Uliba nun aus dem Weg geräumt war, waren sie die einzigen Anwärter auf den Thron, und ganz gewiss rollten sie innerhalb der nächsten zwei Tage, nachdem Magdala gefallen war, zum Arogee, um ihre Fälle vorzutragen.

Warkite kam als erste an, eine schlichte, mürrische Kreatur, aber nicht die hexenartige Schrulle, die ich nach all den Erzählungen erwartet hatte. Ihr Nachteil war, dass sie keinen Erben hatte, während Masteeat Mutter eines Sohnes war, der irgendwann zum König ernannt werden konnte. Theodor hatte Warkites Sohn umgebracht und obwohl sie mit einem Enkel aufwarten konnte, wurde der als unzureichend erachtet. Sie hatte mit Menelek verkehrt, dem König von Shoa, der verhasste „fette Junge", der einst Magdala belagern wollte, aber die Nerven verlor und den Schwanz eingezogen hatte. Nun, sie machte keinen guten Eindruck auf Napier, lamentierte über ihr Unglück, wetterte gegen Masteeat und erschien jede Minute weniger königlich.

Napier nahm Speedy und mich beiseite und fragte uns nach unserer Meinung. Ich sagte, wenn es zu einem Krieg käme, würde Masteeat sie zum Frühstück verspeisen, da sie die Männer, das Hirn und den Willen dazu besaß. Speedy stimmte zu und ergänzte, dass Masteeat sich schon gegen Theodor behauptet hatte und als Königin der Galla angesehen werden sollte, wem auch immer Magdala zufiel.

Warkite war also aus dem Rennen. Als Napier fragte, ob sie sich nicht mit ihrer Schwester versöhnen könne, stieß sie ein lautes, quietschendes Lachen aus und rief, falls sie heute Frieden schließen würde, dann würde Masteeat sie morgen schon betrügen. Just da erreichte uns Meldung, dass Masteeat bald ankommen würde, und Warkite zog davon wie ein aufsteigendes Moorhuhn und ward nie wieder gesehen.

Ich gebe zu, dass ich mich auf das Eintreffen meiner Löwenkönigin freute. Sie kam mit Stil, mit einer Entourage aus Kriegern und Dienern, unter einem großen Regendach stolzierend, das von Dienern getragen wurde. Ihr auslandender Bauch war umwickelt mit Seiden aller Farben, behangen mit Juwelen, ihre Zöpfe waren in einem Turban eingewickelt waren und sie trug ein silberbesetztes Zepter. Der gesamte Stab war zugegen, um sie zu empfangen, was sie mit einem leuchtenden Grinsen und königlichen Nicken zur Kenntnis nahm. Sie hielt den Kopf hoch erhoben und die Hand in königlicher Manier ausgestreckt, als Napier auf sie zukam, um sie zu begrüßen. Sie war überwältigend und einen Moment war ich versucht, ihr die Hand zu küssen, zügelte mich aber noch rechtzeitig und machte stattdessen eine etwas steife Verbeugung.

Napier stellte gerade seinen Stab vor, als sie beim Anblick von Speedy lauthals „Basha Fallaka!“ ausstieß. Ich hingegen wurde mit einem schläfrigen Lächeln begrüßt, aber sie zeigte keinerlei Zeichen des Wiedererkennens. Da wir uns das letzte Mal auf dem Fußboden ihres Speisesaals vergnügt hatten, hielt ich ihr Gebaren für überaus geschmackvoll, freundlich, ganz und gar geziemend. Den anderen gegenüber war sie ganz würdevolle Leutseligkeit, wohl weil sie noch nüchtern war. Napier war schwer beeindruckt und Speedy bemerkte: „Da ist unsere Königin von Galla, was?"

Sie bereiteten ihr ein Abendessen und sie löste allgemeines Erstaunen aus, als sie sich auf die Mahlzeiten stürzte wie eine ausgehungerte Python. Stanley berichtete: „Sie aß wie ein Vielfraß, entsorgte alles, was vor ihr stand, ohne die entsetzten Blicke zu beachten … Blutwurst, Fleisch, Pudding mit Kartoffeln … mit Schmatzgeräuschen auf ihren Lippen, die wie Pistolenschüsse klangen." Außerdem trank sie wie ein Wal, brüllte vor Lachen, ausgelassener und vulgärer mit jedem Schluck. Niemandem, nicht einmal Napier, schien dies etwas auszumachen. Es mag an ihrer exotischen Seltsamkeit gelegen haben, ihrer zweifellos sexuellen Anziehungskraft, oder einfach an der Unbefangenheit, die sie ausstrahlte. Man erkannte aber auch schnell, dass sie trotz ihrer schlechten Manieren zu eindrucksvoll war, um übersehen zu werden.[61]

Speedy und ich waren die einzigen der Anwesenden, die direkt mit ihr sprechen konnten, ohne einen Übersetzer zu benötigen, und als sie ein paar Minuten mit ihm allein beim Kaffee sprach, winkte sie mich herbei, den Platz neben ihr einzunehmen. Als ich sie während der Mahlzeit über den Tisch hinweg angeschaut hatte, fragte ich mich, wie viel sie von Uliba-Warks Schicksal wusste, wenn überhaupt, und ob sie es vielleicht erwähnen würde. Nun, das tat sie, aber auf eine möglichst umständliche Weise, und bis zu diesem Tag kann ich nur raten, wie sie davon erfahren hat, was in dieser schrecklichen Nacht vorgefallen war. Vielleicht war ein Galla dem Massaker entkommen. Ich kann nur wiederholen, was sie gesagt hat, nachdem ich ihren Becher mit Tej füllte, sie ihn runterspülte, ihre Lippen mit der Ecke ihres Turbans abwischte und ihr fettbackiges schlüpfriges Lächeln zeigte.

„Der Basha Fallaka sagt, dass ich meine 50.000 Taler erhalte. Euer Dedjaz Napier – was für ein feiner und höflicher Mann er ist! – hat sein Wort darauf gegeben. Aber", sie zog eine Schnute und nahm einen weiteren Schluck, „er sagt nicht, ob ich Magdala erhalte.“ Sie schaute fragend.

„Wenn mein Wort irgendetwas zählt, bekommt Ihr es. Aber ihr wisst, dass es Gobayzy angeboten wurde.“

Sie kicherte gehässig. „Gobayzy wird zurückschrecken wie eine verängstigte Braut! Wie sollte er eine Amba annehmen, die von meinen Kriegern umgeben ist? Er würde seinen fetten Körper zu einem Schatten runterschwitzen beim bloßen Gedanken daran. Nein, er wird ohne Zweifel ablehnen.“

„Dann gehört Magdala Euch, Löwenlady. Es gibt niemand anderen.“

Sie nickte, nahm einen Schluck, wischte sich wieder den Mund ab und saß einen Moment einfach nur still da. Dann sagte sie leise: „Uliba-Wark hat jetzt ihren Frieden. Meine kleine Uliba, die mich geliebt und gehasst hat. Vielleicht hat sie Euch auch geliebt und gehasst. Ich weiß es nicht, aber ich frage auch nicht.“ Sie nahm einen weiteren Schluck und setzte den Becher ab. „Ihr wart da, als sie starb. Nein, erzählt mir nicht davon. Manche Dinge weiß man besser nicht. Es reicht zu wissen, dass sie jetzt ihren Frieden hat.“

Das ist alles, was sie zu mir sagte, und ich habe sie danach nur ein weiteres Mal gesehen, am darauf folgenden Tag, vor ihrem herrlichen seidenen Pavillon, als Gobayzy die Nachricht sendete, dass er sich von dem Angebot über Magdala geehrt fühle, aber er es leider ablehnen müsse. Also war die Amba ihre, sagte Napier, aber sie müsse verstehen, dass er dazu verpflichtet sei, die Verteidigungsanlagen zu zerstören und alle Gebäude niederzubrennen, um die Missbilligung über die Vorgehensweise seines letzten Herrschers auszudrücken, der es gewagt hatte, britische Bürger zu malträtieren und einzusperren. Sie versicherte ihm, dass Feuer den Ort nur reinigen könne und reiste mit ihrer Gefolgschaft ab, in einem Palki getragen und graziös auf die Truppen herablächelnd, die den Wegesrand säumten und ihr zujubelten.

Am selben Nachmittag stand Magdala in Flammen. Die King's Own hatte bis vier Uhr die letzten Bewohner hinausgetrieben und die Sappeure und Mineure hatten ihre Ladungen gelegt. In einer Reihe von donnernden Explosionen wurden die Tore und Wälle weggeblasen, die letzte der Kanonen zerstört und das gesamte baufällige Dorf mit seinen strohbedachten Palästen und Gefängnissen und Häusern fiel den Fackeln zum Opfer. Der Wind fachte die Brände an, bis, wie es Stanley ausdrückte, das ganze Plateau der Amba mit seinen 3.000 Gebäuden in einem gewaltigen Flammenmeer aufloderte. Die Armee schaute zu und ich hörte einen Kerl sagen, dass die Hölle wohl so aussehen müsse, aber er irrte sich: der brennende Sommerpalast – so sah die Hölle aus. Herrliche Schönheit, verzehrt und verschlungen von einer mächtigen Zerstörungswut. Magdala war lediglich ein von Ungeziefer geplagtes Pestloch, dessen Bewohner nur allzu froh darüber waren, es zu verlassen.

Tatsächlich konnten sie sich gar nicht weit genug davon entfernen. Es war eine ausschwärmende Horde, Zehntausende, Männer, Frauen, Chicos, Tiere und all ihr Drum und Dran, das da noch am selben Tag vom Arogee loszog, den Hohlweg hinunter zum Bechelo: Das war Napiers andere große Sorge, dass sie nicht in die Fänge der Galla-Marodeure fielen, denen das Plündern von Magdala untersagt worden war und denen es in den Fingern juckte, diesen Verlust auf Kosten der Flüchtlinge auszugleichen, wenn es sich so ergab. Unsere Truppen gaben ihnen den ganzen Weg über Rückendeckung, aber Napier ging keine Risiken ein und ließ sie von der Kavallerie bis 20 Meilen hinter den Fluss eskortieren.

Am nächsten Tag, dem 18., machte sich die Armee auf nach Norden, mit den Sherwood Foresters an der Spitze, deren Kapelle „When Jonny Comes Marching Home Again“ spielte und „Brighton Camp“. Direkt hinter ihnen kamen die Native Infantery Sepoys, gefolgt von den Scindees und Lanzern und Dragoon Guards, und hinter ihnen die Kanonen und die Teerjacken der Naval Brigade. Ganz am Schluss marschierte die 33rd, die Irischen Hooligans der Duke of Wellington's. Dreckig, ungepflegt, müde, und glücklich, schnappten sie die Melodie auf und schlossen sich an:

I seek no more the fine and gay,
They serve but to remind me,
How swift the hours did pass away,
With the girl I left behind me.

Napier hielt sein Pferd am Wegesrand an. Speedy, Charlie Fraser, Merewether und meine Wenigkeit taten es ihm gleich und schauten ihnen beim Vorbeiziehen zu, wie sie jubelten und johlten und ihre Helme beim Anblick des alte Schürzenjägers schwenkten, der sie hierher gebracht hatte und entgegen aller Erwartungen sogar wieder zurückbringen würde. Er lächelte und nickte und hob seinen Hut für sie. Dabei sah er so alt und ermattet aus wie immer, aber zufrieden. Er wandte sich in seinem Sattel um und blickte zurück auf die drei massiven Gipfel, wo er ein militärisches Wunder vollbracht hatte – Selassie und Fala glänzten gülden in der Morgensonne und hinter ihnen lag Magdala wie ein großer glühender Vulkan, dessen Rauchwolke sich in den wolkenlosen Himmel erhob.

„Wir gehen jetzt nach Hause, Gentlemen", sagte er, und Merewether sagte irgendetwas von einer großen Waffentat und wie das Land der Armee und ihrem Anführer applaudieren würde. Napier meinte, er gehe davon aus, dass die Queen und die Menschen zufrieden wären und H.M.G. auch, kein Zweifel, „aber Ihr könnt Euch sicher sein, dass es nicht nur reine Begeisterungsstürme geben wird. Die gibt es nie."

Speedy wollte davon nichts hören. „Warum, Sir Robert, wer kann sich beschweren, abgesehen von ein paar erbärmlichen Miesmachern, zweifellos dieselben Unken, die von Anfang an gelästert haben, der Feldzug wäre verflucht – und jetzt nörgeln sie über die Kosten? Als ob so ein Kampf auf günstige Weise durchgeführt werden könnte mit einer bunt zusammen gewürfelten Armee und Flotte! Sie haben ihn zu einem guten Preis bekommen!"

„Ich bezweifele, dass das Finanzministerium Euch da zustimmen wird", lachte Napier in bester Laune. „Nein, ich dachte eher an die Schlaumeier in den Clubs und bei den Zeitungen, die es für falsch halten werden, dass wir genau das getan haben, was wir sollten: unsere Landsleute retten. Ich wage zu behaupten, dass es im Ober- und Unterhaus Stimmen geben wird, die fragen, warum wir ein unzivilisiertes Land in Chaos und Bürgerkrieg zurückgelassen haben –"

„Wie es auch schon vor Jahrhunderten war, bevor wir kamen!", rief Charlie. „Und der Äthiopier kann nicht raus aus seiner Haut, oder? Er wird morden, ob wir nun hier sind oder nicht!"

„Der Oberbefehlshaber hat aber Recht", sagte Merewether. „Es wird einen Aufschrei geben, weil wir keine Garnison zurücklassen, um die Stämme zu befrieden und das Land zu kontrollieren – oh, und Land an Leute zu verteilen, die schon lange vor uns Christen waren! Als wäre Abessinien ein Land, das man befrieden und kontrollieren könnte, mit weniger Leuten als zehn Divisionen und einer großen Zivilverwaltung!"

„Was zu Ausgaben von mehr Millionen führen würde, als wir ausgegeben haben – und ohne Hoffnung auf Gewinn." Napier lächelte, als er dies sagte, aber ich fragte mich, ob ihn bereits die Andeutung eines Tadels aus heimischen Gefilden erreicht hatte. Sie hatten ihm freie Hand gelassen, und er war nicht knauserig gewesen.

„Und wenn wir den vermaledeiten Ort besetzten, würde uns Mr. Gladstone* niemals verzeihen!", sagte Merewether. „Was, das Empire ausweiten? Autarke Völker in die Unterwerfung treiben und sie zu unserem Vorteil ausbeuten? Lieber nicht!"

Darauf herrschte allgemeines Gelächter, und Napier sagte mit angedeutetem Lächeln, dass wir es uns gefallen lassen müssten, als herzlos, unverantwortlich oder habgierig betrachtet zu werden. „Brutale Gleichgültigkeit oder selbstsüchtiger Imperialismus, das stand für uns zur Auswahl. Wie eine alte schottische Dienstmagd aus meinem Bekanntenkreis immer sagte: ‚Ye canna dae right for daein' wrang!'"[62]

Weiteres Gelächter, und Charlie sagte, nun, zum Glück könnte sich niemand darüber beschweren, dass es ein furchtbares Gemetzel an hilflosen Eingeborenen durch die Waffen der Zivilisation gegeben hat. „Es war nicht unsere Schuld, dass der

* William Ewart Gladstone, Premierminister.

lustige alte Theodor ins Gras gebissen hat!", fügte er noch hinzu. Merewether sagte, das wäre ja ein Glück, und ich konnte die angespannte Stille von Napier und Speedy spüren. Aus Rücksicht auf mich zügelte Napier sein Pferd, bis ich neben ihm war, und sagte dann heiter: „Ihr seid so still, Harry. Habt Ihr keine philosophische Überlegung zu diesem Feldzug? Keine Ansichten darüber, was getan oder unterlassen werden sollte, nun, da er vorbei ist?"

Ich schaute zurück auf den Rauch, der über Magdala aufstieg, wie ein Geist, der aus seiner Flasche ausbrach, und dann auf die lange, staubige Reihe aus Soldaten zu Pferd oder zu Fuß und Kanonen, die den Hohlweg heruntergebracht wurden. Und ich dachte an das höllisch schöne Land und seine höllisch schönen Bewohner, an Yandos Käfig und die Schrecken von Gondar, an den Banditenschatz, umschwärmt von Skorpionen, an den Furcht einflößenden Donner des gigantischen Wasserfalls, an einen lamentierenden Irren, der hilflose Gefangene abschlachtete, an kämpfende Frauen, die sich an Massakern berauschten, an ein anmutiges Teufelsweib, glühend vor Liebe und eiskalt vor Hass … Und bemerkte endlich den lächelnden alten Soldaten, der auf eine Antwort wartete, als wir im Sonnenschein vom Arogee hinunter ritten.

„Meine Ansichten, Sir? Die spielen keine große Rolle … Oh, aber einen Ratschlag hätte ich in der Tat … Es würde mir nichts ausmachen, den Ministern Ihrer Majestät vorzuschlagen, wenn sie das nächste Mal einen Brief von einem dünnhäutigen Barbarendespoten erhalten, es ihnen viel Ärger und Kosten ersparen würde, wenn sie ihm postwendend eine höfliche Antwort zukommen ließen …"

[Und mit dieser typisch bissigen Bemerkung kommt das elfte Paket der Flashman-Manuskripte zu seinem Ende.]

Anhang I

Die Straße nach Magdala

Vielleicht weil er so ungewöhnlich war, vielleicht aufgrund der Tatsache, dass er solch ein Triumph war, hat der Abessinische Krieg eine Vielzahl von Autoren dazu veranlasst, jedes Detail des Feldzugs genauer zu beleuchten. Holland und Hoziers offizieller Bericht ist das Hauptquellenwerk, das sich mit allen Aspekten von der übergreifenden Erzählung der Operationen bis zu den Soldtarifen der einheimischen Wasserträger befasst. Blanc und Rassam haben die Erfahrungen der Gefangengen beschrieben und der Marsch wurde en detail von Stanley, Henty, C.R. Markhams *A History of the Abyssinian Expedition*, 1869, A.F. Shepherds *The Campaign in Abyssinia*, 1869, und anderen behandelt. Aber diejenigen, die gute kürzere Werke von späteren Historikern bevorzugen, können mit Frederick Myatts *The March to Madgala*, 1970 und Mooreheads *The Blue Nile*, welches in seiner Darstellung des Flusses und seiner Geschichte einen Bericht von Napiers Marsch enthält, nicht fehl gehen. Das Tagebuch von William Simpson aus der *Illustrated London News* wurde zuvor bereits erwähnt und man kann die wöchentliche Berichterstattung nicht außen vor lassen, die die Zeitung zeitgleich zum Feldzug herausgegeben hat, zusammen mit exzellenten Illustrationen. Zu guter Letzt, wer auch immer die Ereignisse verstehen möchte, die zu diesem Krieg geführt haben und die Geschichte des Landes, in dem gekämpft wurde, wird Frank R. Canas Essay in der 11. Edition der *Encyclopedia Britannica*, 1910, höchst hilfreich finden, während Percy Arnolds *Prelude to Magdala*, 1991, ein unbezahlbares wie detailliertes und maßgebendes Werk über die diplomatischen Vorentscheidungen des Krieges ist.

ANHANG II

Theodore und Napier

Obwohl Flashmans Beteiligung am Krieg nebensächlich war, kannte er Theodor, den Mann im Auge des Sturms, wahrscheinlich besser als jeder andere, mit Ausnahme vielleicht von Rassam und Speedy. Des Weiteren ist er die tonangebende Autorität für die königlichen Schwestern Masteeat und der mysteriösen Uli-ba-Wark und für das Verhalten der Galla während des Feldzugs. Niemand hat die abessinische Seite der Krise genauer gesehen als Flashman.

Die Handlungen des Kaisers verstehen zu wollen, ist wirklich vergebliche Liebesmüh. Er befindet sich weit außerhalb der Erklärungsmodelle von Psychiatern und Psychologen und selbst wenn das nicht so wäre, ist es anzuzweifeln, ob sie ihn verstehen oder gar erklären könnten. Flashman versucht dies nicht und man kann lediglich behaupten, dass sein Portrait Theodors, eine Nahansicht basierend auf kurzer Bekanntschaft, fast genau mit denen übereinstimmt, die wir von Blanc, Rassam und anderen gegenwärtigen Autoritäten erhalten haben. Beinahe alle Gedanken und Ideen und selbst die einzelnen Worte, mit denen Flash ihn beschreibt, sind auch anderswo zu finden, in den Berichten anderer Zeugen und in Theodors eigenen Briefen. Seine deutlich gespaltene Persönlichkeit, seine extremen Stimmungsschwankungen, seine Phasen von Klarheit, sogar Unbekümmertheit stand seinen zügellosen Wutausbrüchen, seinen gütigen Impulsen, seinem bewiesenen Drang zur Selbstzerstörung, seiner Trunkenheit, seiner rastlosen Energie, seinen nicht anzweifelbaren Fähigkeiten und seiner wahrhaft teuflischen Bösartigkeit diametral gegenüber. All diese Dinge, die Flashman beschreibt, sind Echos von dem, was andere in diesem merkwürdigen, talentierten, stolzen und überaus schrecklichem Mann sahen.

Denn wenn alles gesagt ist, wenn seine unbestrittenen Tugenden anerkannt werden, seine Courage, seine Großzügigkeit, sein Patriotismus, seine geschulte Intelligenz, sein Hingabe zum Glauben, sein militärisches Können und persönlichen Eigenschaften („der beste Schütze, der beste Speerträger, der beste Läufer, der beste Reiter in Abessinien"), und wenn Nachsicht gezeigt wurde für die Schwierigkeiten, denen er ausgesetzt war, während er ein unbändiges Land zu regieren versuchte, den Provokationen gegenüber einem eingebildeten Geist, die ihm durch die schlechten Manieren der Briten auferlegt wurden, der schmerzhafte Verlust seiner geliebten Frau und besten Freunde und der berauschende Effekt von absoluter Macht – nach alledem gibt es kein Entweichen vor der Schlussfolgerung, dass Theodor II. von Abessinien ein Monster war, das sich mit den schlimmsten der Geschichte durchaus messen konnte.

Seine Abscheulichkeiten, seine Gemetzel, Folterungen und Massenexekutionen, seine bewusst sadistischen Orgien, sowohl kaltblütig als auch hitzköpfig durchgeführt, sind alle erwiesen und lassen einem mit demselben sprachlos machenden Schrecken zurück, der von den ersten Bildern aus Bergen-Belsen hervorgerufen wurde, demselben Unglauben darüber, dass Menschen zu solchen Taten fähig sind, und es kommt einem unausweichlich dasselbe Wort in den Sinn, welches auch auf die Hitlers und Stalins angewendet wurde: Wahnsinn.

Das ist natürlich eine nutzlose Bezeichnung. Ob Theodor klinisch unzurechnungsfähig war oder nicht, tut nichts zur Sache; er war verrückt in jedem gängigen Sinn des Wortes. Die Schwierigkeit für den Laien ist, dass er zweifellos auch normal war, zumindest gelegentlich. Seine Kindheit und Jugend, auch wenn sie befleckt war von der Unbarmherzigkeit und Grausamkeit, die später zwanghaft wurde, war auf andere Weise ein Modell von aufgeklärter Herrschaft. Er versuchte die Sklaverei abzuschaffen und das Steuerwesen zu reformieren, aber wegen der vorherrschenden Anarchie im Land und der Schwierigkeiten, die besiegten Rivalen zu kontrollieren, waren seine Bemühungen, das Land aus seinem mittelalterlichen Status zu reißen, zum Scheitern verurteilt. Seine Zielsetzungen, seine Vorstellung von sich selbst als Kreuzritter des Schicksals, der das abessinische Kaiserreich wiederaufbauen würde, um es bis nach Jerusalem ausweiten, erwies sich als sein Verderben. Indem er Krieg gegen die Wollo-Gallas führte, in dem Versuch, sie zum Christentum zu konvertieren, machte er einen entscheidenden Fehler. Er nahm Magdala ein und machte sich durch seine mörderische Grausamkeit einen Todfeind, der Napier helfen würde, ihn zur Strecke zu bringen.

Sein Ruf war abschreckend. Aber er hatte auch, wenn nicht Apologeten, so doch mindestens mitleidige Schreiber, die ihn zu verstehen versuchten. Alan Moorehead, zum Beispiel, schreibt in allgemein akzeptierter Sichtweise, dass er ein verrückter Hund war, der von der Leine gelassen wurde, fügt aber hinzu, dies entspräche zwar in vielerlei Hinsicht der Wahrheit, dieser abschreckende Ruf wäre ihm nicht vollständig gerecht. „Ein Hauch Vornehmheit kommt dazu." Er beschreibt Theodor nicht nur als eine elementare Gestalt, die dem Schicksal trotzte, sondern auch „wenn man für einen Moment über seine Grausamkeiten hinwegsieht, kann man erkennen, dass er eine völlig getriebene Person war, ein Caliban mit Macht, die ihn aber nicht leitete; er hatte keine Heimat." Unglücklicherweise kann man nicht über seine Grausamkeiten hinwegsehen und jeder Versuch, Theodor zu erklären, kann nur in der banalen Schlussfolgerung enden, dass das wahrhaft Böse in seinem Herzen wohnte und die glorreichste Tat seines Lebens war, selbiges zu beenden.

Flashmans Kurzfassung seiner frühen Jahre und die Ursachen und Entwicklungen seines Streits mit Britannien sind an sich recht akkurat und für diejenigen, die noch mehr Details wünschen oder an Theodor als Fall für die Therapeuten-Couch interessiert sind, werden die Arbeiten, die in den Notizen zitiert werden, von Interesse sein.

Robert Cornelis Napier (1810 – 1890) wurde auf Ceylon in eine der großen Militärfamilien geboren. Mit 14 ging er auf das Addiscombe, das College der East India Company, trat später den Royal Engineers bei und erarbeitete sich in einem halben Jahrhundert des Kriegshandwerks einen Ruf, der innerhalb der Viktorianischen Armee seinesgleichen sucht. Er und Flashman hatten zusammen im Ersten Sikhkrieg gedient, der Indischen Meuterei und dem Chinesischen Krieg von 1860, und Flashman übertreibt kaum, wenn er seinem Freund „die Hälfte der Kanäle und die meisten Straßen" in Nordindien gutschreibt. Denn Napiers Ingenieurstätigkeiten waren genauso hervorragend wie seine Gefechtsbilanzen. Er war ein Freund von Brunel und Stephenson und als er mit nur 20 Jahren aufgrund einer Krankheit zu drei Jahren Urlaub gezwungen war, verbrachte er den Großteil dieser Zeit damit, Schienen- und Kanalbau zu studieren. Er war ein ausgezeichneter Landschafts- und Portraitzeichner und im Alter von 78 nahm er noch Unterricht im Mischen von Farben. Er war außerdem ein Geologe und studierte Fossilien und ein Mitglied der Royal Society, was womöglich der Grund war, warum Flashman ihn den *Schürzenjäger* taufte.

Napiers Dienstbilanz ist zu lang und vielseitig, um sie im Detail wiederzugeben, aber Flashman hat eine prägnante und ordentliche Skizze eines Lebens gezeichnet, das durch den Kampf mit schlechter Gesundheit, die aus Wunden und Entbehrungen resultierte, umso bemerkenswerter war. Wenige Generäle zuvor oder danach haben mehr Gefechte in der ersten Reihe geführt. Deswegen schätzten ihn seine Soldaten – britische wie indische – auch so sehr. Ein anderer Grund seiner Beliebtheit war das Interesse, das er an ihrem Wohlergehen innerhalb und außerhalb der Frontlinien zeigte. Er ermutigte körperliche Fitness und Erholung, führte ein Preisschießen ein und als Commander-in-Chief in Indien etablierte er einen wöchentlichen freien Tag, jeden Donnerstag, welcher später als St. Napiers Day bekannt wurde.

Tatsächlich hat es den Anschein, als wäre er ein ungewöhnlich liebenswerter Mann gewesen, angenehm, höflich und überaus bescheiden. Flashman, der selten etwas Gutes über seine

Kommandanten zu sagen hat, bewunderte ihn nicht nur, sondern mochte ihn sogar und erinnert, wie viele andere auch, die sanfte Stimme und das plötzliche leuchtend strahlende Lächeln.

Er und seine Armee wurden wie Helden empfangen, als sie von Abessinien zurückkehrten, und er wurde zu Baron Napier von Magdala ernannt. Eine ungewöhnliche Ehre war die doppelte Lobrede, die er sowohl von Disraeli als auch von Gladstone erhielt. Letzterer schloss seine Huldigung ab, indem er von Dankbarkeit, Bewunderung, Respekt und Achtung sprach – „Ich würde beinahe sagen, mit Zuneigung für diesen Mann."

Nach seiner Pensionierung wurde er Gouverneur von Gibraltar und Feldmarschall-Wachtmeister des Towers. Er erhielt ein Staatsbegräbnis, das beeindruckendste seit Wellington, und liegt in der St. Paul's Cathedral begraben. Sein Denkmal steht in der Kensington Road gegenüber des Queen's Gate, London. (H.D Napier, *Field-Marshal Lord Napier of Magdala*, 1927; H.M. Vibart, Addiscombe; *Its Heroes and Men of Note*, 1894.)

ANHANG III

Abessinische Namen

In den Vorbemerkungen wurde Flashmans Inkonsistenz bei der Rechtschreibung abessinischer Namen angesprochen. Damit stand er nicht allein da. Als der Abessinische Feldzug begann, waren nahezu keine allgemein gültigen Namen von Orten oder Menschen außerhalb des Landes bekannt. Daher hat Theodors* Königin viele Namen: Tooroo-Wark, Teriwark, Teru-Wark, Terunsheh, Terunish und sogar Terenachie; seine zweite „Königin-Konkubine", die Flashman Tamagno nennt, ist außerdem Yetemagnu und Itamanya benannt worden; sein Kammerdiener Wald Gabr ist auch als Welder Gabre bekannt. Das Gleiche gilt für Städtenamen, also habe ich die Schreibweisen ausgewählt, die Flashman am häufigsten gebraucht. Ernster sind hingegen die Unstimmigkeiten der Karten aus der entsprechenden Zeit, und auch hier habe ich Flashmans eigene krude Zeichnungen verwendet, die nicht besser oder schlechter sind als der Rest. Es scheint richtig und angemessen, dass das Wort „Abessinien" „Verwirrung" bedeutet, so hat man es mir zumindest erzählt.

* Theodor II, auch Tédoros

Anmerkungen

[1] Es ist nicht ganz klar, warum der Maria-Theresia-Taler sich solcher Beliebtheit erfreute. Speedicut meint, dass sein Silber von ungewöhnlicher Reinheit wäre, aber Samuel Baker, der Jäger und Entdecker, bemerkte, dass das Bildnis der Kaiserin „mit einem tief ausgeschnittenen Kleid und einer enormen Oberweite offensichtlich dem arabischen Geschmack entspricht.“ (*The Nile Tributaries of Abyssinia*, 1867).

[2] „Dickey“, was *wackelig* oder *unsicher* bedeutet, ist als Ausdruck Jahrhunderte alt, aber „in Dickie's meadow“, was *in ernsthaften Schwierigkeiten sein* bedeutet, ist eine nordcumbrische Redewendung, und man hat darauf hingewiesen (spaßeshalber, keine Frage), da Richard III in jüngeren Jahren Hüter der West Marches mit seinem Hauptquartier in Carlisle war, wo eine der bekanntesten Straßen der Stadt, Rickergate, an ihn erinnert, die sprichwörtliche Wiese Bosworth Field gewesen sein könnte.

[3] Das Rätsel um Flashmans Dienste in der französischen Fremdenlegion bleibt ungelöst. Es mag nach dem amerikanischen Bürgerkrieg gewesen sein, dass er zu Maximilian stieß, oder zu irgendeinem früheren Zeitpunkt in Nordafrika, dass er es mit der Legion zu tun hatte, wie Hinweise an anderen Stellen in seinen Aufzeichnungen andeuten. Dies ist die erste Erwähnung seiner Desertion, aber ohne Angabe von Ort und Zeitpunkt. Eine Sache ist klar: Er muss seinen Frieden mit den französischen Autoritäten vor 1877 geschlossen haben, das Jahr, in dem er in die Ehrenlegion aufgenommen wurde.

[4] Flashman erinnert sich an einen weiteren Dienst für die königliche Familie Österreichs, als er eine Verschwörung ungari-

scher Nationalisten vereitelte, bei der Kaiser Franz-Josef 1883 in seiner Jagdhütte in Bad Ischl ermordet werden sollte. Dafür erhielt er den Maria-Theresia-Orden und durfte einen Walzer mit Kaiserin Elisabeth (Sissi) tanzen. (Siehe *Flashman und der Tiger.*)

[5] Flashmans mexikanische Aufzeichnungen werden zweifellos mehr Auskunft über diese bemerkenswerte und eher mysteriöse Abenteurerin geben. Alles was wir über ihre Herkunft wissen, ist, dass sie wahrscheinlich Amerikanerin war und Zirkus-Reiterin, bevor sie Prinz Felix zu Salm-Salm, einen deutschen Glücksritter, getroffen und geheiratet hat, als dieser im amerikanischen Bürgerkrieg diente. Nach dem Krieg zog es die unternehmungslustigen Salms nach Mexiko, wo Felix Maximilians Hauptberater und Flashmans Kollege wurde. Die drei versuchten mehrfach, den Kaiser vor dessen Exekution zu retten, und Prinzessin Agnes hat einige Beschreibungen darüber in ihrem *Ten Years of my Life* (1868) hinterlassen, dessen Frontispiz eine gutaussehende, eindrucksvolle Lady von unübersehbarer Intelligenz und Willenskraft zeigt. Abgesehen von diesen Tatsachen, und was Flashman über sie schreibt, ist das einzige andere Detail, das wir kennen, dass sie einen Hund besessen hat, Jimmy, der ihr ständiger Begleiter war. (Siehe *Flashman und der Tiger*, und Maximilians Lieutenant, *A Personal History of the Mexican Campaign*, 1864–7 von Ernst Pitner, tr. und herausgeben von Gordon Etherington-Smith, 1993.)

[6] Details über Maximilians letzte Reise können vielleicht in Zeitungen jener Tage gefunden werden, und es gibt einen exzellenten Bericht in der *Illustrated London News*. Es versteht sich von selbst, dass Flashman das Zeremoniell in- und auswendig kannte, sogar bis hin zu dem merkwürdigen dreifachen Sarg und der Prozession im Hafengebiet.

[7] Es müssen ungefähr 250 dieser Kassetten gewesen sein. Jede von ihnen beinhaltete 2.000 Dollar, laut der Unterlagen des Schatzmeisters der Expedition.

[8] Ein Stiefelnacken oder Ledernacken ist ein Royal Marine, vermutlich benannt nach der Lederschlaufe, die den Kragen der Uniform im 19. Jahrhundert verschlossen hielt, oder möglicherweise durch die lederne Halsbinde.
Ledernacken wurde als Spitzname für die U.S. Marines im frühen 20. Jahrhundert übernommen. Royal Marines waren außerdem als Jollies bekannt, laut Eric Partridge einst der Spitzname der London Trained Bands (Miliz während des Bürgerkriegs).

[9] Die Arbeit am Suezkanal, der Idee des französischen Diplomaten Ferdinand de Lesseps, begann im Jahre 1859. Der Wasserweg wurde 1869 für die Schifffahrt freigegeben. Er hatte beinahe 30 Millionen Pfund gekostet, und im Jahre 1875 erwarb Disraeli 176.602 Anteile für 4 Millionen Pfund und überließ Großbritannien einen Anteil von 44%. Der Kanal wurde tatsächlich von Sklavenhand gebaut, durch Zwangsarbeit (Frondienst) ägyptischer Bauern, die durch die rohledrigen Peitschen der Aufseher erzwungen wurde (*Karbatschen*). (John Marlowe, *The Making of the Suez Canal*, 1964.)

[10] Tatsächlich war Flashmans Dollarlieferung nur ein kleiner Teil von Napiers „Kriegskasse“, ungefähr ein Neuntel. Die finanziellen Buchhaltungsunterlagen zeigen eine Summe von 4.530.000 Dollar, die in vielen Ratenzahlungen bis hin zum 14. Mai 1868 vorgenommen wurden, welche die Buchhalter auf ein Äquivalent von 969.343.15 Pfund schätzten. Dies waren aber lediglich die Silberlieferungen; die Gesamtkosten der Expedition lagen weitaus höher. Disraeli, der Kanzler, hatte das Unterhaus ursprünglich um 2 Million Pfund gebeten, weitere 1,5 Million Pfund im darauffolgenden Jahr, falls sich der Feldzug in die Länge zöge. Letztendlich lagen die Gesamtkosten bei ungefähr 9 Million Pfund, einer gewaltigen Summe, die das Parlament bestürzte. Der Fairness halber muss gesagt werden, Disraeli konnte unmöglich vorhersehen, wie viel solch eine Expedition in unbekanntes Territorium kosten würde. Auf der anderen Seite ging man unheimlich verschwenderisch mit den Geldmitteln

um, teilweise weil man Napier eine Blankovollmacht gegeben hatte und dieser keinen Gedanken an die Wirtschaftlichkeit der Unternehmung verschwendete. (Siehe „Supply of Treasure and Financial Arrangements“ in Band 1 der offiziellen Geschichte *Record of the Expedition to Abyssina* von Major T.J. Holland und Captain H.M. Hozier, 1870; *Prelude to Magdala* von Percy Arnold, 1991.)

[11] Diese Version der Durchquerung des Roten Meeres von den Kindern Israels kann außerdem in *Harper's Handbook for Travellers in Europe and the East* nachgelesen werden, 1871er Ausgabe, ein Führer, zusammengestellt für amerikanische Touristen von W. Pembroke Fetridge.

[12] Seedejunge, Sidijunge, anglo-indische Umgangssprache für einen Afrikaner, normalerweise einen Arbeiter (siehe Kipling, *The Lost Legion*, „We've starved on the Seedeboy's pay“). Eric Partridge zeigt in seinem *Dictionary of Slang and Unconventional English* die Ironie auf, dass sich der Begriff von dem Wort *Sidi* ableitet, was Lord bedeutet.

[13] Flashmans Erinnerung spielt ihm einen Streich. Er mag die Karikatur von Theodor im späten Januar des Jahres 1868 durchaus gesehen haben, genau wie das Beklagen im *Punch* über die Kosten der Expedition, die im frühen Dezember 1867 erschienen waren, aber der Vorschlag, Theodor in einem Käfig auszustellen, ist aus der Maiausgabe des *Punch* aus dem Jahre 1868, als der Feldzug bereits vorüber war.

[14] Flashmans Erfahrungen in Abessinien waren von nur kurzer Dauer, kaum mehr als zwei Monate, in denen er vergleichsweise wenig von Land und Leuten mitbekommen hat. Was er gesehen hat, berichtete er mit seiner üblichen Genauigkeit, und seine Beschreibungen von Brauchtum und ethnischen Charakteristiken werden durch zeitgenössische Künstler erhärtet. Sein Enthusiasmus für die Schönheit der Menschen, besonders für

die Frauen der Galla, wird von vielen anderen Reisenden geteilt. Die meisten frühen Beschreibungen des Landes schwärmrm ausufernd von den Kirchen, den religiösen Bräuchen und Artefakten, von denen viele fremd für die europäischen Christen sind. Aber auch wenn Flashman nur wenig Interesse dafür zeigt, sind seine Bemerkungen über Kuriositäten durchaus verlässlich. Die Zeichnungen in der *Illustrated London News* sind von unschätzbarem Wert, so wie J.C. Hottens *Abyssinia and Its People*, 1868, eine Anthologie von Texten und Illustrationen von jedem bekannten Reisenden bis zu dieser Zeit, einschließlich dem ersten Britischen Konsul Plowden, König Theodors Freund und Berater.

[15] James Bruce (1730– 94) war tatsächlich eine Art Exzentriker, ein Gelehrter, Geschäftsmann, Sprachforscher, Antiquar, und der erste einer bedeutenden Reihe schottischer Entdecker in Afrika. Geboren in Stirlingshire und ausgebildet in Harrow, war er ein hervorragender Sportler und Reiter, 193 cm groß, rothaarig, rücksichtslos, kampfbegeistert, und „durch einen übermäßigen Grad an Selbstbewusstsein und dem Durst nach Ruhm beeinflusst“. Im Verlauf seines abenteuerlichen Lebens war Bruce britischer Konsul in Algier, ein gefährlicher Posten als die Berberpiraten noch aktiv waren, überlebte einen Schiffbruch, indem er in Bengasi an Land schwamm, entdecke Abessinien und erreichte die Quelle des Blauen Nils. Er gewann das Vertrauen der dortigen königlichen Familie (und die Bewunderung einer wunderschönen Prinzessin), als er seine amateurhaften medizinischen Fähigkeiten einsetzte, um Pest und Pocken zu behandeln, und versetzte die Krieger durch seine Schießkunst sowie das Einreiten wilder Pferde in Staunen. „Seine unerschütterliche Haltung und seine erstaunliche Stärke und Beweglichkeit kamen ihm zu Gute“, sagte sein Biograf, „um Barbaren einzuschüchtern.“

Seine eigenen Landsleute waren weniger leicht zu beeindrucken, und dem Bericht seiner Abenteuer wurde von den Gebildeten wenig Glauben geschenkt (und führte zu manch einem Skandal), obwohl er sich in Buchform gut verkaufte. Bruces überhebliche Art und Empfindlichkeit waren keine Hilfe, und Fanny Burney bemerkte, dass „sein prachtvolles Auftreten, seine gigantische Größe und unfreundliche Stirn alle verstummen ließen." Er zog sich im Groll nach Schottland zurück und starb, als er eine Dame zu ihrer Kutsche geleiten wollte. Er stolperte und fiel die Treppe hinunter, schlug mit dem Kopf auf und kam nie wieder zu Bewusstsein. Seit seinem Tod hat sich nahezu alles, was er über Abessinien berichtete, als wahr herausgestellt. (James Bruce, *Travels to Discover the Source of the Nile in the Years 1768–73*; Dictionary of National Biography; Margery Perham und J. Simmons, *African Discovery*, 1942)

[16] Der Prinz von Wales, später Edward VII, heiratete Prinzessin Alexandra von Dänemark am 10. März 1863. Weitere Ereignisse, die die Aufmerksamkeit des Außenministeriums in dieser Zeit auf sich zogen, waren die Wahl Prinz Alfreds, Königin Victorias zweiten Sohn, in der griechischen Nationalversammlung zum König von Griechenland (eine Ehre, die abgelehnt wurde); Russlands Aufteilung von Polen in Provinzen; Maori-Aufstände in Neuseeland und der Vorstoß der französischen Truppen auf Mexiko-Stadt, welcher zu der Amtseinführung von Maximilian als Kaiser führte.

[17] Der öffentliche Pessimismus war so groß, dass Holland und Hozier ihm Platz in ihrem offiziellen Bericht einräumten. Briefe an Zeitungen „zeichneten abscheuliche Bilder von Malaria an der Küste und der Gesundheitschädlichkeit des Landes. Einmal sollte die Expedition verdursten, ein anderes Mal von Nilpferden zertrampelt werden. Jegliche Art von Tier, die dem Leben des Menschen abträglich gegenüberstehen konnte … ließ sich im Urwald oder den Sümpfen finden. Tiere gingen durch Fliegen zugrunde, Menschen durch Würmer. Die Rückkehr der Expedition wurde als phantastisch betrachtet, das Massaker an den Gefangenen als gewiss." Der Bericht merkte außerdem den „gnadenlosen" Anstieg der Versicherungsbeiträge für freiwillige

Offiziere an, „die man als sich blind in den Selbstmord stürzend betrachtete“. Trotzdem war der Wettbewerb um die Plätze war erbittert und Zeitungen wurden von Möchtegern-Auslandsberichtserstattern belagert.

[18] Die 33rd Foot war das Regiment des Duke of Wellington, auch bekannt als die West Yorkshires, aber zu großen Teilen aus Iren bestehend und berüchtigt für ihre schlechte Disziplin. Dennoch sollten sie, zusammen mit der 4th Foot (King's Own) und der 45th (Sherwood Foresters) die Vorhut von Napiers Streitkräften bilden.

[19] George Alfred („G.A.“) Henty (1832–1902) teilt sich mit R.M. Ballantyne den Spitzenplatz unter den Autoren von Büchern für Jungen. Er wurde in Trumpington geboren, unterrichtet in Westminster und Cambridge und leistete freiwilligen Krankenhausdienst im Krimkrieg. Dies führte zu seiner Verpflichtung als Organisator der italienischen Krankenhäuser im Krieg mit Österreich 1859, aber nach einer kurzen Unterbrechung, in dem er als Bergwerksleiter in Wales und Sardinien arbeitete, kehrte er zu seiner ersten Liebe zurück, dem Militärjournalismus, und folgte zehn Jahre lang den Feldzügen Garibaldis in Tirol, Napiers in Abessinien, Wolseleys gegen die Ashanti, der Russen in Khiva und der Türken im Serbienkrieg von 1876. Er berichtete über den Winterfeldzug im Deutsch-Französischen Krieg, war in Paris während der Kommune und in Spanien mit den Guerillas während der Karlistenaufstand. Den Großteil seiner Artikel schrieb er für den *Standard*, aber letztendlich litt seine Gesundheit unter den Entbehrungen der Feldzüge, und er begann mit dem Schreiben von Büchern.
Hentys Geschichten für Jungen erfreuten sich großer Beliebtheit. In ihnen behandelte er eine gewaltige Bandbreite von Militär- und Marineoperationen, vermischte gekonnt jugendliche Heldentaten mit wohlrecherchierten Hintergründen. Als ein typischer Viktorianer war sein Schreiben von patriotischem Stolz getränkt und dem Festhalten an steifen und standhaft altertüm-

lichen Werten. Wohl war er, was moderne Denkweisen betraf, aus dem Takt geraten, aber selbst heute können seine Bücher, so veraltet in Art und Aufmachung sie auch sein mögen, von großem Wert für einen Studenten der Geschichte sein. Er war ein guter Autor mit einer feinen Gabe für ein anschaulicheres und überzeugenderes Bild seiner Zeit und ihrer Leute, anschaulicher als durch die meisten wissenschaftlichen Historiker. Als Beispiel würde ich hier sein *In Times of Peril* nennen, in welchem er die täglichen Erfahrungen während der Indischen Meuterei für seine jungen Leser lebendig beschreibt – und nicht für die. Der verstorbene John Paul Getty besaß eine komplette Reihe von Henty-Ausgaben, und ihm wurde nachgesagt, dass er sie immer wieder las.
Hentys Memoiren des Abessinienkriegs, *The March to Magdala*, wurden 1868 veröffentlicht.

[20] Die implizierte Kritik wird Brigadegeneral (später Sir) William Merewether, der einer der Helden der Expedition war, nicht wirklich gerecht. Ein erfahrener Grenzkämpfer in Indien, wo er bei den Scinde Horse (Flashmans „Scindees") gedient hat, war er außerdem ein raffinierter und entscheidungsfreudiger politischer Offizier und Agent in Aden, als die abessinische Krise ausbrach. Auf sein Drängen hin wurde letztendlich ein Brief an Theodor gesandt, und er blieb in andauerndem Kontakt mit den Gefangenen. Er führte die erste Aufklärung durch und entschied sich für Zoola als Ausgangsstellung. Als politischer Offizier war er für den Geheimdienst der Expedition verantwortlich.

[21] Es gibt nur wenig, was man Flashmans Beschreibung und Beurteilung über Captain Charles Speedy hinzufügen könnte, abgesehen davon, dass er tatsächlich 198 cm groß war und proportional genauso breit. Ein herrliches Bild von ihm in kompletter abessinischer Kleidung ist im Besitz der Ogilby Sammlung des Army-Museums. Er bietet wahrhaftig einen überwältigenden Anblick.

[22] Es scheint, dass eine weitaus größere Menge an Silber von Flashmans Gruppe zu Napier gebracht wurde, als der Inhalt einer einzelnen Eisentruhe. Ein halbes Dutzend Reiter würden wohl unmöglich gebraucht, um 2.000 Dollar zu transportieren, auch wenn es sich um große Münzen handelte.

[23] Das Auspeitschen des Treibers verursachte eine verständliche Empörung, aber ob der Pastor Johann Krapf dafür verantwortlich war, bleibt unklar. Er war ein alter Abessinien-Experte mit großer Zuneigung für das Land, und es lag genau an dieser langen Afrikaerfahrung, dass er für die Expedition einberufen wurde. Er war anscheinend der erste Entdecker, der von Schnee in Afrika berichtete, am Kilimandscharo.

[24] Der Ruhm von Sir Henry Morton Stanley (1841–1904) beruht hauptsächlich auf seiner denkwürdigen Begrüßung von Dr. Livingstone, und zu einem etwas geringeren Umfang auf seiner Afrikaforschung. Abgesehen davon war er ein erstklassiger Reporter, und seine Depeschen der Feldzüge für den *New York Herald*, machten ihn zur Nummer eins der zeitgenössisachen Kriegsberichtersatter. Geboren als John Rowlands in Denbigh, Wales, tiss er aus dem Waisenhaus aus, segelte als Schiffsjunge nach Amerika und wurde von einem Kaufmann aus New Orleans namens Stanley adoptiert. Er diente auf beiden Seiten im Amerikanischen Bürgerkrieg, wurde dann Journalist und berichtete über den Aschanti-Krieg und die Eröffnung des Suezkanals. Er fand den verschollenen Livingstone und führte eine Expedition an, die Emin Pascha entsetzen sollte, als dieser „Chinese“ Gordons Gouverneur der Äquatorialprovinz Sudan war. Ob Emin oder Livingstone gefunden werden mussten oder wollten, steht noch immer zur Diskussion. Stanley zog sich wieder nach Großbritannien zurück, wurde zum Ritter geschlagen und wurde Parlamentsabgeordneter für Lambeth, 1895–1900. Sein Bericht über den abessinischen Feldzug, in *Coomassie and Magdala* (1874), ist bissig, farbenfroh, voller Details, und essentiell für jede Studie über die Expedition.

Captain Speedys Angst ist Stanleys berichterstatterischen Fähigkeiten geschuldet, aber es ist nicht ganz klar, warum er von ihm als der „Chicago Wallah" spricht, wenn Stanley doch für eine New Yorker Zeitung tätig war.

[25] George Broadfoot und Lord Elgin waren Flashmans Vorgesetzte im Punjab und China.

[26] Napier war zweimal verheiratet. Seine erste Ehefrau, mit der er drei Söhne und Töchter hatte, starb im Jahre 1849. Er heiratete seine zweite Frau, Mary Cecilia Scott, im Jahre 1861, als er bereits stolze 50 war und sie erst 18. Laut Alan Moorehead, „scheint sie seinen Haushalt in Bombay geführt zu haben – und es war ein unterhaltsamer Haushalt, wo leckere Abendessen serviert wurden und man französisch sprach – dabei die ruhige Autorität ihres Gatten allgegenwärtig." Sie hatten zusammen sechs Söhne und drei Töchter. (Moorehead, *The Blue Nile*, 1962.)

[27] Speedy spricht hier vom Blauen Nil, welcher vom Tanasee südöstlich fließt, bevor er eine Schleife gen Westen und Nordwesten macht, wo er mit dem Weißen Nil in Khartum im Sudan zusammentrifft. James Bruce erreichte die Quelle des Blauen Nils im Jahre 1770 und ging davon aus, dass er die Quelle des Hauptflusses erreicht hatte, aber dieser (der Weiße Nil) war bis 1860–2 nicht eindeutig als solcher identifiziert, als John Hanning Speke und James Grant seinem Lauf vom Viktoriasee aus folgten, welchen Speke einige Jahre zuvor entdeckt hatte. Grant diente als politischer Berater bei Napiers Abessinien-Expedition.

[28] Einige Teilnehmer der Expedition bezeichnen die Dame im Turm als mysteriöse Gestalt, aber es gibt erhebliche Meinungsverschiedenheiten über sie und den Aufenthaltsort ihres gefangengenommenen Ehegattens. Für einen Autor ist sie eine „Prinzessin", deren Ehemann von Kussai von Tigre festgehalten wird. Stanley und jemand anderer benennen den Geiselnehmer als König Theodor höchstpersönlich; Holland und Hoziers of-

fizieller Bericht stimmt mit Flashman überein, dass es sich um Gobayzy aus Lasta handelt. Des Weiteren wird sie als „hochgeboren und untröstlich" und „niedergeschlagen" beschrieben und lebt schmachtend „in ständiger Trauer und drückender Armut." Generell herrscht Übereinstimmung, was ihr Gelübde der Abgeschiedenheit in ihrem Turm angeht. Nur Flashman nennt sie beim Namen und beschreibt sie genauer, da er eng mit ihr vertraut war und keiner der anderen sie überhaupt jemals zu Gesicht bekommen hat, sind die Leser geneigt zu akzeptieren, dass sein Bericht zuverlässig ist. (Henty, Stanley, Holland und Hozier, und William Simpson, *Diary of a Journey to Abyssinia*, 1868. Simpson war ein Journalist und Künstler bei der *Illustrated London News*, dessen Tagebuch von Richard Pankhurst 2002 herausgebracht und kommentiert wurde.)

[29] Flashman übertreibt nicht. Mr. St. John ist ein Eiferer, dessen Beobachtungen in Hottens *Abyssinia and Its People* zu finden sind.

[30] Lesern der Flashman-Papiere muss nicht gesagt werden, dass sein Talent (abgesehen von seiner geprahlten Fachkompetenz über Pferde und Frauen) in Sprachen liegt. Er war ein brillanter Sprachforscher und ein ungewöhnlicher schneller Lerner. Oftmals meisterte er eine Sprache innerhalb weniger Wochen. Er war bescheiden, als er Napier sagte, dass er sich in einem dutzend Sprachen „durschlagen" könnte und lediglich sechs fließend spreche, und es überrascht kaum, dass er sich umgehend genügend Amharisch für eine einfache Konversation aneignen konnte. Dies war die vorherrschende Sprache in Abessinien seit dem Mittelalter, als es Ge'ez ersetzte, die Sprache dieser semitischen Menschen, die vor langer Zeit von Arabien nach Äthiopien gezogen waren. Ge'ez bedeutet wortwörtlich „die Freien" und bezeichnete auch das Volk. Noch immer wird es bei liturgischen Anlässen gesprochen. Ein Experte in äthiopischen Sprachen, E. Ullendorf, sagt, dass Amharisch dieselbe Beziehung zu Ge'ez innewohne wie Französisch zu Latein. (Siehe E. Ullendorf, *Exploration and Study of Abyssinia*, 1945.)

[31] „Palmer's Vesuvians“, ein patentiertes Streichholz, das in eine brutzelnden Flamme aufgeht. Ein Favorit unter Zigarrenfreunden.

[32] Die Abscheulichkeiten, die von Uliba-Wark beschrieben werden, sind alle nachgewiesen. Tatsächlich sind sie nur ein Teil des Schreckenskatalogs, der in den Aufzeichnungen zweier von Theodors Gefangenen gefunden werden kann: *Narrative of the British Mission to Theodore of Ethiopia* von Hormuzd Rassam, 2 Ausgaben, 1869, und *A Narrative of the Captivity in Abyssinia*, 1868, von Dr. Henry Blanc. Dies sind die zwei bedeutendsten Werke über den Abessinienkrieg. Sie zeichnen ein grausames und detailliertes Bild, nicht nur von den Entbehrungen in ihrer Gefangenschaft und von den Verschwörungen und den politischen Aktivitäten, welche zwischen ihnen und ihren Wöchtern stattfanden, sondern auch von Theodor selbst. Sie werden in diesen Fußnoten regelmäßig Erwähnung finden.

[33] Flashman meint hier mit großer Sicherheit den Ersten Sikhkrieg von 1845–6 und den Chinesischen Krieg von 1860, welche er in *Flashman und der Berg des Lichts* und *Flashman und der Chinesische Drache* beschrieben hat.

[34] Die gelben Skorpione der Gattung *Buthus* kommen in Nordostafrika und der Sahara vor. Babyskorpione klettern nach der Geburt auf den Rücken ihres Muttertiers und verbleiben dort, bis sie groß genug sind, um sich selbst zu verteidigen.

[35] Richard Burton und John Hanning Speke versuchten 1857–9 die Quelle des Nils zu finden, aber Burton wurde krank und Speke erreichte die Quelle am Viktoriasee allein. Burton beanstandete seine Ergebnisse, und nachdem Speke und Grant 1868 Spekes ursprüngliche Entdeckung bestätigten, erneuerte Burton die Kontroverse. Er und Speke wollten die Frage vor der British Association am 15. September 1864 klären, aber am selben Morgen wurde Speke versehentlich bei der Rebhuhnjagd erschossen.

[36] Flashmans nachlässige Attitüde im Bezug auf Daten ist ein Ärgernis, aber diese Passage gibt einige Hinweise auf seine Aktivitäten in den mittleren 1860ern. Der Hinweis auf Chancellorsville positioniert ihn im Mai 1863 in den Vereinigten Staaten, und wir wissen, dass er zwei Monate später in Gettysburg war und später in Washington, als Lincoln erschossen wurde (April 1865). Es ist durchaus möglich, aber sehr unwahrscheinlich, dass sein Militärdienst (auf beiden Seiten) im Amerikanischen Bürgerkrieg durch eine Reise nach England 1863 oder 1864 unterbrochen wurde. Wann er in Mexiko eintraf, ist unklar, aber seine Erwähnung von Queretaro ordnet seine Ankunft zwischen Februar und Mai 1867 ein. Zu diesem Zeitpunkt war Maximilian in der königstreuen Festung, wo er von den Juaristen gefangen genommen wurde. Es scheint dann offensichtlich, dass Flashman zwischen April 1865 und Februar 1867 mindestens einmal nach England gereist sein muss, wahrscheinlich zweimal, da er von „Intervallen", im Plural, spricht.
Man wäre geneigt, mit Elspeth mitzufühlen, wenn nicht deutlich aus den Papieren hervorginge, dass sie seine dauernde Abwesenheit mit Unbekümmertheit hinnahm.

[37] Es überrascht nicht, wenn Flashman erwartete, dass man ihm nicht glaubt, da zu seiner Zeit niemand so einen Sturz einen Wasserfall hinab überlebt hatte. Nicht bis zum Oktober 2003, als ein geschäftstüchtiger Amerikaner mit voller Absicht die kanadische Seite der Niagarafälle hinab stürzte – und überlebte –, hat jemand solch einen Sturz unternommen. Der kanadische Wasserfall wird auf 158 Fuß geschätzt; der Tisissat, hat ungefähr 150 Fuß. Tisissat ist eine der spektakulärsten Ansichten in Afrika. Der Blaue Nil, gesäumt von wunderschönen grünen Ufern, fließt sanft an kleinen dschungelbewachsenen Inseln vorbei, bevor er über die Klippe stürzt. „Unglaublich, dass man sie so wenig kennt", schreibt Alan Moorehead, „da sie, auf gewisse Weise, das größte Spektakel sind, das der Blaue oder der Weiße Nil anzubieten haben." Die Viktoriafälle sind beträchtlich höher und bekannt als „der Rauch, der donnert". Tisissat, der „Silber-

ne Rauch“, wurde im frühen 17. Jahrhundert von zwei portugiesischen Missionaren entdeckt, Paez und Lobo. (Moorehead, *The Blue Nile*.)

[38] Wir können nicht genau sagen, wo das Camp lag, und müssen annehmen, ausgehend von Flashmans Bericht, dass es weniger als einen Tagesritt vom Tisissat entfernt war, wahrscheinlich in Richtung Magdala. Königin Masteeat war nachweislich auf dem Vormarsch, und eine Woche später wissen wir von Holland und Hozier, dass sie sich an einem Ort namens Lugot befand, der nicht auf den Karten eingezeichnet ist, dem aber nachgesagt wird, nur fünf Meilen von Magdala entfernt zu sein.

[39] Lucien Maxwell (1818–75), Westmann und Großgrundbesitzer, gehörte einer Gruppe von Reitern an, angeführt von Kit Carson, der Flashman 1850 vor den Apachen gerettet hatte (siehe *Flashman und die Rothäute*). Später wurde er zum Besitzer eines der größten privaten Anwesen aller Zeiten, dem Maxwell Land Grant in New Mexico. Der Trick, den er Flashman beigebracht hatte, einem Gegner als Zeichen der Aufgabe den Revolverkolben hinzuhalten, nur um die Waffe dann um den Zeigefinger rotieren zu lassen und ihn mit dem Lauf voran zu bedrohen, war unter Revolverhelden als *Straßenräuberrolle* (road agent's spin) bekannt; beim *Grenzgang* (border shift) warf man einfach den Revolver von einer Hand in die andere. Bei dem Las Vegas, von dem gesprochen wird, handelt es sich nicht um das Glücksspielparadies in Nevada, sondern eine frühere Ansiedlung in New Mexiko.

[40] Flashman hat nicht übertrieben. Sein Bericht über eine abessinische Orgie ist beinahe identisch mit dem von James Bruce, ein Jahrhundert zuvor. Der Hauptunterschied war, dass bei dem Festmahl an dem Bruce in Gondar teilgenommen hat, die Steaks von einer lebenden Kuh im Beisein der Gäste geschnitten wurden, und die Schreie des Tieres als Ruf zu Tisch mithalfen. Beide Geschlechter waren anwesend, und Bruce beschreibt wie

es nach dem Bankett zuging: „Liebe all ihre Feuer entzündet, und alles ist erlaubt in absoluter Freiheit. Es gibt keine Schüchternheit, kein Zögern, kein Zurückziehen um ihre Wünsche zu befriedigen … sie opfern beiden, Bacchus und Venus. Die zwei Männer, die sich am nächsten an dem Vakuum befanden, das ein Paar hinterlassen hatte, indem sie ihre Plätze verließen, hielten ihre Oberbekleidung wie einen Schirm vor die beiden … und was wir vom Klang her beurteilen können, empfinden sie als große Schande, den Beischlaf still zu vollführen, genau wie die Mahlzeiten. Wieder auf ihren Plätzen sitzend, trinkt die Gesellschaft auf die Gesundheit des glücklichen Paares, und dann wird ihrem Beispiel Folge geleistet … so wie jedes Paar gesinnt ist. All dies geschieht ohne Anmerkung oder Skandal, kein unzüchtiges Wort wird geäußert noch der entfernteste Witz über den Vorgang."

[41] Theodor setzte Guerilla-Plünderer während seines Marsches von Debra Tabor und nach seiner Ankunft in Magdala ein. Auffallend unter ihnen waren seine „Amazonen". Dr. Blanc schreibt: „Er hatte die stärksten und kühnsten Frauen seines Lagers zu einer plündernden Bande geformt, und er war überaus zufrieden mit ihrem Mut. Eine von ihnen hatte sogar einen unbedeutenden Häuptling ermordet … darüber war er so erfreut, dass er ihr einen Titel und einen Rang gab und ihr eine seiner eigenen Pistolen schenkte." Diese Beschreibung scheint auf Flashmans „Diana", mit ihrem silbernen Schild und ihrer Pistole, zu passen.

[42] Das „Zerwürfnis" fand statt, als Theodors Truppen die Dorfbewohner des Dalanta Plateaus ausraubten, die ihm vorher als Straßenbauer und Träger auf seinem Marsch von Debra Tabor nach Magdala geholfen hatten. Rasend vor Wut über seinen Verrat, unterstützten sie von da an Napiers Vorstoß. Es wird geschätzt, dass Theodor nicht weniger als 47 Dörfer um Magdala herum zerstörte, dabei 7.000 Menschen massakrierte und weitere in seine Dienste zwang. Laut Blanc hatte er vor, selbst einen

abschließenden finalen Raubzug durchzuführen. Das muss um die Zeit gewesen sein, als Napier den Bechelo überquerte (6.–7. April). Dieser Vorstoß diente sowohl der Vorratsbeschaffung als auch der Aufklärung über die Gallas und resultierte in Flashmans Rettung und Gefangennahme.

[43] Auch wenn Theodors gesprächige Ausflüchte absonderlich erscheinen, sind sie dennoch authentisch. Offensichtlich hatte er die Angewohnheit, sich zu wiederholen. Während seiner Trinkeskapaden ließ er seiner Paranoia freien Lauf, und sein merkwürdiger Vergleich von sich selbst und einer werdenden Mutter, seine Anspielungen auf Damokles Schwert, die Schriftstücke, und das Heraufbeschwören eines großen Blutbads, können alle auch bei Blanc und Rassam nachgelesen werden. Seine Haltung gegenüber Britannien war ein Gemisch aus aufrichtiger Bewunderung (er schien erregt über die Möglichkeit gewesen zu sein, die britische Armee in Aktion zu sehen, sogar gegen sich selbst) und tiefgehender Feindseligkeit, die man ihm nur schwer zur Last legen kann, bei ihrer offensichtlichen Verachtung ihm gegenüber. Er schien angenommen zu haben, dass er für seine Hautfarbe und Primitivität gehasst wurde.

[44] Hormuzd Rassam, ein irakischer Christ, geboren in Mossul, wurde von Zeitgenossen und Historikern als seltsame Wahl für einen Gesandten zu Theodor erachtet. Er hatte mit dem Archäologen Sir Henry Layard im damaligen Mesopotamien gearbeitet, studierte in Oxford, wurde britischer Bürger, und fungierte als Assistent für Merewether in Aden, als er nach Abessinien geschickt wurde, um zu versuchen Theodor davon zu überzeugen, die Gefangenen frei zu lassen. Generell denkt man über ihn, dass er insgesamt zu unterwürfig in seinen Verhandlungen mit dem Kaiser war. „Zu sanft, zu gefügig, zu nachgiebig“, sagte Moorehead. Stanley war auch nicht wohlwollend, und es gab viele, die dachten, dass ein erfahrener Soldat die bessere Wahl gewesen wäre. Zu Rassams Verteidigung muss eines angemerkt werden: Er war vielleicht unterwürfig, und Theodor behandel-

te in daher mehr wie einen Höfling als einen Gesandten. Aber das funktionierte. Ein härterer und unverblümterer Botschafter hätte den Kaiser vielleicht provoziert, viel schrecklichere Maßnahmen gegenüber den Gefangenen zu ergreifen.
Prideaux und Blanc waren Teil von Rassams Mission und wurden zusammen mit ihm gefangen genommen. Die anderen Gefangenen, abgesehen von Cameron, waren deutsche und andere europäische Missionare, mit ihren Frauen und Dienern, und die deutschen Handwerker, die bereits für Theodor arbeiteten, wurden ebenfalls zu Gefangenen. Die Zahl der Europäer, die gefangen gehalten wurden, betrug etwa 60 Personen, von denen nur Cameron und Rassam einen Diplomatenstatus hatten.

[45] Zum ersten Mal macht Flashman eine genaue Angabe bezüglich des Datums, und wir können daraus zumindest seine Bewegungen der vorhergegangenen Woche ableiten. Er muss am 6. April in Königin Masteeats Lager angekommen sein, entführt in der selben Nacht und gerettet von Theodors Frauen, in Theodors Lager auf dem Islamgee am 7. April, verbrachte die Nacht in Ketten und traf auf Rassam und die anderen Gefangenen am 8. April.
Vor dem 6. April können wir mutmaßen, dass er ungefähr eine Woche bei den Fischersleuten zugebracht hat, die sich während seines Fiebers um ihn gekümmert hatten, also ging er wahrscheinlich gegen Ende März über die Tisissatfälle. Wenn wir uns weiter zurückarbeiten, muss er ungefähr am 24. März im Kloster Zaze gewesen sein, was nicht mit seiner Aussage zusammenpasst, dass es eine Woche vor Palmsonntag war, welcher in diesem Jahr auf den 5. April fiel. Offensichtlich war ihm hier einfach ein Fehler unterlaufen. Für Flashman hat ein Fehler von vier Tagen mehr oder weniger, keine Bedeutung, und wir können dankbar sein, dass er den 9. April schriftlich erwähnt hat. Da er mit Napier am 25. Februar zusammen war, muss seine Reise mit Uliba-Wark ungefähr vier Wochen gedauert haben.

[46] Von den vielen Abscheulichkeiten, die von Theodore ausgeführt wurden, ist das Massaker an den Gefangenen auf dem Islamgee das am besten dokumentierte. Der Hauptzeuge ist sein Kammerdiener und Gewehrträger Wald Gabr, der in einer Aussage gegenüber Speedy zugegeben hat, dass er selbst drei der Opfer erschossen habe, weil es ihm der Kaiser befahl. Sein Bericht klammert Flashman vollständig aus. Gewiss war es noch abscheulicher, da er angibt, dass das erste Opfer, die gefesselte Frau, tatsächlich von Theodor entzweigeschnitten wurde, der darauf zwei weitere Frauen erschoss, bevor er befahl, dass die anderen Gefangenen lebendig über die Klippe geworfen werden sollten. Die, die den Sturz überlebten, wurden erschossen. Blanc und Rassam beschreiben beide die kaltblütige Befragung der verbleibenden Gefangenen, nachdem Theodors wütende Trunkenheit abgeklungen war. Jede Person wurde nach Namen, Herkunft und Vergehen befragt, letzteres oft völlig bedeutungslos: Die große Mehrheit wurde daraufhin die Klippe hinuntergestürzt. Blanc und Rassam weichen bei den Zahlen der Getöteten voneinander ab. Wald Gabr sagte einfach: „Niemand zählte die Opfer, wir hatten alle Angst.“ (Blanc, Rassam, Wald Gabrs Aussage gegenüber Speedy, in Holland und Hozier.)

[47] Wenn man zwischen den Zeilen von Blancs Memoiren liest, ist man geneigt, Flashman zuzustimmen, dass Theodors deutsche Handwerker seinen großen Mörser möglicherweise sabotiert haben. In der Beschreibung vom Raubzug des Kaisers auf der Insel von Metraha, wo er das Gros der Bevölkerung lebendig verbrannte, erwähnt Blanc, dass einige Bewohner zu ihren Kanus flüchteten. Als Theodor seinen Europäern befahl, mit kleinem Geschütz auf sie zu schießen, „taten sie wie ihnen geheißen, aber zu Theodors großer Enttäuschung trafen sie nicht einen der Flüchtigen.“ Im nächsten Abschnitt schreibt Blanc vom Scheitern der Handwerker, Sewastopol beim ersten Versuch zu gießen, und dem letztendlichen Erfolg, erst nachdem Theodor selbst (mit einigem technischen Können, muss dazu gesagt werden) den Schmelzvorgang neugestaltet hatte. Wenn man die-

se beiden Vorfälle zusammen nimmt, scheint es, als hätten die Deutschen kein Interesse an einem Erfolg gehabt, weder beim Guss des Mörsers noch bei der Bedienung von Theodors kleineren Geschützen. Die Artillerie, für deren Ladungen sie sich auf Fala kümmerten, war ganz und gar ineffektiv, und die Explosion von Sewastopol war ein absoluter Tiefschlag für Theodors Moral. Er hatte gehofft, den Gegner mit dem Riesenkaliber zu zerschmettern. Schätzungen über das Gewicht der Kanone sind vage. Manche sagen, es waren lediglich fünf Tonnen gewesen, andere reden von siebzig. Rassams Buch verfügt über eine detaillierte Illustration, die die enorme glockenartige Vorrichtung zeigt, wie sie von Massen von Arbeitern bergauf gezogen wird, von denen noch heute dabei gestorbene halbbegraben unter der Erde von Magdala liegen.

[48] Die Schlacht von Arogee wird sowohl bei Holland und Hozier als auch von Stanley und Henty gut beschrieben. Letzterer schrieb einen separaten Bericht detailreich in *Battles of the Nineteenth Century*, Band 1, 1890. Es gibt auch einen bemerkenswerten Essay über die Schlacht, D.G. Chandlers „The Expedition to Abyssinia, 1867–8", in *Victorian Military Campaigns*, herausgegeben von Brian Bond. Flashmans Version ist solide, aber fügt nichts zu der Kontroverse zum Lastenkonvoi der Armee hinzu, der angegriffen werden sollte, was Theodor glücklicherweise hinauszögerte. Henty hegte keinen Zweifel daran, dass ein Desaster erfolgt wäre, wenn Napier einem europäischen Feind gegenüber gestanden hätte. Napier konnte seine Stellung aber schnell wieder verbessern. Offensichtlich hatte Colonel Phayre, der Quartiermeister des Generalstabs, von dem Hohlweg berichtet, der dem Konvoi Schutz und Sicherheit gäbe, obwohl dies gar nicht stimmte. Des Weiteren wurde angedeutet, dass sich Napier bei der Geschwindigkeit seines eigenen Vormarsches verkalkuliert hatte und der Lastenkonvoi ihm plötzlich voraus war. Holland und Hozier verschwiegen den Vorfall äußert taktvoll.

[49] Die Stimmung in Napiers Armee wird bei Henty ausgedrückt, der dem Mut der Abessinier seinen Tribut zollt und betont, dass sie sich zwar zurückgezogen, aber nicht geflohen waren. Nicht ein Speer oder Gewehr sei weggeworfen worden. Er schreibt von „einem Gemetzel, kaum ein Kampf, zwischen disziplinierten gutausgerüsteten Männern und zerstreuten Grüppchen von Wilden, die kaum bewaffnet waren." Die Feuerwaffen der Abessinier waren den Sniders und Enfields definitiv unterlegen, aber Henty ist nicht ganz fair den Sikh-Pionieren gegenüber, die keinen Vorteil gegenüber dem Feind genossen, der ihnen an Speerträgern und Schwertkämpfern zahlenmäßig weit überlegen war, und dennoch siegten sie mit ihren Bajonetten eindeutig, wie Flashman, ein Veteran des Sikh-Kriegs, mit Zufriedenheit feststellt. Was den Rest angeht, so wird sein Bericht über die Schlacht von britischer Seite bekräftigt, als auch von denen, die auf Theodors Seite standen.

[50] Als Blanc Theodor gegenüberstand, „ich war aufs Schlimmste vorbereitet, und in diesem Moment gab es für mich keinen Zweifel, dass unser letztes Stündlein geschlagen hatte." Theodor griff nach der Muskete des nächststehenden Soldaten, „schaute mich für eine oder zwei Sekunden an, ließ seine Hand sinken, und mit einer tiefen, traurigen Stimme, fragte er mich nach meinem Befinden und sagte mir Lebewohl." Dies stimmt mit Flashman überein, aber Blanc ist bescheiden, was seine Einschüchterung von Theodore angeht. Er beteuert, es sei eher Zufall gewesen, dass gerade er als erster auf Theodor zuging, der keine Animositäten ihm gegenüber hegte. „Das Ergebnis wäre ein gänzlich anderes gewesen, wäre sein Ärger entfacht worden durch den Anblick von denen, die er gehasst hat."

[51] Es gibt ein interessantes Gruppenfoto von den Hauptgefangenen, das nach ihrer Freilassung aufgenommen wurde. Es zeigt Cameron, der sein Käppi trägt und seine Krücke hält; Dr. Blanc, stattlich und ernst; Rassam, ziemlich aufgeweckt und adrett; Prideaux, der sich auf dem Boden lümmelt, die Arme ge-

faltet, gleichzeitig gelangweilt und verbittert dreinblickend; und die zwei Missionare, Pastor Stern, dessen angebliche Kritik an Theodor die ganze Krise ausgelöst hatte und Pastor Rosenthal mit Frau Rosenthal und ihrem Baby. Blanc und Prideaux tragen ihre Fußschellen. (Army Museums Ogilby Trust.)

[52] Hierbei handelt es sich um ein Entschuldigungsschreiben für das, was Flashman am vorherigen Tag Theodors „wahnsinnige Nachricht" nennt. Beide werden vollständig in Holland und Hozier abgedruckt, und es könnte keinen besseren Beweis für Theodors gewalttätige Stimmungsschwankungen geben. Es sind wahrlich außergewöhnliche Zeugnisse, und Napier muss keinen Zweifel gehabt haben, dass er es mit einem überaus instabilen und gefährlichen Mann zu tun hatte. Es mag von Bedeutung sein, wie Theodor sich in seinem ersten Brief selbst darstellt, ein erstaunlicher Monolog, der betitelt ist mit, „Kasa, dessen Vertrauen in Christus liegt und daher spricht", während die Entschuldigung, viel moderater im Tonfall ist und von einem Geschenk in Form von Vieh begleitet wird und vom „König der Könige, Theodorus" stammt. Kasa war sein Name, bevor er den Titel des Kaisers angenommen hatte, der Name seiner bescheidenen Anfänge. Flashmans Bericht über Theodors Gebaren zu dieser Zeit, seine Beziehungen mit seinen führenden Männern, seinen diplomatischen Dialog mit Napier, und seine Unfähigkeit, zu entscheiden, ob er kämpfen oder sich ergeben soll, werden in Rassam und Blanc bestätigt und auch von seinem Kammerdiener Wald Gabr.

[53] Was Flashman sah, waren die ersten Einbrüche in die Verteidigungsstellungen von Magdala. Der Angriff schritt fort, wie er beschreibt, mit den Briten, die in großer Zahl über das Islamgee vordrangen und von Artilleriefeuer unterstützt wurden, während die Truppen den engen Pfad hinauf kletterten, der zum Kobet Bar Tor führte. Manche wurden durch das Feuer von Theodors Verteidigung verwundet, aber die Sappeure erreichten das Tor, nur um herauszufinden, dass die Schießpulverladungen,

die man benötigte, um es zu sprengen, vergessen worden waren. Die Duke of Wellington's 33rd kam hinauf und eine Gruppe von ihnen lief unten am Wall entlang bis zu einer Stelle, wo Soldat Bergin und Trommler Magner sich ihren Weg durch die Dornenhecke erzwangen und somit den Wall erklimmen konnten. Fähnrich Wynter wurde auf die Bastion gehoben und trug dabei schwenkend die Regimentsfahne der 33rd's, um zu signalisieren, dass der Wall eingenommen war. Dies war das letzte Mal, dass die Fahne der 33rd ins Gefecht mitgebracht wurde. (Siehe Chandler.)
Insgesamt stimmt man mit Flashmans Ansicht überein, das ein Desaster gefolgt wäre, falls Magdala effektiv mit Artillerie verteidigt worden wäre, die britische Attacke – und gewiss auch der Krieg – womöglich einen etwas anderen Ausgang gefunden hätten. Ob Theodors Kanoniere in der Lage dazu gewesen wären, steht auf einem anderen Blatt. Diesbezüglich hatten sie auf Fala bei der Schlacht von Arogee einfach zu schlechted geleistet, und man schließt daraus, dass trotz all seiner anderen militärischen Talente, Theodor kein guter Kanonier war.

[54] Die beste Bestätigung für Flashmans Bericht über Theodors Selbstmord und gewiss für seine Beschreibung der Schachzüge des Kaisers und dessen Verhalten in der Woche, die sie zusammen verbrachten, ist Theodors Gewehrträger und Kammerdiener Wald Gabr. In einer Aussage, die er gegenüber Speedy machte, erzählt er über seinen Dienst bei Theodor über eine Zeitspanne von fünf Jahren. Er war seinem Herrn offensichtlich treu ergeben und machte keinen Versuch, dessen abscheuliche Taten zu vertuschen. Ja, er gab sogar sein Mitwirken bei einigen zu. Er beschreibt Theodors versuchten Selbstmord, seine Freilassung der Gefangenen, seine Hoffnungen auf eine friedliche Vereinbarung, seinen Versuch, von Magdala zu fliehen, seinen Galopp auf der Ebene und das Herausfordern der britischen Kavallerie, und das Bombardement und die Erstürmung der *Amba*. Zum Schluss erzählt er, wie Theodor ihn von seiner Treuepflicht entband und sich selbst richtete, genau, wie Flashman berichtet,

vor dem Eintreffen der ersten britischen Truppen. Stanley, in einer seiner bunteren Passagen, gibt einen romantisierten Bericht über die zwei Iren der 33rd zum Besten, die die ersten Soldaten am Schauplatz waren. Wald Gabrs Aussage wird in Gänze bei Holland und Hozier zitiert.
Stanleys Beschreibung der Leiche, die er kurz nach Theodors Tod begutachtete, ist leicht schwülstig: „Seine Augen, nun erloschen, gaben trotzdem noch einen Hinweis auf … durchsstechende Macht … die Unterlippe schien daran angepasst zu sein, seine Bitterkeit auszudrücken.“ Seine Gesichtszüge zeigten „große Bestimmtheit und Starrköpfigkeit gemischt mit Wildheit“, aber Stanley gibt zu, dass er womöglich von Theodors schockierendem Ruf beeinflusst war. Im Vergleich dazu steht die Beschreibung der Times mit „aufgedunsen, sinnliche dem Genuss zugetan, das Gesicht, in keiner Weise heldenhaft oder königlich“, aber „die Stirn eines Denkers und der Mund außerordentlich energisch und grausam.“ Es wurde außerdem angemerkt, dass „ein seltsames Lächeln auf seinen Lippen lag“.

[55] Es wird nicht deutlich, ob Speedy sich auf James Gordon Bennett, Gründer und Herausgeber des *New York Herald* bezieht, oder seinen Sohn und Namensvetter, der 1867 seine Nachfolge bei der Zeitung antrat. Das Jahr, in dem H. M. Stanley ausgesandt wurde, um über den Abessinienkrieg zu berichten. Bennett Junior schickte Stanley später in den Aschanti-Krieg von 1873–4, und, am bedeutendsten, auf die Suche nach Dr. Livingstone. Wenn einer der Bennetts anglophob gewesen war, hat es Stanleys Berichterstattung bewiesenermaßen nicht beeinflusst, welche nicht nur akribisch im Detail, sondern auch überaus gerecht ist.

[56] Dies erklärt, warum Flashman nicht in Napiers Berichten erwähnt wird oder bei Holland und Hozier, und die Anerkennung an Mir Akbar Ali geht, einen Mann der Nizam aus Hyderabad, der Teilnehmer der Expedition war, weil er als Moslem, der die Pilgerreise nach Mekka unternommen hatte, für den ide-

alen Gesandten zu Königin Masteeat und den Gallas gehalten wurde. Offensichtlich führte Flashmans Erscheinen am Ort des Geschehens dazu, dass Napier seine Meinung änderte und ihn anstelle von Mir Akbar losschickte, als weitaus erfahrenen Geheimagenten, dessen militärisches Verdienste die Galla-Königin und ihre Generäle gleichermaßen beeindrucken würden. Die Aufgabe war, wie Napier sagte, perfekt auf Flashmans vermeintliche Talente zugeschnitten. Da er in einheimischer Verkleidung reisen musste, wurde ihm der Name Khasim Tamwar gegeben und ihm eine Legende gestrickt. Dafür gebrauchte Napier lediglich die Geschichte von Mir Akbar Ali. Als Flashmann dann von Theodor gefangen wurde, entsandte man Mir Akbar in letzter Minute, um die Belagerung von Magdala durch die Gallas zu sichern.
In seinem Bericht an Napier fordert Mir Akbar alleinige Anerkennung für die Verhandlung mit den Gallas. Hier ist also eine deutliche Diskrepanz zwischen seiner Version und der von Flashman, und die Leser müssen für sich selbst entscheiden, welcher sie Glauben schenken. Es besteht kein Zweifel daran, dass Mir Akbar in den letzen Tagen des Feldzugs wertvolle Arbeit geleistet hat, für die er die lächerliche Summe von 25 Pfund im Monat erhielt. Ungefähr genauso viel, wie die einfachen Übersetzer des Feldzugs. (Siehe Holland und Hozier.)

[57] Die Plünderung Magdalas war eher bescheiden im Vergleich zu den Orgien und der Zerstörung, denen Flashman während der indischen Meuterei und in China beiwohnte. Stanley zufolge war jede Menge Glitzerkram unter den Sachen, die auf dem Boden zerstreut waren, vieles davon nur von geringem Wert, und er merkte an, dass einige der Gefangenen (er nennt keine beim Namen) tonangebend unter den Plünderern waren. Aber es waren auch manche Schätze dabei: Gold, Silber, Seide, Pelze und Häute, Teppiche, Waffen, und eine Vielzahl an Schriftstücken. Mr. Holmes vom Britischen Museum kostete es voll aus, als die wertvollen Dinge zur Auktion gebracht wurden. Sein einziger Konkurrent beim Bieten war Flashmans Freund Fraser, dem das

Vermögen der 11th Hussars' zur Verfügung stand. Die Auktion erbrachte 5.000 Pfund, die Erlöse wurden unter den nicht-kommissionierten Truppen aufgeteilt, die den Bechelo überquert hatten. Jeder Mann erhielt ungefähr vier Dollar. Die Zahl der Elefanten, die eine so überlebenswichtige Rolle in dem Feldzug gespielt hatten, indem sie die Kanonen und Mörser transportiert hatte, belief sich auf 39; fünf starben während des Marsches.

[58] Dieser beiläufige Bezug zum Tod von Colonel Robert Alexander Dunn, V.C., suggeriert, dass Flashman lediglich vage aus zweiter Hand davon gehört haben kann, ohne zu wissen, wer involviert gewesen war. Dunn kam von seinem alten Regiment, der 11th Hussars, und hatte beim Angriff der Leichten Brigade in Balaklava teilgenommen, wo er das einzige Victoria Cross erhielt, das in diesem Gefecht vergeben wurde, dafür, dass er die Leben eines Offiziers und eines einfachen Soldaten gerettet hatte. Er war C.O. der berüchtigten 33rd Regiment, der Duke of Wellington's, und starb am 25. Januar 1868 bei einem Schießunfall.

[59] Flashman erwähnt keine abessinischen Todesopfer in dem kurzen Gefecht um Magdala. Mehr als 60 Männer starben im Kampf um das erste Tor, mit ungefähr doppelt so vielen Verletzten. Selbst mit den 700 Toten und 1400 Verletzten am Arogee, ist die Summe der Todesopfer ausgesprochen niedrig für einen Krieg im 19. Jahrhundert.

[60] Königin Tooroo-Wark („pures Gold“) starb einen Monat später an Tuberkulose auf der Reise nach Norden und wurde von koptischen Priestern begraben, während die King's Own ihr nicht nur musikalische die Ehre erwiesen. Sie war lediglich 18 Jahre alt. Sie war nicht glücklich mit Theodor, und man sagt, dass sie sich gegen ihn verschworen hatte, doch so etwas wie eine Versöhnung schien in den letzten Tagen des Krieges stattgefunden zu haben. In Übereinstimmung mit Theodors Wünschen ging ihr Sohn Alamayo mit Napier nach England und wurde

in Rugby ausgebildet. Er starb mit 19 und wurde in Windsor begraben.

[61] „Vollschlank, hellhäutig und vierzig", so hatte Stanley Königin Masteeat beschrieben und Speedy damit wahrscheinlich falsch zitiert. Aus seinen Berichten geht hervor, dass er sie aus denselben Gründen mochte wie Flashman: sie war gutaussehend, anziehend, heiter, anfällig für „herzhaft schallendes Gelächter", und hatte einen riesigen Appetit. Was den Rest angeht, so haben wir nur Flashmans Beschreibung ihres Hofes und Gebarens. Dass sie, abgesehen von ihrer Hemmungslosigkeit, eine gerissene und beeindruckende Persönlichkeit war, kann man daraus schließen, dass Napier keine Sekunde zögerte, sie Warkite vorzuziehen und ihr Magdala zu übereignen. Was Flashmans Beschreibung ihrer Haustier-Löwen angeht, ist es interessant zu wissen, dass König Theodor sich eine ähnliche Menagerie hielt. Ein Bild in *L'Annee Illustre*, 1868, reproduziert in *Prelude to Magdala*, zeigt ihn umringt von ihnen.

[62] Großbritanniens Intervention hat wenig an den Bürgerkriegszuständen und der Anarchie geändert, die vor 1867 vorherrschend waren, und dies setzte sich fort, nachdem die Briten abgezogen waren. Kussai, König von Tigre, dessen Neutralität von außerordentlicher Hilfe gewesen war, wurde mit Geschenken in Form von Geschützen, Handwaffen und Vorräten überhäuft, welche ihm halfen, sich im Norden des Landes zu etablieren. Er strebte die gesamtheitliche Monarchie an und bekämpfte zwanzig Jahre lang seine Rivalen und fremdländische Invasoren, besiegte Gobayzy und drängte die Ägypter, Italiener und Derwische zurück. Er wurde 1889 in einer Schlacht gegen die Derwische getötet und vom verhassten Menelek ersetzt. Der „fette Junge" erlangte die höchste Macht und fügte italienischen Invasoren in Adowa 1896 eine verheerende Niederlage zu. Dies blieb im Bewusstsein der Italiener, und Abessinien wurde von Mussolinis Streitkräften vor dem Zweiten Weltkrieg kurzzeitig erobert, was aber schließlich das Italienische Reich in Nordafrika vollends zerstörte.

Die knappen Überlegungen in Napiers Stab erzeugten Echos, die bis heute vernommen werden. Hätte Großbritannien bleiben sollen und das Land befrieden, die Last des weißen Mannes auf sich nehmen? Es gibt einige, die so denken. Ein Autor beschuldigt Napier, dem Problem ausgewichen zu sein und hält ihm vor, dass Großbritanniens Abzug dem Land nicht so gut getan habe wie sein Einmarsch. Dies erscheint ziemlich hart, wenn man bedenkt, dass Großbritannien nicht den Wunsch gehegt hatte, in Abessinien einzufallen, und dies lediglich aufgrund der unverschämten Provokation tat. Rückblickend ist schwer einzusehen, warum die Befriedung eines Landes, dem Großbritannien nichts schuldete, die Kochen (um Bismarck zu paraphrasieren) eines einzigen britischen Soldaten oder indischen Sepoys wert gewesen wäre. Einer Sache können wir uns sicher sein: Wenn Großbritannien geblieben wäre, hätten revisionistische Historiker dies mit großer Sicherheit als weiteren Fall von selbstsüchtigem Imperialismus verdammt.

Nachwort zur deutschen Ausgabe von Martin Compart: Flashmans letzter Feldzug

I.

Der vorliegende Roman ist der 11. und letzte, den George MacDonald Fraser geschrieben hat. Beim Erscheinen des Buches, das im Hardcover mehr verkaufte als jeder Flashman-Roman zuvor, war er 80 Jahre alt und bestens in Form. Es folgte noch ein Band mit drei Novellen: *Flashman und der Tiger.*

Zuvor hatten einige Kritiker behauptet, Flashy sei in den letzten Büchern weiser und milder geworden. Fraser dazu: „Ich glaube, er ist etwas erwachsener geworden. Das hat zweifellos mit meinem eigenen Alterungsprozess zu tun. Aber ich denke nicht, dass er netter geworden ist. Ich war sehr erfreut, als meine Tochter, nach der Lektüre des neuen Buches, meinte: Flashy ist wieder richtig fies.“ Und wie stand er zu Flashman? „Ich lebe jetzt mit ihm seit fast vierzig Jahren. Ich habe natürlich große Empfindungen für ihn, aber ich glaube nicht, dass ich ihn sehr gemocht hätte. Aber ich teile seine allgemeinen philosophischen Ansichten. Ich bin eher Zyniker und glaube nicht an das Gute im Menschen.“

Tatsächlich neigt Flashy im Spätwerk zu milderen Ansichten. Ein schönes Beispiel ist seine Beurteilung von Ballantyne und den jungen britischen Offizieren:

> *„Ich habe weitaus mehr für ihn und seinesgleichen übrig, als für diese psalmdreschenden Bibelfanatiker, die Lippenbekenntnisse ablegen, um die Heiden vom falschen Weg abzubringen, predigen und ihre*

zwei Pfennig der Antisklavengesellschaft beisteuern, aber niemals einen Gedanken an den jungen Ballantyne verschwenden, der die Seewege für die Zivilisation freihält oder Jack Legerwood, der einen Tod sterben musste, den man nicht mal seinem ärgsten Feind wünscht … und wenn der Sklavenhandel von unseren Meeren verschwinden sollte, war dies nicht wirklich der Arbeit von Reformatoren und Staatsmännern geschuldet, mit ihren hochtrabenden Idealen in London, Paris und Washington, sondern der lang vergessenen Heerschar ziemlich nutzloser junger Briten, die sich gerne damit die Zeit vertrieben."

Früher hätte sich Flashy wohl über sie lustig gemacht und als Idioten bezeichnet.

Flashmans Feldzug gehört zu den interessantesten der Serie und veranlasste den amerikanischen Schriftsteller John Updike zu einer Würdigung. Fraser war inzwischen eine anerkannte literarische Größe und erfreute sich gerade unter Historikern große Popularität. Die Äthiopien-Expedition, die unter die „Little Wars" des Empires eingeordnet wird, gehörte zu den obskursten Unternehmungen der Briten. Bei uns ist dieser Feldzug fast unbekannt, was um so mehr verwundert, da unter den Geiseln und Zeugen sowohl Deutsche, Österreicher und Schweizer waren. Der Politologe Volker Matthies hat in seinem Buch *Unternehmen Magdala* deren Zeugnisse herausgearbeitet und eines der besten Sachbücher zu diesem Feldzug vorgelegt. Er weist in seinem Buch auch auf die Parallelen zur heutigen Kriegsführung hin:

Als Geiselbefreiungsaktion gilt er als erste große humanitäre Intervention der Weltgeschichte.

Deutlich zeigt sich in ihm die in der zweiten Hälfte des 19. Jahrhunderts beginnende Industrialisierung des Krieges.

Durch die Teilnahme zahlreicher Journalisten war der Feldzug auch ein frühes Beispiel des „embedded journalism".

Wissenschaftler unterschiedlicher Disziplinen begleiteten die Armee, um Kulturgüter zu rauben und Erkenntnisse über ein unbekanntes Land zu gewinnen.

Als reine Strafexpedition wurde das Land nicht dauerhaft besetzt und unter kolonialer Vorherrschaft gestellt, sondern behielt seine Unabhängigkeit.

Matthies belegt, wie überheblich und selbstbewusst damals die Kriegskorrespondenten auftreten konnten und wie die Armeeführung alles Erdenkliche tat, um ihre Bedürfnisse zu befriedigen. Das hatte mit den Erfahrungen im Krim-Krieg zu tun (siehe auch *Flashmans Attacke*), in der der *Times*-Reporter auf die Fehler der militärischen Führung und die katastrophalen Bedingungen hinwies und unter der Bevölkerung eine Welle der Entrüstung auslöste. Ähnlich wie in jüngerer Zeitgeschichte die Militärs aus der negativen Berichterstattung im Vietnam-Krieg gelernt haben, versuchte man danach die Presse „einzubinden" um sie positiver auszurichten.

Einem dieser Korrespondenten kommt in Bezug auf Flashman und dem historischen Abenteuerroman eine besondere Bedeutung zu: Bei uns kennen ihn nur Experten und nur wenige seiner Bücher wurden Anfang des 20. Jahrhunterts ins Deutsche übersetzt. In Britannien ist er so bekannt wie bei uns Karl May.

Der Einfluss von George Alfred Henty (1832–1902) auf die viktorianische Jugendliteratur – und noch Jahrzehnte darüber hinaus – kann gar nicht überschätzt werden. Wie kein anderer Autor prägte er bei den jugendlichen Lesern das Bild vom positiven Imperialismus Englands, in dem tapfere Soldaten aus humanistischen Gründen in die unterentwickelte Welt hinaus ziehen um zum Nutzen der Einheimischen deren Land zu unterwerfen und um es von braven Beamten des Empires zu „zivilisieren."

Henty schuf fast im Alleingang das sogenannte „Boys-Adventure"-Genre, dass in unzähligen Romanen, Magazinen und später in Comics davon erzählte, wie tapfere englische Buben sich in imperialen Kriegen und kolonialen Gefahren bewähren und dem Empire unter Einsatz ihres Lebens dienen. Henty nahm als Soldat (er verließ die Armee im Rang eines Captain) und Kriegsberichterstatter an fast so vielen Feldzügen und Kriegen teil wie Flashman: Krim-Krieg, serbisch-türkischen-, österreich-italienischen-, Ashanti-Krieg, dem Carlisten-Aufstand in

Spanien und natürlich am Feldzug in Abessinien. Er bereiste Russland, Indien und den Nahen Osten. Dabei erlebte er weitere Abenteuer: In Spanien duellierte er sich, da der Kontrahent die Queen beleidigt hatte, in Italien schlug er vier Banditen alleine in die Flucht und rettete seine Frau vor einem Angreifer, der ihr „ein Schicksal schlimmer als der Tod" bereiten wollte. Diese Reisen und Kriege lieferten ihm hinreichend Stoffe für seine 122 Bücher, deren Großteil Abenteuer-Romane für Jugendliche sind.

In gewisser Hinsicht ist Fraser das genaue Gegenteil von Henty: Während dieser geradezu naiv das Empire mit seinen Eroberungszügen glorifizierte, legte Fraser immer die Fehler, Schwachstellen und Idiotien der handelnden Personen offen. Laut Aussage von Fraser wurde er auch nicht von Henty beeinflusst – nicht mal als Jugendlektüre: „Henty war nie ein Einfluss auf mich. Ich habe kaum ein Buch von ihm gelesen, obwohl ich viele besitze. Allerdings war sein Buch *In Times of Peril* hilfreich für mich, was Hintergrunddetails über Indien anging."

Heute ist Henty fast vergessen, ein Objekt für Aficionados des Abenteuerromans oder Historiker. In den 1990ern erlebte er eine kurze Renaissance bei ultra-konservativen Privatschullehrern in den USA, die der Meinung waren, Hentys exzellente Moraleinstellung, sein Heroismus und Patriotismus seien als Vorbild für Jugendliche bestens geeignet.

II.

Fraser las selten zeitgenössische Historiker. Stattdessen bevorzugte er Quellenmaterial und Historiker des 19. Jahrhunderts, insbesondere Alexander Kinglake und Sir John Kaye. Dass er sich die Viktorianische Epoche als Sujet seiner Serie auswählte, erklärte er folgendermaßen: „*Auf dem Höhepunkt seiner Macht war das Empire etwas einzigartiges. Kein anderes Land hat so eine*

Geschichte voller Abenteuer und Glamour. Ich werde dauernd gefragt, warum ich nicht über den amerikanischen Bürgerkrieg schreibe. Ein Grund dafür, ist, dass er im Vergleich ziemlich uninteressant ist."

Bei einer Umfrage mit prominenten Historikern, wurde Fraser zu dem Schriftsteller historischer Romane gewählt, bei dem „alles stimmt." Nach dem Erscheinen des ersten Romans glaubte ein Drittel der amerikanischen Rezensenten, dass es sich tatsächlich um ein Originalmanuskript handelte. „*Einer schrieb, das wäre die wichtigste Entdeckung seit den Boswell Papers – und das war ein Professor für Geschichte oder Englisch. Vor ein paar Jahren schrieb mir ein amerikanischer Student, ob er vielleicht Einsicht in die Originalmanuskripte von Flashman nehmen könnte. Die Leute wollen einfach glauben, dass es echt ist.*"

1994 erzählte Fraser dem *Daily Telegraph*, dass er häufig Angeboten von Lesern erhält („meistens Amerikaner"), ihm bei der Recherche zu helfen. „*Das lehne ich natürlich ab. Die Wahl des Themas und die Recherche sind schließlich der halbe Spaß an dieser Arbeit. Eine der häufigsten Fragen, die mir von amerikanischen Fans gestellt wird, ist natürlich, wann ich denn endlich Flashmans Memoiren aus dem amerikanischen Bürgerkrieg veröffentliche. Ich sage dann: irgendwann. Die Amerikaner begreifen nicht, dass ihr Bürgerkrieg nicht das bedeutendste kriegerische Ereignis des 19. Jahrhunderts war. Verglichen etwa mit dem Krim-Krieg.*"

Um die Authentizität zu unterstreichen, benutzte Fraser einen ausgesprochen cleveren Trick; gelegentlich lässt er Flashman etwas irrtümlich behaupten, dem prompt eine Fußnote folgt, die mit den Worten beginnt; „Hier irrt Flashman …" Damit konnte sich Fraser auch „rausreden", als ihm ein amerikanischer Leser einen Fehler nachwies. Er schrieb Fraser, dass Flashman gesagt hatte, dies sei „die schlimmste Situation, in der er seit der Schlacht von Chilianwalla in den Sikh-Kriegen gesteckt habe." An dieser Schlacht hat Flashman aber gar nicht teilnehmen können, da er zu diesem Zeitpunkt am Mississippi vor Sklavenhändlern auf der Flucht war. Fraser dazu: „*Das war sehr unaufmerksam von mir, aber ich konnte es auf Flashman schieben: Der alte Idiot meinte natürlich in Isandlwana, aber sein Gedächtnis hatte ihn im Stich gelassen.*"

Fraser hatte ein geradezu unheimliches Talent, Geschichte lebendig und erfahrbar zu machen. Es ist nicht nur die geniale Figur des Ich-Erzähler Flashmann, es ist vor allem Frasers Fähigkeit, die Handlung vor dem inneren Auge des Lesers sichtbar wie einen Film zu gestalten. Kein Wunder also, dass er ein begehrter Drehbuchautor war. Verwunderlicher ist es, dass es bisher nur eine Flashman-Verfilmung gibt. Dank der heutigen digitalen Möglichkeiten wären sicherlich auch die großen Schlachten darstellbar (man hatte 1975 sicherlich auch *Royal Flash* als Filmvorlage ausgewählt, weil in diesem Roman keine aufwändigen Kriegszenen vorkamen). Fraser schrieb Szenen, die man zuvor nie gelesen hat.

Oder vielleicht doch?

„*Es ist äußerst schwierig, nicht zu plagiieren*", sagte er einmal und meinte eine bestimmte Szene: In *Flashman im Großen Spiel* (1975) beschrieb er, wie Flashman in einem Verließ von einem Schurken mit zweifarbigen Augen (Graf Ignatieff) gefangen gehalten wird. In dem Roman *Wort Wile* von 1937 des Autors P.C. Wren (unsterblich geworden durch den Fremdenlegionsroman *Beau Geste*) wird der Held eben falls von einem russischen Schurken mit zweifarbigen Augen in einem Verließ gefangen gehalten. Darauf aufmerksam gemacht, bestritt Fraser, den Roman zu kennen. Es war auch nicht David Bowie, der ihn zu den zweifarbigen Augen von Ignatieff angeregt hatte, sondern ein Mitschüler, der ein blaues und ein braunes Auge hatte. „*Wenn Wren noch gelebt hätte, hätte er wohl geglaubt, dass es ein Zufall war? Aber es war tatsächlich so.*"

Seine liebsten Autoren waren Walter Scott und Rafael Sabatini. Über dessen Piratenroman *Captain Blood* (1922) sagte er einmal: „*Der Roman machte mir klar, dass die Historie einfach höllisch gute Stories bietet.*" Zeitgenössische Autoren mied er: „*Ich lese keine neuen Geschichtsromane, außer die von meiner Tochter Caro. Ich bin ein alter Hornblower-Fan, deshalb weiß ich nicht mal, ob mir die Romane von Patrick O'Brian gefallen würden oder nicht.*"

III.

Es ist erstaunlich, wie wenig sich der wahnwitzige Abessinien-Feldzug in der britischen Literatur und Pop-Kultur niedergeschlagen hat. Zu den wenigen Autoren, die das Thema bearbeitet haben, gehört der viel zu wenig bekannte Alan Scholefield mit *The hammer of God*, 1973 (deutsch erschienen als *Der Hammer Gottes* innerhalb der Ullstein-Abenteuer-Reihe, in der auch seine Afrika-Saga veröffentlicht wurde). Ein Roman von William Clives (d.i. Ronald Bassett, 1924–1996)) Dando-Serie behandelten Abessinien-Feldzug ebenfalls: *Dando and the mad Emperor*, 1974.

Karen Mercurys historischer Roman *The four Quaters of the world*, 2006, schildert das Geschehen aus der Sicht der Geiseln und verwendet die Originalquellen.

Weitere historische Romane über den Aufstieg und Untergang Theodorus' ist Mason McCann Smiths *When the Emperor dies*, 1981, und Philip Marsdens *The barefood emperor*, 2007. Der Komponist des britischen Imperialismus, John Pridham (1818–1896), schrieb 1867 eine Partitur für Klavier mit Titel *Abyssinian Expedition* in Gedenken an die Schlacht um Magdala.

Es gibt nicht einen westlichen Film, der diesen wahnwitzigen Stoff in Szene gesetzt hat! Das mag daran liegen, dass die Hollywooder Studio-Chefs über eine ähnlich ausgeprägte geographische- und historische Bildung verfügen wie George Bush jr.

Und mir ist auch kein deutscher Roman bekannt, ob wohl es so viele deutschsprachige Quellen gibt.

IV.

Fraser hatte noch zu Lebzeiten verfügt, dass kein anderer Autor seine Flashman-Serie weiterführen dürfe. Ein kluger Entschluss, wenn man sich zum Beispiel das literarische Schicksal von Ian Flemings James Bond ansieht, wo seit etwa vierzig Jahren schlechte und noch schlechtere Autoren (die Ausnahmen Kingsley Amis oder William Boyd bestätigen die Regel) die Reputation eines Pop-Mythos destabilisieren.

Fraser konnte natürlich nicht den Namen Harry Flashman schützen, den er ja selber aus Thomas Hughes Buch *Tom Brown's school days* entnommen hatte. Lediglich die Figur, wie er sie charakterisiert hatte, im Zusammenhang mit seinem literarischen Konzept darf nicht genutzt werden. Das gilt natürlich nicht für die zahlreichen Epigonen und Nachempfindungen, die inzwischen wie die Pilze aus dem Boden schießen und deren besseren Bücher der Flashman-Gemeinde etwas Trost gewährt.

Das Flashman endgültig zur Pop-Ikone in der Liga von Sherlock Holmes oder James Bond (wenn auch nicht ganz so prominent) geworden ist, zeigen die zahlreichen epigonalen Texte, die mit ihm als Figur spielen oder Frasers literarisches Konzept nutzen. Nur ganz wenigen fiktionalen Charakteren werden Hommagen vergönnt wie Flashy, etwa in Adrienne Mayors Sachbuch *The poison King: The Life and legend of Mithridates, Rome's Deadliest enemy*, 2010. In einer Fußnote [Nr. 29] erklärt die Wissenschaftlerin, dass es sich vielleicht um ein Gerücht handelt, dass Harry Flashman während seiner Zeit auf der Krim das Grab von Mithridates VI, entdeckt habe.

An Flashman angelehnte Charaktere werden auch von etablierten Autoren genutzt. Eine faszinierende und eigenständige Variante gelang dem großen Michael Moorcock mit Colonel Pyat in der gleichnamigen Tetralogie: der kokainsüchtige, narzisstische und reichlich wahnsinnige Ich-Erzähler, Sympathisant von Monarchie und Nazismus, berichtet über die entscheidenden Ereignisse in der ersten Hälfte des 20. Jahrhunderts von der Russischen Revolution bis Auschwitz. Bernard Cornwell, langjähriger Flashman-Fan und Autor bester historischer Abenteuer-Serien (die *Sharpe*-Serie ist wohl seine bekannteste), widmete den Roman *The pale Horseman* aus seiner Angelsachsen-Serie George MacDonald Fraser und versah die Figur des (realen) Prinzen Aethelwold mir Charakterzügen von Flashy. Terry Pratchett, ebenfalls bekennender Flashman-Fan, stattete die Figur des

Rincewind aus seiner *Scheibenwelt*-Serie ebenfalls mit Charakterzügen von Flashman aus.

Inzwischen gibt es eine stattliche Reihe von Serien, die sich direkt oder indirekt auf Flashman beziehen. Sie alle aufzulisten, würde den Rahmen dieses Nachworts sprengen (darüber wird der *Flashman-Blog* mehr berichten). Eine der besten, die britische Geschichte mit Verschwörungstheorien zusammenbringen, ist Christopher Jolls auf zehn Bände angelegte *The Speedycut-Papers* (deren erster Roman von 2013 den Titel *Flashman's Secret* trägt). Wie Fraser, der Speedicut ja ebenfalls verwendete, nahm Joll die Figur aus Thomas Hughes Buch *Tom Brown's school days.* Joll fand Speedicuts Briefe an Flashman 2010 im Keller eines Museums und edierte daraus diese Serie. In ihr „entlarvt" er Flashman als Lügner und Betrüger!

Ein Kuriosum ist der Roman *Flashman and the invasion of Iracq*, 2011, von H.C. Taylor, in dem ein Nachfahre von Harry am III. Irak-Krieg und der Besetzung des Landes teilnimmt. Eine amerikanische Variante ist Robert Peechers *Jackson Speed*-Serie mit den Memoiren eines feigen Frauenhelden und US-Soldaten, der über amerikanische Konflikte des 19. Jahrhunderts erzählt. Ähnliches gilt für den Militärhistoriker Raymond M.Saunders und seine Travers-Serie, die von den Indianer-Kriegen über die Boxer-Rebellion bis zum Moro-Aufstand auf den Philippinen berichtet. Flashmans Onkel Thomas ist der Protagonist der Romane von Robert Brightwell, die während der Regency-Ära und den Napoleonischen Kriegen angesiedelt ist. Während des II. Weltkrieges spielen die Abenteuer eines unehelichen Sohnes von Flashman, die Paul Moore aufgeschrieben hat. Flashmans Sohn Harry II taucht auch in den Kurzgeschichten von David McDonald auf, die in den *Tales of the Shadowmen* (eine an Philip José Farmers New World Universe angelehnte Reihe über Heroen der Pop-Literatur, von Arsène Lupin über Fantomas bis Zorro).

Eines der schönsten Pastiche ist *The Carlton Chronicles* (2010) von Keith Laidler. Der Historiker Laidler hatte zuvor schon eine Biographie über eine von Flashmans grausamste Gespielin geschrieben: *Female Caligula: Ranavalona, the mad Queen of Madagascar.* In den *Carlton Chronicles* weist er zweifelsfrei nach, dass Flashy der Sohn von Sidney Carlton ist, dem Helden aus Charles Dickens Roman *A tale oft wo Cities* (der – nicht wie von Dickens falsch berichtet – auf dem Schafott hingerichtet wurde, da er es sich noch mal überlegt hatte). Außerdem weist dieser Bericht Carlton als den wahren Mörder von Danton und Robespierre nach. Stilistisch ähnlich brillant wie Fraser, ist Laidlers Buch jedem Flashman-Fan zu empfehlen.

Bibliographie:

Volker Matthies: *Unternehmen Magdala. Strafexpedition in Äthiopien.* Ch. Links Verlag, Berlin 2010

G.A. Hentys Bücher bei Project Gutenberg:
http://www.gutenberg.org/ebooks/author/1032

Stanleys Erfahrungsbericht unter:
https://archive.org/details/coomassiemagdala00stan

Biografische Anmerkungen

FLASHMAN, Harry Paget, Brigadegeneral, V.C., K.C.B., K.C.I.E.:

Ritter der Ehrenlegion, Maria-Theresia-Orden, Österreich, Elefantenorden, Dänemark (nur zeitweise), U.S. Medal of Honour, San-Serafino-Orden der Reinheit und Wahrheit, 4. Klasse, geb. 5. Mai 1922, Sohn von H. Buckley Flashman, Esq., Ashby, und Hon. Alicia Paget; verh. Elspeth Rennie Morrison, Tochter von Lord Paisley, ein Sohn, eine Tochter, Ausb. Rugby School, 11th Hussars, 17th Lancers. Dienst: Afghanistan 1941–2 (Orden, dank der Regierung); Stabsleiter bei H.M. James Brooke, Radscha von Sarawak, Batang Luper Exped., 1844; milit. Ratgeber im Rang eines Sergeant-General bei H.M. Königin Ranavalona von Madagaskar, 1844–5, Sutlej-Feldzug, 1945–6, (Ferozeshah, Sobraon, außerordentlicher Gesandter bei Maharani Jeendan, Hof von Lahore), polit. Berater von Herrn (später Fürst und Reichskanzler) von Bismarck, Schleswig Holstein, 1847–8; Krim, Stab (Alma, Sewastopol, Balaklava), Kriegsgefangener, 1854; Artillerieberater bei Atalik Ghazi, Syr Daria Feldzug, 1855; Indien, Sepoy-Aufstand, 1857–8; abgetaucht, Gesandter bei H.R.H.der Maharani von Jhansi, Soldat 3rd Native Cavalry, Meerut, danach Rowbotham's Mosstroopers, Cawnpore (Lucknow, Gwalior, usw. V.C.); Adjutant von Captain John Brown, Harper's Ferry, 1859; Feldzug in China, 1860, polit. Mission in Nanking, Taiping-Rebellion, polit. und andere Dienste am Kaiserlichen Hof Peking; U.S. Army (Major in den Streitkräften der Union, 1862, Oberst (Stab) in den Streitkräften der Konföderierten, 1863); a.d.c. bei H.I.M. Maximilian, Kaiser von Mexiko, 1867; Übersetzer und Beobachter Siuoux-Kampagne, U.S., 1875–6 (Camp Robinson Konferenz, Little Big Horn, usw.); Zulukrieg, 1879 (Isandhlwana, Rorke's Drift); Ägypten 1882 (Kassassin, Tel-el-Kebir);

persönliche Leibwache von H.I.M. Franz-Josef, Kaiser von Österreich, 1883; Sudan 1884–5 (Khartum), Peking, Boxeraufstand, 1900. Reiste ausgiebig in militärischer und ziviler Funktion, darunter als Frachtaufseher, Handelsmarine (Westafrika), Landwirt (Mississippi-Tal), Planwagenführer und Hotelier (Santa Fe Trail), Büffeljäger und Scout (Oregon Trail), Kurier (Eisenbahn), Majordomo (Indien), Prospektor (Australien), Händler und Missionar (Salomonen, Fly River usw.), Lotterieüberwacher (Manila), Diamanten- und Pferdehändler (Pandschab), Hilfssheriff (U.S.), Schauspieler und Darsteller. Ehrenmitglied diverser Gesellschaften und Klubs, darunter Söhne der Volsungen (Strackenz), Mimbreno- Apachen-Kupferminen-Band (New Mexico), Khokand Horde (Zentralasien), Kit Carson's Boys (Colorado), Brown's Lambs (Maryland), M.C.C., White's und United Service (London, bei beiden wieder ausgetreten), Blackjack (Batavia), Vorsitzender Flashman and Bottomley, Ltd.; Direktor British Opium Tradin Co., Rektor Rugby School; Ehrenpräs. Mission for Reclamation of Reduced Females. Veröffentlichungen: Dawns and Departures of a Soldier's Life; Twixt Cossack and Cannon; The Case Against Army Reform. Freizeit: Studien der Orientalistik, Angeln, Kricket (erster überlieferter 'Hattrick', Dreistäbe von Felix, Pilch, Mynn, 14 Runs, Rugby Past and Present v. Kent, Lord's 1842; fünf für zwölf, Mynn's casuals v. All-England XI, 1843).
Add: Gandamack Lodge, Ashby, Leics.

ABYSSINIA

N
W
E
S

0 20 40 60 80

Statute miles

Idaga

Simien

Sokar

Gondar
Azez

Gorgora

Lake Tana

BEGEMDER

Adeena

Debra Tabor

Kourata

Zage

Baheerdar

Tisisat Falls

METCHA

Blue Nile

38°

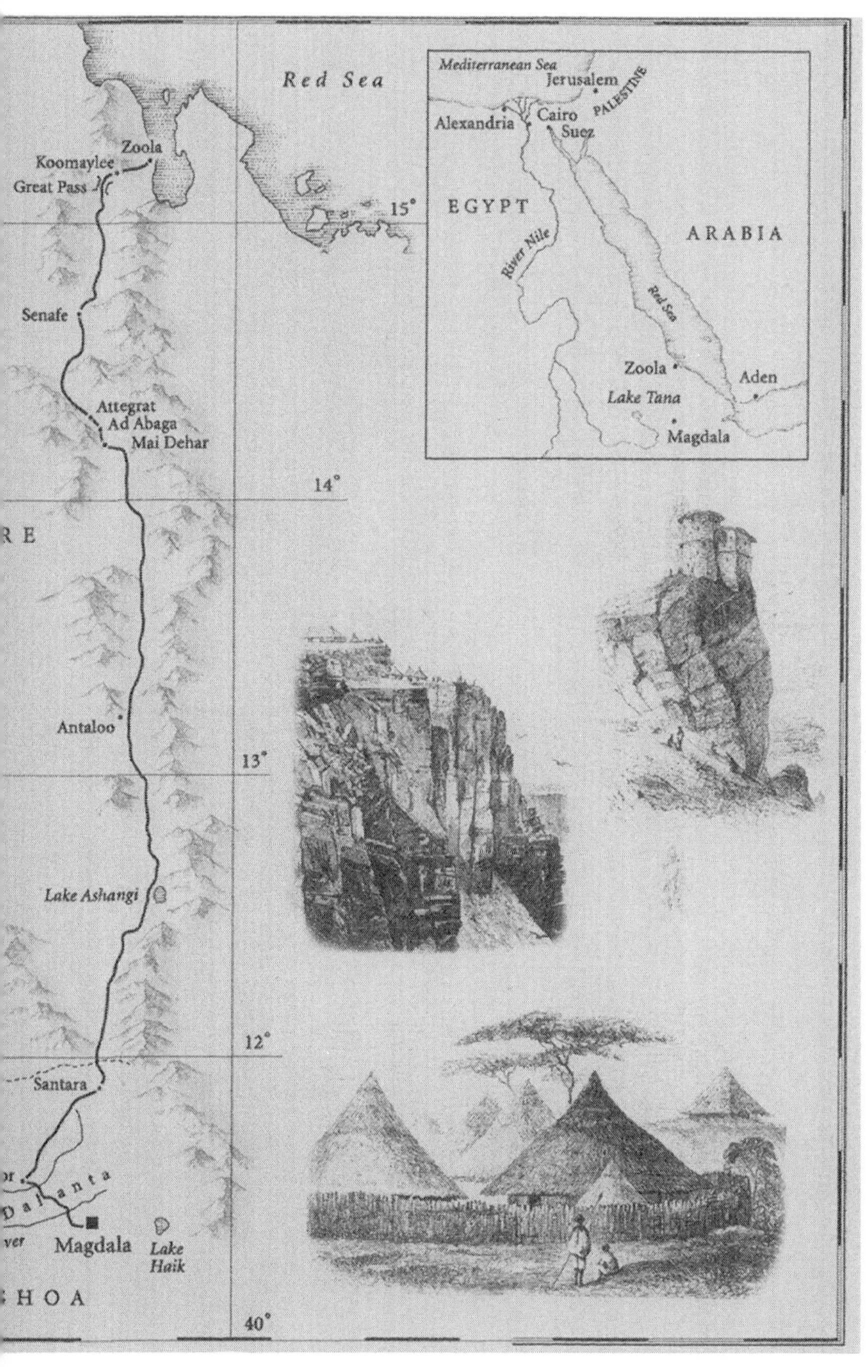

Red Sea
Zoola
Koomaylee
Great Pass
15°
Senafe
Attegrat
Ad Abaga
Mai Dehar
14°
RE
Antaloo
13°
Lake Ashangi
12°
Santara
Dalanta
Magdala
Lake Haik
HOA
40°
Mediterranean Sea
Jerusalem
PALESTINE
Alexandria
Cairo
Suez
EGYPT
ARABIA
River Nile
Red Sea
Zoola
Aden
Lake Tana
Magdala

Inhaltsverzeichnis

Bibliographie der Reihe „Die Flashman-Manuskripte“

1. **Flashman in Afghanistan**. Indien und Afghanistan, Erster Anglo-Afghanischer Krieg, 1839-1842
2. **Royal Flash – Flashman in Deutschland**. England 1842-1843, Bismarck, Lola Montez, Deutschland 1847-1848
3. **Flashman, Held der Freiheit**. West-Afrika und USA, Sklaverei, 1848-1849
4. **Flashmans Attacke**. Flashman im Krimkrieg, in Russland und Zentral-Asien. Schlacht bei Fort Raim, 1854-1855
5. **Flashman im großen Spiel**. Flashman im Großen Indischen Aufstand (Sepoy-Krieg), 1856-1858
6. **Flashmans Lady**. Flashman in Borneo und Madagaskar, 1842-1845
7. **Flashman und die Rothäute**. Nordamerika, Goldrausch, Little Bighorn, 1849-1850 und 1875-1876
8. **Flashman und der chinesische Drache**. Flashman in Hongkong und China, Taiping-Aufstand, 1860
9. **Flashman und der Berg des Lichts**. Indien, Punjab, erster Sikh-Krieg, 1845-1846
10. **Flashman und der Engel des Herrn**. Flashman in Indien, Südafrika und USA, 1858-1859
11. **Flashmans Feldzug**. Abessinien/Äthiopien, 1867-68